소설로 만나는 근대 이야기

소설로 만나는
근대
이야기

권터 벤텔레 지음 | 안미라 옮김

살림Friends

저 자 서 문

우리는 역사라고 하면 "화려하게 치장된 왕관을 쓴 황제가 왕위에 오르고……"라고 시작하는 식의 이야기를 떠올린다. 일상의 이야기가 아니라 역사적 의미가 있는 거창한 이야기가 먼저 생각난다. 그러나 이 책에서는 그런 종류의 역사 이야기는 거의 등장하지 않는다!

이 책에 담긴 이야기들은 전쟁, 회의, 결의, 법 등 세계의 정치와 역사를 바꾼 사건들이 아닌, 그 사건들이 일어난 배경이나 환경을 살펴볼 수 있는 것들이다. 예컨대 '제7장 킨텔브뤼크의 농민들', '제10장 뇌르틀링겐에 사는 아름다운 마겔로네의 운명', '제12장 바바라'는 중대한 세계사적 사건이 개인과 작은 집단에게 어떠한 영향을 주었는지를 이야기한다. 반면 '제8장 교수의 악몽' 같은 이야기는 세계를 변화시킨 엄청난 사건과 우리는 가히 상상하기조차도 힘든 끔찍한 결과들을 소개한다.

'제1장 스물세 개의 베틀', '제3장 세계를 상징하는 사과', '제6장 융커외르크'에서는 새로운 시대의 시작과 그 당시 일상 속에서는 예상치 못했던, 세상을 바꿔 놓은 변화의 단초들이 묘사되어 있다.

이 책에서는 중요한 의미를 지니는 인간 정신의 발달에 대한 이야기들, 예를 들어 '제4장 아름다운 베네치아 소녀', '제5장 둥근 천장 아치', '제13장 왕의 주제 선율'을 소개하기도 한다. '제2장 미로'를 통해서는 수백 년 전 사람들의 영혼 속을 들여다볼 기회를 가질 수도 있다.

객관적 숫자와 데이터, 관련성, 의미 등은 아주 오랜 시간이 지난 후에야 명확해진다. 이러한 자료들 역시 역사적 사건에 대해 설명해 주는 것은 사실이지만, 우리가 역사를 바라봄에 있어 이것들은 맨 처음이 아닌 맨 마지막에 고려되어야 한다.

실제로 역사를 이루는 것은 우리 주위에 일어나는 일들, 그리고 바로 우리 자신들이다. 우리를 품고 있는 것, 우리 안에 존재하는 것, 언제나 어디에나 있는 그것. 바로 역사를 제대로 바라보는 법을 배워 보자.

귄터 벤텔레

차 례

[연 대 표]

1348년 | 카를 4세가 중부 유럽 최초의 대학(카롤리눔)을 프라하에 설립.

카를 4세의 동상.
중부 유럽 최초의 대학인 카롤리눔은 현재 카를로바 대학으로 불린다. 사진은 카를로바 대학에 세워진 카를 4세의 동상.

1348~1350년 | 독일과 거의 모든 유럽 국가에 흑사병이 퍼짐.

교회에서 흑사병 환자에게 축복을 비는 모습.

1356년 | 신성 로마 제국의 법인 금인칙서 발포.

금인칙서.
1356년에 카를 4세가 뉘른베르크 및 메츠의 국회에서 발포한 신성 로마 제국의 법. 전부 31장으로 되어 있으며 라틴어로 씌어졌다.

1410~1437년 | 신성 로마 제국 황제 지기스문트의 통치.

알브레히트 뒤러가 그린 지기스문트 황제의 초상.
지기스문트 황제는 콘스탄츠 공의회(1414~1418년)를 개최하게 하여 정립 상태에 있던 세 명의 교황을 폐하고 새로운 교황(마르티누스 5세)을 선출시켰다. 1415년에는 얀 후스를 이단으로 단죄하고 사형시켰다.

1415년 | 콘스탄츠에서 얀 후스 화형.

화형당하는 얀 후스.
체코의 신학자이자 종교 개혁가인 얀 후스는 성서를 믿음의 유일한 권위로 삼는 복음주의적 입장을 보였으며, 교황 등 로마 가톨릭 교회 지도자들의 부패를 비판하다가 교회로부터 파문당했다. 결국 콘스탄츠 공의회의 결정에 따라 화형에 처해졌다.

약 1450년 | 요하네스 구텐베르크가 마인츠에서 인쇄술 발명.

『구텐베르크 성서』의 일부.
요하네스 구텐베르크는 금속 활자 인쇄기를 발명하여 1455년경에 『구텐베르크 성서』를 출판했다. 그의 활판 인쇄술 덕분에 성직자와 지식인들만 읽을 수 있었던 성서가 대중화되었다. 그리스와 로마의 고전들도 대중화되면서 르네상스 시대를 여는 밑거름이 되었다.

1471~1528년 | 알브레히트 뒤러.

1500년에 그려진 뒤러의 자화상.
알브레히트 뒤러는 중세에서 근대로 넘어오는 시기에 살았던 사람이다. 그는 인간과 자연을 작품의 주제로 삼은 최초의 독일 화가였으며, 독일 화가 중에 자신의 작품에 서명을 하고 자화상을 그린 것도 그가 처음이었다. 그의 작품은 이탈리아에서 탄생한 인본주의, 즉 고전주의를 부활시키려는 의식적인 운동을 그대로 반영하고 있다.

1492년 | 크리스토퍼 콜럼버스의 아메리카 대륙 발견.

1493~1517년 | 농민들이 일으킨 분트슈 난.

분트슈가 그려진 깃발을 든 농민들.
1493~1517년에 독일 남부에서 농민들이 일으킨 반란. 농민들은 농노제의 철폐, 각종 세금의 면제 등을 요구했다. 분트슈는 농민들이 신던 끈으로 묶는 신발을 말한다.

1517년 | 마르틴 루터가 95개 조항으로 구성된 반박문을 발표. 종교 개혁의 시작.

마르틴 루터의 「95개조 반박문」.
교회의 면죄부 판매를 비판하던 마르틴 루터는 설교와 더불어 「95개조 반박문」을 발표한다. 이를 통해 기존 교회와의 본격적인 논쟁이 시작된다.

1519~1556년 | 신성 로마 제국 황제 카를 5세의 재위.

노년의 카를 5세.
카를 5세는 재위 기간에 중유럽과 서유럽 그리고 남유럽을 넘어 아메리카 대륙과 필리핀 제도의 카스티야 식민지까지를 포함하는 광대한 영토를 다스렸다. 그의 제국은 너무나도 광대한 탓에 '해가 지지 않는 곳'이라고 불렸다. 하지만 노년에는 스스로 황제의 자리에서 퇴위하고 수도원에서 은둔 생활을 하다가 생을 마쳤다.

1525년 | 독일 농민 전쟁.

독일 농민 전쟁은 봉건제도하에서 과다한 소작료와 세금 등으로 인해 극심한 피폐를 겪던 농민들이 지배 계급인 귀족과 봉건 영주에 대항하여 일으킨 항쟁이다. 농민군의 항쟁을 이끈 것은 종교 개혁가 토마스 뮌처였다. 하지만 농민군들은 결국 영주들에 의해서 학살당하고, 뮌처도 1525년 5월 25일에 처형되었다.

1555년 | 아우크스부르크 화의.

아우크스부르크의 국회에서 결정된 이 화의를 통해 루터의 신앙은 가톨릭 신앙과의 동등하다는 인정을 받게 된다. 한편 군주가 자신의 신앙을 선택할 수 있는 권리가 인정되었다.

1612~1619년 | 신성 로마 제국 마티아스 황제의 통치.

마티아스 황제.
마티아스는 그의 형인 루돌프 2세와 황제 자리를 다퉜으며, 루돌프 2세가 죽은 뒤에 신성 로마 제국 황제가 되었다. 부왕 막시밀리안 2세가 취한 정책과는 정반대로 합스부르크 영토 내 가톨릭의 부활을 지원했으며 이 정책으로 인해 결국 30년 전쟁이 일어나는 계기를 조성했다.

1618~1648년 | 30년 전쟁.

30년 전쟁 당시의 끔찍한 처형 장면.
30년 전쟁은 독일을 무대로 개신교회와 가톨릭 교회 간에 벌어진 최대 규모의 종교 전쟁이다.

1619~1637년 | 페르디난트 2세의 통치.

페르디난트 2세.
페르디난트 2세는 개신교를 압박하고 가톨릭 교회의 재건을 위해 노력한 가톨릭주의자였다. 그는 루돌프 2세가 내린 신앙의 자유를 인정한 칙령까지 파기했는데, 이로 인해 보헤미아의 개신교도 귀족들이 페르디난트 황제의 고관을 프라하 성에서 떨어뜨리는 '창문 투척 사건'이 일어나고, 이는 30년 전쟁을 촉발시키는 사건이 되었다.

1634년 | 뇌르틀링겐 전투.

뇌르틀링겐 전투 장면.
30년 전쟁 당시 독일 남서부 뇌르틀링겐 근처에서 벌어진 전투로서 신성 로마 제국과 스페인의 연합군이 스웨덴 군에게 결정적인 승리를 거둔 전투이다. 이 전투 결과로 인해 하일브론 동맹이 해체되고 남부 독일에 대한 스웨덴의 지배가 막을 내린다.

1648년 | 베스트팔렌 조약.

베스트팔렌 조약은 신성 로마 제국에서의 30년 전쟁과 에스파냐와 네덜란드 사이에 벌어진 80년간의 전쟁을 마감한 평화 조약이다. 베스트팔렌 조약은 최초의 근대적인 외교 회의를 통해 이루어졌으며 국가 주권 개념에 기반을 둔 새로운 질서를 중부 유럽에 세웠다.

1667~1697년 | 루이 14세의 약탈 전쟁.

루이 14세.
프랑스의 루이 14세는 피레네 산맥과 알프스 산맥과 라인 강이 프랑스의 국경이라는 '자연 국경설'을 선언했다. 프랑스의 국경은 하느님이 정했으며, 그것이 저 강과 산맥 들로 표시되었다는 선언이었다. 그 후 루이 14세는 이러한 주장을 내세우며 무려 30년에 걸쳐 영토 획득을 위한 침략 전쟁을 벌이기 시작했다. 결국 루이 14세가 벌인 무리한 전쟁 탓에 프랑스는 빚만 산더미같이 쌓였다. 전쟁 비용을 충당하기 위해 사람들에게 세금을 강요하면서 모든 도시에는 거지가 넘쳐났으며, 굶어 죽거나 전염병에 걸려 죽은 사람들의 시체가 즐비하게 되었다.

1740~1780년 | 마리아 테레지아의 통치.

마리아 테제지아 여제.
오스트리아의 여제인 마리아 테레지아는 프로이센의 프리드리히 2세가 오스트리아에 속한 슐레지엔을 빼앗으려고 하자, 프랑스, 러시아 그리고 신성 로마 제국 내 제후들과 동맹을 맺어 연합군을 형성한다. 프로이센과 오스트리아 두 세력 간의 싸움은 최초의 세계대전이라고 불리는 7년 전쟁으로 커진다.

1740~1786년 | 프로이센의 왕
프리드리히 2세의 통치.

프리드리히 2세.
프리드리히 2세는 프로이센을 당시 유럽 최강의 군사 대국으로 성장시킨 인물로서 뛰어난 군사적 재능과 합리적인 국가 경영을 능력을 갖춘 왕으로 평가받는다. 한편 그는 뛰어난 음악적 재능을 지녀 작곡을 하거나 직접 플루트를 연주하는 일도 잦았다고 한다.

1756~1763년 | 7년 전쟁.

7년 전쟁 중 쿠네르스도르프에서 벌어진 전투.
7년 전쟁은 슐레지엔을 놓고 프로이센과 오스트리아가 대치하면서 시작된 대규모 전쟁이다. 이 전쟁에서 오스트리아, 프랑스, 스웨덴, 러시아 등이 동맹을 맺고, 반대편에서는 프로이센, 영국 등이 동맹을 맺으면서 유럽의 거의 모든 열강이 참여하는 전쟁으로 커졌으며, 전쟁국들의 식민지가 있는 아메리카와 인도에까지 전쟁의 불씨가 퍼졌다. 전쟁은 결국 프로이센이 최종적으로 승리를 거두며 슐레지엔의 영유권을 확보했다.

제1장

스물세 개의 베틀

14세기 중반, 유럽 전역을 순식간에 집어삼킨 흑사병으로 인해 이미 전쟁과 기근으로 줄어들고 있었던 유럽의 인구수가 급격하게 줄어들었다. 흑사병으로 인해 2천만 명이 넘는 사람들이 희생된 것으로 추산되었다. 농촌에서는 흑사병이 도시에서처럼 기승을 부리지는 않았다. 그러나 농촌에서 재배되는 농작물의 소비량이 줄어들었다. 주요 소비지였던 도시의 인구가 절반으로 줄어들었기 때문이다.

도시 인구의 급격한 감소로 농부들의 생계를 보장해 주던 농작물의 주요 소비 시장도 몰락했다. 도시에서는 토지나 재산 등이 살아남은 사람들의 손에 넘어갔고 이로 인해 일부 사람들은 큰 부를 축적하기도 했다. 여기에 다른 도시나 외국과의 교역을 통해 돈을 벌어들이는 사람들과 기존의 수공업과는 비교할 수 없을 정도로 이득이 큰 금융업으로 재산을 키우는 사람들이 생겨났다. 자본 투자 개념이 발달하면서 출판 산업도 발전하게 되었다. 출판업자들은 투자금으로 각종 출판 장비 및 원자재를 구입하고 직원들에게 노동력에 대한 대가를 지불할 수 있었다.

이때 자리 잡기 시작한 자본 및 재산의 소유 개념은 그 후 수백 년이 넘도록 발전하였고 현대에 들어와서 권력 소유의 결정적 요소로 자리 잡았다. 지금부터 도시에 정착하기 위해 애를 쓴 한 농부에 대한 이야기를 살펴보자. 그는 바로 흑사병으로 부자가 된 인물이다.

늘 자기 자신처럼 이성적이고 철두철미한 사람은 없다고 주장하던 한 사람이 어느 날 무려 스물세 개의 베틀을 구입했다. 그뿐 아니라 개수에 맞춰 스물세 개의 리넨 실타래를 샀다. 하지만 정작 본인은 베를 짤 줄 몰랐다.

그 사람이 바로 나이다.

몇 년 전까지만 해도 나는 아무것도 아닌 존재, 농촌에 사는 한 농부일 뿐이었다. 그러나 지금은 아니다!

물론 처음에는 참 괴롭고 힘들었다. 지금의 내가 되기 위해 치러야 했던 희생은 참으로 고통스러웠다. 나의 인생이 완전히 달라진 것은 다름 아니라 흑사병 혹은 페스트라고 불리는 처참한 전염병 때문이다.

인근 도시에서는 수천 명이 죽었다고 한다. 우리 마을에서는 다행히 몇 사람만이 희생되었다.

사람들은 파리가 죽듯 죽어 나갔다. 내 말은 사람들이 파리처럼 별 이유도 없이, 그냥 죽었다는 것이다. 난 지금부터 생존에 대해, 살아남는다는 것에 대해 이야기하고자 한다.

흑사병이 퍼지기 시작하던 당시, 나는 베그슐라그라는 작은 마을에서 루게르 폰 베그슐라그 기사의 농노로 살던 평범한 농부였다. 마을 주변과 마을 전역의 토지 및 모든 노동력이 폰 베그슐라그 기사의 소유였다. 나 역시 이 기사에게 예속되어 있었기 때문에 곡식이나 가축의 새끼 등을 공납할 뿐 아니라 기사가 필요할 때에는 노동력을 제공해야만 했다. 예컨대 성 둘레에 못을 파거나 흙이나 돌을 나르는 노동처럼 농부로서는 그다지 달갑지 않은 일들도 해야만 했다. 농부라면 기사의 성에서 이러한 일을 하기보다는 밭에서 농사일을 하고 싶기 마련이지만.

1349년 여름, 모두가 충격에 휩싸인 채 흑사병이 온 나라를 집어삼키는 것을 지켜보았다. 매일같이 도시에서는 끔찍한 소식들이 들려왔고, 신과 성인들에 대한 원망의 목소리와 동시에 기도와 참회의 목소리가 높아졌다. 교회마다 촛불이 켜졌고 사람들은 며칠씩 밤낮으로 무릎을 꿇고 성모 마리아와 각종 질병과 고난을 이겨낼 수 있게 도와준다는 열네 명의 성인들에게 신의 진노와 형벌로부터 보호해 달라고 울부짖었다.

다행히 마을에는 아직 병든 사람이 한 명도 없었다. 아마도 도시에서처럼 비좁게 살지 않아서 그런 모양이었다.

흑사병은 마을에서 약 15분 거리에 있는 강가의 방앗간에서만 배고

푼 사자마냥 무엇이든 닥치는 대로 집어삼키고 있었다. 처음에는 방앗간집 주인이 죽었고 그 뒤를 이어 막내딸부터 시작해 방앗간집 아이들과 일꾼들과 하녀들이 죽고 끝내 방앗간집 안주인까지 모두 목숨을 잃었다. 혼자 간신히 목숨을 건진 큰딸이 울면서 마을로 달려와 마을 대표에게 방앗간에서 일어난 비극에 대해 보고했다. 마을 대표는 그 아이를 마을에 있지 못하게 했다. 그 후 그 아이가 어디로 갔는지 어떻게 되었는지는 아무도 모른다.

마을 대표는 결코 매정하거나 비인간적인 사람은 아니었다. 그는 베그슐라그의 기사가 내린 명령에 따른 것뿐이었다. 흑사병에 대한 두려움 때문에 기사의 명령은 매우 엄격했다. 그 누구도 기사의 허락 없이 외지인을 초대할 수 없었다. 외지인은 마을에 발조차 들여놓을 수 없었다. 이 명령을 어길 시에는 교수형에 처한다고까지 했다.

기사는 자기 성에서 꼼짝도 않고 지내면서 마을 대표를 딱 한 번 불러들여 이 명령을 전달했다.

기사의 아내와 네 명의 아이들에 이어 호위병 세 명과 기사의 혈육으로 드러난 한 하녀의 어린 딸이 흑사병에 걸리긴 했지만 재앙은 기사와 성에 사는 대부분의 사람들을 피해 갔다.

마을에서는 마을 대표가 기사에게 불려갔을 때 성에서 병을 가지고 마을에 들어왔다는 소문이 퍼졌다. 반대로 마을 대표가 방앗간집 큰딸에게 병을 옮은 후 성에 병을 옮겨 주고 왔다는 소문도 무성했다. 아마도 마을에 흑사병이 퍼지게 된 진짜 이유를 아는 건 나뿐일 것이다.

사실 내가 아는 것이 진짜 이유인지도 확실한 건 아니다.

매일 밤 도시에서는 시체를 도시 밖으로 싣고 나가 큰 구덩이에 버렸다. 사람들은 구덩이를 파는 일이 비록 수고스럽지만 구덩이에 누워 있는 것보다는 훨씬 행복하다고 생각했다. 흑사병의 기승은 최고점에 달했다.

마을 주변에는 각 마을의 기사들이 파견한 신하들이 말을 타고 주위를 감찰하고 있다가 도시에서 빠져나온 사람은 누구든 간에 병을 퍼뜨릴 위험이 있다는 이유로 체포했다.

땅의 열기가 이글거릴 정도로 더운 날이었다. 마을 주위에는 가시덤불이 마치 성곽처럼 마을을 외부의 적으로부터 보호하기라도 하려는 듯 자라고 있었는데, 바로 이 울타리 형태의 가시덤불이 우리 농장의 한쪽 경계이기도 했다. 해가 질 때쯤 나는 걱정스러운 마음을 달래기 위해 가시덤불 주위를 서성이고 있었다.

달이 떴다. 사방에서 귀뚜라미 소리가 들렸다.

나와 아내만은 전염병에 걸리지 않기를 간절히 빌었다. 그리고 이 혼란과 고통의 시간이 지난 후, 보다 나은 삶을 살 수 있기를 빌었다. 아내와 나의 생명은 내가 지닌 전부였다.

그때 갑자기 덤불에서 바스락거리는 소리가 들렸다. 처음에는 들에 사는 족제비나 길을 잃은 개가 지나간다고 생각했다. 그런데 그렇다고 하기에는 소리가 너무 컸고 뭔가 더 크고 육중한 것이 지나가는 느낌이었다. 나는 건장한 성인 남자였기 때문에 귀신만 아니면 무엇이든 상대할 자신이 있었다. 그래서 덤불을 향해 뛰어들었고 바스락거리던 존재를 잡았다. 그런데 내 손에 붙잡힌 건 뚱뚱한 한 남자였다.

"살려만 주시오!"

그는 작은 소리로 애원했다.

"제발 살려만 주시오!"

나는 너무 놀라서 잠시 뭐라 해야 할지 몰랐다.

"살려 주시면 당신에게도 큰 이득이 돌아가게 될 것이오."

그는 목숨을 구걸했다.

멈칫거리다가 갑자기 겁이 났다. 옷차림을 보니 도시 사람 같았다. 달빛에 어렴풋이 보이는 깔끔하게 면도한 얼굴이나 피부색을 보니 도시에서 온 것이 분명했다. 나는 남자에게서 손을 떼고 물러섰다. 혹시 감염된 것은 아닐까?

놀란 남자는 나를 보고 있었다.

나는 원래 조심스러운 사람이었다. 무슨 일이든 침착하게 생각하고 결정하는 편이었다. 달밤에 내 손에 붙잡힌 자는 분명 도시에서 우리 마을에 온 사람이었다. 우연이라고 할 수는 없었다. 그것도 우리 농장에 들어왔다. 아니, 우연이었을까?

"뭘 원하시오?"

그는 여전히 나를 응시했다. 그가 원하는 것? 그는 분명 병에 걸리지 않을 안전한 곳을 원하고 있었다!

그래서 난 대답해 주었다.

"안전한 곳은 없소! 이 병을 피할 안전한 곳은 그 어디에도 없단 말이오!"

소리를 지르기만 하면 수십 명의 농부들이 달려 나와 이 외지인을 나무에 매달아 죽였을 것이다. 나는 달빛이 비추는 호두나무를 올려다보며 잠시 생각했다. 마을 농부들은 대부분 용감했지만 전염의 위험을 무릅쓰고 외지인에게 손을 댈 만큼 용감한 사람은 별로 없었다. 나무에 매달지 않고 돌로 쳐 죽일 확률이 더 높았다.

남자도 내 눈길을 따라 잠시 나무를 올려다보았다.

"난 장사꾼이오."

그는 갑자기 단호한 목소리로 말을 꺼내면서 자기가 장사꾼이라는 사실이 이 상황에서 자신을 구원해 줄 대단한 사실이나 되는 듯 당당하게 신분을 밝히고는 제안을 했다.

"프리드리히 할러라고 하오. 내가 당신이라면 동네 사람들을 부르지 않겠소! 내가 우연히 당신 농장에 들어왔다고 생각하면 큰 오산이오. 돈을 지불하겠소. 많은 돈을 주겠소!"

"우연이 아니라니 무슨 말이오?"

"당신은 현명한 사람이오. 난 당신을 잘 안다오. 당신은 행동하기 전에 신중하게 생각하는 사람이오."

"당신이 어떻게 날 안다는 것이오?"

"유능한 장사꾼은 아는 게 많은 법. 당신은 주말 장터나 가축 시장에서 다른 농부들에 비해 큰 이득을 취하는 농부이오. 다른 농부들은 그런 재주가 없소. 흑사병이 돌기 전부터 당신을 지켜보고 있었소. 아무리 시장이 작아도 장사꾼이라면 시장과 시장에 오는 사람들을 잘 알아야 하오. 다들 그러더이다. 당신을 속이는 건 불가능하다고. 그 말을 듣고 당신을 눈여겨 봐 두었던 것이오."

"그렇다 칩시다. 당신이 나에게 병을 옮긴다면 내가 당신을 살려준들 무슨 이득이 있겠소?"

"만약 내가 병에 걸렸다면 당신도 이미 걸렸겠지요. 어차피 죽을 텐데 날 죽일 필요가 있겠소?"

할러라는 그 장사꾼은 단호한 말투로 답했다.

"내게 이득이 돌아올 것이라고 했는데 대체 무슨 이득을 말하는 것이오?"

"돈."

할러 씨의 대답은 간단했다.

"내 목숨 대신 돈을 준다는 말이오? 내가 당신에게서 병이 옮았다면 돈이 무슨 의미가 있겠소?"

만약 정말 병이 옮았다면 내 아내, 마을 사람들 모두 어떻게 되는 것일까?

"당신 목숨이 아니라 내 목숨 대신 돈을 준다는 얘기지요."

그는 발에 걸리는 돌을 차 버리며 대답했다.

"내 목숨은? 내 가족은?"

"당신에게 가족이 없다는 걸 알고 있소. 난 당신을 특별히 골랐고 유심히 지켜봤소. 3년 전에 결혼을 했지만 자녀가 없는 것을 알고 있소."

난 놀라지 않을 수 없었다. 그는 정말 아는 게 많은 사람이었다.

"내 아내의 목숨은 왜 빼고 이야기하오?"

"돈을 더 주겠소."

"난 내 아내를 사랑하오."

"그렇다면 돈을 더 많이 주겠소."

그는 내 눈을 보며 말했다.

"지금에 와서 도움을 청하기 위해 소리를 지르는 건 무의미하오. 내가 병에 걸렸다면 어차피 당신도 이미 옮았을 것이오."

"나 혼자서도 당신을 처리할 수 있소. 누가 봐도 내가 더 건장하오."

"당신이 그런 사람이 아니란 걸 누구보다 잘 알고 있소. 당신은 더 이득이 되는 쪽을 취할 사람이오."

"만약 내가 병에 걸린 것이라면 지금 이 상황에서 더 이득이 되는 쪽은 없소."

"만약 당신이 살아남는다면 엄청나게 많은 돈이 남지 않소! 당신에게는 이것이 기회란 말이오. 만약 날 죽이면 돈은 한 푼도 없소. 잘 생각해 보면 내가 참 고마울 것이오."

할러 씨는 확신에 찬 목소리였다.

"고마울 것이라고?"

잘 생각해 보니 그랬다. 돈은 언제든 많을수록 좋은 것이었다. 난 평생 돈을 모아 본 적이 없었다. 우리 마을의 기사는 우리가 공납으로 바친 곡식과 고기를 팔았기 때문에 늘 돈이 있었고, 마을 대표도 약간의 돈을 가지고 있다고 했다. 나 같은 농부들은 야채나 과일을 시장에 내다 팔아 돈을 챙기기도 했지만 대부분은 필요한 물건을 농작물과 맞바꿔 얻곤 했다. 예컨대 재단사에게 바지 한 벌을 맞추면 돈 대신 절인 양배추 한 항아리를 지불했다.

"그런데 하필이면 왜 지금 도시를 떠났소? 흑사병이 돌기 시작한 건 5월이지 않소?"

"그때는 당신에게 돈을 줄 형편이 안 되었소. 감당할 수 없는 거래는 절대 해서는 안 되오."

"그럼 지금은 형편이 된단 말이오?"

"유산을 받았소."

그는 싱겁게 대답했다.

"유산?"

"그렇소, 부모와 친척 어른들로부터 유산을 받았소."

"흑사병 때문이오?"

할러 씨는 끄덕였다.

"부자들은 자기가 소유했던 돈이나 땅을 자손들에게 물려준다오."

"그럼 당신이 그런 부자의 자손이란 말이오?"

"아버지가 돌아가시고 형 세 명, 삼촌 두 명, 사촌형 한 명, 여동생과 이모 한 명이 있었는데 모두 죽었소. 남은 자가 승자가 되는 것이오!"

"그럼 혼자 남은 승자가 당신이오?"

"남동생 하나, 여동생 둘이 있소. 동생들은 먹을 것만 있으면 된다고 했소. 동생들을 위해 내가 재산을 관리하고 불리고 있소."

물론 동생들을 위해서가 아니라 자기 자신을 위해서였다. 나와는 상관없는 일이었다. 살아남는 자가 승자라니! 과연 누가 살아남을 것인가?

"우리 둘의 거래에서 감수해야 할 위험은 없소?"

"있긴 하지만 예상 가능한 수준이오."

"그렇지 않소!"

난 그의 속임수 같은 말에 넘어갈 수 없었다.

"나와 내 아내에게는 그렇지 않소!"

그러나 이미 너무 늦은 때였다. 애초부터 그자를 목매달았어야 했다. 그와 말을 섞는 것부터가 잘못이었다.

"맞소. 위험이 있으니 내가 그 대가로 많은 돈을 준다는 것 아니오!"

갑자기 어지러웠다. 주도권은 이미 그자가 쥐고 있었다. 그자의 말이 옳았다. 내가 그를 죽인다 하더라도 난 병에 걸려 죽을 수 있었다. 죽지 않을 수도 있겠지만 그러면 아무런 이득도 기대할 수 없다. 어쩌면 아내와 온 마을이 목숨을 잃을 수도 있다! 만약 저자의 목숨을 살려 주고, 대신 많은 돈을 받고 나 역시 죽지 않고 살아남으면 엄청난 부자가 될 수 있다! 살아남는 자가 승자란 말이 맞았다! 신중하게 생각하고 결정해야 했다. 장사꾼의 목숨뿐 아니라 내 목숨이나 아내의 목숨 그리고 온 마을 사람들의 목숨도 소중하다. 그러기에 장사꾼은 한 사람 한 사람의 목숨에 대한 대가를 지불해야 한다.

"이건 위험을 감수하는 일뿐 아니라 거래이오. 나는 당신이 현명하고 사리가 밝은 사람이라 생각하오. 거래는 바로 당신 같은 사람과 하는 것이오."

결국 나는 그와 거래하기로 했다.

"모두에게 이득이 되는 결정이오. 내 동생들과 당신 그리고 나 자신 모두에게 이익이오!"

도대체 뭐라고 대꾸를 해야 할까? 난감해하는 나에게 그가 말했다.

"현금은 누구든 행복하게 만들어 준다오!"

우리는 프리드리히 할러라는 그 장사꾼을 마구간의 짚 더미 뒤쪽에 숨겨주었다. 사람이 들어가기도 힘들고 의심할 수도 없는 그런 장소였다. 아내는 겁을 냈다. 두려움에 떨고 있는 게 눈에 보였다.

그러던 아내가 돈을 보자 변했다. 할러 씨는 마을 밖 어딘가에 숨겨 두었던 돈을 가져왔다. 아내는 할러 씨에게 음식을 주었다. 우리는 셋이서 이 땅에서 흑사병이 사라지게 해 달라고 신께 기도했다.

그렇게 많은 돈을 본 건 태어나서 처음이었다. 그런데도 돈을 보자 더 많이 갖고 싶다는 생각이 들었다.

"다시 한 번 묻겠소. 당신 목숨은 얼마나 값어치가 있소?"

짚 더미 뒤쪽에 쪼그리고 숨어 있는 그에게 물었다.

"분명 나에게 준 돈보다는 값어치가 있겠지?"

그는 내 눈을 보며 말했다.

"당신에게 내 전 재산을 다 줄 수도 있소. 내 목숨은 그만큼 귀하니까. 하지만 내가 쓸 돈도 남겨 놓아야 하지 않겠소?"

참 우스운 대답이었다. 분명히 스스로도 그렇게 생각했을 것이다.

"여기 가지고 오지 않은 재산과 돈에 대해서도 얘기 좀 합시다. 도시에 두고 온 집과 땅과 포도원과 금, 은, 보석과 당신이 물려받았다는 유산 말이오."

나는 미소를 지으며 말했다. 그자의 목숨은 두려움에 떠는 내 손 안에 있었다. 나는 그 역시 내가 느끼는 두려움을 느끼길 원했다.

"이 죽음의 그림자가 지나가고 나면 대부분의 재산이 내 손에 들어오게 되어 있소."

"살아남는 자가 승자라는 걸 잊지 마시오."

나는 다시 한 번 이 말을 상기시켜 주고 자리에서 일어났다.

그는 자신이 나를 선택했다고 했다. 잘된 일이었다. 그는 거래를 할 만한 상대가 필요했다. 두려움에 떠는 사람이라도 거래를 할 만큼 사리가 분명하고 계산이 정확하기만 하면 됐다. 그는 결국 그런 상대를 찾아낸 것이다.

나흘이 지나자 아내가 지친 기색을 보였다. 눈 밑이 검게 변했고 혈색은 창백해졌고 머리가 깨질 듯이 아프다고 했다. 겨드랑이에는 검은색 혹이 났고 곧 허리 아래쪽에도 비슷한 혹이 났다. 아내는 춥다며 몸을 떨었고 고통에 신음하기 시작했다.

나흘 동안 나는 그 어떤 남편보다도 정성을 다해 아내를 간호했지만 아내는 죽고 말았다. 나는 최선을 다했다. 입맛이 없다고 해서 수시로 마실 것을 가져다주었고 혹의 열기를 식혀 주고 이마에 얹은 물수건도 수시로 갈아 주었다. 하루 종일 아내의 곁을 지키고 앉아 손을 잡아 주었다. 당시 대부분의 사람들은 아내가 병들면 병이 옮을까 봐 도망쳤지만 나는 그녀 곁을 지켰다. 오히려 아내는 병이 옮기 전에 떠나라고 나를 설득했다. 나는 떠나지 않았고 큰 소리로 아내를 위해 기도했다.

나는 큰 위험을 감수하며 아내를 간호했다. 그러나 나는 병들지 않았다. 짚 더미 뒤에 숨어 지내던 장사꾼도 건강했다.

장사꾼에게 음식을 가져다주는 과정에서 장사꾼으로부터 병이 옮은 것일 수도 있었지만 아내가 죽은 정확한 이유는 알 수 없었다. 흑사병을 일으키는 병균이 공기 중에 날아다니는 듯했다. 땅속에서 기어 나와 사방팔방으로 퍼지는 듯했다. 하늘에 떠 있는 별들에서 내려오는 것 같기도 했다. 흑사병은 신의 형벌 같았다. 그러나 정확한 것은 아무도 알 수 없었다. 나는 장사꾼에게 물었다.

"내 아내가 목숨을 잃었으니 얼마를 줄 작정이오?"

그는 떠날 수 없었다. 도시로 가면 병에 걸려 죽을 수밖에 없었고 마구간에서 나와 마을로 들어가면 다른 농부들에게 붙잡혀 나무에 목이 매달려 죽을 것이기 때문이었다.

장사꾼은 "거래의 주도권은 아쉬움을 채워 줄 수 있는 쪽에게 있다."고 한 적이 있었다. 나는 그 말을 기억해 두었다.

아내는 병상에 누워 지낸 생의 마지막 나흘을 보내기 전에 이웃들과 만난 적이 있었다. 그리고 마을 주민 중 여자 여섯 명, 남자 네 명, 아이 열세 명, 그러니까 총 스물세 명이 죽었다.

가을이 되었다. 안개가 마을을 뒤덮었다. 농촌에서는 별로 할 일이 없는 시기였다. 할러 씨는 내게 계산하는 법, 글을 읽고 쓰는 법 등을 가르쳐준 대가로 내게 주었던 약간의 돈을 돌려받았다. 알파벳과 십, 백, 천 그리고 만 단위 숫자를 배우고 덧셈, 뺄셈, 곱셈, 나눗셈까지 터득했다.

"당신은 학습 능력이 뛰어나오. 장사를 했으면 성공했을 거요."

"그래서 날 택한 게 아니오?"

우리는 짚 더미 뒤에 앉아서 시간을 보냈다. 주로 그가 이야기했고 나는 이야기를 들었다. 그는 회계장부 쓰는 법, 외국에서 물건을 사들이는 법 등을 설명해 주었다. 그가 손익 계산하는 법을 설명해 주면 나는 배운 대로 계산을 해 보곤 했다. 나는 낮이고 밤이고 그곳에 죽치고 앉아 계산을 연습했다. 운송업을 할 경우 들어가는 경비는 얼마나 할까? 마차, 마차 운전기사, 심부름꾼, 말, 안전 및 경비 인력, 오르막길에 투입할 추가 말 등에 들어가는 비용은 얼마나 될까? 또 도시에서 돈벌이를 하기 위해 써야 하는 뇌물의 액수는 어느 정도로 책정해야 하는가?

위험을 예측하고, 이익을 계산하는 법을 서서히 터득해 갔다. 돈이 돈을 번다는 것도 배웠다. 이탈리아 북부의 여러 도시에는 은행이 생겨서 돈이 돈을 벌 수 있도록 도와주고 있다는 사실도 듣게 되었다. 돈이 돈을 벌게 하려면 돈이 있어야 했다. 있는 자는 더욱 풍족해진다고 했다. 성경에도 그렇게 씌어 있다.

그는 쉬지 않고 이야기했다. 거짓말을 하려면 생각할 시간이 필요했을 것이다. 하지만 그의 말은 막힘이 없었다. 나도 쉬지 않았다. 시간이 날 때마다 읽고, 쓰고, 계산하는 법을 연습했다.

그러는 사이에 시간은 흘렀다. 도시 앞 구덩이는 시체로 가득 찼다.

겨울이 되고 얼음이 얼기 시작했다. 흑사병은 촛불이 꺼지듯 한순간에 사그라지지 않았다. 그러다 흑사병은 아주 천천히 물러섰다. 사망자 수가 아주 천천히 줄어들었다. 그러던 어느 날에는 더 이상 도시에서 시체를 실은 마차가 나오지 않았다. 다음 날 다시 네 구의 시신이 운반되고, 그다음날 두 구, 그다음 나흘 동안은 한 명의 사망자도 나오지 않았다. 다시 한 명이 죽고 한 일주일 동안은 사망자가 발생하지 않았다. 그리고 흑사병은 완전히 자취를 감췄다. 도시의 성문이 다시 열렸다. 사람들은 부둥켜안고 기뻐했지만 혹시나 하는 두려움이 완전히 가시지는 않았다.

새로운 삶이 시작되었다.

우리 집 마구간에 숨어 지내던 장사꾼도 도시로 돌아갔다.

나는 고민에 빠졌다. 내게 생긴 이 많은 돈으로 무얼 해야 한담? 다시 한 번 제대로 농사를 지어 큰 수확을 거두기 위해 씨앗을 사야 할까? 나는 계산하는 법을 배웠다. 나는 혼자 먹고 살 만큼은 손쉽게 재배할 수 있었다. 곡식을 내다 파는 건 어떨까?

그러나 누구에게 팔 것인가? 농촌의 곡식을 사들이던 도시의 사람들은 대부분은 죽고 없었다. 이웃 농부들은 가을과 겨울에 수확한 곡식을 마차에 싣고 도시로 갔다가 조금밖에 팔지 못하고 돌아왔다. 대부분의 농민들은 밀알이 가득 들은 자루 더미 위에 앉아 그 밀알을 갈지도 못하고 어찌해야 할지 몰라 했다. 밀알을 갈 돈이 없었던 것이다. 기사가 비어 있던 방앗간에 살게 한 새로운 방앗간 주인은 돈 대신 밀 같은 곡식을 받아 주지 않는 사람이었다.

우리 마을의 루게르 폰 베그슐라그 기사의 창고는 농부들이 공납하는 곡식으로 가득해졌지만 기사는 그 곡식이 전혀 돈이 안 된다며 불평했다.

그해 농사는 풍작이었다. 그러나 곡식이 가득 찬 창고는 오히려 짐이 되었다. 대부분 곡식을 타작해서 그냥 소나 돼지에게 먹이고 말았다. 그나마 다행히도 도시에서 고기는 여전히 괜찮은 값에 팔렸다.

나는 수중의 돈을 셌다. 한 번 세고, 두 번 세고, 계속해서 셌다. 평생 먹고 살기에 충분한 돈이었다. 그냥 먹고 사는 정도가 아니고 넉넉하게 살 수 있었다. 그런데 이 돈을 계속해서 이렇게 가지고 있을 수 있을까?

아니다. 기사는 내게 돈이 있다는 사실을 알게 되면 그것을 빼앗고 말 것이다! 기사는 물에 빠져 죽어 가는 사람이 공기를 마시려고 몸부림치듯 돈을 더 갖기 위해 몸부림쳤다. 흑사병이 유행하기 전부터 성 주위로 새 성벽을 축조하고 싶어 했던 기사는 돈이 필요했다. 기사는 우리 농부들을 투입시켜 성벽의 기틀을 닦아 놓았다. 이제 본격적으로 성벽을 짓기 위해서는 돈이 있어야만 했다. 농부들이 바친 곡식은 창고에 그저 쌓여만 있었고 돈 한 푼 되지 못했다.

나는 도시로 갔다.

"내게 준 돈 중에서 일부가 필요하다면 돌려주겠소."

나는 마구간에 숨어 지내던 장사꾼에게 제안했다. 그는 나를 쳐다보았다.

"당신이 유산으로 물려받은 집 중에서 비어 있는 집 한 채를 그 집터까지 내게 파시오."

도시에는 비어 있는 집이 수두룩했다. 도시 곳곳마다 골목이 텅 비어 있었고 길거리에는 잡초가 자랐다. 대문이 굳게 닫혀 있고 널빤지로 창문을 가린 집이 허다했다. 집을 사는 사람은 아무도 없었다. 그래서 집 값이 무지 쌌다. 그 덕에 나는 적은 돈을 주고 집을 샀고 수중에도 돈을 남길 수 있었다. 나는 도시에서 살게 되었다. 도시에서 산다는 건 돈이 많이 들어가는 일이었다. 그러나 나는 집도 있고, 돈도 있었다.

죽은 아내 생각과 함께 아내의 죽음에 대한 대가가 얼마였는지도 떠올랐다. 그리고 내가 가지고 있는 돈이 얼마나 가치가 높은지 다시 한번 깨닫게 되었다.

문제는 기사였다. 내 노동력은 기사의 것이었다.

나는 이제 도시에서 살았다. 고향에 있는 밭은 놀고 있었다. 왜 결국에는 쥐가 먹어 치울 얼마 안 되는 곡식을 재배하며 살아야 하는가? 가축은 떠날 때 다 팔아 버렸다. 한 마리씩 팔았기 때문에 아무도 눈치채지 못했다. 난 철저히 준비한 끝에 갑자기, 조용히 사라졌다. 가축을 팔아 마련한 돈 중에서 한 푼도 루게르 폰 베그슐라그 기사에게 주고 싶지 않았다.

기사는 내가 농촌으로 돌아와 일할 것을 요구했고 그 동안 올린 수익 중 기사에게 상납해야 할 금액을 지불하라고 했다. 나는 할러 씨에게 말했다.

"나를 숨겨 주시오! 1년 정도는 도시에서 살아야 하지 않겠소? 자기 집, 자기 땅이 있다면 제일 좋겠지요. 그러면 땅 주인이 와서 뭐라고 할 것도 없으니까요. 도시는 인간을 자유롭게 해 주는 곳이오! 누구나 아는 사실이지요!"

"그럴지도 모르겠소. 허나 어차피 나랑 상관없소. 난 내 목숨에 대한 대가를 지불했소. 왜 당신의 주인인 그 기사 때문에 내가 위험 부담이 있는 일을 해야 하오? 거래를 할 때 값은 한 번 지불하면 끝이오. 지금

당신이 나에게 그런 일을 요구하는 건 무리란 말이오. 사기를 치는 것이
나 다름없소."

나는 혼자였다.

도시의 밤은 위험했다. 루게르 폰 베그슐라그 기사는 도시의 수비를
담당하고 있었다. 사실 도시를 지키는 것은 성벽과 해자와 굳게 닫힌 성
문이었고, 폰 베그슐라그 기사의 종들은 보호받아야 할 사람만을 보호
했다.

나는 보호받아야 할 사람이 아니었다.

폰 베그슐라그 기사는 두 번이나 사람을 보내서 내게 돌아오라는 말
을 전했다. 세 번째 사람을 보낼 때에는 아무 말도 전하지 않았다. 어느
날 아침에 집에 돌아오니 대문과 가구가 모조리 부서져 있었고, 침대는
갈기갈기 찢겨 있었다.

나는 당시 한 여관에서 지내고 있었다. 여관은 돈을 지불하는 사람에
게 안전을 제공하는 곳이다. 기사의 종들은 밤낮으로 나를 지켜보았다.
기사는 내가 돈이 있다는 사실을 알았다.

내가 예전에 할러 씨를 숨겨준 것은 그가 지불한 돈 때문이었다. 이
번에는 내가 그를 찾아가 말했다.

"이번에는 내가 돈을 지불하겠소."

우리는 거래를 했다. 내가 지불해야 할 돈의 액수는 그가 일전에 지
불했던 액수보다 적었다. 난 병을 옮길 가능성이 없었기 때문이다. 게다
가 할러 씨는 병에 걸려 죽을 부인도 없었다.

할러 씨는 정직한 장사꾼이었다. 그러나 장사꾼일 뿐이었다. 그는 이

윤을 따지는 철저한 장사꾼이었다. 목숨도, 자유도 모두 돈으로 환산했다. 그가 제시한 가격은 꽤 높았다. 하지만 다행히 그 돈을 지불하고도 내게는 약간의 돈이 남았다.

내 꿈은 모두 수포로 돌아갔다. 말과 마차를 살 돈이 없었다. 배를 구입할 돈은 물론 없었고, 남의 배에 물건을 실을 돈도 없었다. 내게 더 이상 장사의 기회는 없는 듯했다.

할러 씨는 나를 자기 집 뒷마당에 일곱 달 동안 숨겨 주었다. 그 후 나는 자유를 찾았다. 모든 권리를 소유한 자유 시민이 되었다.

도시에서 살려면 기술이 있거나 땅을 소유하지 않는 이상, 매일 힘든 노동을 해야만 굶어 죽지 않는다는 것이 할러 씨의 충고였다. 그러나 나는 기술도 없고, 땅도 다 팔아치운 상태였다. 땅을 팔아 버린 건 큰 실수였다. 그렇다고 일당을 받으며 일용직 노동자로 살고 싶지는 않았다. 차라리 다시 농부로 사는 편이 좋았다.

내가 가지고 있던 돈? 그 돈을 계산해 보니 언제쯤 내가 마지막 빵을 사 먹게 될지 예상할 수 있었다. 나는 자유를 갖기 위해 치러야 하는 대가를 과소평가했던 것이었다. 계산을 제대로 하지 못했다. 계산 착오였다! 할러 씨는 나에게 이렇게 말했었다.

"계산을 잘못하면 망하게 되오."

누더기를 입고 더러운 얼굴로 정신이 나간 채 도시의 거리를 배회하는 거지꼴이 된 내 모습이 상상되었다. 나는 내가 상인이 될 거라고 기대했었다. 일하는 사람들을 부리면서 해외에까지 손을 뻗치는 큰 사업체를 가진 사람이 될 거라고 꿈꿨었다. 값 비싼 모피 외투를 입고 고급 말에 타고 있는 모습을 상상했었다. 폰 베그슐라그 기사도 가질 수 없는 고가의 말을 탄 모습을 그려 보곤 했었다.

장사꾼은 큰 목표를 세워야 하는 건 맞았지만 몽상가가 되어서는 안 된다! 수중에 아직 약간의 돈이 남아 있었으니 불가능한 일도 아니었다. 돈에는 불어날 수 있다는 특성이 있으니까. 그런데 대체 어떻게 돈을 불린단 말인가?

나는 너무 말라 뼈만 앙상하게 남은 상태였다. 악착같이 돈을 아꼈기 때문이다. 마음 같아서는 구걸도 하고 싶었다. 그러나 나를 알아보는 사람들이 꽤 있어서 그럴 수는 없었다. 분명 나를 알아보는 사람은 단 한 푼도 주지 않았을 것이다. 그래서 목숨을 간신히 부지할 정도의 음식만 먹으며 돈을 아꼈다. 구걸을 할 정도로 돈이 없지는 않았지만, 나는 수중의 돈을 목숨처럼 여기며 악착같이 지켰다. 그 돈이 나를 위해 돈을 벌어 와야 하기 때문이었다.

식수는 광장 우물에서 길러 공짜로 해결했는데, 사람들은 유태인들이 우물마다 독을 타 우물물이 위험하다고 했다. 흑사병도 바로 오염된 우물물 때문이라는 소문이 파다했다. 나는 그 말을 믿지 않았다. 사람들은 유태인들을 잡아다가 화형을 시켜 모조리 죽였지만 반년이 지난 후에도 사람들은 흑사병으로 죽었다.

한번은 거리에서 할러 씨와 마주쳤다. 나를 훑어보던 그의 시선은 내 얼굴에서 멈췄다. 그는 형식적인 미소를 짓고 가던 길을 계속 갔다. 할러 씨는 나에게 더 이상 빚이 없었다. 나도 그에게 아무런 빚이 없었다. 나는 그 누구에게도 빚지지 않았다. 내 수중에 있던 돈은 모두 내 것이었다.

나는 시간이 많았다. 그래서 거리를 다니며 기술자들이 일하는 모습을 지켜보며 시간을 보냈다. 장터에 가서 내가 가지고 있는 돈으로 무얼 살 수 있는지 계산해 보곤 했다. 그냥 계산 연습을 위한 계산이었다. 담아 둘 것도 없는데 아연으로 만든 물주전자를 왜 사겠는가? 또는 내가 가진 적은 돈으로 살 만한 물건인 밧줄 따위도 내게는 필요가 없었다. 목매달고 죽기 위해서라면 모를까 구입을 이유가 없었다. 그러나 내 가슴 속에는 아직 희망이 있었기에 죽을 순 없었다.

그 희망이 근거 없는 희망이라는 사실은 매일매일 나를 괴롭게 하는 배고픔을 통해 확인할 수 있었다.

나는 배는 고팠지만 희망을 품고 날마다 기술자들을 지켜보며 시장에서 계산 연습을 했다. 하루는 한 목수가 베틀을 만드는 모습을 지켜봤다. 저런 베틀은 얼마나 할까? 베틀 가격을 알고 싶었던 것은 아니다. 습관처럼 내가 가진 돈의 가치를 따져 보곤 했는데, 내가 가진 돈은 베틀을 스무 대쯤 살 수 있는 정도의 돈이었다. 그렇다고 베틀 스무 대를 사서 내가 뭘 하겠는가? 직조공이 아니어서 베틀을 사용할 줄도 모르는 나에게 베틀은 아무 소용이 없었다.

그래서 이번에는 직조공들을 지켜보았다. 직물을 짜는 손길이 예사롭지 않았다. 그런데 한참 지켜보니 그리 대단한 기술도 아닌 듯했다. 직물을 짜는 기본적인 기술은 쉽게 익힐 수 있을 것 같았다.

어느 날 나는 목수에게 말했다.

"베틀 스물세 대만 만들어 주시오."

수중에 있는 돈을 합치니 베틀을 스물세 대까지 살 수 있었다. 문제는 집이 좁아 베틀이 두 대 이상은 들어가지 않는다는 것이었다.

목수는 베틀을 만들기도 전에 돈을 먼저 요구했다. 그는 늘 거지꼴로 돌아다니던 나를 믿을 수 없었던 모양이다. 그는 계산 착오로 손해를 입을 그런 목수는 아니었던 것이다.

"베틀 가게를 차리려고 그러시오? 베틀 가게는 잘 되기 힘든데……."

목수는 나에게 충고해 주었다.

"도시에 사는 웬만한 직조공들은 다 자기 베틀이 있다오. 그리고 베틀이 필요하면 직접 목수에게 가서 베틀을 주문하지 않겠소? 그러니 베틀을 팔아먹기는 힘들 게 분명하오."

"베틀을 팔려고 그러는 게 아니오. 스물세 대의 베틀을 모두 선물할 작정이오."

목수는 내가 얼굴이 두 개 달린 괴물이라도 되는 듯 나를 쳐다보았다. 나는 그를 향해 돈을 지불했으니 어서 베틀을 만들어 달라는 표정을 지었다. 목수는 머리를 긁적거리며 중얼거렸다.

"세상에는 별별 사람이 다 있군. 바보 같은 짓을 하며 자기 재산을 탕진하고 남의 배만 불리는 어리석은 사람이군."

그는 돈주머니에 든 돈을 만지작거리며 중얼거렸다. 곧장 동네에 나에 대한 소문이 퍼졌다. 동네 아이들이 내 뒤를 졸졸 따라다니기 시작했다.

베틀이 모두 완성되기까지 몇 주가 더 걸렸다. 나에게는 수백 주 이

상인 듯한 시간이었다. 괴롭고 지겨웠지만 나는 기다렸다.

직조공들이 사용하는 리넨이 감긴 실타래도 스물세 개 구입했다. 물론 실타래 값은 미리 계산해서 아껴 둔 것이었다.

어느 날 저녁에 리넨 직조공 조합의 대표가 찾아왔다.

"당신은 우리 조합 사람이 아니오. 그러니 직물을 짜서 돈을 벌 수 없소. 그리고 리넨 실타래도 살 수 없소. 조합에서는 리넨 직물의 가격 안정화를 위해 생산되는 직물의 양을 철저하게 통제하고 있소. 직물의 가격과 생산량 모두 조합에서 결정하오. 그러니 당신 멋대로 직물을 짤 수 없소. 게다가 당신은 직조공도 아니니, 손수건 한 장도 짤 수 없소."

조합 대표의 말에 나는 대답했다.

"그럴 일은 없으니 걱정 마십시오."

"그렇다면 이 많은 베틀을 왜 샀단 말이오? 실타래까지 사지 않았소?"

대표는 의아해하며 물었다.

"선물하려고 샀습니다."

베틀과 실타래가 다 준비된 후 몇 주 동안은 정말 힘들었다. 나는 여러 마을을 돌아다녔다. 먼저 내가 살던 마을에 갔다. 나는 사람들과 이야기를 나누며 마을의 상황을 알아보았다. 농부들은 한숨만 내쉬었다. 여전히 먹고 살기 힘들었다. 많은 경우 농사일을 포기하고 목축을 시작해 고기를 팔아 돈을 벌기는 했지만 가축을 키우는 일은 상당히 오랜 시간이 걸리는 일이어서 고생은 여전했던 것이다.

"그래도 살아야 하지 않겠나. 자식을 굶겨 죽일 수도 없고, 낡은 옷을 기워 입는 것도 한계가 있지만 어쩔 도리가 없지. 세상에 공짜로 뭘 주는 사람이 어디 있나."

"제가 공짜로 드리겠습니다. 원하시는 분들에게는 모두 베틀을 드리겠습니다."

나는 관심을 보이는 사람들에게 베틀을 선물해 주기 시작했다. 곧 스물세 대의 베틀과 실타래가 모두 분배되었다.

베틀을 받은 농부들은 물었다.

"주니까 받긴 했지만, 베틀을 가지고 대체 뭘 하란 말인가?"

"직물을 짜야지요."

내 대답은 간단했다.

"어떻게 짠단 말인가?"

그들은 또다시 물었다. 나는 어깨너머로 배운 직조 기술을 농부들에게 가르쳤다. 어떤 이들은 금방 기술을 터득했지만 어떤 이들은 한참 후에야 직물 짜는 법을 습득했다. 어쨌거나 결국에는 모두가 직물을 짤 수 있게 되었다. 단순한 리넨 직물을 짜기란 어렵지 않았다. 물론 문양이 화려한 고급 직물은 만들기 어려웠지만 농부들에게 그런 것을 기대한 것은 아니었다.

"그런데 이걸 짜서 어쩌란 건가? 이걸 대체 누구에게 팔란 말인가?"

"제게 파시면 됩니다. 베틀 대여료라고 생각하시면 됩니다. 리넨을 완전히 공짜로 받아가겠다는 건 아니고 여러분도 남는 장사가 될 정도로 값을 쳐 드리겠습니다."

"베틀을 공짜로 준다고 하지 않았나?"

농부들은 도무지 이해를 하지 못했다.

"베틀을 돌려줄 필요는 없습니다. 그러니 여러분께 공짜로 드린 셈이지요."

대부분의 농부는 내가 한 말이 무얼 의미하는지 깨달았다. 바로 돈! 그들에게 돈 벌 길이 열린 것이다. 평생 번 돈보다 훨씬 많은 돈을 벌 기회였다. 돈을 벌 수 있다는 사실 자체만으로도 감사할 일이었다. 직물을 짜는 일은 집에서 할 수 있는 일인 데다가 부인이나 애들도 도울 수 있는 일이니 이보다 더 좋은 기회는 없었다.

어차피 팔리지도 않는 농작물을 수확하기 위해 힘들게 밭을 가는 것보다 베틀 앞에 앉아 직물을 짜는 편이 훨씬 이득이었다. 수고한 만큼 돈을 벌 수 있었다!

기사의 반응? 기사도 농부들의 수입이 좋아지니 기뻐했다. 이전에는 창고에 쌓여만 있고 팔리지 않아 썩어 나가던 곡물로 받았던 공납을 이제는 돈으로 받을 수 있었다. 폰 베그슐라그 기사도 만족해했다.

그렇다면 도시의 직조공 조합은 어떤 반응이었나? 농부들은 도시에 살지 않았기 때문에 조합도 어쩔 도리가 없었다. 재판의 권한을 가지고 있었던 기사는 농부들의 손을 들어주는 명쾌한 판결을 내렸다.

기사는 계속해서 농부들에게 공납금을 거뒀고 직조공 조합은 더 이상 관여할 수 없었다.

나는 어떻게 되었는지 궁금한가? 이번에는 내 계산이 맞아 떨어졌다. 나는 한 번 실패한 후 다시는 실수를 하지 않았다. 농부들이 짠 직물을 팔아 남은 돈으로 새 베틀과 실을 구입했다. 장사는 점점 더 잘 되었다.

농부들은 곡식 대신 리넨의 원료인 아마를 재배하기 시작했다. 나는 농부들이 재배한 아마를 사서 농부들에게 주어 실을 잣게 하고 그 실로 직물을 짜게 했다. 6월쯤 파란 아마꽃이 밭을 뒤덮으면 그 광경은 정말 아름다웠다. 들판이 온통 푸르게 물들었다. 그래서 사람들은 그 일대를 '푸른 마을'이라고 불렀다.

물론 많은 사람들이 나를 따라했다. 경쟁자가 없을 리 없었다. 경쟁은 늘 있기 마련이다!

할러 씨는 나의 파트너가 되었고, 나는 그의 파트너가 되었다. 나는 꿈꾸던 대로 해외 무역까지 하는 상인이 되어 세계 곳곳을 다니며 리넨을 팔 시장을 개척했다.

나는 내가 살 멋진 집을 지었다. 지붕은 화려하게 조각된 나무로 장식하고 가구도 역시 고급 목재로 만들게 했다. 집안 곳곳에는 금으로 만든 장식품과 은잔, 은촛대, 모피, 동방에서 수입된 고급 벽걸이 융단 등을 전시했다. 내 수하에는 많은 하인들과 직원을 두었다. 신용을 얻기 위해서는 다 필요한 것들이다.

죽은 아내가 살아 있었더라면 너무나 행복해했을 그런 삶이 시작되었다.

제 2 장

미로

14, 15세기에 흑사병에 대한 기억은 마치 무거운 짐처럼 사람들을 짓눌렀다. 사방에서 죽어 나가는 이웃들을 보며 사람들은 삶에 대한 기대나 삶의 기쁨을 잃은 지 오래였다. 한편 중세 시대에 대한 거의 모든 역사물에는 1400년 전후에 흑사병과 다른 기이한 질병이 퍼졌다고 기록되어 있으며, 이 질병이 라인 강 하류 및 알자스 지역을 중심으로 전염병처럼 확산되었고 이 질병에 걸린 사람들은 이상한 춤을 추듯 경기를 일으켰다고 전한다. 스트라스부르에서 발견된 쾨니히스펠트 연대기에서도 이 질병에 대해 묘사한 부분이 있는데 앞으로 소개할 이야기에 등장하는 이 질병에 대한 기술은 모두 이 기록을 근거로 한다.

사람들은 이 질병이 바이트(Veit)라는 성인에게 기도를 하면 치료가 된다고 믿어 이 질병을 바이트츠탄츠('바이트의 춤'이라는 뜻—옮긴이)라고 불렀다. 바이트츠탄츠의 공포는 사람들이 무리지어 다니며 기이한 춤을 추는 괴현상을 유발시켰다. 현대 의학은 사람들의 이러한 이상한 집단행동을 집단 히스테리라고 설명한다. 이 현상의 진짜 원인은 당시 사회에 만연했던 엄습해 오는 죽음에 대한 두려움, 좌절, 삶에 대한 잘못된 인식 등으로 추정된다. 춤은 도저히 벗어날 수 없는 현실 세계로부터 도피하는 방법이었던 것이다. 현대인들이 현실의 괴로움을 잊기 위해 약물을 남용하는 것과 비슷한 현상이다.

중세 시대 사람들은 두려움의 노예가 되어 그 공포에 갇힌 채 살아갔다. 그들은 마치 미로에 갇힌 사람들처럼 잘못된 길을 이리저리 헤맸다. 그래서인지 미로를 상징하는 그림이 그 어느 시대보다 많이 발견되는데, 특히 교회 건축물에서 많이 발견되었다. 돌 등에 새겨진 미로 문양은 인간이라는 존재의 착각과 방황을 나타내는 듯하다. 또는 인간으로서는 이해할 수 없는 신의 섭리를 상징하는지도 모르겠다. 중세 시대에 새겨진 미로 문양들에는 아마도 인간의 한계와 삶의 불확실성이라는 의미도 부여되어 있을 것이다.

수많은 기록을 통해 우리에게까지 소개되고 있는 바이트츠탄츠라는 병은 역사적 사실을 넘어 근대가 시작되던 시대를 살았던 사람들의 정신과 마음속 깊은 곳에까지 관심을 갖게 해 준다.

당시에 수학 천재로 태어난 한 젊은이가 살았다. 그는 종교적인 이유와 별 볼 일 없는 가문 출신이라는 이유 때문에 천재적 능력을 발휘할 기회가 전혀 없었다. 그러던 어느 날 그가 살던 마을에 기이한 춤을 추는 무리가 나타나 마을을 어지럽게 했다.

라인 강 하류에 위치한 성 에기디우스 교회의 제단 바닥은 넓적한 돌판들로 만들어졌다. 그런데 오랜 세월이 지나면서 반짝거리기까지 하는 이 돌판들 중에 이상한 형상이 새겨진 돌판이 있다. 언제 새겨졌는지 알 수 없을 정도로 오래전부터 존재했던 것이다. 이 돌판은 사과 같은 열매를 두 쪽으로 쪼개어 서로 마주보게 놓은 형상이다. 그리고 양쪽 열매의 안에는 복잡한 미로 문양이 새겨져 있다.

　손가락이나 시선으로 열매를 채우고 있는 복잡한 선 중에 하나를 골라 따라가다 보면 미로 속을 끝없이 헤매게 된다. 문득 출구를 찾은 듯하나 이내 좀 전과 똑같은 길을 빙글빙글 돌게 된다. 길을 찾아보려고 계속해서 시도해 보아도 막다른 골목에 이르기 일쑤다. 막다른 골목에서 탈출하기 위해서는 아주 운이 좋아야 한다. 어떤 이들은 그것이 행운이라기보다 그냥 우연이라고도 한다.

이러한 문양들은 아주 오래전 그리스 사람들이 발명한 것으로 그들은 이러한 형태의 것을 미로 또는 미궁이라고 불렀다.

오랜 역사를 자랑하는 대부분의 교회에서는 이러한 미로 문양이 자주 발견된다. 신이나 자기 자신에게로 향하는 길을 찾기 위해, 또는 세상을 헤쳐 나가기 위한 인생의 바른 길을 찾기 위해 그곳을 찾은 신도들은 이 문양에 한번 시선을 빼앗기게 되면 출구 없는 미로에 갇히고 만다. 사람을 혼란스럽게 하는 이 문양들이 하필 교회에 새겨져 있는 이유는 알 수 없다.

1407년 7월, 햇볕이 뜨겁게 내리쬐는 아침이었다. 갑자기 구름이 몰려오더니 하늘은 비를 뿌릴 태세를 갖췄다. 둔탁한 천둥소리가 들렸다. 그런데 멀리서 들려오는 천둥소리 틈으로 이상한 소리가 가까워지고 있었다. 북치는 소리, 손뼉 치는 소리, 노랫소리 등이 섞인 소리가 점점 커졌다. 많은 수의 남자와 여자가 노래를 부르거나 괴성을 지르고 있었다. 화가 난 사람이 성을 내는 소리 같기도 했고, 기쁨의 환호 같기도 했다가 슬픔과 비탄의 울부짖음 같기도 했다.

라인 강변을 따라 희한한 무리가 다가오고 있었다. 무리는 춤을 추고, 팔짝팔짝 뛰기도 하며, 빙빙 돌기도 했다. 성인 남녀뿐 아니라 청소년들과 심지어 아주 어린 아이들까지 무리에 섞여 있었는데, 광대처럼 형형색색의 옷을 뒤죽박죽 입고 있었다. 어떤 이들은 옷을 반쯤 벗은 상태였고, 어떤 이들은 식탁보를 허리에 두르고 있었다. 상의를 벗어던진 여자들, 남자 바지를 입은 여자, 여자 치마를 입은 남자가 눈에 띄었다. 사람들의 얼굴과 몸에는 진흙과 온갖 더러운 것이 묻어 있었고, 알록달록한 물감 같은 것이 칠해져 있기도 했다. 그중 일부는 가지와 꽃을 꺾어 머리에 꽂고 있었다.

무리가 좀 더 가까이 오자 사람들이 모두 입을 벌리고 침을 흘리고 있는 것도 보였다. 눈빛은 몽롱했고 하늘 어딘가를 뚫어지게 보고 있었다. 무리에 속한 사람들은 천천히 움직일 줄 모르는 것 같았다. 팔짝팔짝 뛰면서 경기를 하는 듯했다. 그들은 온몸을 떨었고 팔다리를 파닥거리거나 비비 꼬았고 머리를 정신없이 좌우로 흔들어 댔다. 마치 보이지 않는 거인이 사람을 들고 흔드는 것만 같았다. 어떤 사람들은 매우 고통스러운 듯 바닥에서 뒹굴기까지 했다. 그러면서 괴성을 지르며 웃었다. 어떤 이들은 추워서 덜덜 떠는 것처럼 혹은 공포에 소스라치는 것처럼 몸을 떨었다. 지진이라도 난 듯 몸을 이리저리 내동댕이치는 사람들도 보였다. 술에 취한 사람처럼 비틀거리는 사람도 여럿이었다.

무리는 아주 천천히 움직였다. 혼자서 또는 여럿이 얼싸안고 빙글빙글 도는 사람들이 있는가 하면, 둘, 셋 또는 넷이 손을 잡고 원을 만들어 빙글빙글 돌면서 뛰기도 했다. 한 줄로 서서 앞 사람의 어깨에 손을 얹어 길게 줄을 만들어 행진하는 사람들도 있었다. 앞으로 조금 전진하다가 또 이상한 춤을 추며 뒷걸음치는 바람에 진행이 빠를 수가 없었다. 춤을 추다 말고 갑자기 바닥에 쓰러져 경기를 하는 사람들도 있었다.

춤을 출 만한 음악은 전혀 들리지 않았다. 무리는 괴성, 북소리, 비명 등을 음악 삼아 춤을 추었다. 박자라는 것도 없었다. 그들이 음악 삼은 것은 지옥의 노래라고 할 수 있었다.

라인 강변에 위치한 마을에 사는 어부와 농부, 뱃사공, 일용직 노동자 등은 이 미치광이 무리의 소리를 들었다. 바로 전 세대 어른들은 광적인 춤에 대해 들어본 적이 있었다고는 하나 오랜 세월 동안 그러한 춤이나 광기는 거의 보기 힘들었다. 그러나 완전히 사라진 것은 아니었나 보다. 몇 주 사이에 여기저기에서 미치광이 무리의 행진에 대한 소식들이 들려왔다.

미치광이 무리의 소리는 점점 커졌다. 사람들은 일터에 나가지 않고 대문 앞에 서서 이들 무리가 다가오는 것을 지켜보았다. 두려움과 긴장감이 엄습했다. 이웃끼리 의심스러운 눈초리로 바라보기 시작했다. 그리고 자기 자신마저도 믿지 못하고 의심하기 시작했다.

사람들은 소리 지르며 울다가 웃기를 반복하는 춤추는 무리가 다가오는 것을 두려움에 떨며 지켜봐야만 했다. 무리를 지켜보던 이들은 소름이 돋으면서도 시선이 떼지 못했다. 그러다가 갑자기 관절이 꺾이고 몸을 떨었다. 멀쩡했던 사람도 무리가 다가오면 정신을 잃고 경기를 했다. 그러고는 소리를 지르며 무리에 합류한 후 옷을 찢고 다른 사람들의 손을 잡고 이리저리 뛰어다니기 시작했다. 정원과 들판에서 꽃, 나뭇가지, 나뭇잎 등을 꺾기도 하고 진흙을 몸에 바르기도 했다. 그리고 완전히 무리에 동화되어 무리와 사라져 버렸다.

몸을 떨고 소리를 지르기 시작하면 가족과 친구와 이웃은 그 사람을 붙잡아 두려고 애를 썼다. 그러나 이 질병은 엄청난 괴력이 솟아나게 하느지 아무도 힘으로 말릴 수가 없었다. 건강한 사람들이 아무리 막아도 일단 한번 광기가 시작되면 큰 물결에 휩쓸려 바다 속으로 빨려 들어가듯이 뛰쳐나가 미치광이 무리에 합류하게 되었다.

기괴한 무리는 한 마을에서 여러 사람을 집어삼키고 나면 다음 마을로 이동해 또다시 사람들을 집어삼켰다. 광적인 춤은 폭풍 후 홍수처럼 마을을 휩쓸었고 가물었던 들판에 번지는 불처럼 번져 나갔다.

이 광기에 휩쓸리지 않은 사람은 아내, 남편, 자식, 부모, 이웃, 친구가 집과 일터와 마을을 떠나 점점 커져 가는 미치광이 무리에 합류하여 이리저리 헤매고 있다는 충격에 빠져 어찌할 바를 몰랐다.

이 질병은 빈곤층에서 보다 급속히 확산되었다. 물론 갑자기 움찔거리고 벌벌 떨며 춤을 추기 시작하는 부자들도 있었다.

광적인 춤을 추는 사람 중에 아드리안이라는 아직 앳된 모습이 역력한 청년이 있었는데, 아드리안은 다른 사람들보다 키가 크고 유독 말라서 더 눈에 띄었다. 아드리안은 그가 살던 마을에서 이 병에 걸린 최초의 사람 중 하나였다.

아드리안이 갑자기 미치광이가 되어 춤을 추기 시작했다고 해서 걱정해 주는 사람은 없었다. 그는 언제나 혼자였다. 엄마는 그 전해 겨울에 죽었고 아버지는 누구인지 모르고 살았다. 애비 없는 자식으로 태어난 아드리안은 기술을 배울 돈이 없어 아무것도 배우지 못했다. 그저 마을에서 할 수 있는 잡일을 하며 살았다. 이 집에서 타작하는 것을 좀 돕다가 저 집에서 바구니 짜는 것을 돕다가 또 비료나 부대 등을 나르는 게 할 일의 전부였다. 그나마 이런 잡일을 하고 빵이나 소시지를 얻어 입에

풀칠을 했다.

아드리안은 또래 아이들과 어울리지 못했다. 다들 그를 싫어했다. 원래 혼자 있는 것을 좋아하는 성격이라 대부분 방에서 혼자 돌을 가지고 놀았다. 나이가 들어서도 돌멩이가 아드리안의 유일한 친구였다.

아드리안의 엄마는 어느 정원에서 곡식을 키웠고 아드리안은 이런 엄마를 도와드리곤 했다. 이 정원은 원래 한 장사꾼의 것이었는데 아드리안의 엄마가 몇 번 유모로 집안일을 도와준 것이 인연이 되어 그 장사꾼의 정원에서 농사를 지을 수 있게 되었던 것이다. 그런데 얼마 전 엄마마저 죽고 나자 아드리안은 완전히 외톨이가 되었다. 배 고프냐, 목 마르냐, 입을 옷은 있느냐 하고 물어봐 주는 사람이 아무도 없었다.

마을 농부들은 아드리안이 빵 한 조각과 물 한 잔만 주어도 시키는 대로 농사일을 할 사람이란 걸 알았다. 한겨울의 어느 날에는 한 농부가 아드리안에게 창고에 쌓여 있는 여러 자루의 부대를 마당에 옮겨 놓게 한 적이 있었다. 아드리안은 한 번에 두 개의 부대를 옮겨 한 시간 만에 일을 마쳤다. 농부는 아드리안을 감시했고, 아드리안 혼자 일을 해야만 했다. 방앗간에 싣고 갈 부대가 마당에 수북하게 쌓이자 농부는 한숨을 내쉬었다.

"부대가 몇 개인지 세야 하는데, 부대를 옮기는 것보다 세는 게 더 어려운 일이라구. 매년 이래야 한다니 원!"

농부는 부대를 세기 시작했는데, 한 손 검지로 첫 부대를 가리키고 다른 손 검지를 폈다. 다음 부대를 가리키며 검지를 편 손의 중지를 폈고 세 번째 부대를 가리키면서는 한숨을 내쉬었다. 그때 아드리안이 농부에게 말했다.

"제가 옮긴 부대의 수는 네 개씩 여덟 번 그리고 마지막에 옮겨 놓은 부대 세 개를 더하면 됩니다. 별로 어렵지 않습니다."

농부는 놀라 아드리안을 쳐다보았다.

"네 개씩 여덟 번 그리고 세 개씩 한 번이라."

아드리안은 천천히 설명했습니다.

"제가 매번 두 개의 부대를 들었잖습니까. 두 번 옮기면 네 개가 되고, 네 번 옮기면 여덟 개가 되는 것이지요."

농부는 놀라서 성호를 그었다.

"그러니까 여섯 번을 옮기면 열두 개의 부대지요. 그런데 부대는 훨씬 많았어요."

농부의 얼굴이 뻘겋게 달아올랐다.

"전 스물네 개의 부대를 옮기고도 부대를 네 개씩 두 번 그리고 세 개를 한 번 더 옮겼습니다. 엄청 많았지만 다 옮겼어요. 못 믿으시겠으면 다시 세어 보세요."

농부의 얼굴은 술에 취한 사람처럼 시뻘게졌다.

"다르게 셈할 수도 있어요."

아드리안이 다시 입을 열었다.

"일단 열여섯 번은 부대를 두 개씩 옮기고, 그러니까 서른두 개의 부대를 옮기고 마지막으로 한꺼번에 세 개를 옮겨 놓았습니다. 마지막에는 한 번 더 가기 싫어 그냥 한꺼번에 세 개를 옮겼는데, 세 개를 한꺼번에 들려니 무겁긴 했습니다."

"세 개를 한꺼번에 들려니 무겁긴 했다고?"

"뭐 하나씩 세어보는 방법도 있긴 합니다."

아드리안은 농부에게 다시 설명을 시작하면서 헛간 벽을 향해 돌멩이를 집어 던지면서 숫자를 세기 시작했다.

"하나, 둘, 셋, 넷. 돌멩이 네 개."

아드리안은 웃기 시작했다.

"숫자 세는 게 뭐가 어렵다고 그러세요."

농부는 숨을 들이마시고는 말했다.

"지금 어디다가 돌멩이를 던지는 게냐! 한 번만 더 그랬다간 가만히 두지 않을 테니 명심해라. 넷까지 세는 거 누가 못하겠냐. 열이나 열둘까지 세는 것도 누구나 다 하는 것 아니냐? 숫자 세는 건 누구나 다 하는 거지만, 이렇게 벽면이 다 차도록 곡식 부대를 쌓아 놓는 건 아무나 못 하는 거란 말이다."

"서른다섯 부대입니다."

농부는 깜짝 놀랐다.

"부대가 서른다섯 개나 된다고!"

농부는 말을 조금 더듬기까지 했다.

"너, 지금 나 놀리려고 하는 거 다 안다. 어른을 가지고 장난을 치다니! 버릇을 고쳐 놔야겠군! 네가 뭘 안다고 그러냐, 서른다섯이 얼마인지나 아니?"

"서른다섯. 일곱 부대를 다섯 번에 걸쳐 옮기는 것과 같은 수입니다. 이렇게 설명해도 될 뻔했습니다."

두 사람은 부대를 수레에 옮겨 실었다. 아드리안이 큰 소리로 부대를 세기 시작하자 농부는 아드리안이 부대 세는 것을 못하게 하고 홀로 방앗간으로 갔다.

"넌 여기 있거라. 방앗간집 주인도 숫자 세기를 잘하니 넌 필요 없다. 그가 너보다 훨씬 잘 센다!"

그런데 방앗간에서 돌아온 농부가 놀란 얼굴로 아드리안을 보며 물었다.

"정말로 서른다섯 부대였어! 대체 숫자 세는 건 어디서 배웠느냐? 세상에, 행정관도 너처럼 빠르진 않을게다."

아드리안은 헛간 대문을 향해 돌멩이를 던지기 시작했다.

"그 돌멩이 좀 그만 던져라! 같은 말을 몇 번씩이나 하게 만드냐!"

농부는 자기 부인과 한참을 상의를 하더니 다음과 같은 결론을 내렸다. 분명 숫자 세는 것을 악마에게서 배웠을 것이다!

"하지만 부지런하니 이렇게 헛간에서 짐을 나를 때나 농사지을 때 써먹기는 좋잖아?"

농부의 아내는 별다른 이야기를 하지 않았다. 방앗간 주인은 이 모든 이야기를 관청을 찾아가 행정관에게 털어놓았다.

농부의 아내는 그런 아이를 어디에 써먹느냐며 반대했지만 아드리안은 농부의 농장에서 일을 할 수 있게 되었다.

"아드리안보다 임금이 싼 아이도 없다고. 튼튼한 녀석인데 잘 곳과 먹을 것만 주면 되잖아. 우리는 손해 볼 거 없다고. 재워 주고 먹여 주는 값을 할 테니."

농부의 아내는 뭔가 더 말하려 했지만 농부가 말을 잘랐다.

"알았어. 만약 또 숫자를 세거나 계산을 한답시고 잘난 척하면 바로 쫓아내도록 하지."

그 후로 농부는 아드리안을 힐끔힐끔 감시했다. 농부의 아내는 늘 불만이었다.

봄철이 지나 밭을 갈고 파종 준비를 한 후 씨를 뿌리자 어느덧 7월이 되어 건초 수확기가 되었다.

행정관이 농부의 집을 찾아왔다.

"지난겨울에 당신이 데리고 있다는 아드리안에 대한 이야기를 들었소."

그는 건초를 씹으며 말했다.

"아드리안이 무슨 문제라도 되나요?"

농부는 물었다.

"문제는 없소만……. 자네가 방앗간집 주인에게 아드리안이 숫자를 세고 계산하는 속도가 제비가 나는 속도보다 빠르다는 이야기도 했다지?"

"방앗간집 주인이 또 과장을 했네요."

"아드리안과 이야기를 하고 싶네."

그러나 아드리안은 건초를 거두러 황소를 끌고 들에 나가 있었다. 행정관은 농부에게 아드리안을 자신에게 보내라고 말하고는 돌아갔다.

농부는 아드리안을 행정관에게 보내지 않았다. 행정관은 다시 하인을 보내 아드리안을 보내라고 전했으나 농부는 다음과 같이 대답했다.

"아드리안은 그런 바보짓을 할 시간이 없소. 할 일이 너무나 많소."

아드리안은 자기 방에 있었고 행정관이 보낸 하인이 온 것을 눈치챘다. 그의 방에는 여러 종류의 돌이 있었다. 라인 강변에 있는 온갖 형태와 색의 돌이 있었다. 푸른색, 검은색, 붉은색, 누런색, 회색, 하늘색, 흰색 돌에서부터 투명한 돌, 줄무늬 돌은 물론 둥그런 형태, 길쭉한 형태, 짧은 형태 등 갖가지 형태의 돌이 있었고, 재질도 거친 돌에서부터 매끈한 돌에 이르기까지 다양했다. 아드리안은 라인 강변에서 돌을 모았고 모두 방에 줄지어 세워 두었던 것이다.

어떤 줄에는 돌이 세 개, 네 개, 다섯 개, 여섯 개, 일곱 개, 여덟 개, 아홉 개씩 한 단위로 묶여 있었다. 아드리안은 쉬는 시간이 생기면 방에 올라와 돌을 가지고 놀았고 저녁에도 너무 어두워져 돌이 더 이상 보이지 않을 때까지 그것을 갖고 놀았다. 돌을 여러 가지 방법으로 여러 단위로 묶어서 분류해 보는 게 아드리안의 취미였다. 때론 색깔별로 분류해 보기도 했다. 그는 수많은 돌을 다양한 방식으로 나누고 여러 단위로 묶을 수 있다는 사실이 신기했고, 결국 다양한 계산 방법까지 발견해 냈다.

농장에서 일을 하며 계산을 할 일은 많지 않았다. 계산할 만한 건 이미 다 계산해 보았을 뿐 아니라 여러 가지 방법을 적용한 계산을 다양한 방식으로 설명할 수도 있었다. 아드리안은 황소가 끄는 우마에 앉아 이동을 하거나 제초 작업, 밭 갈기, 씨 뿌리기, 잡초 뽑기, 땅 고르기, 건

초 긁어모으기, 재배하기, 저장하기, 우사 청소하기, 나무 패기 등 농장에서 해야 하는 각종 단순 노동을 하면서 스스로 문제를 내고 그 문제를 풀곤 했다.

아드리안은 밭 한 마지기에서 재배되는 보리의 양을 측정해 둘 또는 세 마지기에서 얼마나 많은 보리를 수확할 수 있을지를 미리 계산해 보기도 했다. 각 줄마다 몇 개의 당근이 심어져 있는지를 세어서 밭 전체에서 수확할 당근의 개수를 미리 예측하기도 했다. 또 닭이 각각 몇 개의 알을 낳는지를 알아서 모든 닭이 총 몇 개의 달걀을 낳는지도 계산했다. 한 소당 몇 바가지의 우유를 생산하는지, 또한 원하는 일정한 양의 우유를 얻기 위해서는 우유 몇 바가지를 짜야 하는지도 알고 있었다. 일정한 두께의 나무를 팰 때 도끼를 내리 찍는 횟수와 도끼날이 닳는 정도 사이의 관계도 알아냈다.

물론 아드리안은 더 많은 것을 계산해 낼 수 있었다. 한 번은 바닥에 원을 그리고 원을 똑같은 크기의 네 조각으로 나눌 수 있다는 사실 즉, 건물을 지을 때 적용되는 직각을 두 선의 교차를 통해 똑같이 네 개 만들 수 있다는 사실을 발견했다. 아드리안은 원의 이러한 특성을 큰 원형 냄비를 가지고 재차 확인해 보았는데, 농부는 미친놈, 멍청한 놈이라고 놀리면서 그를 부엌에서 쫓아내곤 했다.

행정관은 또다시 하인을 보내 이번에는 아드리안에게 직접 말을 전하게 했다.

"행정관 나리께서 원하는 게 뭐냐고요? 글쎄요, 전 모르겠어요. 어쨌건 당신을 찾고 계십니다."

아드리안은 기다리고 또 기다렸다.

한 번은 미사를 마치고 집에 가는 행정관에게 말을 걸 기회가 생겼지만 농부는 값싸게 부릴 수 있는 아드리안을 행정관에게 빼앗기기 싫어 아드리안을 급히 집으로 보내 버렸다. 이후로 아드리안은 미사가 끝나자마자 집으로 돌아가야만 했다. 농부는 매주 아드리안이 이 명령을 잘 따르는지를 감시했다.

또다시 행정관의 하인이 농장을 찾았다.

"행정관 나리께서 당신의 종 아드리안이 꼭 필요하다고 하시니 보내 주십시오."

아드리안은 이 말을 들었다. 뿐만 아니라 농부의 대답도 들었다.

"그럼 그를 보내겠습니다. 하지만 지금은 일손이 부족하니 안 됩니다."

아드리안은 농부가 그를 행정관에게 가게 할 때까지 참기로 했다. 당장 달라지는 건 없었다. 농부는 아드리안을 절대로 보내 주려 하지 않았다. 아드리안이 농부에게 행정관이 보낸 하인에 대해 묻자 농부는 퉁명스럽게 답했다.

"가서 네 일이나 해라. 안 그랬다간 쫓아내서 행정관에게 보내 버리겠어. 헛된 꿈을 꾸고 있군."

당시 마을에서는 멀쩡한 사람들이 갑자기 미치광이처럼 춤을 추게 되는 병에 대한 소문이 퍼지기 시작했다. 이 병은 마을에서 마을로 급속히 번지고 있었다. 직접 춤을 추는 무리를 보았다는 사람들은 이 병이 농부들이 하나둘씩 춤을 추며 뛰어다니면서 삶의 모든 질서, 안전, 명예, 이웃들의 존경을 한순간에 잃게 만드는 참으로 끔찍한 병이라고 말했다.

갑자기 사람을 이상하게 만드는 이 병은 아드리안의 얼굴부터 확 변화시켰다. 아드리안은 멀리서 마을에 가까워지고 있는 무리를 지켜보았다. 아드리안의 눈은 춤을 추며 괴성을 지르는 사람들에게 고정되었다. 그의 얼굴에는 긴장감이 역력했다.

그는 갑자기 무리를 향해 달려갔다. 입고 있던 옷을 찢어 버리고 나뭇가지를 꺾어 머리에 꽂고 얼굴과 손에 진흙을 묻힌 후 다른 이들처럼 팔짝팔짝 뛰면서 노래를 불렀다. 무리를 지켜볼 때 역력했던 얼굴의 긴장감은 행복한 듯한 표정으로 바뀌어 있었다. 마을 어귀에 서 있는 농부와 농부의 아내를 본 아드리안은 그들을 향해 혓바닥을 내밀어 보였다.

자기 자신에게 일어나는 일을 알고 있었을까? 그는 소리를 치며 몸을 이리저리 휘젓다가 마치 물에서 수면 위로 부상하는 것 같은 자세로 갑자기 하늘을 바라보기도 했다.

누군가가 그에게 그 무리에 몇 명의 사람이 춤을 추고 있는지 물었다면 아드리안은 곧바로 대답할 수 있었을 것이다. 그는 분명 몇 명의 남자와 몇 명의 여자가 뒤섞여 있는지도 알고 있었을 것이다. 울면서 춤을 추는 엄마의 뒤를 쫓고 있던 아이가 다섯 명이나 된다는 것도 파악하고 있었을 것이다. 또한 그 다섯 아이와 무리에 섞여 발광을 하는 나머지 아이들이 전부 합쳐 열넷, 그러니까 7 곱하기 2 또는 2 곱하기 4에 6을 더한 수만큼 된다는 사실을 알고 있었을 것이다. 심지어 무리가 춤을 추며 지나친 마을의 수도 세어 놓았을 것이다.

미치광이의 무리도 밥은 먹어야 했다. 병에 걸려 정신을 잃고 춤을 추는 이들의 가족이나 친지들이 빵, 소시지, 치즈, 고기, 맥주 등을 가지고 와 주기도 했다. 그러나 대부분의 경우는 춤을 추는 이들이 스스로 먹을 것을 구해야 했다. 그래서 그들은 행진하다 지나치게 되는 농가나 성직자들의 집에 침입하여 먹을 것을 탈취했다. 교회의 기물을 파괴하고 성체를 훔치거나, 미사주가 있으면 그것까지 마셔 버렸다. 제단을 때려 부수고 성인상들을 단상에서 떼밀어 망가뜨렸다. 무리의 광적인 행진의 목적이 교회와 수도원과 성직자들을 공격하려는 것처럼 보일 정도였다. 선량한 백성이 더 이상 불만을 견디지 못하고 그 불만을 교회 소유의 재산, 건물, 보물, 예술작품의 파괴로 표현하는 듯했다.

주교, 수도원장, 신부 등을 비롯한 성직에 종사하는 사람들은 그들이 "악마에게 사로잡혔다."고 했다. 수도사들을 보내 악마를 퇴치하게 시키기도 했다. 춤을 추는 무리 위로 성수를 뿌리기도 하고, 그들을 위해 기도를 하고 성가도 불렀다. 악마를 쫓아내기 위한 여러 가지 의식이 거행되었다.

일상의 어려움을 구제해 준다는 14성인 중 하나였던 바이트라는 성자에게 기도를 하면 병이 나을 수 있다는 소문이 퍼졌다. 그래서 이 광기를 '바이트츠탄츠'라고 부르기 시작했다.

아드리안이 합류한 바이트츠탄츠에 걸린 무리는 한 수도원에 침입하였다. 수도원에는 불이 났고 그 불은 축사에까지 번졌다.

군인들이 들이닥쳐 발광을 하며 소리를 지르는 무리를 수도원에서 쫓아낸 후 체포하기 위해 추격했다. 말을 탄 한 군인이 아드리안을 쫓아와 머리채를 잡는 바람에 머리에 꽂혀 있던 나뭇가지가 떨어졌다. 군인은 말에서 뛰어내려 도망치려는 아드리안을 잡아 밧줄로 묶었다. 화재가 난 수도원에서 피어오르는 자욱한 연기를 헤치며 그들은 수도원으로 향했다.

나머지 무리도 말을 탄 군인들에 의해 체포되었다. 군인들은 춤을 추던 이들의 머리에 꽂혀 있던 화관을 벗기고 물동이를 가져와 머리에 물을 붓고 나서 정상적인 옷을 입혔다.

체포된 사람들은 병에 걸린 식구를 위해 기도와 찬미를 드리는 각 가정으로 돌려보내졌다. 가정이 없는 사람들은 수도원에서 지내며 수도사들의 일을 거들거나 알 수 없는 곳으로 보내졌다. 이렇게 해서 라인 강 하류 일대에서 미치광이 춤을 추던 무리들은 해산되었다.

바이트츠탄츠에 걸린 사람의 식구들은 바이트 성자를 기념하는 교회나 바이트 성자를 위한 제단이 마련된 교회로 성지순례를 가도록 권유받았다. 신실한 사람들은 병에 걸린 이들을 모아 바이트 성자의 제단으로 데려가기도 했다.

부유한 가문 중 바이트츠탄츠에 걸린 식구가 있는 가문들은 바이트 기념 교회를 세우기도 했다. 전국 곳곳에서 교회 건축을 위한 기부금이 모였다. 수많은 교회와 기도실이 축조되고 바이트 성자를 위한 제단이 만들어졌다. 순례자들이 자주 찾는 교회가 있는 마을은 사람들로 늘 붐비었고 많은 돈을 벌어들였다. 어떤 성지의 경우 널리 알려진 덕분에 프랑스 등의 먼 나라에서 찾아오는 사람들이 생기기도 했다. 하루에 수백 아니 수천 명의 사람들이 마리아와 성자들과 신의 긍휼을 얻기 위해 몰려드는 날도 있었다. 순례자들은 노래와 기도를 했다. 그들은 광적인 춤에 가담한 적이 없었는데도 불구하고 바이트츠탄츠에 걸렸던 이들의 얼굴에 나타났던 것과 유사한 표정이 지었다.

바이트츠탄츠에서 완치된 사람들은 대개 죽을 때까지 계속해서 성지순례를 하며 살았는데, 스페인의 산티아고 같은 먼 곳까지도 여행했다.

그러나 어떤 바이트츠탄츠 환자들은 성가를 부르거나 기도하지 못했고 성지순례도 아무런 효과가 없었다. 몸의 떨림과 경기는 여전했다. 어떤 이들은 온몸에 두드러기가 났다. 마치 그들을 사로잡은 악마가 온갖 기도에도 불구하고 그들을 놓아 주지 않고 있음을 보여 주려는 듯했다.

어떤 사람들은 그런 사람들을 보살펴 주는 건 불명예스러운 일이라고 주장하기도 했고, 치료가 되지 않는 사람 중 일부는 돌에 맞아 죽거나 화형을 당하기도 했다. 어느 시대에나 사람들은 자기와 다른 사람들을 싫어한다. 그들은 자기 자신과 이질적인 것을 감당하거나 새로운 것을 배우고 인정하고 자기의 것으로 소화할 능력이 없거나 단순히 낯선 것에 대한 두려움을 제거하기 위해 자기와 다른 사람들을 배척한다.

대체로 치료가 잘 되지 않은 사람들도 상태가 차차 호전되었다. 광적으로 괴성을 지르고 몸부림을 치는 현상이 점차 누그러들었다. 병에 걸린 사람을 설득하고 그에게 이야기를 할 수도 있게 되었다. 그러면 환자들은 떠듬떠듬 말도 하고, 손짓 등으로 말을 알아들었다는 신호를 보내기도 했다. 어느 정도의 시간이 지나자 이 광기의 원인이 악마가 아니라 몸을 흔들게 만들고 통제력을 상실하게 만드는 신체적인 질환이라는 사실이 명백히 드러났다. 그러나 이 집단 광기가 아주 평범한 질병으로 인해 발생했다는 건 아무로 몰랐다.

완치가 된 사람들이 다시 집에 돌아가 정상적으로 건강한 생활을 하는 반면, 치료가 안 된 이들은 몇 달이 지나지 않아 죽었고, 극진한 간호를 받아도 오래 버티지 못했다. 버티더라도 반쯤 미친 채로 지내다가 결국 죽고 말았다.

아드리안의 경우는 좀 특이했다. 그는 완치가 되지도 않았지만, 완치되지 못한 사람들과 같은 상태를 보이지는 않았다. 성직자들이나 성자들도 소용이 없었다. 경기는 좀처럼 나아지지 않았다. 바이트 성자에게 기도를 하거나 14성인에게 도움을 요청하는 것도 소용이 없었다. 그는 밤새 소리를 질러 댔다. 그러다가도 아주 건강한 사람처럼 이야기도 하고 완치되었다고 믿을 만큼 멀쩡한 모습을 보이기도 했다.

그러나 아드리안이 몇 주 동안 지낸 수도원에 사는 그 누구도 아드리안의 이러한 호전 증상이 언제, 왜 나타나는지 알 수 없었고, 아드리안이 하는 이야기가 무슨 말인지 알아듣지 못했다.

아드리안을 교회에 데려가거나 그를 위해 기도를 해 주려고 하면 아드리안은 발광했다. 바이트 성자에게 도움을 구하는 기도를 할 때면 아드리안이 소리를 질러 기도나 노래하는 일을 중단할 수밖에 없었다.

게레온이라는 이름으로 불리던 한 수도사가 아드리안이 다른 환자들과 다르다는 점을 알아차렸다.

"완치되지 못하고 죽어 가는 사람들과 아드리안의 증상은 전혀 다릅니다. 아드리안의 정신은 훨씬 멀쩡합니다. 그렇다고 완치된 사람들과도 다릅니다. 그들과 비교했을 때는 여전히 정신이 온전치 않습니다."

사람들은 아드리안이 결국 진짜로 악마의 노예가 되었다고 믿었다. 다른 사람들에게 들어갔던 악마들이 모두 아드리안에게 들어갔다고 했다. 심지어 수도원장인 트루트베르트 신부마저 아드리안이 악마에게 사로잡혔다고 생각하고 이 저주받은 자를 어떻게 해야 할 지 고민했다. 수도원의 일을 거들게 할 수도 없기 때문이었다.

한번은 아드리안에게 나무 패는 일을 시키자 아드리안은 나무를 패다 말고 바닥에 앉아 나무토막들을 자기 주위에 세우는 이상한 행동을 보였다. 그렇게 몇 시간 동안 정신이 나간 상태로 있어서 도저히 손을 댈 수가 없었다. 일을 하라고 독촉을 하기라도 하면 아드리안은 괴성을 지르며 일어나 발광을 시작했다. 나무를 패게 하는 일조차도 시킬 수가 없는 것이었다.

그렇다고 그를 수도원에서 쫓아내는 것은 이웃 사랑의 계명을 위배하는 일이었다. 트루트베르트 신부는 말했다.

"바로 이런 자들을 돌보는 것이 수도원과 성직자들의 임무 아니겠소."

신부와 수도사들은 자주 모여서 아드리안에 대한 회의를 했지만 각자 언성만 높아졌다.

"그 악마를 제거해야 하오! 아드리안을 화형시켜야 하오!"

"그를 쫓아냅시다!"

그러나 수도원장인 트루트베르트 신부는 반대했다.

"선의 힘은 악의 힘보다 강합니다!"

어떤 수도사들은 좀 더 솔직했다.

"악마가 두렵습니다."

트루트베르트 신부는 다시 진지하게 말했다.

"아드리안은 우리에게 도움을 받을 권리가 있습니다. 어둠의 세력에 대한 우리의 싸움은 결코 실패하지 않을 것입니다."

수도원장은 게레온 신부에게 아드리안과 면담을 하여 그의 상태를 보다 자세히 알아보라고 명했다.

게레온 신부는 직설적인 성격의 사람이었다. 그는 아드리안이 진정할 때까지 기다렸다가 물었다.

"네 안에 있는 것이 악마냐?"

광기를 부리는 통에 독방까지 쓰게 된 아드리안은 침묵하다가 어깨를 추켜올릴 뿐이었다.

"주기도문을 외울 줄 아느냐?"

게레온 신부는 질문을 하고 나서 주기도문의 앞 구절을 조용히 읊조렸다. 아드리안의 입은 굳게 닫혀 있었다. 그러더니 입술을 쭈뼛거리며 신부의 등골을 오싹하게 만드는 괴기한 바람소리를 냈다.

"함께 기도를 해 볼까?"

신부는 다시 용기를 내어 아드리안 옆으로 다가갔다. 아드리안의 왼쪽 무릎에서 경기가 일어나기 시작했고 오른쪽 다리는 아래위로 떨렸다. 게레온 신부는 아드리안이 다시 발광을 시작할까 봐 걱정을 하며 큰 소리로 기도를 시작했다.

"하늘에 계신 우리 아버지……."

아드리안은 소리를 질렀고 양손으로 귀를 틀어막았다. 게레온 신부는 기도를 중단하고 아드리안의 얼굴에 성호를 그으며 말했다.

"일곱 번씩 일흔 번, 악마가 너를 사로잡았다 하더라도……."

그 소리를 들은 아드리안은 갑자기 진지하고 또박또박하게 말했다.

"일곱 번씩 일흔 번이면 490마리의 악마네요."

아드리안의 경기와 떨림이 사라졌다. 게레온 신부는 성호를 그었다. 아드리안은 계속해서 말했다.

"7이라는 숫자는 어렵습니다. 7은 똑같은 비율로 나눠지지 않는 숫자이기 때문입니다. 그러나 7이라는 숫자 안에는 4와 3이 들어 있습니다."

게레온 신부는 7이라는 숫자의 의미와 아드리안의 말처럼 그 안에 4와 3이 들어 있다는 말을 모두 이해했다. 그는 대답했다.

"3은 신을 의미하고, 4는 세상을 의미한단다. 신은 성삼위일체이시므로 3이고, 세상에는 네 방향이 존재하므로 4가 세상을 뜻하는 거지. 따라서 7은 완전한 수 즉, 신과 세상을 모두 포함한 숫자란다."

아드리안이 다시 입을 열었다.

"4는 2 곱하기 2. 3은 1 곱하기 3 또는 3 곱하기 1이에요."

신부가 대꾸했다.

"숫자는 그 의미가 중요한단다."

"70은 10이 일곱 번 또는 7이 열 번 있으면 만들어집니다. 그리고 10은 5 곱하기 2입니다."

신부는 다시 큰 소리로 주기도문을 시작했다.

"하늘에 계신……."

그러자 아드리안은 이를 갈기 시작했고 양팔로 자기 몸통을 감싸며 괴로워했다. 게레온 신부는 수도원장에게 보고했다.

"그는 악마에게 사로잡혔습니다."

수도원장은 수도원 회의에서 다음과 같이 보고했다.

"수를 세는 악마가 그를 지배하고 있습니다."

신부들은 모두 성호를 그었다. 수도원장은 이어서 말했다.

"아드리안은 우리 수도원 식구 중 계산이 가장 빠른, 포도주를 담당하는 형제가 주판을 이용해 계산을 하는 속도보다도 빠른 속도로 계산을 한답니다. 노련한 수학자들이나 계산이 빠른 사람들도 주판이 없으면 몇 시간씩 걸릴 큰 수의 계산도 손쉽게 해냅니다. 돌멩이 몇 개만 있으면 아무리 큰 수라도 몇 분 안에 답을 구합니다."

빅토어라는 젊은 신부가 의견을 냈다.

"아드리안에게 우리 수도원의 회계 업무를 맡기면 어떨까요?"

그러자 나이가 많은 노베르트 신부가 입을 열었다.

"그래도 괜찮을까? 악마가 준 재능이잖은가."

흰 수염을 길게 기른 가장 나이가 많은 퀴리누스라는 신부가 웃으며 말했다.

"악마를 이용해 먹는 것도 나름 의미가 있소."

회의에 참석한 신부들은 다시 성호를 그었다.

"아드리안의 계산 능력이 악마가 준 것이 확실합니까?"

빅토어라는 젊은 신부가 다시 물었다.

"만약 그 재능이 신이 주신 거라면, 우리가 죄를 짓게 되는 것은 아닐까요?"

"맞소, 일단 재능의 출처에 대한 정의부터 내려야 하오."

퀴리누스가 답했다. 그리고 회의는 이어졌다. 대부분은 아드리안과 그가 가진 재능을 두려워했다. 다른 이들은 용기를 내어 진상을 파악하고 싶어 했다. 그중 아주 소수만이 이 의견에 동의했다.

"아드리안은 그 누구보다 뛰어난 계산 능력을 가졌소. 신이 우리에게 주신 기회일지도 모릅니다. 그의 재능을 수도원을 위해 사용합시다."

그러나 이 의견은 관철되지 못했다. 트루트베르트 신부는 결정을 내렸다.

"게레온 신부는 아드리안을 다시 한 번 면담하고, 기도를 해 주도록 하시오."

이번에는 게레온 신부가 다른 방식으로 접근했다. 기도를 하겠다고 했다가 아드리안이 또다시 발광을 시작할까 봐 그런 것이다. 신부는 이번엔 "신과 성자들을 믿느냐?"라는 질문부터 던졌다. 아드리안은 답하지 않았다. 신부는 다른 질문을 했다.

"글을 읽고 쓸 줄 아느냐?"

그러자 아드리안은 고개를 좌우로 저었다.

"7이라는 숫자가 4와 3으로 구성된다는 사실은 누구에게 들었느냐?"

아드리안은 대답했다.

"내가 가진 돌들이 알려 주었습니다."

"돌들이라고? 돌들이 알려 주었다는 게 무슨 말이냐? 돌과 대화라도 한단 말이냐?"

"돌들이 제게 말을 걸어옵니다."

"그래, 이야기를 한단 말이지?"

"예."

"사람처럼 말을 한다고?"

"아니요, 제가 돌의 개수를 셉니다."

"그럼 수를 세는 건 누구에게 배웠느냐?"

"돌들이 가르쳐 주었습니다."

"원을 그리듯 계속 같은 소리만 반복하는구나."

"원은 중심에서부터 모두 똑같은 거리에 위치한 지점들을 연결하면 만들어집니다. 그리고 그 중심은 각이 똑같은 네 개의 부분으로 나뉘는데 네 부분의 모양도 완전히 똑같습니다. 그 각은 집을 지을 때 아주 중요한 각입니다. 그 각을 다시 아주 작은 각으로 계속해서 나눌 수 있습니다. 그렇게 나눈 각을 어디에다가 쓰는지는 잘 모르겠습니다."

"그것도 돌들이 알려 주었느냐?"

아드리안의 얼굴에는 미소를 지으려는 듯한 표정이 나타났다.

"아닙니다."

"그럼 원의 중심에서부터 같은 거리에 위치한 지점들과 네 개의 각에 대한 이야기는 어디에서 들었느냐?"

"원이 알려 주었습니다."

"원도 말을 한단 말이냐?"

"각에 대해서 다른 것도 알고 있습니다. 농사일을 할 때 유용한 것들입니다."

게레온 신부는 잠시 생각에 잠겼다.

"어떤 숫자에 똑같은 숫자만큼을 곱할 때 말입니다. 3과 4와 5는 자기 자신을 곱하면 신기한 일이 벌어집니다. 3 곱하기 3은 9, 4 곱하기 4는 16, 5 곱하기 5는 25. 그런데 9 더하기 16도 25입니다. 참 신기한 일입니다."

아드리안은 자랑스럽게 웃고 있었다. 그리고 다시 말을 이어나갔다.

"3, 4, 5는 집을 지을 때 벽돌 직공이 하는 일을 보고 배웠습니다."

게레온 신부도 벽돌 직공들이 줄을 이용하여 직각을 맞추며, 이때 이 세 숫자가 중요하다는 걸 알고 있었다. 신부는 더 많은 것을 알고 있었다. 신부는 3과 4와 5의 배수와 관련된 삼각형에 대해 피타고라스라는 철학자가 많은 것을 밝혀냈다는 사실도 알고 있었다. 물론 벽돌 직공들은 피타고라스에 대해 전혀 몰랐지만 줄을 이용해 그 원리를 적용하고 있었다. 신부는 라인 강변의 하류 지역에 그리스의 철학자인 피타고라스가 말한 삼각형과 관련된 수학 정의에 대해 아는 사람이 극소수에 불과하다는 것도 알고 있었다. 신부는 갑자기 글씨가 씌어 있는 양피지를 꺼내어 아드리안에게 보여 주며 말했다.

"여기 씌어 있는 것을 읽어 보아라!"

신부는 양피지를 거꾸로 들고 있었다. 아드리안은 양피지를 그대로 보고 말했다.

"난 글씨를 읽을 줄도, 쓸 줄도 몰라요. 이전에도 한 번 말씀드렸잖습니까."

"숫자에 대해서 누구에게 배웠느냐?"

"돌들이 알려 주었습니다."

아드리안은 대답을 한 후 휘파람을 불기 시작했다. 게레온 신부는 아드리안이 휘파람을 못 불게 했다.

"그럼 원에 대해서도 그렇게 깨달았단 말이냐? 원을 그리고 그 안에서서 원을 보며 스스로 깨달았다는 것이냐?"

아드리안은 끄덕였다.

"원 안에 서서 빙글빙글 돌았다 이거지?"

"네 그렇습니다."

아드리안은 대답을 하고 그 자리에서 돌기 시작했다.

"그래, 그렇게 돌았단 말이지."

"네, 제가 이렇게 빙글빙글 돌았습니다."

"그렇게 돌았더니 누군가가 너에게 원에 대해 알려 주었다는 거지?"

게레온 신부는 아드리안의 대답이 궁금했다.

"아니요, 그냥 저절로 알게 된 거에요."

"그냥 순간적으로 알았단 말이냐?"

"단번에 다 깨달은 것은 아니고 나중에 돌들이 도와주긴 했습니다."

수도원 회의에서 게레온 신부는 아드리안이 모든 재능을 악마로부터 받았다고 보고했다.

"그는 돌의 형상을 한 악마와도 대화를 합니다. 악마는 아드리안에게 기도를 하지 못하게 하고 있습니다."

"돌의 형상이라고요?"

퀴리누스 신부가 물었다.

"자기 입으로 그렇게 말했습니다."

게레온 신부는 절대 거짓말을 하는 사람이 아니었다. 수도원에 사는 사람들은 게레온 신부를 잘 알았다. 신부는 덧붙였다.

"대화를 하기 위해 원을 그린 다음 그 안에 들어가 빙빙 돈다고 했습니다. 악마에게 충성을 맹세하는 행위일 것입니다. 악마는 그에게 피타고라스의 이론을 직접 알려 주었습니다. 그렇지 않고서는 어디에서 배웠겠습니까? 아드리안은 글을 읽지도 못하고 쓰지도 못합니다. 제가 시험해 보아서 확실합니다. 악마의 짓이 분명합니다. 성체를 걸고, 신께 맹세코 그는 악마와 내통하는 자입니다."

트루트베르트 신부는 게레온 신부를 막았다.

"그만 됐습니다. 우리 모두 신부의 말을 믿어요."

회의에 참석한 신부와 수도사들 중에는 피타고라스의 이론이 뭔지 몰라 궁금해하는 사람이 여럿 있었다. 노베르트 신부가 입을 열었다.

"신부님들도 아시겠지만 마법의 원을 그리고 그 안에 들어가는 건 악마와 내통하기 위한 행동입니다. 뭘 더 고민하십니까?"

"돌들은 뭔가요?"

아직 어린 신부 빅토어가 물었다.

"그자는 돌들이 말하는 것을 들었다고 했소. 악마가 돌을 통해 이야기를 한 것이오. 악마는 온갖 형상으로 변신을 한다는 건 다들 알고 있지 않소."

수도원장이 황급히 제재를 가했다.

"너무 과대 해석하지는 맙시다! 그러나 아무래도 악마와 내통하는 건 맞는 것 같습니다."

정답을 찾기란 쉽지 않았다. 신부들은 오랜 논의의 끝에 해결책을 내놓았다.

"아무래도 악마가 숫자를 통해 그에게 접근하는 듯하니, 일단은 아드리안이라는 자가 숫자를 가까이 하지 못하도록 합시다."

수도원장인 트루트베르트 신부가 결론을 내렸다.

"또한 악마가 돌의 형상으로 나타나 그에게 말을 건다고 하니, 돌도 가까이 하지 못하게 해야 합니다. 일단 악마와의 대화를 중단시키면 다시 기도를 하게 되고, 영혼이 구원을 받을 수도 있을 거라 생각합니다. 그자의 영혼이 구원을 받는 것이 무엇보다 중요하지 않겠습니까, 신부님들?"

그래서 아드리안은 라인 강 하류 지역에 위치한 그 수도원에서 여생을 보냈다. 몇 년이 지나자 광기도 수그러들었다. 아드리안은 신부들의 말에 순종하며 열심히 생활하게 되었다. 그는 잡초를 뽑고, 마구간을 치우고, 방앗간에 보낼 곡물 부대를 수레에 싣는 일 등을 잘했다. 부대를 옮길 때에는 다른 사람들이 부대의 개수를 미리 세어 놓아서 아드리안이 개수를 셀 필요가 없었다.

아드리안은 일을 할 때 혼잣말을 했지만 아무도 신경 쓰지 않았다.

트루트베르트 신부가 아드리안이 무어라 중얼거리는지 듣거나 알아내려 하지 말라고 명령했기 때문이었다. 어린 빅토어 신부는 늘 궁금증을 간신히 누르며 지냈지만 나이가 들면서 호기심도 사라졌다.

오랜 시간 후 아드리안의 방에서는 수없이 많은 돌들이 일정한 단위대로 정리된 채 발견되었다. 그러나 아드리안은 신부들과 함께 기도를 할 수 있을 정도로 정상적인 삶을 살고 있었기 때문에 큰 문제가 되지 않았다. 트루트베르트 신부도 그랬고, 게레온 신부나 다른 신부들도 돌들을 문제 삼지 않았다.

아드리안은 오후 시간에 종종 수도원 교회에 앉아 있곤 했다. 어느새 아드리안은 나이가 들었다. 그는 그곳에서 언제인지 알 수 없는 아주 오래전 누군가가 새겨 놓은 열매 형태의 문양을 들여다보곤 했다. 아드리안은 그 열매 형태를 채우고 있는 희한한 미로 문양을 손가락으로 따라가 보았다. 미로 속 길은 막다른 골목에서 끝나 버리기 일쑤였지만, 아드리안은 웃으며 또다시 새로운 길을 찾았다. 그는 조용히 노래를 부르며 눈에 띄지는 않았지만 앉은 채로 춤을 추려는 듯 몸을 움직였다. 하지만 아무도 관심을 갖지 않아 아드리안의 행동을 깨닫지 못했다.

그때 그는 모든 길을 다 찾아낸 듯한 표정을 짓고 있었다.

제3장

세계를 상징하는 사과

지구는 둥글다! 지구가 둥글다는 사실은 중세 시대 학자들에게는 상식적인 사실이었다. 그러나 교육을 받지 못한 대부분의 사람들은 여전히 지구가 납작하고 우리 눈에 보이는 하늘은 납작한 지구 위에 씌워져 있는 반구와 같은 형태라고 믿었다.

15세기에는 인본주의가 확산되었고 자연과 인간에 대한 관심이 커지면서 학자들 사이에서 지구에 대한 관심도 커졌다. 지구는 얼마나 큰 구(球)일까? 이 구는 무엇으로 구성되어 있을까? 당시 학자들이 품었던 의문들이다. 학자들은 실험을 거쳐 바다와 대륙이 그대로 재현되어 있는 지구의를 만들었다. 1480년에 바티칸에서 최초의 지구의가 완성되었다. 그 지구의는 안타깝게도 현재는 보존되어 있지 않다.

상업의 중심지로 부상하던 뉘른베르크에 살던 하르트만 셰델이라는 의사와 인본주의자로 이름이 난 빌리발트 피르크하이머가 최초의 세계지도를 편찬하여 학계의 이목을 집중시켰던 당시, 상인들은 전혀 다른 것에 관심을 갖고 있었다. 후추나 카네이션 같은 향신료 원료는 어디에 자라고 있을까? 진주, 보석, 실크, 은, 금과 같은 값비싼 물건들은 어디에 가면 구할 수 있을까? 또한 장사 비법이나 더 빠른 뱃길, 경쟁자보다 더 빨리 좋은 물건을 구할 방도 등이 장사꾼들의 주요 관심사였다.

오늘날의 일본인 '지팡구[마르코 폴로가 일본을 가리켜 지팡구(Zipangu)라고 함—옮긴이]'에는 어떻게 갈 수 있을까? 실크와 향신료를 구입하기 위해 중국이나 인도에는 어떻게 갈 수 있을까? 위대한 발견으로 이어질 호기심과 의문점들이었다.

뉘른베르크 출신으로 포르투갈에 살던 마르틴 베하임이라는 상인이 1492년에 잠시 고향에서 지내는 동안, 당시 무역의 중심지였던 뉘른베르크에서도 놀랄 만한 일들이 일어났다.

뉘른베르크의 하늘은 어두컴컴해졌고 곧 큰비가 내릴 것만 같았다. 먹구름이 할러 수문 쪽에서부터 도시 위로 밀려왔다. 하늘은 점점 어두워졌고 기상 악화를 알리는 도시의 종이 울렸다. 세찬 바람을 타고 모래와 먼지가 집집마다 창문을 때렸고 우박이 쏟아지는 듯한 굉음이 들렸다. 번개가 쳤고 천둥소리가 모든 소음을 집어삼켰다.

나는 비가 쏟아지던 그날 그 칼잡이를 처음 목격했다.

뉘른베르크에서는 누구나 중앙시장 장터에 위치한, 그러니까 프라우엔 교회 맞은편, 도금한 동상으로 장식된 쉐넨 우물 옆에 있는 베하임 일가의 집을 알았다. 날씨는 최악이었지만 나는 마르틴 베하임 씨에게 스승님의 서신을 전달해야만 했다.

장터까지 가는 길에는 비가 오지 않았다. 뵈르트 골목에서부터 그곳까지는 멀지 않았다. 목적지에 다다르자 한 하녀가 대문 앞에 나와 아무 말 없이 내 손 안에 있던 서신을 가져가면서 곁눈질로 어두워지고 있는 하늘을 가리키고는 이내 거대한 대문 안으로 사라져 버렸다.

집으로 돌아오는 길에 마치 물이 가득찬 물동이를 머리 위에서 쏟아붓는 듯 비가 쏟아졌다. 뼛속까지 추위가 스며들 것만 같아 지붕이 덮인 골목길을 택했다. 나는 비가 스며든 신발을 보며 형편없는 신발을 탓했다. 그런데 그때 내 앞에 한 사람이 나타났다. 얼굴을 알아보기가 힘들었다. 이미 해가 져서 사람을 분간하기가 어려웠다.

"비를 피하려고 이리로 오시나?"

내 앞에 있던 사람이 말을 걸었다. 나는 아무 대답도 하지 않았다. 홀딱 젖어서 짜증이 나 있었다. 천둥소리가 들렸다. 그럴 때는 기도를 하는 게 두려움을 이기는 가장 좋은 방법이었다. 그러나 상대는 또다시 말을 걸었다.

"이봐, 마르틴! 자네를 기다리고 있었다고!"

마르틴? 내 이름을 어떻게 안단 말인가? 누구길래 날 기다렸다는 걸까? 비를 피하기 위해 들어왔을 뿐 평소에는 절대 지나는 일이 없는 이 어두운 골목길에서 나를 기다렸다니! 그때 그가 내게 다가왔다.

"마르틴 맞지? 뵈르트 골목에 있는 히로니무스 목수의 1년차 견습공 마르틴 맞지? 다 알고 있다고."

나는 고개를 끄덕였다. 이내 공포가 엄습했다. 알 수 없는 그자의 몸에서는 돼지 떼가 풍기는 듯한 심한 악취가 났다. 번개가 내리치자 순간 그 어두운 골목이 환해졌고, 찢어진 누더기 같은 옷을 입고 수염을 깎지 않은 그 괴팍한 사내의 모습이 어렴풋이 보였다.

하늘에서는 비가 쏟아져 내리고 번개도 계속 내리쳤다. 계속되는 천둥소리는 도시를 위협하는 듯했다. 굵은 빗방울은 도로 위로 쏟아졌다. 골목길 끝에서는 바닥에 떨어진 빗물이 튀어 올라 마치 먼지처럼 일어나고 있었다. 그자가 쉰 목소리로 말했다.

"난 다 알고 있어. 예언자 같은 사람이지."

도대체 그가 뭘 원하는지 알 수 없었다. 그는 급기야 가까이 다가와 손을 내 어깨에 올려놓았다. 나는 놀라서 뒷걸음쳤다.

"아직 더 알아야 할 게 있거든. 내 말을 잘 듣는 게 좋을 거야."

난 소스라치며 한 걸음 더 물러섰다.

"뭘 원하시오?"

"전부 다!"

그는 나를 바짝 쫓아왔다. 그러더니 허리춤에서 칼을 꺼내 내 배에 갖다 댔다.

"전 견습공입니다. 가진 돈이 없습니다."

나는 벌벌 떨며 간신히 말했다.

"돈? 내가 돈 때문에 이러는 것 같나? 잘 들어라. 네가 일하는 목공소에서는 조만간 구를 만들 것이다. 그 구와 관련된 모든 정보를 나에게 알려 주도록 해라! 알았나?"

나는 간이 콩알만 해졌다.

"무슨 말씀이신지 도무지 모르겠습니다."

나는 간신히 대답을 하면서도 칼에서 눈을 떼지 못했다.

"그 구에 뭘 그리는지를 알고 싶단 말이다. 나를 목공소에 몰래 들어가게 해 주는 방법이 제일 좋겠군."

"그, 그건 안 됩니다."

나는 두려움에 말까지 더듬었다.

"이 칼이 장난감으로 보이나?"

사내는 거칠게 위협하며 내 눈을 응시했다.

"오늘은 보내 주지만 다시 널 찾아갈 것이다. 구에 그린 그림을 그대로 베껴서 준비해 놓도록 해! 목공소에 드나드는 나리들이 구에 대해서 하는 말들도 기억해 두었다가 적어 놔! 글씨는 쓸 줄 알지?"

나는 끄덕였다. 그자는 능글거리며 웃었다.

"그런데 저는 구에 대해 들어 본 적이 없어요."

나는 다시 용기를 내어 말했지만, 으르렁거리는 큰 개 앞에 선 어린애의 꼴이었다.

"넌 그게 뭔지 모를지도 모르지만 난 잘 알지! 내가 무슨 예언가가 된 기분이군! 네가 이 더러운 골목을 지날 거라는 사실도 미리 알고 있었지 않은가? 목공소에서 곧 구를 만들게 될 테니 그런 줄 알고 있어!"

그는 연설하듯 말했고 손에 쥔 칼로 허공에 구 모양을 만들어 보였다.

"잊지 마!"

나는 더 이상 아무 말도 하지 못했다.

"잘 기억해 두라고! 나에 대해 네 스승이나 동료들에게 찍소리라도 하는 날에는 이 칼이 네 배를 가르게 될 테니 명심해! 농담 아니야! 내가 한 이야기대로 될 테니 두고 보라고!"

그리고 사내는 사라졌다. 비도 그쳤다. 비 때문에 기온이 급격히 떨어졌다. 나는 목공소를 향해 뛰어갔다.

스승님께 말씀을 드려야 할까? 내가 말을 했는지 안 했는지 그자가 어떻게 알겠는가? 그렇지만 그자가 자신의 말처럼 정말 모든 걸 다 알고 있다면 어떻게 될까? 나는 숨이 가빠졌다.

더는 안 되겠다 싶어 마음을 진정시켜 보려고 노력했다. 우리 목공소에서는 농이나 탁자, 의자, 긴 벤치 등 각종 가구를 만들었다. 그러나 구를 만들지는 않았다! 다른 목공소도 마찬가지다! 나무로 된 구는 녹로공(轆轤工)이 만들기 마련이었다. 부잣집이나 교회의 박공지붕을 위한 장식으로 석구를 만들거나 대포알을 만드는 건 석공이 하는 일이었다.

난 뉘른베르크 근교 크노블라우흐란트 지방 출신의 목공소 견습공으로 1492년 당시 가장 상공업이 발달했던 뉘른베르크에서 기술을 배울 수 있다는 사실에 감사하며 살고 있었다.

골목에서 마주친 자는 분명 이곳 사람이 아니었다. 처음 보는 사람이었다. 차림새도 형편없었다. 슈바벤 지방에서 입는 가죽외투에 반쯤 찢어져 등 쪽이 너덜너덜한 망토를 걸치고 있었고 머리에는 깃털이 하나밖에 남지 않은 베레모를 쓰고 있었다.

그날 밤 나는 한숨도 못 잤다. 스승님께 말해야 할까? 우리 목공소에서 구를 만든다고? 만약 나무로 구를 만든다고 하면 다른 견습공들이 배를 잡고 웃을 게 분명했다. 구를 만든다는 건 정말 말도 안 되는 일이었다. 그러나 만약 그 사내의 말이 진담이라면? 그는 정말 예언자처럼 나를 골목에서 기다리지 않았던가? 두려움에 속이 다 뒤틀리는 것만 같았다.

다음 날 아침 목공소의 모든 문이 닫혔고 스승님은 무슨 비밀스러운 일이라도 하려는 듯 목공소에 아무도 출입하지 못하게 했다. 스승님은 견습공들에게 목공소 안을 정리하라고 명령했다. 이렇게 대대적인 정리는 처음이었다. 작은 나무토막에서부터 먼지 하나까지, 심지어 거미줄도 눈에 띄면 안 되었다. 견습공들은 목공소 안을 기어 다니며 눈에 띄는 먼지나 때를 입으로 핥아야 할 것만 같은 분위기였다. 목공소 안이 이렇게 깨끗한 건 처음이었다.

청소가 끝나자 목공소 한가운데 큰 탁자를 놓고 의자를 탁자 주위에 놓았다. 스승님은 직접 나서서 아연주전자에 포도주를 담고 어찌나 깨끗하게 닦았는지 마치 은잔처럼 보이는 아연잔과 함께 탁자 위에 차려놓았다. 이내 손님들이 들이닥쳤고 히로니무스 스승님은 고개가 거의 바닥에 닿을 정도로 굽실거리며 손님들을 맞이했다. 골목에서 마주친 사내의 말이 맞았다. 나는 겁이 났다.

손님들은 바로 시의회 의원들이었다. 그중 몇은 이전에 본 기억이 났다. 젤발두스라는 부자 동네와 황제가 행진하는 대로변에 사는 분들이었다. 그게 아니라면 베하임 씨처럼 중앙시장 근처에 사는 게 분명했다.

나와 나머지 두 견습공은 벽에 기대서 조용히 있어야 했다. 스승님이 손님들에게 들은 이야기를 다시 반복해서 이야기하실 필요가 없도록 우리는 손님들의 이야기에 귀를 기울였다.

손님들만 의자에 앉았다. 어릴 적에 아버지가 높으신 양반들은 기술자 같은 사람들과 마주 앉는 걸 싫어한다고 설명해 주셨던 게 생각났다. 나는 보통은 집으로 사람을 부르는 분들이 왜 몸소 목공소까지 찾아왔는지가 궁금해졌다. 그 이유는 알 수 없었다.

손님들은 아직 열세 살밖에 안 된 나를 경계하듯이 흘겨보며 이야기를 나눴다. 그들의 위압적인 말투 때문에 더욱 겁이 났다. 누구든 그들의 대화를 다른 사람에게 전했다가는 시청사 지하에 있는 무서운 감옥으로 끌려갈 것만 같았다.

스승님은 목공소 한가운데 서서 거의 말을 하지 않았다. 스승님은 안색이 좋지 않았고, 팔짱을 끼고 있었다. 나를 제외한 나머지 두 견습공인 모리츠와 오이슈타흐도 입을 다물지 못한 채 도저히 아무것도 이해를 못하겠다는 표정이었다.

"입 좀 다물어!"

깡마른 모리츠가 내 옆구리를 찌르며 속삭였다. 오이슈타흐는 쉰 살도 넘은 견습공이었지만 모리츠는 이제 갓 성인이 된 청년이었다. 그런데도 나를 애 취급하며 자기가 어른 행세를 했다.

손님들은 사과에 대해 이야기를 했다. 목공소에서 사과를 어쩌라는 건지 알 수 없었다. 처음에는 도시 앞 들판에 자라는 사과나무에 열리는 진짜 사과를 이야기하는 줄만 알았다. 스승님은 겨울이 되면 한 손으로 사과를 쪼개어 주셨는데 한번은……. 이건 다른 이야기니 그냥 하지 않는 게 좋겠다. 어쨌건 처음에는 진짜 사과를 말하는 줄 알았다가 갑자기 무슨 이야기인지 깨달으면서 작게 탄성을 내뱉고 말았다. 그 바람에 모두가 나를 쳐다보았다. 우리 목공소에서 사과를 만들라는 말을 나는 처음에는 진짜 사과 모양의 조각을 만들라는 줄 알았다. 사실 그 사람들은 사과처럼 둥근 구를 이야기하는 것이었다! 구 말이다!

손님들은 한참 동안 무슨 재료로 구를 만들지 논의했다.

"나무가 좋겠소! 목수이니까 나무를 제일 잘 다루지 않겠소!"

스승님이 드디어 입을 열었다.

"나무는 안 됩니다. 말씀하신 크기의 구를 나무로 만들게 되면 구의 표면이 갈라져 틈이 생기게 될 것입니다. 게다가 그렇게 큰 구를 만들 만큼 두꺼운 나무를 구하는 것도 불가능합니다. 심재(心材)를 쓰려고 해도 기껏해야 그 둘레가 한 아름의 삼분의 일도 안 되기 때문에 어렵습니다. 게다가 나무로 구를 깎는다면 목공소가 아니라 녹로공을 찾아갈 일입니다. 그러나 제 아무리 기술이 뛰어난 녹로공도 그렇게 큰 구를 만들진 못할 겁니다."

내 머릿속은 온통 어제 골목에서 마주친 사내에 대한 생각뿐이었다. 칼을 들고 구에 대해 이야기했던 사내 말이다. 그자의 말대로 일이 돌아가고 있었다. 소리를 지르고 싶었다. 창문과 문을 열고 뉘른베르크 시내를 뛰어다니며 어제 당한 일과 오늘 일에 대해 떠들고 싶었다. 앞으로 벌어질 일을 맞추는 사람이 있다고 외치고 싶었다. 마법사나 신이 보낸 것 같은 사람, 손에는 칼을 들고 있는 사람이 있다고 외치고 싶었다.

마음은 그랬지만 나는 입을 다물고 있었다. 엄습해 오는 공포에 꼼짝도 할 수가 없었다.

"조립을 한다고요?"

다시 손님들의 이야기가 귀에 들렸다.

"구에 아교를 바른다고요?"

"물론 그게 가장 현실적인 방법이긴 하지만, 아교칠을 해도 표면이 매끄러운 구 형태가 유지될까요?"

스승님은 머리를 긁적이며 대답했다.

"찰흙으로 만들면 어떨까요? 주종사(鑄鐘師)에게 부탁하면 될 것 같습니다. 주종사에게 묽게 만든 찰흙을 구 형태의 형판에 부어 구를 주조하게 하는 겁니다."

손님들의 얼굴에 환한 미소가 드리워졌다.

"저는 구가 회전할 수 있도록 구를 걸어 둘 틀을 만드는 것만 해도 큰 명예라고 생각됩니다."

스승님은 이렇게 말하면서 손님들 앞에서 고개를 숙여 인사를 했다. 그 소리를 들은 나는 기뻐서 거의 바지에 오줌을 지릴 뻔했다. 다른 곳에서 구를 만들게 하는 방법이 있었던 것이다. 주종사든 녹로공이든 대장장이든 상관없었다. 내 마음 같아서는 마구를 만드는 사람이나 칼을 만드는 사람이어도 좋았다. 어쨌든 우리 목공소만 아니면, 나는 골목에서 만난 자에게 보고하고 자시고 할 것이 없기 때문이었다.

"게다가 나무로 구를 만들면 무게가 너무 많이 나가게 됩니다."

손님 중 한 사람이 고개를 끄덕였다.

"좋은 생각이오. 히로니무스, 그럼 자네 생각대로 찰흙으로 만들도록 하지."

"아담도 흙으로 빚어졌지 않습니까, 여러분."

또 한 사람이 입을 열었다.

"모든 건 흙으로 돌아가는 법이지요."

"황제의 사과 모양 보주 역시 겉은 금과 보석으로 장식되어 있으나, 속은 흙으로 채워져 있지요."

또 다른 사람이 진지하게 덧붙였다.

"흙이 딱이군요! 그럼 형틀을 갖고 있는 주종사에게 일을 맡깁시다!"

나는 손님들을 차례대로 살펴보았다. 지금도 그날 누가 왔다 갔는지 기억이 생생하게 난다. 목공소를 찾은 분들은 폴카머 씨, 홀츠슈어씨, 베하임 씨, 피르크하이머 씨, 크렐 씨였다.

"그럼 완전한 구 형태가 만들어지기는 하지만 나무로 만들었을 때보다는 무겁겠군요."

스승님이 천천히 말했다. 나는 스승님이 혼자 웃음을 삼키는 걸 봤다.

"무겁다고?"

손님들은 놀라며 물었다.

"나무는 물에 뜨는 성질이 있습니다."

스승님은 설명하기 시작했다.

"반면 찰흙은 가라앉습니다. 그러니 더 무겁다고 할 수 있습니다. 게다가 찰흙은 말라야 합니다. 덜 마른 찰흙 덩어리를 이리저리 만지면 형태가 변하고 찰흙이 떨어져 나가게 됩니다."

스승님도 구를 만들고 싶어 하지는 않았다. 목수가 구를 만드는 건 말도 안 되는 일이었다. 나무로 된 구든, 흙으로 된 구든 스승님은 만들고 싶지 않았다.

피르크하이머 씨만 스승님의 이야기를 들으면서 고개를 끄덕였다. 나머지 분들은 스승님의 설명을 잘 이해하지 못하는 눈치였다. 피르크하이머 씨는 뉘른베르크에서 가장 똑똑한 사람이라는 소리를 듣는 분이다. 그는 키가 작고 뚱뚱한 데다가 머리가 크고 얼굴에도 살이 많아 눈에 띄었는데, 눈도 약간 돌출되어 있었고 콧잔등도 중간에 약간 내려 앉아 있었다.

BILIBALDI·PIRKEYMHERI·EFFIGIES
AETATIS·SVAE·ANNO·L·III
VIVITVR·INGENIO·CAETERA·MORTIS·
ERVNT·
M·D·X X·iV·

뉘른베르크의 지성이라고 불린 빌리발트 피르크하이머.

이럴까 저럴까 한참 논의를 한 끝에 손님들은 주종사에게 시켜 찰흙으로 구를 만들기로 결정했다. 그리고 구가 완성되면 표면에 종이를 붙여서 말린 후 구의 몸통 중 가장 두꺼운 지점에서 구를 둘로 잘라 찰흙 구를 꺼내기로 했다. 그리고 두 동강이 난 종이구를 다시 온전한 형태로 붙여서 구를 만들기로 했다.

"완성된 구는 속이 비어 있으니 아주 가벼울 뿐 아니라, 갈라지거나 형태가 변할 염려도 없습니다."

이제 모두가 만족해했다.

"목수가 반으로 가른 종이구 속에 나무로 지지대를 만들어 넣는다면 형태가 변할 걱정은 안 해도 될 겁니다."

스승님은 지나가는 말처럼 덧붙였다. 나무 지지대는 목수가 만들 만한 물건이었다. 그런데 종이를 붙이는 작업은 누가 한단 말인가? 난 공포와 희망이 교차하는 것을 느낄 수 있었다. 그들은 페그니츠 강 상류에 있는 글라이스뮐 방앗간을 언급했다. 글라이스뮐 방앗간은 곡식을 찧는 방앗간이 아니라 종이를 만드는 특별한 방앗간이다. 그들은 글라이스뮐 방앗간이 독일에서 종이를 만드는 방앗간 중 가장 오래된 것이라고 했으며, 울만 슈트로머라는 사람이 백 년 전에 연 방앗간이라고 했다. 그곳에서 종이를 붙이는 걸까? 아니면 차라리 제책업자에게 의뢰를 하는 편이 나을까?

손님들은 여러 방안을 논의한 끝에 결국 나와 모리츠와 오이슈타흐가 주종사가 만든 구를 찾아와서 우리 목공소에서 나머지 작업을 하는 쪽으로 결정을 내렸다.

"또 새로운 누군가에게 이 일을 알릴 필요는 없잖소?"

손님 중 한 명이 그렇게 말했다.

"지금도 충분히 여럿이 알게 되었소."

손님들이 동시에 우리를 쳐다보는 통에 나와 모리츠는 얼굴이 벌겋게 달아올랐다. 그러자 스승님이 입을 열었다.

"그런데, 전 목수가 아닙니까! 찰흙이나 종이는 우리 목공소에서 다룰 수 없습니다! 목수 조합에서 알게 되면 어떻게 합니까?"

손님들은 웃기만 했다.

골목에서 마주친 사내는 어떻게 이 모든 걸 알았을까? 그는 내가 가는 길목에 나타났고, 이 의원들이 우리 목공소에서 구를 만들게 할 것을 알고 있었다. 냄비에 끓이던 우유가 순식간에 끓어 넘치듯 내 안에서 공포가 차올라 목을 죄어 오는 것만 같았다. 내 표정에는 분명 이런 내 감정이 드러났을 것이다. 그러나 다행히도 아무도 일개 견습공의 표정에 관심을 갖지 않았다.

손님들이 구체적인 이야기를 논의하는 동안 나는 몇 번이고 외치고 싶었다.

'잠깐만요! 제가 여러분보다 많은 것을 알고 있습니다! 아니, 그게 아니고 여러분보다 많은 것을 알고 있는 한 사람이 있습니다!'

그렇지만 나의 말은 다른 사람의 귀에는 헛소리로 들릴 뿐이었을 것이다. 나에게 칼을 들이댄 사람의 이야기를 누가 믿겠는가? 난 그냥 입 다물고 있었다.

손님들은 우리에게 구가 완성되기 전에는 구에 대한 이야기를 발설해서는 안 된다고 단단히 주의를 주었다. 절대 발설해서는 안 되는 일이라고 했다! 그래서 스승님은 우리에게 한 번 더 강조했다.

"이 목공소 사람의 입에서 구에 대한 이야기가 나왔다고 들리는 날에는 내가 직접 우리 목공소에서 가장 큰 대패로 그 주둥이를 밀어 버릴 테니 그리 알아라!"

오이슈타흐는 귀찮다는 듯 끄덕였다. 모리츠는 약간 흥분한 듯 입술을 깨물면서 나를 쳐다보았다.

이제는 구에 대한 이야기를 마음껏 할 수 있게 되었다. 그 구는 이미 누구나 아는 뉘른베르크의 자랑이 되었으니 말이다. 사방에서 그 구를 보기 위해 찾아오기도 한다.

완성된 구는 딱딱하게 굳은 찰흙구에 나, 오이슈타흐, 모리츠가 아교로 종이를 붙여 굳힌 다음 그 종이구를 다시 두 동강을 낸 후, 속에 든 찰흙구는 꺼내서 버리고 종이구를 다시 하나의 구로 잘 붙여 만든 것이었다. 그런데 완성되기 전에는 그 종이구로 무얼 하려는 것인지 도무지 알 수가 없었다.

어쨌건 종이와 아교로 만든 속이 빈 구는 정말 가벼웠다. 거의 무게가 나가지 않았다. 두 동강이 난 구를 다시 정성스럽게 붙이고 그 위에 다시 종이를 붙이고 다시 양피지를 붙이고 다시 종이를 붙이는 마무리 작업은 내 몫이었다.

오이슈타흐와 모리츠가 다른 일로 핑계를 대며 끈적거리는 아교칠 작업을 모두 나에게 떠넘겼다. 막내인 나는 아직 정식 목수도 아니니 그 일이나 하라는 것이었다. 스승님은 종이구가 찌그러지지 않게 하기 위해 구 속에 넣을 구조물을 만들었다. 인내를 요하는 섬세한 작업이었다. 그 구는 사실 나와 주종사와 스승님과 나중에 그림을 그려 넣은 화가가 만든 작품이었다.

나는 일을 하는 내내 골목에서 마주친 사내와 그가 들고 있던 칼에 대한 생각이 머릿속을 떠나지 않았고, 의원들에게 그 사람에 대한 이야기를 할걸 하는 후회가 가득했다. 밤에는 잠이 오지 않았다. 한 번은 창문이 달그락거리는 소리에 소스라치며 깨서 창밖을 살펴보았는데 아무도 보이지 않았다. 그냥 고양이가 지나가다가 창을 건드렸던 것 같다.

구가 완성되자 스승님은 내게 칭찬을 해 주었다. 나는 자랑스러움에 잠시 걱정과 두려움도 잊었다. 표면이 매끄럽게 정리된 구에 화가가 그림을 그렸다.

그 사내가 다시 나타났냐고?

구를 만드는 과정에서 스승님이 한 번은 나에게 주종사에게 물어 정확한 구의 치수를 알아오라고 한 적이 있다. 치수를 알아야 구에 붙일 종이와 양피지와 아교 등을 준비하고 구 안에 넣을 구조물을 완성할 수 있다는 것이었다. 그래서 나는 주종사에게 갔다가 다시 목공소로 돌아오는 길이었다.

나는 특히 아주 좁은 골목을 지나게 되면서 그 사내에 대한 걱정과 두려움에 잔뜩 사로잡혀 있었다. 그런데 그때 갑자기 뒤에서 누군가가 내 목덜미를 내리쳤다. 딱딱한 몽둥이로 내리치는 듯했다.

"조용히 해! 내가 칼을 갖고 있다는 걸 기억하겠지?"

그는 도시의 온갖 오물이 다 모여 페그니츠 강에 흘러들어가는 지점 쪽으로 나를 끌고 갔다. 그곳에서는 지독한 냄새가 났다. 이 냄새는 사내에게서 나는 냄새일까? 오물에서 나는 냄새일까? 나는 겁에 질린 채 생각했다. 지금 날 도와줄 사람은 전혀 없구나! 사내는 나보다 힘이 훨씬 센데 어쩐담?

"그래, 뭐 좀 알아냈나?"

그가 물었다.

"무슨 말씀이신지 모르겠습니다."

나는 이렇게 대답했다.

"뭘 그렇게 벌벌 떠니? 그냥 내 질문에 순순히 대답만 하면 아무 일 없을 거야!"

"아무것도 묻지를 않으셨는데 당신에게 뭘 대답하라는 겁니까?"

"나리라고 불러야지, 어디서 감히 날 당신이라고 부르는 게냐! 잘 들어라. 나는 네게 나리이고 주인님 같은 사람이니 공손히 대하도록 해라!"

거지들이나 입을 누더기에 지독한 냄새를 풍기는 주제에 나리라니! 그러나 공손함은 강자의 힘이라고 아버지께 배웠던 게 생각났다. 나는 아무 말도 하지 않았다.

"구는 완성되었느냐?"

"아니요, 아직 만들고 있습니다."

"무엇으로 만들고 있느냐?"

"주종사가 만들고 있습니다."

대답을 하던 나는 문득 생각했다. 그는 지금 내가 이 골목을 지나리라는 것을 어떻게 알았을까.

"크기는 어느 정도 되느냐?"

"3분의 1 코드(약 43입방피트)쯤 됩니다."

나는 결국 그에게 구에 대한 이야기를 하고 있었다. 그게 큰 문제가 될까? 어차피 완성이 되고 나서 시청에 전시되면 모두에게 공개될 구였다. 구가 나중에는 전시될 것이라는 사실을 나는 알고 있었다.

"무거운가?"

"도대체 왜 구에 대해 물으시는 겁니까?"

나는 그가 혹시 구를 훔쳐가려는 것은 아닌가 하는 생각이 들었다.

"그건 네가 알 바 아니다! 주종사가 만든다고 했지? 왜 하필 주종사냐?"

갑자기 안도감이 들었다. 뭐든지 다 아는 예언자라면 이런 걸 왜 묻겠는가? 그래도 나는 여전히 무서웠다. 그래서 두려움을 감추려고 억지웃음을 지었다.

"오, 그래. 웃음이 싹 가시게 해 주마!"

그는 내게 위협적으로 말했다.

"또 나를 비웃었다가는 가만두지 않겠다!"

잠시 후에 그는 다시 묻기 시작했다.

"구를 목공소에서 만들지 않는단 말이냐?"

"우리 목공소에서도 만듭니다."

나는 그냥 순순히 대답하기로 했다.

"도대체 누가 만든단 말이냐?"

"주종사요."

"목공소에서 만든다고 하지 않았느냐?"

"맞아요."

"도대체 누가 만든단 소리냐!"

"지금은 일단 주종사가 만들고 있습니다."

그는 그제야 내가 뒤돌아설 수 있게 나를 놓아주었다. 그는 내 눈을 똑바로 쳐다보며 인상을 썼다.

"진실을 말하는 게 좋을 텐데! 나에게 칼이 있다는 걸 잊지 마라!"

"주종사가 만든다니까요! 거짓말 아닙니다."

나는 사실을 말했을 뿐이었다. 나는 그가 좋은 사람이 아니라는 걸 직감했기 때문에 그의 심기를 건드릴 맘도 없었다. 나는 그를 가지고 놀기에는 너무 겁이 많았다.

"주종사가 구를 만든다 이거군!"

"아니요, 우리가 만들기는 합니다."

"목공소에서 만든다는 거냐?"

"네, 주종사랑 같이 만드는 겁니다."

사내는 애써 화를 억누르는 게 보였다.

"그래, 그럼 목수와 주종사가 같이 만든다 이거지?"

"네. 아니 사실 같이 만드는 건 아니고 각자 만드는 거죠."

"그럼 구를 주조한단 말이냐?"

그는 아는 게 하나도 없었다. 그는 예언자는 아닌 게 분명했다.

"아니요, 아교로 만듭니다."

"주종사가 아교로 구를 만든다?"

"아니요, 우리가 아교칠을 합니다."

"젠장, 도대체 무슨 소리냐! 뭐, 구를 주조해서 만들든 아교로 만들든 상관은 없다!"

"종이를 붙여 만듭니다."

나는 다시 한 번 설명해 주었다. 그러자 그는 물러서며 말했다.

"종이를 붙이고, 아교칠을 하고, 주조한다? 뭐 상관없다. 난 그 구에 뭘 그려 넣는지가 알고 싶을 뿐이다! 알겠느냐"

"그럼 구에 그려 넣는 게 뭔지를 알려 드려야 하나요? 아직은 아무것도 그려 넣지 않아서 알 수가 없습니다."

"내가 다시 널 찾아올 테니 걱정 마라."

"어디로 찾아오시나요?"

"그건 네가 미리 걱정하지 않아도 된다, 이 애송이야! 네가 어디에 있든 널 찾아낼 테니 걱정 말거라!"

그리고 그는 사라졌다. 그는 두 번씩이나 나를 찾아내 내 앞에 나타났다. 그런데 뭐든 다 아는 예언가라면 저런 멍청한 질문들을 할까? 나는 내심 안도했지만 후에 일어난 일들은 생각보다 심각했다.

우리 목공소에서는 구가 자전할 수 있도록 구를 걸어 놓을 틀을 만들었다. 스승님과 나머지 두 견습공들은 표면이 매끄럽고 곡선이 아름다운 만들기 어려운 틀을 완성했다. 나는 이곳에서 기술을 배울 수 있다는 사실이 자랑스러웠다.

가장 어려운 작업은 스승님과 오이슈타흐의 몫이었다. 모리츠는 구경을 하면서 멍청하게 웃곤 했다. 나는 받침대의 바닥판을 만들기 위해 널빤지를 자르고 대패로 표면을 다듬었고 그사이 구는 화각 그림을 그릴 수 있게 건조되고 있었다.

바깥은 어두워졌다. 스승님과 두 견습공들은 맥주를 마시러 나가고 없었다. 나 같은 막내 견습공은 끼워 주지 않았다.

그때 갑자기 누더기를 걸친 사내가 나타났다. 나는 그가 오는지도 몰랐는데 갑자기 등 뒤에서 내 목에 몽둥이를 대고 자기 가슴팍으로 내 몸을 당겼다. 내가 특별히 허약한 건 아니었지만 사내는 확실히 나보다 힘이 센 사람이었다. 나는 고작 열세 살 된 견습공이었고 음식을 잘 얻어먹고 사는 것도 아니었으니 사내와 같은 어른에 비해 힘이 약한 게 당연했다.

그는 개가 고양이를 물어뜯듯이 나를 흔들어 댔다. 그리고 내 허리춤에 칼날을 들이밀었다. 나는 걸레 조각처럼 사내의 팔에 매달려 있었고 아무 말도 하지 못했다. 사내가 풍기는 지독한 냄새가 코를 찔렀다.

"구는 어디 있느냐? 당장 말하지 않으면 끝장일 줄 알아라!"

그는 칼을 잡은 손에 힘을 주었다.

나는 힘없이 버둥거렸다.

"당장 말해라!"

"다른 방에 있는데, 문이 잠겨 있습니다."

사실이었다. 스승님은 구를 넣은 방을 잠그고 나가셨다. 물론 스승님의 침실을 통해 들어가는 방법이 있긴 했다. 사내에게 그 말은 하지 않았다. 나는 구가 있는 방문 손잡이를 잡고 문을 여는 시늉을 했지만 문은 잠겨 있었다.

"저도 어쩔 수 없습니다."

나는 징징거렸다. 나는 징징거리는 데는 일가견이 있었다.

"스승님은 저에게도 구를 보여 주지 않으십니다."

"그걸 지금 나보고 믿으라고 지껄이는 것이냐? 그래, 구에 뭘 새겨 넣었더냐?"

아직 구에는 아무것도 그려지지 않았다. 구에 뭔가가 씌어졌거나 그려졌다면 난 분명 사실대로 다 고했을 것이다. 칼이 내 목숨을 위협하고 있었다.

그때 갑자기 목공소 문이 열리는 소리가 들렸다. 그 소리가 그렇게 반가운 건 처음이었다! 스승님과 두 견습공이 들어왔고 사내는 나를 놓고 뒷문으로 달아났다. 그러고 보니 그는 목공소의 구조를 잘 알고 있었다! 스승님은 놀라서 소리를 질렀다.

"오, 하느님! 마르틴, 피가 나잖아!"

스승님은 안 그러는 것 같았지만 우리 견습공들을 꽤나 아끼는 사람이었다. 나는 도살장에 끌려간 돼지처럼 피를 흘렸다. 물론 세 사람은 어떻게 된 일이냐며 질문을 퍼부었다. 그들은 내 주위를 왔다 갔다 했고, 스승님의 부인인 마님까지 나와 내 상처에 약을 발라 주셨다. 그냥 조금 긁힌 정도였는데 상처는 무척 따가웠다. 모리츠와 오이슈타흐가 나에게 그렇게 친절하고 다정한 적은 처음이었다. 잠시 후 스승님은 날 영웅이라고 칭찬했지만, 나는 영웅이 아니었다.

스승님은 나중에 나를 따로 불러 혹시라도 내가 그 사내에게 중요한 정보를 준 건 아닌지 확인하셨다. 그러나 구에 아무것도 써 있거나 그려져 있지 않은 상태였으니 스승님도 나를 믿어 주셨다. 도대체 그 구가 뭐길래 다들 그렇게 조심스러워했을까?

궁금했다! 그런데 내가 그걸 어떻게 알아낸단 말인가? 구를 왜 만드는지, 그것이 왜 그렇게 비밀스러운 일인지 나는 몰랐다. 내가 구에 대해 이야기를 한다 해도 어차피 아무도 믿어 주지도 않았을 것이다.

구를 만드는 이유와 구의 중요성을 이해하기 위해서는 마르틴 베하임 씨 이야기를 해야 한다. 베하임 씨는 길거리에서 그분을 본 아이들이 신기해하며 쫓아다닐 정도로 희한한 옷차림을 하고 다녔다. 베하임 씨는 원래 포르투갈에 사는 사람이었고, 그래서 입은 옷도 매우 낯설었다.

포르투갈이 어디에 있는 나라인지 아는 사람이 몇이나 되겠는가. 그만큼 낯설고 먼 나라였다. 베하임 씨는 포르투갈 왕으로부터 기사 작위를 받았다고 한다. 그는 아프리카에도 가 본 적이 있다고 했다. 아프리카가 어디 있는지 아는 사람도 몇 없을 것이다. 그러나 나는 아프리카와 포르투갈이 어디에 있는지 안다. 그뿐 아니라 인도와 지팡구라는 나라의 위치도 안다.

가장 특이했던 건 베하임 씨가 열여섯 살 때 참회 기간 중에 춤을 췄다는 것이다! 그는 유대교식 결혼식장에서 춤을 췄다고 한다. 참회 기간 중에는 오로지 유대 인들만 결혼을 했다. 베하임 씨는 유대 인의 결혼식에 참석한다는 게 뭐 그리 큰 문제냐고 했다. 유대 인들도 결국 사람일 뿐이라고 했다.

그러나 유대 인들은 세례를 받지 않은 사람들이었다! 베하임 씨는 부모님의 가르침을 지키는 것보다 춤추는 걸 더 좋아했던 것 같다. 그 사건으로 베하임 씨의 가족은 고개를 들고 다닐 수 없었고, 베하임 씨가 포르투갈인가 하는 먼 나라로 떠나겠다고 하자 오히려 기뻐했다. 사람들은 베하임 씨가 그 나라에서 아주 돈이 많은 여자와 결혼을 했다고 말했다.

내가 이 모든 걸 어디에서 들었냐고? 사내가 다녀간 후 상처에서 피가 쏟아지던 그날 저녁에 스승님이 이야기해 준 것이다. 스승님은 나에게 찬찬히 설명해 주었다. 사실 설명해 준 건 아무것도 없었다. 그래도 나는 이전에 비해 유식해진 기분이었다.

베하임 씨는 상인으로서 돈을 많이 벌기도 했지만 포르투갈 왕실의 의원이 되어 큰 부자가 되었고 유산 상속 문제 때문에 2년 전부터 뉘른베르크에 와 있는 것이었다. 물론 베하임 씨는 나를 전혀 몰랐다. 그러나 나는 그와 거리에서 마주치면 그를 자세히 관찰했다.

30대로 추정되는 베하임 씨는 키가 그다지 크지 않고 갈색 곱슬머리가 어깨에 닿을 만큼 길었다. 얼굴은 동그랗고 동안이었다. 한번은 그가 말을 하는 걸 봤는데 그 모습도 약간 어린애 같았다. 목소리가 어린애 같았다는 건 아니고 이야기를 할 때 어린애처럼 흥분을 하고 눈을 반짝거렸다는 것이다. 갈색 피부도 특이했다. 피부가 그렇게 갈색빛으로 변할 만큼, 아니 거의 숯처럼 변할 만큼 햇볕과 바람이 뜨거운 곳에 가 봤다는 사실이 신기했다. 온 도시가 베하임 씨에 대한 이야기로 시끌벅적했다. 그는 포르투갈 영토인 파이알 섬이라는 곳에 산다고 했다. 지구의 거의 끝에 있는 곳이라고 했다. 나는 베하임 씨에게서 눈을 뗄 수 없었다.

아프리카는 날씨가 너무 더워 그곳 사람들의 피부가 우리처럼 하얗지 않고 마치 오븐에 너무 오래 있다가 탄 빵처럼 시커멓다고 했다. 그는 피부가 검은 건 오히려 그들에게 유익하다고 설명했다. 조물주는 그들에게 검은 피부를 주어서 더운 날씨를 보다 잘 견딜 수 있게 해 주었다고 했다. 신은 먼 나라 이방인들까지도 보호하는 분이셨다.

일단 베하임 씨에 대해서는 이 정도 설명이면 충분하다. 그렇다면 그구는 도대체 뭐란 말인가? 사실 나는 구를 왜 만드는지, 그게 뭔지를 아직까지도 잘 이해하지 못하겠다. 언젠가는 다 이해할 날이 올 거라 믿는다.

스승님은 구가 뭔지 어떻게 알았을까? 물론 베하임 씨가 알려 주었다. 베하임 씨는 스승님을 베하임 일가가 사는 장터 근처 집으로 불러 모든 걸 설명해 주었다. 스승님은 무척 자랑스러워했다. 그러니까 지금부터 설명하는 내용은 모두 베하임 씨가 직접 설명한 내용이다. 그러니 믿을 만한 이야기다.

베하임 씨는 스승님에게 말하길 어린 시절에 뉘른베르크에서 레기오몬타누스라는 수학자에게 수업을 받았다고 했다. 이 수학자는 밤하늘의 별의 위치를 관찰하고 기록해 두곤 했는데 베하임 씨에게는 계산법을 가르쳐 주었다. 베하임 씨는 아직도 그때 배운 계산 능력 덕을 본다고 했다.

그는 스승님에게 레기오몬타누스라는 수학자가 기록한 별자리의 위치는 먼 바다를 항해할 때, 그러니까 더 이상 육지가 보이지 않는 먼 바다를 항해할 때 배의 위치와 육지로부터의 거리 등을 계산할 수 있게 해 준다고 설명했다. 그런데 그게 우리 구와 무슨 상관이란 말인가?

"그러니까, 육로로 인도에 갈 경우 터키인들이 방해를 하기 때문에 포르투갈 왕께서 배를 타고 아프리카를 지나 인도로 가는 새로운 교역로를 찾으라고 명령했다고 한다. 그래서 포르투갈 사람들이 아프리카 대륙 연안을 따라 남쪽으로 여행을 하며 인도로 가는 길을 찾는 거지. 그 왕은 베하임 씨가 훌륭한 수학자라는 이야기를 듣고 베하임 씨도 항해를 하도록 명령했단다. 그게 벌써 7, 8년 전인 1484년이나 1485년 즈음의 일이라고 한단다. 그래서 베하임 씨는 포르투갈 사람들과 남쪽으로

항해를 했고 항해 중에 종종 피
부가 검은 사람들과 마주쳤대. 희
한한 동물과 식물들도 발견했다
고 하더구나."

스승님은 베하임 씨에게 들은
이야기를 나에게도 찬찬히 들려
주셨다.

"동물이요? 어떤 동물이요?"

"베하임 씨 말로는 코끼리, 악
어, 앵무새, 원숭이 같은 동물을

마르틴 베하임. 1492년에 뉘른베르크에서 현존하
는 세계 최초의 지구의를 만든 독일의 지리학자.

봤다고 했어. 더위가 극심해서 항해를 하는 사람들이 갈증으로 고생을
많이 했다고 하더구나. 신선한 물을 구하기가 쉽지 않아서 그랬단다."

"그리고 또 무슨 말씀을 하셨어요?"

"입은 다물고 듣거라."

스승님은 웃으셨다. 나는 입을 벌리고 침까지 흘리고 있었다.

"해안가에 어마어마한 밀림이 있는 곳도 있고 경사가 가파른 높은 절
벽이 있는 곳도 있다고 했다. 피부가 검은 사람들은 대부분 항해하는 사
람들에게 적대적으로 대했다고 하더라."

스승님은 잠시 침묵하며 나를 바라보았다.

"내가 너에게 이런 이야기들을 들려주는 이유를 알겠느냐?"

나는 대답하지 못했다. 나는 이야기가 더 듣고 싶어 귀가 근질거렸다.
내 눈앞에서 높은 파도와 어두운 밤에 불을 피우고 그 주위에서 춤을

추는 검은 피부의 사람들이 보이는 듯했다. 뱃사람들의 손에 들린 거친 밧줄이 내 손에서도 느껴지는 듯했고 바닷물의 짠맛과 바다 냄새도 느껴지는 듯했다. 스승님도 나와 마찬가지인 듯했다. 물론 우리 둘 다 바다를 본 적도 없고 당연히 배를 타 본 적도 없었다.

"그런데 그렇게 항해를 하는 데 큰 문제가 있었단다. 남쪽으로 갈수록 점점 기온이 높아졌던 것이지. 베하임 씨는 사람과 배가 모두 타 버리는 건 아닌지 걱정이 될 정도였다고 했다. 먼저 돛이 불길에 휩싸이고, 기둥과 갑판이, 그다음에는 사람마저 모두 연기가 되어 사라질 것 같아 겁이 났다고 했다. 선원들이 점점 심해지는 열기 때문에 더 이상 항해를 하지 않겠다고 해서 결국 뱃머리를 돌려 모두 돌아왔단다. 결국 아프리카 대륙을 돌아가는 해상로 개척은 실패였다. 그래도 항해를 하던 중에 만난 검은 피부의 사람들로부터 새로운 종류의 후추, 보석, 심지어 금도 얻었단다. 새로운 섬과 강도 발견했다고 했다. 어쨌거나 포르투갈의 임금은 항해에서 돌아온 베하임 씨에게 기사 작위를 수여했다. 뉘른베르크 사람 모두에게 영광스러운 일이고 말고! 게다가 베하임 씨가 우리에게 구 제작을 주문했으니 더욱 영광스러운 일이지!"

"우리 구 말이에요?"

나는 갑자기 무슨 소리인가 싶었다. 지금까지 들은 이야기와 구가 대체 무슨 상관이람? 그런데 드디어 모든 의문점이 풀렸다.

"사실 이렇게 중요한 일을 너 같은 견습공에게 설명할 필요도 없지만, 이렇게 피까지 흘리며 수고를 하고 있으니 말해 주마."

나는 가슴이 벅차도록 우쭐한 기분이 들었다. 스승님은 침묵했고 잠시 생각에 빠졌다. 어떻게 이야기를 시작해야 할지 고심하는 눈빛이었다.

"너도 황제의 사과 모양 보주를 본 적이 있을 게다. 황제의 왕관과 황제 즉위식 때 사용되는, 온갖 보석과 함께 부활절 후 두 번째 금요일마다 베하임 씨의 집 앞에 전시되는 보주 말이다."

나는 끄덕였다. 황제의 보주는 뉘른베르크 교회에 보관되어 있었다. 그런데 황금과 보석으로 만든 사과에 십자 무늬가 있는 그 보주와 우리 목공소에서 만드는 구와 무슨 관계란 말인가? 잠깐! 그때 왔던 손님들도 사과에 대해 이야기하지 않았던가?

"사과요?"

나는 내 자신이 정말 멍청하게 느껴졌다.

"그래! 사과는 지구를 상징한단다. 황제의 보주가 사과 모양이기 때문에 황제의 손에 세계가 들려 있는 셈이고, 그래서 사과를 진흙으로 채워놓았던 것이란다!"

나는 방금 달나라에서 떨어진 소라도 보듯 스승님을 쳐다보았다.

"잘 들어라. 모형이 뭔지는 알지? 몇 주 전 목공소에서 만들었던 그런 모형 말이다."

"그럼요. 그런데 그게 뭐 어쨌다는 거죠?"

나는 여전히 이해할 수가 없었다.

"지금 우리가 있는 목공소는 우리 집 안에 있지 않느냐."

스승님은 땀을 닦으며 말을 이었다.

"이걸 대체 너에게 어떻게 설명한담……. 그래! 우리가 지금 들어 있는 이 집의 모형을 만든다고 생각해 보자. 자 그럼 구도 마찬가지겠지?

우리는 바로 지구라는 구 위에 서 있잖니."

"네? 이 구는 지금 우리 목공소 안에 있잖아요?"

"아니, 그게 아니고. 내 말은⋯⋯."

스승님의 이마에는 땀이 맺혔다. 스승님은 손을 접었다 폈다 했다.

"구가 우리 목공소 안에 있는데 우리가 구 위에 서 있을 수 있나요?"

"우리 목공소 안에 있는 작은 구는 모형일 뿐이지!"

스승님은 계속 설명을 했다. 그리고 나는 시간이 한참 지난 후에야 스승님의 설명을 이해할 수 있었다. 스승님은 한숨을 내쉬었다.

"널 이해시키느니 가지가 백 개 달린 떡갈나무를 매끄럽게 다듬는 일이 더 쉽겠다."

내가 이해한 건 우리가 서 있는 이 땅, 그러니까 지구는 구라는 것이었다! 세상은 내가 어릴 적에 배운 것처럼 납작한 게 아니라 둥글다는 것이었다.

"그러니까 우리는 아주 큰 구 위에서 살고 있는 거군요."

"그래. 아주 큰 구."

"그 위에 우리가 서 있다고요?"

"그래, 위쪽에 서 있지 않으면 떨어졌겠지."

"어디로 떨어지게 되나요?"

"그런 바보 같은 질문 좀 그만해라."

스승님은 짜증을 냈다. 나는 생각했다. 스승님도 생각에 잠겼다. 스승님도 잘 모르는 눈치였다.

"구일 리가 없어요!"

나는 화를 내며 고집스럽게 고개를 내저었다.

"이제는 제자가 스승을 가르치려고 드는구나."

"베하임 씨는 분명 배를 타고 남쪽으로 항해했다고 하셨잖아요. 더 이상 갈 수 없을 만큼 날씨가 더운 아주 먼 곳까지 갔다고 하셨잖아요. 그랬다면 남쪽으로 갈수록 속도가 더 빨라졌어야 하잖아요. 이 땅이 구라면 물이 마구 쏟아져 내려야 하는 거잖아요."

나는 배가 물에 휩쓸려 가는 장면이 눈앞에 그려졌다. 맞다, 바닷물은 어떻게 되는 걸까? 갑자기 머릿속이 복잡했다. 바닷물! 도대체 구 위물이 그대로 있다는 건 말이 안 됐다. 다 쏟아져서 떨어져야 맞았다!

"우리가 구 위쪽에 서 있다면, 아프리카에 산다는 그 검은 피부의 사람들은 구의 아래쪽에 산단 얘기인데 그 사람들이 떨어지지 않는 것도 이상해요!"

"나도 모르겠다."

스승님은 중얼거렸다.

"그런데 피르크하이머 씨 역시 지구가 둥글다고 하더구나. 뉘른베르크에서 가장 똑똑하고 뭐든 다 아는 양반이 그랬으니 너 같은 애송이는 그냥 가만히 있거라! 지구가 둥글든 말든 너랑 상관없는 일 아니냐. 자, 이거나 대패로 밀어라. 넌 일만 잘하면 된다!"

이게 내 한계였다.

그 이후 시간이 날 때마다 나는 게오르크 글로켄돈이라는 화가가 구를 색칠하는 모습을 지켜보곤 했다. 종종 화가에게 와인이나 맥주를 가져다주는 심부름도 했다. 그는 목공소와 연결된 작은 방에서 일을 했는데, 그 방에 쌓여 있던 물건을 내가 다 치워서 방은 텅 비어 있었다.

"파란색은 바다란다."

그는 그림을 그리며 말했다. 그리고 갈색은 땅과 섬이라고 했다. 산과 강과 여러 가지가 보였다. 화가는 베하임 씨가 준 종이 한 뭉치를 가지고 있었다. 화가는 여러 주에 걸쳐 그림을 완성했다. 매일같이 스승님이 화가에게 직접 먹을 것을 가져다주었다. 어떤 날에는 스승님의 부인까지 나와 음식 차리는 것을 도와주었다.

나는 가끔 질문을 했다.

"왜 바닷물이 아래로 쏟아지지 않나요? 그러니까 이 구 말고 우리가 사는 진짜 지구 말입니다."

그러면 화가는 머리가 두 개 달린 소를 보듯 이상한 표정으로 내 얼굴을 쳐다봤다.

의원들도 종종 들러 화가가 그림 그리는 걸 지켜보았다. 베하임 씨는 자주 들러서 자기가 준 종이에 그려진 그림과 화가가 그린 그림을 비교했다.

구가 완성되어 가던 어느 날 피르크하이머 씨가 왔다. 화가를 방해하지 않으려고 목공소 안을 살금살금 기어 다니다시피 했던 스승님은 베하임 씨와 피르크하이머 씨에게 대접할 와인을 준비하고 의자를 가져오라고 명했다. 시킨 일을 다한 나는 문 앞에 서서 대기하고 있었다. 내 평생 그렇게 궁금함에 사로잡힌 적이 없었다. 그러면서도 골목에서 마주친 사내를 떠올리며, 더 많은 것을 알게 될수록 내가 더 위험해질 수 있다는 걱정을 했다.

글로켄돈 씨는 평소에는 내가 자와 도형을 이용해 종이에 그려져 있는 그림을 구에 옮기는 자신의 일을 구경해도 별로 신경 쓰지 않더니 그날은 나에게 밖으로 나가라고 했다. 그러자 피르크하이머 씨가 호의적인 눈빛으로 말했다.

"그냥 있게 해 주시오. 배우고자 하는 사람에게는 배울 기회를 줘야지 않겠소. 배움을 막아서는 안 되오."

"저 어린애를 보고 하시는 말씀인가요?"

글로켄돈 씨가 물었다.

"어릴수록 더욱더 기회를 줘야지요."

다들 아무 말도 하지 않았다. 나는 그냥 방에 있을 수 있었다. 물론 나는 스승님이 내가 시킨 일을 안 하고 손님들과 함께 있는 것을 눈치챌까 봐 걱정이 되었다. 내 머릿속은 수많은 질문으로 복잡해졌다. 그리고 희한한 이야기들이 들리기 시작했다.

"이 그림에는 세 개의 대륙이 있습니다."

베하임 씨가 피르크하이머 씨에게 설명했다.

"아프리카가 있는데, 아프리카 서부 해안에는 직접 가 보았소. 그다음에는 아시아와 유럽이 있소. 지팡구와 바다와 강과 산지가 있습니다. 이건 뉘른베르크에 사는 하르트만 셰델 박사가 그린 것입니다."

"아시아의 경우 우리와 가까운 아시아, 그러니까 지금 터키가 지배하는 소아시아 지역에 대해서는 알고 있소. 인도와 지팡구라는 나라가 있는 쪽 아시아는 전혀 모르는 곳입니다. 그런 나라가 있다는 건 들어 봤지만 어떤 곳인지는 전혀 모르겠소."

피르크하이머 씨가 말했다. 그리고 매우 공손하고 조심스러운 말투로 의문을 제기했다.

"직접 가 보지 못했다고 하시면서, 이렇게 그림으로 그리시다니 놀랍소."

나는 드디어 골목에서 만난 사내가 궁금해하던 비밀이 드러날 것이라고 직감하며 긴장했다. 그런데 나는 그 사내 때문이 아니라, 내 호기심 때문에 집중해서 들었다. 구에 대해서, 왜 바닷물이 떨어지지 않는지에 대해서 이야기하기를 바랐다.

그런데 이상하게도 구가 아니라 글로부스(지구의)라는 단어를 사용했다. 글로부스는 라틴 어로 구라는 뜻이었다. 나도 지금부터 구 대신 지구의라는 단어를 사용하겠다. 이제 뉘른베르크에서는 누구나 지구의라는 말을 사용하고 있기도 하니까.

나는 호기심이 극에 달하는 동시에 겁도 났다. 그래서 갈등했다. 어서 도망쳐! 나중에 손에 칼을 든 그 냄새나는 작자를 만났을 때 아무것도 모르고 있는 편이 제일 나으니까! 그러나 나는 그대로 있었다.

"지팡구와 인도."

피르크하이머 씨가 중얼거렸다.

"향신료, 후추, 카네이션의 나라이지요."

그는 베하임 씨를 훑어보며 덧붙였다.

"후추가 목적입니까, 과학의 발전이 목적입니까?"

"그리고 중국은 실크의 나라이지요."

베하임 씨는 대답 대신 이렇게 말을 이어나갔다. 베하임 씨의 눈빛은 보기 드문 흥분과 기대감으로 가득했다.

"동방 세계로 가는 길을 찾지 못하셨다지요."

다시 피르크하이머 씨가 말했다.

"아프리카를 돌아가는 길 말이오."

내 눈앞에는 또다시 뜨거운 열기가 가득한 남쪽 나라의 하늘이 보이는 듯했다.

"이미 4년 전에 사람들은 아프리카 대륙을 빙 둘러 항해하는 데 성공했습니다."

베하임 씨는 약간 의기소침해진 목소리로 말했다.

"바르톨로뮤 디아스라는 사람이 성공했지요."

나는 입이 쩍 벌어졌다. 그 더위를 뚫고 항해에 성공하다니!

"사실 아프리카 대륙을 돌아갈 필요가 없습니다!"

베하임 씨가 말했다.

"너무 멀고 고생스러워서 선원들만 희생시키는 길입니다."

"왜 떨어지지 않는 겁니까?"

그때 내 입에서 나도 모르게 저 말이 튀어나왔다. 깜짝 놀란 내 입에서는 또 질문이 새나왔다.

"왜 구 위에 서 있는 걸 전혀 느낄 수가 없나요?"

나는 궁금증을 이기지 못하고 로렌츠 교회의 종탑에 올라가 사방을 둘러 본 적이 있었다. 지구가 둥글다는 걸 전혀 알아볼 수 없었다.

나의 행동에 글로켄돈 씨는 불쾌해했고, 베하임 씨는 나를 아예 무시했다. 그러나 피르크하이머 씨는 친절하게 대답해 주었다.

"잘 들어라. 자, 이 구 위에 보자기를 씌워 보자."

피르크하이머 씨는 물감이 마른 쪽을 찾아 손수건을 씌운 후 내게 물었다.

"자 이 손수건이 씌워진 부분에서 보면 이것이 구인지 알아볼 수 있겠느냐? 아니면 그냥 평평한 물건에 손수건을 씌운 것 같아 보이냐?"

나는 당황해하며 그냥 고개를 끄덕였다.

"그런 거란다."

그리고 피르크하이머 씨는 말을 마쳤다. 나는 머릿속이 복잡해졌다. 사실 지금까지도 피르크하이머 씨의 설명을 잘 이해하지 못하겠다. 사실 내가 더 궁금했던 것은 첫 번째 질문이었다. 왜 떨어지지 않는 걸까?

"서쪽으로 가면 됩니다!"

베하임 씨는 피르크하이머 씨에게 말했다.

"남쪽이 아니었습니다. 서쪽으로 가면 지팡구까지 거리가 훨씬 더 가깝다는 걸 이렇게 눈으로 확인할 수 있습니다."

갑자기 머릿속에 번개가 내리치는 듯했다. 그래서 지구의를 만들었구나! 지구의가 있으면 새로운 땅과 대륙을 발견할 수 있는 거구나! 나는 글로켄돈 씨가 그린 대륙과 바다와 산과 강과 섬을 봤다. 이름이 씌어 있지는 않았다. 지구의에는 글씨가 전혀 씌어 있지 않았다. 그때 피르크하이머 씨가 말했다.

"그런데 베하임 씨는 거래할 물건에만 관심이 있으신 겁니까?"

베하임 씨는 당황하며 나를 보면서 황급히 대꾸했다.

"나는 장사꾼이오."

"당신이 언급한 물건들 말이오, 후추, 실크, 녹섬석, 금 그리고 특히 온갖 향신료 말이오. 모두 아주 귀한 것들입니다."

피르크하이머 씨는 뭔가를 골똘히 생각하며 말을 멈췄다. 그는 잠시 내가 피르크하이머 씨와 같은 편이라도 되는 것처럼 나를 쳐다보았다.

"그렇다 해도, 너무 작은 것 아닙니까? 실제 바다와, 산과 대륙에 비해 너무 작은 것 아닙니까? 학자의 입장에서 하는 말입니다."

"레기오몬타누스는……."

"직접 만나 보지는 못하셨지요? 레기오몬타누스는 정말 위대한 학자입니다. 그 유명한 레기오몬타누스도 고대 학자들의 계산법을 받아들였습니다. 그들의 계산법에 따르면 지구는 훨씬 더 큽니다. 그렇기 때문에 이 지구의에서 보는 것보다 지팡구나 인도까지 가는 길은 실제로 훨씬 멀고 험할 것입니다, 베하임 씨!"

그는 이렇게 말하고는 아주 작은 소리로 덧붙였다.

"그리고 이 항해는 당신을 위한 것이오? 아니면 포르투갈의 왕을 위한 것이오? 그것도 아니면 뉘른베르크 상인들을 위한 것이오?"

두 사람은 팔짱을 끼고 서로의 얼굴을 바라보며 침묵했다. 갑자기 서로에게 달려들 기세였다. 잠시 후 피르크하이머 씨가 말을 꺼냈다.

"지구의를 만든 게 학자와 학문을 위한 것은 아니었군요."

"땅, 바다, 강, 산지……. 그런 것만 있는 지구의는 쓸데가 없소."

베하임 씨는 글로켄돈 씨에게 물었다.

"작업은 언제쯤 완성되오?"

"거의 다 되었습니다."

"자, 그럼 어서 서두르세요. 이제부터 내가 옆에서 지구의가 완성되는 것을 지켜보겠소."

베하임 씨는 불편한 기색을 드러내며 말했다.

"이 지구의는 우리가 사용할 그 목적에 딱 적합한 물건이 될 것이요."

그러자 피르크하이머 씨가 말했다.

"돈, 부, 권력! 그러나 학문을 위해서는 아니지요! 행운을 빌겠소. 어쨌건 난 당신이 하는 일을 지지하오. 당신이 하는 일도 결국 세상을 탐구하는 데 기여한다고 생각하오. 그러나 내가 생각하는 지구의와는 다르군요. 내가 생각했던 건 전혀 다른 모양이지요."

"더 큰 걸 원하셨습니까?"

"네, 전체적인 크기도 더 커야겠고, 바다에 비해 땅이 더 작아야 하지요. 여기에서 서쪽으로 항해하여 지팡구까지 가는 길은 생각보다 멀답니다! 기억해 두십시오!"

피르크하이머 씨는 미소를 지으며 나갔다. 뭐가 더 크고 뭐가 더 작다는 건지, 내 머릿속은 더 복잡해졌다. 베하임 씨는 턱으로 내게 나가라는 신호를 보냈다. 그는 불친절한 사람이었다. 어차피 나는 손님들이 하는 이야기 중 거의 대부분을 이해할 수 없었다.

다음 날 지구의를 세워 놓기 위해 제작하던 틀이 완성되었다. 아주 잘 만들어진 틀이었다.

화가와 베하임 씨는 밤새 그림을 그렸다고 했다. 나는 어제 거의 다 완성된 것처럼 보였던 지구의에 그렇게 오랫동안 무얼 더 그려 넣었을

지가 궁금했다.

잠을 자지 못해 눈이 시뻘게진 베하임 씨와 스승님은 지구의를 틀에 끼워 넣었다. 이제 지구의는 빙글빙글 돌려 볼 수 있었다. 물론 우리 견습공들은 지구의에 손을 댈 수 없었다. 우리는 지구의를 구경도 할 수 없었다. 아버지는 늘 기술자의 보람은 완성된 작품을 보며 느끼는 기쁨이라고 하셨는데, 우리는 완성된 지구의를 보지 못했다.

지구의는 완성되자마자 포장되었지만 아직 물감이 완전히 마르지 않은 탓에 목공소에서 이틀 더 보관하기로 했다. 그래서 완성된 지구의는 2박 3일 동안 목공소 바로 옆방에 세워져 있다가 시청에서 거창한 개봉 행사를 하면서 공개되었다.

그런데 그 행사에는 우리 스승님조차도 참석하지 못했다! 나중에 지구의는 모든 사람들에게 공개되긴 했지만, 의원들은 줄을 쳐 놓고 대륙의 윤곽만 겨우 보일 정도로 멀리에서 지구의를 볼 수 있게 했다. 정말 치사했다! 그러나 나는 이미 지구의를 자세히 보았다. 지구의가 목공소에서 시청으로 옮겨지기 전에 몰래 본 것이다.

베하임 씨가 나를 방에서 나가라고 한 순간, 내 머릿속은 더욱더 많은 궁금증으로 가득해졌다. 호기심에 머리가 터질 지경이었다.

나를 세 번이나 찾아온 사내가 지구의에 대한 호기심을 자극했던 건 사실이다. 이제 확실한 건 그 사내가 예언자처럼 모든 걸 다 아는 사람은 아니라는 것이었다. 나를 처음부터 몰래 따라다녔다면 내가 어느 골목으로 갈지 예상하는 건 너무나 쉬운 일이었다. 그리고 그 사내가 아니어도 누구든 내 뒤를 쫓아올 수 있었다. 당연한 일이었는데, 나는 그 사실을 한참 후에야 깨달았다.

제일 중요한 건 이 지구의를 만든 목적이었다. 두 손님이 나눈 대화와 지구의를 만든 목적은 분명 연관성이 있었다. 이거야말로 대단한 비밀이었다!

베하임 씨와 글로켄돈 씨는 그날 밤 지구의에 무엇을 더 그려 넣었을까? 나는 더 이상 참을 수 없었다. 그래서 지구의가 시청으로 옮겨지기 전날 저녁 소나무 가지를 준비해 두었다. 나는 모두가 잠들 때까지 기다린 후 몰래 부엌에 들어가 가지에 불을 붙였다.

그리고 가슴 졸이며 지구의가 있는 방에 들어간 나는 불이 붙은 가지를 들고 지구의 가까이에 다가가 그림을 살펴보았다. 지구의는 낮에 볼 때보다 훨씬 커 보였다. 대륙이 보였다! 나는 화가가 대륙을 그릴 때 그림을 자세히 봐 두었다. 그림을 보지 않고도 유럽, 아시아, 아프리카, 세 대륙을 그릴 수 있을 정도로 자세히 봐 두었다. 아프리카 대륙 근처에는 섬이 많이 있었다. 그리고 서쪽으로 죽 가면 나타나는 지팡구는 정말로 그렇게 멀리 떨어진 나라가 아닌 것처럼 보였다. 아프리카 대륙을 돌아서 뜨거운 날씨를 뚫고 가는 길에 비해 정말 너무나 짧은 길이었다. 그러나 피르크하이머 씨는 지구의가 더 커야 하고, 대륙이 더 작아야 한다고 했었다. 나는 지구의의 크기보다도 대륙의 크기가 더 작아져야 맞다는 말은 무슨 뜻인지 영원히 이해하지 못했다. 지구의의 크기가 작다는 것일까? 더 커야 한다는 말일까?

지구의에 달라진 게 있었던가?

나는 지구의를 찬찬히 살펴보며 손가락으로 둥근 표면을 더듬었다.

갑자기 뭐가 달라졌는지를 알아차렸다. 원래 없었던 글씨가 새겨져 있었다. 섬, 산, 바다, 강마다 글씨가 씌어 있었다.

이것이 그 비밀이었나 보다! 나는 호기심에 차서 글씨를 읽었다. 그런데 이상했다. 아시아나 아프리카 같은 이름이 씌어 있을 줄 알았는데 아니었다. 그대신 이렇게 씌어 있었다. "이 숲에는 포도, 계피, 카네이션이 자란다.", "향신료와 알로에가 있는 곳이다.", "보석, 진주가 많이 나는 곳이다.", "이 섬에서 루비, 녹섬석, 황옥, 사파이어, 진주가 대량으로 발견되었다." 등의 문장만 눈에 들어왔다. 지구의에는 온통 이런 글씨가 새겨져 있었다.

눈에서 비늘이 벗겨지며 갑자기 세상이 밝고 또렷하게 보이는 것 같은 기분이었다. 이것이 지구의를 만든 이유였구나. 지구의를 손에 넣은 사람은 세상을 손에 넣은 것이나 마찬가지였다! 나는 잠시 배, 대포, 깃발, 군인, 칼 그리고 낯선 해안, 무서운 기세로 소리를 지르며 달려드는 사람들, 그들의 보물을 빼앗고 있는 내 모습이 상상되었다.

하지만 내가 배와 대포 같은 것을 가진다는 건 꿈도 꿀 수 없었다. 상인들은 배가 있었고, 대포를 사고 군인을 모을 돈이 있었다! 포도, 계피, 녹섬석, 사파이어, 진주 같은 것들을 가지고 있었다! 베하임 씨에게 지구의를 만들라고 한 상인들은 어디에 있었을까? 울름? 아우크스부르크? 바젤? 쾰른? 뤼베크?

다음날 지구의는 시청에서 공개되었는데 사방에는 줄이 쳐져 있어서 아무도 지구의 가까이에 다가가 그것에 새겨진 비밀을 읽을 수 없었다. 비록 비밀을 읽을 수는 없지만 지구의가 시청 건물에 전시된 것만으

마르틴 베하임에 의해 제작된 현존하는 가장 오래된 지구의.

로 뉘른베르크는 자랑스러워할 만했다. 나는 시간이 날 때마다 시청에 가서 먼 나라에 있는 신기한 물건과 보물들을 상상해 보곤 했다.

예언자는 어떻게 되었는지 궁금한가? 그자와의 마지막 만남은 지금 생각해도 웃음이 난다. 우리, 그러니까 나와 모리츠와 오이슈타흐가 그자를 혼쭐내 주었다. 물론 스승님에게 허락을 받고 한 일이다. 두 사람은 내가 시내에 심부름을 갈 때 내 뒤를 따라왔다. 같이 따라오지 않고 서로 모르는 사람처럼 눈에 띄지 않게 따라왔기 때문에 사람들은 우리가 각자 길을 가는 사람들이라고 생각했을 것이다. 나는 사내와 마주치기 위해 일부러 한적하고 좁은 골목으로만 다녔다.

시청 건물에 구가 전시되고 며칠 안 되어서 드디어 그자가 나타나 내 목덜미를 잡았다. 사내는 또다시 칼을 꺼내 내 목에 댔다.

"자, 똑똑히 듣고 대답하라고! 당장 대답해! 지구의에 뭐라고 씌어 있느냐? 한 글자도 빼놓지 말고 말해라. 내가 시킨 대로 다 적어 놓고 기억해 두었겠지?"

물론 이전에 사내를 만났을 때보다 결코 덜 무섭지는 않았다. 식은땀이 절로 났고 한겨울인 것마냥 몸이 덜덜 떨렸다. 두 견습공이 나와 사내가 있는 곳을 찾기까지 한참이 걸렸다. 그래도 찾아오기는 왔다. 우리는 셋이서 그 사내를 두들겨 패주었다. 상상하기 힘든 일이지만 그랬다. 사내는 줄행랑을 쳤다. 그렇게 정신없이 걸음아 나 살려라 하고 도망가는 남자는 처음 봤다.

그러나 돌아와서 그 일을 보고했을 때 스승님은 인상을 썼다.

"그자가 누구의 명을 받아 그런 짓을 했는지 물었어야지!"

사내는 이미 멀리 도망간 상태여서 그때는 이미 어쩔 도리가 없었다.

몇 년 후 지구의 앞에서 피르크하이머 씨를 만났다. 그는 나를 보자마자 알아보고 매우 반가워했다.

"그들은 정말로 서쪽으로 떠났다고 하네."

그가 입을 열었다.

"포르투갈 사람들이 아니고, 스페인 사람들이 갔다고 하는군. 1492년에, 자네 목공소에서 이 지구의를 완성하던 해에 갔다고 하더군. 그리고 그곳에서 새 땅을 발견했다고 하네. 지팡구도 아니고 인도도 아닌 새로운 대륙이라고 하더군!"

나 같은 사람은 죽었다가 깨어나도 갈 수 없는 곳이었다. 나는 그때 피르크하이머 씨에게 왜 지구가 둥근데 사람들이 넘어지거나 지구에서 떨어지지 않는지 물어보지 않은 게 지금도 후회된다. 정말 궁금하다!

사람들은 늘 지구의 속에는 무엇이 있느냐고 묻곤 하는데, 그 질문에는 내가 대답할 수 있다. 그 '사과'는 텅 비어있다.

나는 정말이지 이전보다 한층 똑똑해졌다.

제4장

아름다운 베네치아 소녀

알브레히트 뒤러는 중세에서 근대로 넘어오는 시기에 살았던 사람이다. 그는 인간과 자연을 작품의 주제로 삼은 최초의 독일 화가였다. 그의 작품은 이탈리아에서 탄생한 인본주의 즉, 고전주의를 부활시키려는 의식적인 운동을 그대로 반영하고 있다. 인본주의가 확산되기 이전 중세 시대에는 그림과 예술 작품이 오직 종교적 메시지를 전달하기 위해 완성되었고 작가는 이 목적을 위해 재능을 발휘할 뿐 자신은 전혀 부각되지 않았었다.

뒤러는 자신의 작품에 서명을 하고 자화상을 그린 최초의 독일 화가였다. 그는 원근법을 연구하고 인간 신체의 비율을 탐구하였는데, 그래서 그는 독일을 비롯한 알프스 북쪽 지역보다 훨씬 앞서 그러한 탐구가 시작된 이탈리아로 두 번 여행을 하기도 했다. 그는 1494년과 1495년 사이에 첫 여행을 하고 1505년에서 1506년까지 재차 이탈리아를 방문했다. 그는 매번 주로 베네치아에 머물면서 조반니 벨리니와 같은 유명한 화가들을 만났고, 특히 두 번째 여행 중에는 베네치아 관청에서 아예 베네치아에 정착하라는 권유를 받기도 했다.

뒤러는 두 번째 여행 중 레오나르도 다 빈치가 모나리자를 완성했던 시기와 비슷한 시기에 그의 하녀였을 것으로 생각되는 한 베네치아 여인의 초상을 그렸다. 그러나 그가 레오나르도 다 빈치에게 영향을 받은 것은 아닌 것으로 보인다. 뒤러가 그린 그 초상화는 빈의 예술사 박물관에 보관되어 있다. 두 번째 여행 중에는 그 외에도 뒤러의 대표적인 작품이 여러 개 탄생했다. 그중 베니스에 사는 독일 상인들의 의뢰를 받아 그린 성 바르톨로메오 성당을 위한 〈장미관의 성모〉도 있는데, 현재 프라하의 국립미술관에 전시되어 있는 작품이다.

당시 유럽 전역에서는 예술, 철학, 과학이 교회로부터 자유로워졌다. 고전주의를 부활시켜 모든 삶의 분야에 적용하고자 했던 것이다. 우리는 이 시기를 르네상스 시대 즉, 고전주의가 부활한 시대라고 부른다.

조반니 벨리니는 약속이라도 한 것처럼 두 소녀를 보내 주었다. 그는 소녀들의 손에 편지를 들려 보냈는데, 그 편지에는 이 여자아이들의 몸이 완벽하니 한 번 그려 보라고 적혀 있었다. 또한 여성의 몸을 탐구하기 위해 이 아이들보다 더 적합한 여인은 베네치아 전체를 뒤져도 없을 것이라고 씌어 있었다. 알브레히트 뒤러는 벨리니에게 고마워했다.

소녀들은 커튼 뒤에서 옷을 벗고 옷가지를 바닥에 내려놓았다. 뒤러는 화가의 예리한 시선으로 소녀들의 몸을 훑어보았다. 그의 시선은 목, 팔, 가슴, 허벅지의 곡선을 따라 움직였다. 벨리니가 보낸 아이들은 그의 말대로 완벽했다.

알브레히트 뒤러라는 이름은 흑사병 때문에 떠나게 된 그의 고향 뉘른베르크에서보다 베네치아에서 더 알려져 있었다. 실상은 그렇지 않을 수도 있으나 뒤러는 1505년에 고향을 떠나오면서 그렇게 스스로를 위로했다. 그가 이탈리아에 온 것은 벌써 두 번째였다.

그러나 이번 여행은 첫 여행 때와는 사뭇 달랐다. 뒤러가 10년 전 처음 이탈리아에 왔을 때에는 아직 학생이었다. 당시 뒤러가 그림을 그리면 사람들은 독일 사람치고 그림을 잘 그리는 편이다, 재능이 많다 정도의 칭찬을 할 뿐 큰 관심을 보이지 않았다.

그러나 이번에는 영웅처럼 대접을 받으며 입성했다! 그러나 그 기쁨도 잠시, 알브레히트의 A 밑에 뒤러의 D를 써 넣은 뒤러 자신의 인장과 똑같이 생긴 인장 자국을 다른 이의 그림에서 보아야만 했다. 뒤러 자신의 인장이 아니었지만 꽤나 재주 있는 사람의 손길로 만든 인장이었다.

왜 하필 똑같은 모양일까? 가난하고 돈이 없어 알브레히트 뒤러의 인장과 똑같은 인장을 찍은 가짜 그림을 팔아먹고 사는 화가였는지도 모른다. 당시 뒤러의 작품은 고가에 팔리고 있었다.

사실 역정을 내야 할 상황이었으나 인장 자국을 자세히 살펴보았더니 섬세하고 잘 판 인장이었다. 사람들은 여러 기준을 근거로 어떤 예술가가 훌륭하다 또는 대단하다고 평가하지만, 실력 있고 유명한 예술가를 판가름하는 가장 확실한 기준은 모조 작품이 있느냐, 없느냐 일 것이다. 뒤러는 이런 생각을 하며 붉은빛이 도는 금발의 긴 곱슬머리를 넘겼다.

두 소녀는 기다렸다. 둘 다 눈이 크고 눈동자가 검었다. 두 소녀는 아무런 거리낌 없이 화가를 쳐다보고, 화가의 시선이 느껴지자 도도하게 턱을 치켜들었다. 어떤 아이들인지 알만 하군, 하고 뒤러는 생각했다. 벨리니가 어디에서 이 아이들을 구했는지 상상이 가는군. 하긴, 그렇지 않고서야 저렇게 거침없이 옷을 벗어던질 여자가 어디 있겠는가?

얼굴이 예쁘장한 아이들이었다. 그러나 뒤러는 얼굴에는 관심이 없었다. 그는 신체를 탐구할 작정이었고, 그런 목적에 맞는 모델을 보내 달라고 벨리니에게 부탁했었다.

"똑바로 앉아라."

뒤러의 이탈리아 어 실력은 딱 그 정도의 짧은 말을 할 수 있는 정도였다. 그는 소녀에게 다가가 자세를 바로 고쳐 주고 원하는 팔의 위치도 일러 주었다. 소녀는 인형처럼 시키는 대로 따랐다.

뒤러는 진지한 얼굴로 소녀를 발가락에서부터 시작해 머리끝까지 훑어본 후 연필을 꺼내 종이에 빠른 손놀림으로 이리저리 선을 그었다. 아직 여러 개의 선뿐이었지만 모델의 전체 윤곽과 팔다리의 위치가 정확하게 재현되었고 소녀의 모습이 종이에 나타났다. 그는 그림을 그리는 중에 혀끝을 입술 사이에 물고 그림을 그리곤 했다.

자기 모습이 어떻게 그려지는지 궁금해 목을 쭉 빼고 있던 소녀를 화가는 다시 응시했다. 소녀는 화가에게 뭔가를 들키기라도 한 듯 민망한 표정으로 혀를 쭉 내밀었다가, 대담하게 입술로 키스를 하는 시늉을 하고 요염한 눈빛을 보냈다. 뒤러는 작업을 중단하고 신경질을 내며 방안을 서성거렸다. 소녀의 행동이 거슬렸다.

그는 갑자기 베네치아로 온 이유를 생각했다. 마르칸토니오 라이몬디라는 젊은 무명화가가 뉘른베르크 출신의 대화가인 자신의 인장과 똑같이 생긴 문양을 동판에 새겨 인장으로 찍은 그림을 팔고 있는 것을 알게 되었다. 그 무명화가는 그로 인해 뒤러가 벌어야 할 돈을 긁어모으고 있었다. 참을 수 없는 일이었다! 뒤러는 베네치아에서 온 뉘른베르크 출신의 상인들이 사온 모조품을 보고 나서 이 사실을 알고는 분개했었다. 상인들이 전하길 이탈리아 사람들이 멍청한 독일 화가를 골려주었다고 좋아하며 배꼽이 빠지도록 웃었다고 했다.

그래서 뒤러는 베네치아로 왔던 것이다. 누군가가 자신의 그림을 베낀다는 사실은 참을 만했다. 모조품과 진짜는 확연히 구분되었다. 차이가 없다고 주장하는 사람이 있다면, 그건 그 사람이 그림을 볼 줄 모르는 것뿐이었다. 그러나 모조품 때문에 뒤러는 경제적 손실을 입고 있었다. 그건 참을 수 없었다!

뒤러는 화가 치밀어 올랐다. 이러한 상황에 계집아이까지 가만히 앉아 있질 않았다. 혓바닥이나 날름거리고 까부는 저런 여자아이와 지금 내가 무얼 하고 있는 건가?

"옷 입어라."

뒤러는 말했다.

"넌 안 되겠다."

말은 그렇게 하면서도 뒤러는 완벽한 소녀의 몸매를 관찰하고 있었다. 다소 마른 편이긴 했지만 벨리니는 보는 눈이 있었다.

"아니다. 내일 다시 와 보거라. 일단은 가라."

뒤러는 결정을 하지 못하고 다시 입을 열었다. 그는 자신에게 몸을 기대며 웃는 소녀를 밖으로 밀어냈다. 그는 소녀의 알록달록한 옷을 보고 인상을 썼다. 소녀의 몸에서 나는 악취가 그의 코를 찔렀다. 벨리니가 이 소녀들을 어디에서 구했는지 확실히 알겠다!

뒤러는 구석에 앉아 있는 나머지 한 소녀를 자세히 관찰했다. 그는 놀랐다. 아까 그 여자아이와는 전혀 다른 소녀였다. 머리카락이 뒤러와 비슷하게 붉은빛이 도는 금발인 그 소녀는 베네치아보다는 뉘른베르크 출신이라고 하는 것이 더 어울릴 아이였다. 시선은 바닥을 향하고 있었

알브레히트 뒤러의 자화상.

다. 그러고 보니 소녀는 처음부터 뒤러와 눈을 마주치지 않았다. 헤픈 미소를 짓던 처음 소녀와는 달랐다. 이 아이는 아까 그 소녀와 같은 출신일 리 없었다.

소녀는 뒤러가 고개를 들어보라는 말을 여러 번 한 끝에 조심스럽게 고개를 들었다. 뒤러는 찬찬히 소녀의 얼굴을 살펴보았다. 예상했던 대로 짙은 갈색 눈동자였다. 크고 예쁜 눈, 투명한 얼굴. 몸매도 완벽했다. 벨리니는 역시 믿을 만한 사람이었다.

소녀의 얼굴! 그 얼굴을 보니 치밀었던 화가 누그러지는 것 같았다. 사람의 시선을 붙잡는 매력이 넘치는 얼굴이었다. 그는 이 아이를 신체 탐구의 대상으로 삼아야겠다고 결심했다. 그는 예컨대 팔을 들고 한 손가락으로 누군가를 가리키는 사람의 정면 모습 그러니까 손가락과 손과 팔이 서로 겹쳐 보이는 현상을 그대로 묘사하고 재현하는 일에 몰두하

고 있었다. 그는 자연의 이러한 현상을 탐구하고 재현하려고 시도한 최초의 화가들 중 하나였다.

뒤러는 아이들이 도착하기 전에 모델의 자세와 그림을 그릴 위치와 각도를 미리 생각해 두었는데 아쉽게도 첫 번째 소녀는 화가의 요구를 충족시켜 주지 못했다. 그런데 사람의 시선을 끄는 두 번째 소녀의 얼굴을 본 뒤러는 고민에 빠졌다. 생각해 두었던 대로 두 번째 소녀도 그리기 시작했지만 화가는 자연스럽게 소녀의 전체적인 모습보다는 얼굴에 집중하여 스케치를 했다.

뒤러는 그런 자기 자신에게 놀라며 고민했다. 어떻게 한담! 나는 신체의 비율과 형태를 연구하려고 했지, 초상화를 그리려던 게 아니었는데. 그는 다시 도전했다.

그러나 스케치는 마음대로 되지 않았다. 소녀의 얼굴은 화가의 시선을 붙잡아 다른 곳에 집중할 수 없게 했다. 소녀의 시선은 바닥을 향하고, 얼굴은 약간 숙인 상태였는데도 말이다. 아주 부드러운 얼굴이었다. 도대체 이 아이는 누구일까? 어디에서 온 아이일까? 저렇게 매력적인 얼굴을 가진 소녀를 앉혀 두고 소녀의 몸을 관찰하는 화가가 어디에 있단 말인가?

"넌 누구니?"

그는 이탈리아 어로 물었다. 뒤러는 자신의 다소 쉰 목소리에 스스로 놀랐다. 소녀는 아주 작은 소리로 대답을 했다. 심한 베네치아 사투리를 쓰고 있어서 뒤러는 한마디도 알아들을 수가 없었다.

"아니다, 됐다."

그는 독일어로 중얼거렸다. 그리고 다시 이탈리아 어로 말했다.

"작업하자."

그는 소녀에게 원하는 자세를 알려 주면서 소녀가 몸에 힘을 준다는 것을, 그의 지시를 거부한다는 것을 느꼈다. 얼굴이 발그레해진 소녀는 화가를 쳐다보지 않았다.

다시 스케치를 시작했지만 또다시 얼굴만 그리고 있는 자신을 발견한 뒤러는 종이를 구겨서 버렸다. 이렇게는 안 되겠다. 나는 신체를 탐구하려고 왔고, 아이를 끝도 없이 붙잡아 둘 수도 없는 법. 분명 벨리니가 아이에게 시간당 돈을 지불했을 것이다. 아이를 붙잡아 두면서 공연히 벨리니의 돈을 허비할 수는 없었다.

그는 오전 내내 스케치를 했다. 뜨거운 정오의 햇살 아래에서 베네치아에 온 독일 상인들이 곧잘 모이는 폰다코 데이 테데스키라는 건물이 달아오를 때까지 그림에 몰두했다. 뒤러는 리알토 다리 옆에 위치한 이 폰다코 데이 테데스키에서 지내고 있었다.

뒤러는 벨리니와 식사를 하기로 약속되어 있었다. 그는 소녀에게 옷을 입으라고 하고 아쉬운 눈빛으로 소녀를 한 번 더 바라본 후 소녀를 방에 두고 나가 버렸다.

소녀가 처음부터 그렇게 수줍어했던가? 옷을 벗을 때에는 전혀 눈치챌 수 없는 모습이었다. 식사 후 다시 방에 들어섰을 때 소녀는 옷을 다 입은 상태였다. 그런데 소녀가 입은 옷은 처음 스케치하려 했던 아이의 옷처럼 알록달록했고, 소녀의 얼굴과 전혀 어울리지 않았다. 옷의 빨간색은 붉은빛이 섞인 금발과, 강렬한 파란색은 부드러운 갈색 눈동자와,

독극물 같은 초록색은 투명한 피부와 전혀 어울리지 않았다. 뒤러가 돌려보낸 아이와 마찬가지로 이 소녀가 입은 옷의 알록달록한 색깔도 전혀 어울리지 않았다. 지나치게 강한 인상과 거부감을 주는 조화였다.

그는 소녀가 가지 않았다는 사실에 놀랐다. 소녀의 얼굴은 시뻘게져 있었다. 양손을 얼마나 세게 잡고 있었던지 손가락 마디가 하얗게 될 정도였다. 소녀는 바닥을 보며 조용히 말했다.

"화가님, 혹시……."

소녀는 또다시 알아듣기 힘든 사투리로 말을 했다.

"혹시, 뭐라는 것이냐?"

뒤러는 소녀에게 되묻는 순간 소녀가 무얼 말하려는지 이해했다. 뒤러는 소녀의 말에 흔들렸다. 그러나 그는 그림을 그릴 때에는 대상과 적당한 거리가 있어야만 그림을 그릴 수 있다는 사실을 잘 알고 있었기 때문에 소녀가 가까이 오지 못하게 했다.

소녀는 손짓으로 자기가 한 질문을 이해시키려고 했다. 소녀는 추잡하기까지 한 손짓과 몸짓을 써 가며 뒤러가 혹시 자신의 몸을 원하는지를 묻고 있어서 뒤러는 고개를 돌려 버렸다.

그랬다. 소녀는 그런 일을 하고 돈을 받는 아이였다. 하지만 얼굴은 도저히 그 손짓과 몸짓과 일치할 수 없는 그런 얼굴이었기에 안쓰럽다는 생각이 들었다.

벨리니는 일흔이 넘은 노인이었다. 벨리니는 뒤러와 한 식당에서 만나자마자 보내 준 아이들이 마음에 들었는지, 여성의 몸을 탐구하기에 적합한 신체 조건을 가졌는지를 물었다.

뒤러는 침묵했다. 두 번째 소녀의 얼굴이 떠올랐다. 그 소녀의 얼굴을 떠올리면 완전해지는 느낌이 들었지만 첫 번째 소녀를 떠올리는 것은 오히려 기분을 상하게 했다. 뭐라고 대답해야 할까? 한 소녀는 거부감을 일으켰고,

알브레히트 뒤러가 그린 미하엘 볼게무트의 초상.

다른 한 소녀는 뒤러를 너무 강하게 끌어당겼다. 나이 많은 이 사람의 호의에 불만을 표할 수는 없었다.

앞으로는 성녀 같은 여인들만 그려야겠다는 생각도 들었다. 20년 전에 뒤러를 가르쳤던 미하엘 볼게무트처럼 말이다. 당시만 해도 그릴 대상과 색상은 모두 제각각 의미가 있었다. 초록은 희망, 파랑은 슬픔, 노랑은 배신, 빨강은 피와 희생, 빨강과 파랑과 초록이 조화를 이룬 무지개는 구원, 황금은 거룩함, 백합은 순결함, 어린양은 희생, 새는 부활, 꽃은 생명, 뼈는 죽음을 상징했다. 중요성이 높은 대상은 크게, 별로 중요하지 않은 것은 작게 그리는 것이 당시 그림의 원리였다. 원근법이나 실제 자연의 법칙이나 눈에 보이는 현실과는 거리가 있었다. 예를 들어 그림 속 여성의 신체 비율도 실제와 달랐다! 그리고 사람의 개인적 특징은 그림 속에 전혀 나타나지 않았다. 신앙심을 표현하면 그것으로 족했다.

뒤러의 침묵을 벨리니는 오해했다.

"베네치아에는 여자애들이 많다네. 혹시 두 아이가 맘에 들지 않았다면 다른 여자아이를 하나 또는 둘 아니면 셋을 다시 보내 주겠네. 별로 어려운 일이 아니라네."

벨리니는 이탈리아 어와 독일어를 섞어서 말했다. 그리고 곧 음식이 나왔다. 뒤러는 와인 맛이 훌륭하다고 칭찬을 했다. 뒤러가 음식에 수저를 가져가자 벨리니가 뒤러의 팔을 잡고 말했다.

"조심하게!"

그는 뒤러의 접시에 놓인 고기 한 조각을 식당을 돌아다니고 있는 개에게 던져 주었다. 개는 즉시 고기를 삼켰고, 개의 주인은 벨리니를 휘둥그레진 눈으로 쳐다봤다. 개는 고기를 삼킨 후 다시 평온하게 바닥에 누워 가끔씩 꼬리를 움직였다.

"괜찮군."

벨리니는 안심하며 말했다.

"항상 조심하게! 이곳에서는 음식에 독이 들어 있을 수도 있으니 항상 조심해야 하네!"

뒤러는 믿을 수가 없었다.

"독이요?"

"자네 인장을 동판에 똑같이 새겨 자네 이름을 팔아 돈을 번다는 마르칸토니오 라이몬디라는 화가와 법정 싸움 중이 아닌가! 이곳 베네치아에서는 독이 싸움을 해결하는 열쇠로 사용되기도 한다네."

뒤러는 놀랐다. 벨리니는 한참 말이 없다가 다시 입을 열었다.

"내가 데리고 있던 티치아노는 그 아이들이 괜찮다고 했네. 둘 다 말이네."

그는 고집스러웠고 무슨 말이든 거리낌 없이 하는 사람이었다. 뒤러는 안 되겠다 싶어 말을 꺼냈다.

"제가 의도한 연습에도 둘 다 아주 적당합니다."

그는 가방에서 종이를 꺼내어 탁자에 올려놓으며 물었다.

"이게 누군지 알아보시겠습니까?"

벨리니는 끄덕였다.

"알다마다. 베네치아에는 이걸 흉내 낼 사람은 없겠군. 선 한두 개로 아이의 얼굴을 또렷하게 재현하다니. 훌륭한 스케치군."

"이 아이는 누구입니까?"

"누구냐고? 이런 아이들은 세상에 와서 그냥 그렇게 살다가 가는 인생들이지. 가난한 가정에서 태어나 일찍이 아비를 잃고 여러 형제들과 성장한 그런 아이겠지. 난 잘 모르겠네. 그럼 내가 알아 볼 테니 그 스케치를 내게 주고 가게."

뒤러는 망설였다. 독일에서는 이런 스케치도 비싼 값에 팔렸기 때문이다.

"이 아이를 보고 스케치한 게 또 있을 게 아닌가. 그림을 보니 스케치한 게 더 있을 것 같군."

뒤러는 가방에서 네댓 장의 그림을 더 꺼냈다.

"여기, 그리고 이것과 이것."

사실 가방에는 스케치가 훨씬 더 많이 들어 있었다.

"그런데 여성의 신체 비율을 공부한다고 하지 않았나?"

"네, 그랬습니다."

"그런데 계속 얼굴만 그렸군."

뒤러는 웃었다.

"네, 여기에도, 또 여기에도 다 그랬군요."

그는 소녀의 얼굴을 스케치한 그림을 여러 장 더 꺼냈다.

"다른 아이는 안 그렸나? 내가 두 명을 보낸 걸로 기억하는데."

뒤러는 연필을 꺼내 들고 한 그림의 뒷면에 몇 개의 선을 그린 후 벨리니에게 보여주었다.

"이 아이를 말씀 하시는 건가요? 이 그림은 그냥 가지세요."

벨리니는 웃으며 끄덕였다.

"앞 장도 가져도 된단 말인가? 신체 비율은 어떻게 된 건가?"

"네, 다 가지십시오. 두 아이를 데리고 여성의 신체 비율에 대해 여러 가지를 알아 낼 수 있을 것 같습니다. 많은 공부가 될 것 같습니다. 특히 지금 그린 그 아이는 아주 적극적이지요. 아주 적합하지요."

"그런데 그 아이의 그림을 그리지도 않았지 않은가?"

벨리니는 똑같은 아이의 얼굴이 그려진 수많은 종이를 보며 한참 침묵했다. 그러다 고민하며 입을 열었다.

"이 아이를 그리게. 안 그러면 이 아이를 떼어 낼 수 없을 걸세."

"떼어 낼 수 없다니요?"

"여기도 안 되고, 여기도 안 된다네."

벨리니는 자기 가슴과 눈을 가리키며 말했다.

"그냥 그림만 그리게."

뒤러는 노인의 얼굴을 똑바로 쳐다보았다.

"혹시 사랑을 말씀하시는 건가요? 이 아이는 어차피……."

벨리니는 웃음 섞인 말투로 말했다.

"그 아이가 뭐든 간에 이러다간 발목을 잡힌다네. 벌써 눈에 선하구먼."

"그 아이는 같이 온 다른 계집과 전혀 다른 사람이었습니다."

"사람은 다 다르지. 똑같은 사람은 하나도 없다고."

조반니 벨리니의 자화상.

뒤러는 늘 그런 소리를 입에 달고 다니던 뉘른베르크에 사는 친구인 빌리발트 피르크하이머를 떠올렸다. 그는 뒤러를 베네치아로 두 번이나 보내준 사람이었다. 그는 뒤러에게 사람을 배우고 여자의 몸과 남자의 몸, 자연을 탐구하여 있는 그대로의 모습을 재현하는 연습을 하라고 당부했었다. 뒤러보다 그 일을 잘할 수 있는 사람이 없고, 베네치아보다 더 적합한 장소도 없다고 했었다.

"이 아이를 그리게."

벨리니는 자리에서 일어나며 말했다.

"이름이 뭡니까?"

벨리니는 미소지었다.

"피아메타, 기우리아, 에밀리아, 마리아, 클레리아, 이르멜리나, 팜피네아? 자네가 원하는 대로 부르게. 난 그 아이의 이름을 모른다네. 아마자기 자신도 모르겠지? 아그넬라나 페데리카, 라우레타, 디아노라, 마르게리타, 키아라, 데리바 같은 이름도 좋겠군. 그것도 아니면 데시데리아, 콘세타, 지네브라, 베아트리체, 파올라, 루도비카도 괜찮군. 무슨 이름이든 자네가 부르기만 하면 대답할 걸세. 직접 물어보게. 자기 머릿속에 떠오르는 아무 이름이나 자네에게 가르쳐줄 걸세. 필로메네아, 네이필레, 엘리자 같은 이름을 붙이고 그림을 그리게나."

뒤러는 생각했다. 어차피 주문을 받아 그림을 그리는 게 아니었다. 그 누구도 내가 그린 그림을 위해 돈을 지불하지 않을 것이었다. 깨끗한 나무판에 그림을 그려야겠다. 잘 정리된 화판, 포플러, 물푸레나무, 라임나무, 느릅나무 정도면 좋겠다! 아교와 분필로 그림을 그리는 건 가장 싸게 할 수 있는 방법이다. 아니다 물감으로 그려야겠다! 그러나 물감은 돈이 많이 드는 재료였다!

"그림을 그려서 누구에게 팔 수 있을까요?"

뒤러가 물었다.

"그 아이가 가족이라도 있으면 가족에게 팔겠지만……."

"독일인들은 뭐든 돈부터 따진다고들 하지. 현실적이야."

그래서 이탈리아로 온 것이었다. 뒤러는 속으로 이렇게 생각했다. 마르칸토니오라는 사기꾼 때문에 오지 않았던가! 아니면 정말로 인간의 신체 비율을 탐구하는 것이 여행의 더 중요한 목적이었을까? 뉘른베르크에 퍼진 흑사병을 피하는 것이 여행의 동기였던가? 아니면 친구인 피르크하이머 때문이었을까? 아니면 아내인 아그네스 때문이었을까?

뒤러가 베네치아를 택한 것은 베네치아의 명성 때문이기도 했다. 그는 유명한 도시에서 즐기고 싶었다. 10년 전에 처음 본 이탈리아를 떠올리면 답답한 뉘른베르크의 좁은 골목에서는 숨 막히는 기분이 들었다. 그래서 다시 이탈리아를 찾은 것이기도 했다. 그는 베네치아로 향하는 길에 본 산과 성을 수채화로 그렸다.

"수채화로 그릴 수도 있습니다."

뒤러는 벨리니에게 말했다.

"그럼 비싼 물감을 사지 않아도 되겠군."

벨리니는 웃으면서 자리에서 일어났다.

"그림을 30분 안에 완성하게. 그럼 목적을 달성한 건가?"

뒤러는 그가 무슨 이야기를 하는지 이해했다. 그가 소녀의 모습을 수채화로 그리고 나면 여느 그림 속 소녀나 별반 다를 게 없을 것이었다. 모두 소녀의 얼굴을 알아보며 뒤러의 재능을 칭찬할 것이다. 그러나 소녀의 본질은 그림 속에 나타나지 않을 것이다.

"그 아이에 대해 더 알고 싶다고 했었지 않은가."

뒤러는 대운하를 바라보았다. 물, 다리, 곤돌라, 배. 이것이 베네치아의 모습이었다. 그는 식당 주인과 손님들 그리고 아직도 졸고 있는 개를 쳐다보았다.

"참, 그리고 독!"

벨리니는 갑자기 떠올랐는지 한 번 더 독을 주의하라고 당부했다.

그 아이를 그리게! 벨리니는 쉽게 말했다. 그러나 제대로 된 나무판에 그리는 초상화는 준비 과정만 해도 며칠이 걸릴 것이다. 그리고 소녀를 수없이 그려 보아야 했다. 다양한 기분과 표정을 그려 봐야 했다. 초상화를 그리기 위해서는 소녀의 깊은 영혼 속까지 알아봐야 했다. 벨리니가 옳았다. 뒤러는 그 아이에 대해 더 알고 싶었다. 그래서 그는 뒤러에게 그 아이를 그리라고 했던 것이다.

그러나 그렇게 되면 소녀를 매일 만나야 했다. 여성의 신체 비례를 연구하는 시간에 그녀를 매일 보게 될 것이다. 물론 소녀는 그 시간에는 모델일 뿐 사람이 아니다. 그냥 인형일 뿐이다! 인형은 얼굴에 표정도, 감정도 없다. 그리고 인형은 장난감이다. 그러나 뒤러는 피아메타, 콘세타, 데시데리아 같은 이름을 가진 여인을 장난감으로 생각할 수 없었다. 콘세타는 거룩한 사람, 데시데리아는 그리운 사람, 피아메타는 작은 불꽃이라는 뜻이다. 그 아이가 과연 그런 사람일까?

뉘른베르크 집에는 부인 아그네스가 뒤러를 기다리고 있었다. 아그네스는 뒤러의 아버지가 10년 전에 아들을 위해 고른 좋은 집안의 딸이었다. 그녀 덕분에 뒤러는 뉘른베르크에서 사교계로 진출할 수 있었다. 그러나 부부 사이는 결혼 첫날부터 늘 냉랭했다. 두 사람은 서로에게 예의를 지켰다. 그들은 늘 집안에서 서로를 손님처럼 대했다. 뒤러는 결혼한 지 3개월 만에 첫 이탈리아 여행을 했다. 눈치가 빠른 피르크하이머가 여행을 권했다. 그는 아내가 시집오며 가져온 결혼 지참금이 여행 경비로 모자랄 경우를 대비해 경비도 대 주었다. 당시에 뒤러는 원근법에 어울리는 자연의 모습을 상상하는 것이 아니라 자연을 있는 그대로 관찰하는 연습을 시작했다.

그리고 이번에는 신체를 배우기 위해 이탈리아로 왔다. 이름을 알 수 없는 소녀의 초상화는 이번 여행의 목적인 신체 비율에 대한 탐구를 시작하는 좋은 연습이 될 것 같았다. 그리고 상인, 귀족, 어쩌면 황제도 뒤러에게 초상화를 부탁할 수 있었다. 뒤러는 초상화를 그린 적은 있었으나 늘 분필로 그리곤 했다. 첫 초상화는 열세 살 때 그린 자화상이었다. 그 후 지금으로부터 9년 전에 한 번, 그리고 다시 8년 전에 한 번 자화상을 그렸는데, 그때는 목재 화판에 유화 물감으로 그렸었다.

자화상을 그린 일을 두고 화가가 어떻게 자기 모습을 그릴 수 있냐는 둥 별별 소리를 다 들었었다. 교만하다, 자신을 과대평가한다는 둥 말들이 많았다! 당시 독일에서는 자기 자신을 그리는 화가가 없었다. 적어도 알려진 화가 중에는 한 명도 없었다. 황제, 왕, 귀족 등의 얼굴이나 성인들의 모습을 그리는 것이 일반적이었다.

사실 뒤러가 초상화를 그린 이유는 사람들의 추측과 전혀 달랐다. 그는 똑같은 사람들의 모습을 그리기가 싫었다. 그림 속 사람들은 예쁘거나 못생기거나, 젊거나 늙거나, 여자거나 남자였다. 그 외에는 구분이 되지 않았다. 뒤러는 실제로 존재하는 사람들의 있는 그대로의 모습을 그림에 담고 싶었다. 상상 속 사람을 그리고 싶지 않았다. 그러기 위해서는 그릴 대상을 잘 알아야만 했다. 그런데 화가에게든 누구에게든 자기 자신만큼 잘 아는 대상이 또 어디 있겠는가? 그래서 초상화를 그렸던 것뿐이다.

그리고 독일 화가로는 최초로 그림에 작가의 흔적을 남기게 되었다. 알파벳 A 아래에 D를 적은 인장을 남긴 것이다. 이것 역시 사람들에게는 비웃음거리였다. 화가는 신과 주인에게 봉사하는 종일 뿐이고 종은 자신을 드러낼 수 없는 법이라고들 했다. 뒤러는 그런 사람들에게 화가는 자기 자신의 종이라고 대답했다. 얼마 지나지 않아 모든 화가들이 자기 그림에 자신의 이름이나 상징을 새기기 시작했다.

폰다코 데이 테데스키에는 얼마 전에 화재가 났다. 그래서 뒤러는 얼마간 아직 수리가 다 끝나지 않은 방에서 지냈다. 건물 내벽은 대부분 색칠은커녕 회칠도 하지 않은 상태였다. 비록 상황이 안 좋았지만 지금은 돈을 벌 기회였다! 상인들은 부자였다. 베네치아 전체가 부자였다.

독을 조심하라고 했었지? 뒤러는 순간순간 겁이 났지만 두려움을 삼켰다. 독일 상인들 사이에서 제단에 걸 그림이 필요하다는 이야기가 오고 갔는데 뒤러는 자신이 제단 그림을 그리게 될 지도 모른다고 생각했다. 예술가의 도시인 베네치아에 있는 성당에 걸릴 큰 제단 그림이라니! 유럽 전역에 이름이 알려질 절호의 기회였다. 일단 제단 그림만 그리고 나면 주문이 쇄도할 게 분명했다. 뒤러는 경제적으로 넉넉한 편이었다. 그래도 더 부자가 되고 싶었다.

그런데 지금 뒤러는 무얼 하고 있는가? 그는 이름도 알 수 없는 소녀를 그리려고 했다. 그런 소녀의 초상화는 베네치아 골목마다 무더기로 팔리고 있었다. 그러나 피아메타나 데시데리아라고 불릴 지도 모르는 그 소녀는 베네치아의 골목마다에서 파는 그림 속 소녀들과 달랐다! 물론 성녀는 아니었다. 귀부인도 아니었다. 그러나 자신의 내면 깊숙이 존재하는 자아가 얼굴에 부드럽게 드러나 강렬한 힘을 발휘하는 소녀였다. 뒤러는 벨리니가 생각하는 것처럼 그 소녀를 떼어 낼 수 없게 될까 봐 그리려는 게 아니었다. 그 소녀에게는 뒤러로 하여금 그 소녀를 그릴 수밖에 없게 만드는 특별한 뭔가가 있었다.

뒤러는 그날 저녁에 결심을 했다. 아무것도 가진 것 없는 보잘 것 없는 소녀를 제단을 장식하는 성자를 그리듯 그리겠다고! 성자들이 이런 뒤러의 마음을 알았다면 돌로 쳐 죽였을 것이다. 하지만 예전에도 풀 한 포기에 눈길이 끌려 그것만 그린 적도 있었다. 앞으로 어쩌면 죽은 새의 날개를 마치 천사의 날개인 양 그리는 날이 올지도 모르는 것이다.

뒤러는 설레는 맘에 잠을 이루지 못했다. 그런데 뒤러의 피아메타가 아닌 다른 소녀가 나타났다. 그 소녀는 이번에는 옷을 벗기 위해 커튼 뒤로 가거나 하지도 않고 알록달록한 옷을 그냥 그 자리에서 벗으며 큰 눈으로 비스듬히 뒤러를 쳐다보았다. 아이는 너무 적극적이고 도발적이어서 화가는 아이를 자제시켜야 했다.

"피아메타는 어디 있느냐?"

아이는 다른 소녀의 이름이 원래 피아메타였던 것처럼 태연하게 대답했다.

"모르겠습니다."

"왜 오지 않았느냐?"

"모르겠습니다."

"돈이 필요 없어서 안 온 것이냐?"

"우리는 모두 돈이 필요한 사람들입니다."

뒤러는 더 이상 말을 하지 않았다. 그는 아이의 몸을 스케치하며 수시로 자를 들고 길이와 비율을 확인했다. 그는 집중하지 못하는 자신을 발견했다. 스케치는 거칠고 성의 없었다. 그는 종이를 구겨 버리며 신경질적인 말투로 말했다.

"다시 옷을 입거라."

아이는 이번에도 역시 태연했다.

문을 나서려는 아이를 향해 뒤러가 말했다.

"왜 그렇게 도발적으로 행동하니?"

그는 이탈리아 어로 물었다. 그래도 아이는 뒤러의 말을 이해했다.

"돈을 더 받기 위해서요."

"피아메타는 어디 있니?"

"여기 오기 싫다고 했습니다."

아이는 베네치아 사투리가 심했지만 뒤러의 이탈리아 어 실력은 그 정도는 알아들을 수 있을 만큼은 됐다.

"왜 오기 싫다고 했느냐? 돈이 필요하다면서."

소녀는 콧물을 들이키며 구겨진 그림을 보고 침묵했다. 그리고 갑자기 낄낄 웃으며 말했다.

"화가님은 모르세요."

"가라!"

뒤러는 아이에게 소리를 치면서 구리동전 여러 개와 은화 몇 개를 주었다. 그는 화가 났다. 흥분하지 말자! 이것은 그의 신조였다. 소녀는 아무 말 없이 동전을 챙기고 사라졌다.

뒤러는 벨리니에게 소녀들에 대해 이야기했다. 이야기를 하는 내내 베네치아의 복잡한 골목과 수로, 다리, 정원, 성당, 궁전, 상점, 작은 집, 시장, 창고, 큰 성문, 작은 문, 창문, 창살, 언덕, 동굴이 어지럽게 눈앞에 펼쳐졌다. 사람을 찾으려고 생각하니 끔찍한 도시였다. 뒤러는 항상 정리, 질서, 균형을 추구하는 사람이었다.

저녁 즈음 뒤러가 찾던 소녀가 폰다코에 붙들려 왔다. 벨리니가 사람을 시켜 아이를 찾아냈던 것이다. 두 하인이 아이의 양팔을 잡고 뒤러에게 데려다 주면서 쉽게 찾았다고 말했다. 뒤러는 돌계단 아래에서 붙들려 오는 소녀와 마주쳤다.

"왜 도망갔었느냐?"

소녀는 발버둥을 치다 지쳐서 숨을 몰아쉬고 있었다. 얼굴이 새빨갛게 달아올라 있었다. 아이는 다른 소녀와 비교했을 때 더더욱 어울리지 않아 보이는 알록달록한 옷의 매무새를 바로잡았다. 그리고 뒤러와 같은 빛의 곱슬곱슬한 머리카락을 손으로 쓸어 넘겼다.

"왜 대답을 하지 않느냐?"

소녀의 눈빛에 뒤러는 더 이상 아무 말도 할 수가 없었다.

"저를 마음에 들어 하지 않으셔서요."

소녀가 심한 사투리로 대답을 해서 뒤러는 한마디도 알아듣지 못했다. 마침 그 옆을 지나던 한 젊은 상인이 경멸스러운 눈빛으로 소녀를 훑어본 후 시선을 돌려 뒤러를 보며 소녀의 말을 통역해 주었다.

"저를 마음에 안 들어 하셨잖아요."

"아니야. 난 널 그려야겠어."

젊은 상인의 눈이 휘둥그레졌다.

"뒤러 씨 아닙니까?"

그는 계속해서 통역을 해 주면서 스케치 하나만 달라고 부탁했다. 뒤러는 가방에서 두 개의 스케치를 꺼내 하나를 고르게 했다. 젊은 상인은 피아메타가 아니라 도발적인 소녀의 그림을 골랐다.

피아메타는 다시 오겠다고 약속했다. 하지만 망설이는 듯 발로 바닥을 긁어 댔다. 뒤러는 소녀를 그저 스케치하는 게 아니고 소녀를 제대로 그리려 한다고 재차 설명했다. 피아메타는 전혀 이해하지 못했다.

"베네치아 성당 제단 위에 걸려 있는 그림 같은 것을 그릴 것이다."

피아메타는 갑자기 얼굴이 빨개졌다.

"성인의 그림을 말씀하시는 거예요? 저를 그렇게 그리신다고요?"

"그래, 널 그렇게 그리겠다는 거야."

뒤러의 말을 들은 소녀의 눈이 커졌다.

"나는 성인들을 그리는 대신 너를 그리겠다는 거야."

소녀가 아까보다 훨씬 또박또박 말을 하는 덕분에 더 이상 통역이 필요하지 않았다. 하지만 곁에서 대화를 모두 듣고 있던 젊은 상인은 이 말까지 뒤러에게 통역을 하면서 뒤러를 신기하게 바라보았다. 피아메타는 여전히 뒤러의 말을 이해할 수 없었다.

"네가 이해하지 못해도 상관없다. 네가 매일 온다고 약속만 하면 된다."

소녀는 끄덕였다. 매일 오겠다고 약속했다. 매일 아침마다 오겠다고 했다. 매일 하루 종일 그림을 그려도 좋다고 했다. 뭐든 다 하겠다고 했다. 어차피 별로 할 일도 없다고 했다. 폰다코 데이 테데스키에서 음식을 먹을 수 있다면 금상첨화일 것이라고 했다. 피아메타는 늘 배가 고프다고 했고, 그림을 그리는 것에 협조하겠다고 했다. 옷은? 피아메타는 다른 옷이 없다고 했다. 상인은 그 얘기를 듣고 웃었지만 뒤러에게 빠짐없이 다 통역해 주었다.

옷! 해결책이 분명 있을 것이다. 폰다코에는 옷감이 있었고 베네치아에는 분명 재봉사가 있었다. 상인은 대답했다.

"여기 재봉사들은 손이 빠르고 재주가 좋습니다. 좋은 옷을 만들려면 천이 좋아야 합니다."

상인은 아는 게 많았다.

"저희 가게에 실크, 벨벳, 문직 등 좋은 옷감은 다 있습니다."

젊은 상인은 나선형 계단으로 사라졌다. 뒤러는 계산을 시작했다.

옷감이 준비되었다. 뒤러는 밀라노 스타일의 드레스를 주문하기로 결정했다. 실크와 벨벳의 색상은 소녀의 머리카락 색깔과 비슷한 것으로 하기로 했다.

피아메타의 의견을 묻지는 않았다. 그녀는 모든 것을 그저 신기해하고 즐거워하며, 또는 놀라며 받아들였다. 그런 소녀의 감정들은 거의 드러나지 않았다. 뒤러는 그래도 소녀가 조금이나마 감정의 변화를 얼굴로 나타낼 수 있다는 걸 확인하고 다행이라 생각했다. 그러나 소녀는 감정과 느낌을 드러내기 싫어하는 아이였다.

첫 스케치에서 뒤러는 코, 입, 눈, 눈썹, 머리를 그리다가 그 아이를 그리라고 했던 벨리니가 떠올랐다. 그리고 벨리니가 경고했던 독에 대한 이야기도 생각났다. 그러나 이번에는 전혀 겁이 나지 않았는데 그 이유는 명확하지 않았다.

얼굴을 탐구하는 중에는 소녀가 입고 있던 이상한 옷을 그대로 입으라고 하는 대신 천으로 덮어서 가려 버렸다. 뒤러는 창문도 최대한 커튼으로 가렸다. 뒤러의 방 안에서는 지금이 낮인지, 바깥 날씨가 더운지 등을 잘 알 수 없었다. 뒤러는 오로지 소녀의 얼굴에만 집중했다. 그의 시선은 소녀의 얼굴에 고정되었다. 소녀의 얼굴은 어두운 방을 밝히기 위해 켠 촛불에 비쳐 더욱 부드럽고 섬세하고 조화롭게 보였고 뒤러가 기억하고 있는 것보다 더 빛나고 풍부한 감성을 담고 있었다.

"진짜 이름이 뭐니?"

그림을 그리며 물었다.

"피아메타요."

"아니, 부모님이 너를 어떻게 부르시냐고."

소녀의 시선은 바닥으로 떨어졌다.

"피아메타라고 하시지는 않을 거 아니냐."

"네."

"그럼 뭐라고 부르시니?"

소녀는 곱슬곱슬한 앞머리를 만지작거렸다. 뒤러는 그림을 심각한 얼굴로 바라보며 소녀의 얼굴과 스케치를 비교했다.

"부모님께서 네가 세례를 받을 때 이름을 붙여 주셨을 것 아니냐."

"화가님이 이름을 붙여 주세요."

소녀는 또박또박 말하려고 애썼다.

"내가?"

"피아메타라고 하세요."

"그건 네 이름을 몰라서 그냥 부른 이름이야."

얼굴은 하트 모양이었다. 아니, 하트 모양이라고 하기에는 너무 갸름했다. 피부는 너무 깨끗하고 투명해서 눈에 띄었다. 눈동자는 차분하고 부드러운 갈색빛을 띠고 있었고, 머리카락은 뒤러처럼 붉은빛이 섞인 금발이었다. 소녀는 곱슬곱슬한 머리카락을 묶어 아무런 장식이 없는 망으로 정리한 상태였지만 앞머리와 옆머리 쪽 곱슬머리는 그대로 얼굴로 흘러내렸다. 가느다란 눈썹은 큰 곡선을 그리고 있어서 똘망똘망한 눈은 호기심으로 가득해 보였고, 어떻게 보면 놀란 듯한 인상을 주기도 했다. 코는 똑바로 뻗은 채 입과 적당한 비율을 이루고 있었고 코끝은 아주 부드러워 보였다. 뒤러는 뾰로통하게 삐죽거리는 것처럼 보일 정도로 통통한 입술을 보았고 귓불의 부드러운 곡선은 얼굴을 더욱 어려 보이게 한다고 생각했다. 턱은 갸름하면서도 매우 부드러운 곡선을 그리고 있었다.

전체적으로 차분한 인상을 주는 얼굴이었다. 그러나 앳되고 부드러운 그 얼굴 이면에는 알 수 없는 강렬함이 숨어 있었다. 뒤러는 얼굴 이면의 변화를 관찰했다. 그는 벨리니가 자기 음식에 독이 들어 있을 수도 있다고 걱정해 준 이야기를 했다. 그는 소녀가 그 얘기를 들을 때 놀람과 거의 고통에 가까운 느낌이 얼굴에 스치는 것을 포착했다. 그리고 힘든 포즈를 취하면서도 웃음이 새어나오는 것과 그 웃음을 참느라 보조개가 생기는 것도 보았다. 아주 작은 표정의 변화마저도 뒤러를 흥분시켰다.

선으로 가득한 종이가 바닥에 수북하게 쌓였다. 뒤러가 어깨에 걸쳐 놓았던 천을 거둬 내자 알록달록한 옷이 소녀의 인상을 또다시 망쳐 놓았다.

그날 저녁 내내 그리고 늦은 밤까지 뒤러는 낮에 그린 그림들을 들여다보았다. 그림을 비교하고 연필을 들어 중요한 선을 찾아내고, 어떤 부분에는 선을 추가하기도 하고, 눈을 감고 소녀의 얼굴이 풍기는 인상을 다시 내면의 눈으로 확인하기도 했다.

소녀의 얼굴은 뒤러의 기억 속에 명료하게 박혀 있었다. 노래를 외우듯 소녀의 얼굴을 외웠다. 자다가도 떠올릴 수 있었다. 다음날 아침에 느릅나무 판이 배달되어 왔다.

뒤러는 몇 개의 선으로 인물의 윤곽선을 잡았다. 머리, 목, 어깨, 가슴 윗부분의 윤곽이 정해졌다. 이러한 형태의 초상화는 사실 매우 낯선 것이었다. 이탈리아에서는 두상 위주의 초상화일 경우 주로 사람의 옆모습을 그렸고 이런 초상화의 경우 주로 권력가들을 그리는 것이 일반적이었다. 피아메타 같은 여자아이의 두상을 그리는 일은 드물었다. 상반신이 다 나오는 그림이 보편적인 초상화였다.

뒤러에게는 소녀의 얼굴이 중요했기 때문에 상반신을 다 그릴 필요가 없었다. 그는 소녀의 시선과 머리의 각도를 정해 주었다. 뒤러는 소녀의 시선이 그림을 보는 사람을 빗겨 나가 그림 바깥쪽 어딘가를 향하게 하고 싶었다. 이러한 구도는 소녀의 수줍음과 진지함을 잘 나타내 주며 소녀의 얼굴에서 풍기는 인상과 함께 묘한 소녀의 매력을 그대로 보여 줄 것이라고 생각했다. 뒤러는 소녀의 왼쪽 얼굴을 그리기로 했다. 소녀의 왼쪽 어깨는 그림의 테두리에 걸리게 하여 인물이 보다 가깝게 느껴지게 했다.

다음 날 뒤러는 소녀를 초상화를 그릴 위치에서 관찰하면서 조금이라도 움직였다가는 혼쭐을 내겠다며 겁주었다. 그리고 매끄럽게 정돈된 목재 화판에 분필로 밑그림을 그리기 시작했다. 그러고는 섬세한 붓으로 검정과 여러 채도의 회색과 흰색으로 그림을 그렸다. 그것은 흑백 그림 같기도 했다. 뒤러는 아무 말 없이 정신이 나간 사람처럼 그림에 몰두하며 거의 고개를 들지 않았다. 화판에 그린 그림과 실물을 비교하기 위해 간간히 소녀에게 시선을 옮기는 것이 전부였다. 소녀는 몸이 굳은 사람처럼 꼼짝도 하지 않았다.

뒤러는 자신과 소녀를 위해 음식을 가져오게 했다. 음식을 본 소녀는 잠시 망설이더니 뒤러의 접시에 담긴 큰 고깃덩어리를 입에 쑤셔 넣고 고기를 삼키기도 전에 양손으로 야채까지 집어 입에 밀어 넣었다.

"도대체 얼마를 먹길래 남의 것부터 먹는 거니! 나도 너랑 똑같은 걸 먹는단다."

그는 독일어로 빈정거렸다. 그러나 소녀는 뒤러가 하는 말을 알아들었고 시선을 돌렸다. 그는 너무 실망하여 가슴이 찢어지는 것만 같았다. 저렇게 게걸스럽게 먹다니! 아무리 가난해도 그렇지! 역시 사람은 겉과 속이 다르다는 걸 잊어서는 안 된다. 예쁜 얼굴은 그 사람의 본연의 모습을 착각하게 만드는 경향이 있었다.

소녀는 어느새 자신의 모습이 꽤 또렷해진 그림이 있는 이젤 쪽을 바라보았다. 한번은 자리에서 일어나 다소 놀란 것 같은 표정으로 그림 속 자신의 모습을 관찰했다. 소녀의 얼굴에서 거만함은 전혀 찾아 볼 수 없었다.

소녀는 늘 음식을 적게 먹으면서도 뒤러의 음식에 손을 댔다. 뒤러는 의아했다. 저녁 식사 시간이 되자 소녀는 또다시 뒤러의 접시에 있는 음식을 집어 먹었다. 그제야 생각이 났다. 독! 뒤러는 소녀에게 독 이야기를 한 적이 있었다! 소녀가 자신의 음식을 집어 먹은 까닭을 알 것 같았다. 뒤러는 자신이 소녀의 행동에 대해 했던 말과 생각 때문에 부끄러워졌다.

뒤러가 소녀의 얼굴을 쓰다듬으려고 하자 소녀는 소스라치게 놀라면서 뒤로 물러섰다. 뒤러는 괴로웠지만 다시 한 번 되뇌었다. 너무 가까이 다가가면 그릴 수 없다!

사실 앞으로 며칠 또는 몇 주간은 소녀가 올 필요가 없었다. 스케치해 놓은 것도 충분하고, 남은 일이란 얼굴의 부분 부분을 다듬는 일이기 때문이었다. 뒤러는 피아메타의 얼굴을 이미 검정, 회색, 흰색으로 그려 놓은 상태였기 때문에 그 위에 마지막 색깔을 입힐 때에도 굳이 피아메타의 실물을 계속 들여다볼 필요가 없었다. 뒤러는 피아메타에게 입힐 옷을 빈 의자 위에 걸쳐 놓으면서 옷을 그릴 때에도 사실 소녀가 없어도 문제될 게 없다고 생각했다. 한번쯤 옷 입은 모습을 스케치해 두기만 하면 그림을 그릴 수 있었다.

문제는 소녀가 그의 곁에 없으면 그 얼굴을 그릴 수가 없다는 것이었다. 대상과 너무 가까우면 그릴 수 없다는 말보다는 대상을 너무 멀리서 그리지 말라고 하는 게 맞는 조언이겠다는 생각이 들었다. 그는 그게 더 적합한 말인 것 같다고 스스로를 속이며 웃었다.

벨리니는 흑백 그림 앞에서 한참 동안 서 있었다. 그는 눈을 반짝거리며 늙은 사람 같은 거친 목소리로 그림을 칭찬했다. 그러고는 다음주에 마르칸토니오 라이몬디와 약속을 잡아 놓았으니 그 자리에 참석하여 저작권 문제를 해결하라고 했다.

뒤러는 그 작자가 그전에 나를 독살하지 않으면 갈 수 있으리라고 생각했다. 그러나 뒤러는 사실 벨리니의 경고를 그다지 심각하게 생각한 적은 없었다. 그가 신비로운 피아메타보다 더 진지하게 생각하는 것은 없었다.

독일 상인들은 뒤러에게 드디어 중요한 임무를 맡겼다. 성 바르톨로메오 성당의 제단에 걸 성스러운 가족을 표현한 대형 그림을 의뢰받은 것이다. 뒤러가 이탈리아에 머무는 기간 내내 매달려야 할 만큼 큰 그림이었다. 성공적으로 작품을 완성한다면 뒤러의 이름이 베네치아를 넘어진 세계에 알려질 수 있었다. 그런데 뒤러는 임무를 부여받은 후 작은 스케치들을 시작하긴 했지만, 여전히 피아메타의 그림을 완성하는 일에 더 몰두했다.

베네치아 의회의 의원들이 찾아와 뒤러에게 또 다른 제안을 했다. 베네치아에 정착하면 매년 상당한 금액의 돈을 주겠다는 것이었다. 그 돈의 액수는 피아메타는 상상도 할 수 없는 정도였다. 물론 피아메타는 화가와 의원들이 논의한 내용에 대해서 전혀 몰랐다.

화가들의 도시이며 예술의 도시인 이곳에서 다른 누구보다 나에게 정착할 것을 제안하고 심지어 돈을 주겠다고 하다니! 그런데 이곳은 독의 위협이 있는 곳이 아닌가? 그러나 독에 대한 두려움은 갈수록 희미해졌다.

당대에 베네치아에 정착하거나 적어도 상당한 기간 동안 베네치아에 거주했던 대표적인 화가들로는 젠틸레와 조반니 벨리니, 티치아노, 조르조네가 있었다. 레오나르도 다 빈치는 베네치아가 아니라 밀라노에 있었고, 젊은 화가 중 라파엘로라는 화가도 자주 거론되는 유명인으로 그는 피렌체에서 작품 활동을 했다. 레오나르도 다 빈치 역시 신체의 비율을 탐구했고 뒤러는 그 위대한 노화가의 그림들을 연구 자료로 활용했다. 미술 분야에 있어서는 이탈리아가 의심의 여지없이 세계의 중심이었다. 알브레히트 뒤러라는 명화가 역시 베네치아에 있었다.

뒤러가 활동하던 시대에는 목재 화판 그림에 쓰이는 물감이 상당히 고가였다. 희귀한 흙, 광장석, 남동석, 청금석과 같은 귀한 돌의 가루 등으로 만든 물감이었기 때문에 가격이 매우 높았다. 그래서 당시에는 그리자유(grisaille)라고 하여 무채색으로만 그림을 그리는 화법이 있었는데, 소녀의 그림도 그처럼 검정, 흰색, 회색으로만 완성해도 충분했다. 그러나 뒤러는 약간 망설인 끝에 색을 추가했다. 가루물감을 기름이나 계란 흰자와 섞어 준비했다. 색깔만큼이나 린시드유, 양귀비유, 테레빈유 등과 같이 고급스럽고 비싼 기름의 종류도 매우 다양했다.

물감은 농도에 따라 불투명해지기도 하고 투명해지기도 했다. 다시 말해 화가는 그림의 특정 부분에서 바탕에 칠해져 있는 검정, 흰색, 회색 물감이 그 위에 덧칠하는 색 위로 드러나게 칠을 할 수도 있었고, 완전히 감춰지게 칠을 할 수도 있었다. 밝은 색 밑에 칠해진 어두운 색은 그림자나 깊이감을 표현해 주었다.

전체적으로는 특별히 밝게 표현되어야 할 부분마다 다른 색깔의 물감 위에 덧칠한 흰색으로 인해 그림이 말 그대로 더욱 빛났다.

물론 각종 크기대로 구입할 수 있는 붓도 가격이 만만치 않았다. 검정, 회색, 흰색의 바탕색 위에 덧칠한 나머지 색깔들은 여러 겹으로 칠해져서 피아메타의 얼굴 피부 안쪽이 밝아 보이게 할 수 있었다. 마치 안쪽에서 빛이 나는 것처럼 표현하는 것이다. 뒤러는 이러한 표현이 그가 받은 소녀의 인상을 잘 반영해 준다고 생각했다. 색깔을 입히는 과정에서는 일단 한 겹이 말라야 다음 겹을 칠할 수 있었기 때문에 자주 쉬는 시간이 생겼는데 그사이에 뒤러는 색깔을 혼합하거나 붓을 씻곤 했다.

피아메타는 꼼짝 않고 앉아서 구경했다. 뒤러가 인식하지는 못했지만 그림의 변화에 따른 변화가 일어나고 있었다. 뒤러는 거의 기계적으로 실물과 그림을 비교했다.

여러 주가 걸렸다. 한 겹씩 색깔이 입혀졌다. 뒤러는 그리고 또 그렸다. 뒤러는 매일 아침이면 찾아와서 익숙한 자세로 앉아 있다가 돌아가는 소녀를 거의 의식하지 못했다. 소녀는 이제 그림을 위해 만들어진 소녀의 머리카락 색깔과 비슷한 색상의 맞춤옷을 입고 있었다. 너무 값비싼 옷이라 저녁에 집으로 돌아갈 때에는 벗어 두고 가야만 했다.

아름다운 소녀였다. 소녀는 자기 자신의 모습을 거울 속에 비춰 보며 혼자 빙글빙글 돌아 보기도 하고 말없이 거울 속을 한참 동안 들여다보기도 했다. 뒤러는 그녀가 늘 새롭고 대단한 뭔가를 발견하는 사람 같아 보인다고 생각했다. 저녁에 집으로 돌아가기 전에 소녀는 꼼짝도 않고 늘 똑같은 표정으로 그림을 한참 바라보다가 가곤 했다.

그림에 대한 이야기가 베네치아 안에 퍼졌다. 그림 속 주인공에 대한 이야기도 알려졌다. 고관들이 폰다코에 나타나 그림을 감상하고 호기심 넘치는 눈으로 모델을 훑어봤다. 피아메타는 사람들이 폰다코를 나서면서 꼭 한 번씩 뒤돌아 자신을 보고 간다는 사실을 깨달았다. 게다가 자신을 바라보는 사람들의 시선에는 인정과 존경의 마음이 담겨 있었다. 소녀는 더 이상 알록달록한 옷을 입고 있지 않았다. 대신 단순하게 생긴 면치마를 입고 있었다. 그래도 거리를 다닐 때면 여전히 빠른 걸음으로 다녔고, 그늘진 곳에서만 멈춰 서고 북적이는 거리는 가능하면 피했다.

작업 도중 음식을 먹게 될 때면 여전히 먼저 뒤러의 접시에 있는 음식을 조금씩 먹었다. 뒤러는 자신의 목숨을 염려하는 이런 소녀의 행동을 의식하지도 못하게 되었다. 독살당할 확률은 거의 없었다. 어떤 문제든 판사의 판결로 문제가 해결되지, 독으로 해결되지는 않을 테니까.

피아메타는 완성된 그림 앞에 한참을 서 있었다. 처음보다 그림이 커 보였다. 자세도 좀 달라보였다. 시선은 어색할 정도로 자유롭고 개방적이었다. 소녀의 얼굴 전체에서 이전에 뒤러가 본 적 없는 환한 빛이 났다. 어쩌면 그 표정과 느낌을 지금이라도 그림에 더 그려 넣는 게 좋겠다는 생각까지 들었다. 벌써 여러 명이 그림을 구입하겠다고 나섰다. 뒤러는 원하는 가격을 부를 수 있었다.

"아직 완성되지 않았네요."

피아메타가 작은 소리로 말했다.

"왜 완성이 안 되었다는 거냐?"

그렇게 물으면서 뒤러는 소녀의
얼굴에 가득한 밝은 빛을 추가해야
할까를 여전히 고민했다.

"여기."

소녀는 주머니에서 노란색 리본
을 꺼내 보이면서 말했다.

알브레히트 뒤러가 그린 〈젊은 베네치아 여인의
초상〉.

"이게 빠졌어요."

피아메타가 입고 있는 옷의 왼쪽 가슴에는 밀라노의 귀부인들이 다
는 것을 흉내 낸 검정 리본이 달려 있었다. 소녀가 꺼내 든 리본은 색깔
만 빼고 그 리본과 똑같았다.

"그걸 어쩌란 거냐?"

"완성하셔야죠. 아니면 진짜 제가 아니잖아요."

"넌 누구니?"

소녀는 뒤러의 모델이었다. 뒤러는 소녀에 대해서라면 그가 알아야
할 건 다 알고 있다고 생각했다. 이 아이가 누구인지에 대한 궁금증은
이미 오래전에 잊어버린 상태였다.

"전 사실 클라라라고 합니다. 피아메타가 더 마음에 드시면 앞으로도
그냥 피아메타라고 부르세요. 저도 마음에 드는 이름이에요. 제가 어떤

사람인지는 화가님께서 더 잘 알고 계십니다. 굳이 제 입으로 말씀드리지 않아도 됩니다."

뒤러는 놀랐다. 사실 베네치아 창녀의 옷에 노란색 리본을 추가한다고 해서 달라질 것도 없었다. 혹시 소녀는 결국 같은 일을 하는 여자이기는 하나 나름 고급 매춘부였던가? 노란 리본은 반대편 가슴에 단 검정 리본과 적당한 대비를 이뤘다.

화가 앞에 서 있던 수줍은 소녀, 자신의 존재를 부끄러워했던 아이는 사라졌다. 뒤러의 눈에는 젊고, 아름답고, 자신감이 넘치면서도 겸손한 여인이 보였다. 그리고 그는 수줍은 소녀를 그림을 통해 여자로 완성시킨 장본인이 바로 자신임을 알고 있었다.

피아메타가 그림 속에서 입고 있는 그 비싼 의상을 선물로 받았을까? 목에 두르고 있는 진주 목걸이도 선물로 받았을까? 그림 덕분에 달라진 자신의 이미지가 그녀 삶에 도움이 되었을까? 예술을 통해 새로운 사람을 창조해 냈다는 자부심을 갖게 된 뒤러는 그 그림을 팔아 번 돈의 일부를 그녀에게 주었을까? 뒤러는 굉장히 철저한 사람이긴 했다. 하지만 이런 질문에 대한 대답은 결국 역사 속으로 사라져 버렸다.

지금은 그 그림만이 전해지고 있다.

제5장

둥근 천장 아치

작센 지방의 안나베르크에 있는 성 안나 교회는 후기 고딕 양식으로 지어진 독일의 교회 중 가장 아름답고 큰 교회다. 1501년에 시작하여 1525년에 완공된 이 교회의 건축 총감독은 페터 폰 피르나라는 건축가였으며, 그의 죽음 이후에는 야코프 폰 슈바인푸르트가 그 일을 이어서 했다. 건축 초기에 설계 계획이 여러 번 바뀌었다고 한다. 교회 건물은 프라하의 흐라드차니 궁전에 있는 블라디스라바 홀을 모형으로 삼아 천장을 지탱하는 독특한 아치형 기둥의 구조물을 갖게 되었다. 15세기에는 새로운 고딕 양식이 탄생했다. 중앙에 있는 회중석의 천장이 양쪽에 있는 나머지 두 회중석의 천장에 비해 높았던 이전 형태 대신 모든 회중석의 천장이 동일한 높이를 갖는 강당식 교회가 건축되었다.

안나베르크의 이 교회는 보통 교회를 짓는 기간에 비해 상당히 짧은 기간인 25년 만에 지어졌다. 1496년 은광 근처에 생겨난 이 도시가 이미 1510년에 인구가 8천 명에 달하는 매우 부유한 도시가 되었다는 점도 매우 특이하다. 도시의 발전 속도에 비하면 교회 건축은 천천히 진행된 편이다. 쾰른, 스트라스부르, 레겐스부르크와 같은 곳에서는 교회를 짓는 데 수백 년이 걸려서 그 설계도가 시대마다 유행하는 양식에 따라 수정되었다.

교회 건축은 한 건축가의 지휘하에서 움직이는 여러 기술자 조합에 의해 이뤄졌다. 건축에는 각종 기술자들의 조합이 참여하였는데, 그중 건축에 필요한 돌을 다듬는 석공 조합과 교회 장식을 담당하는 조각가 조합이 대표적이었다. 이들 조합은 자기들만의 비밀 기호를 만드는 등 비밀 단체의 성격을 띠었고 회원들에게 복지 혜택을 제공하기도 했다.

고딕 양식이 유행하던 시대에는 건축물의 일부가 무너져 내리는 사고가 종종 발생했다. 건축가들은 대개 골조의 구조를 수학적으로 정확하게 계산하기보다는 그냥 경험에서 우러나오는 느낌대로 공사를 했기 때문이다. 이런 건축가들의 경험이란 무너져 내린 건축물을 통해 배우고 축적한 지식이기도 했지만, 오늘날 우리가 놀라움을 금하지 못하는 아주 오래된 건축물들을 통해 쌓인 것이기도 했다.

안나베르크에 있는 교회 건물에는 천장이 무너져 내린 흔적이 전혀 없다. 다음 이야기는 실화를 바탕으로 하지는 않으나, 충분히 일어났을 법한 이야기이다. 이야기를 구성하는 이하의 문서 및 건축가 야코프 폰 슈바인푸르트를 제외한 등장 인물들은 모두 허구이다.

마이센의 문서 보관 실장이 다음의 문서들을 발견하여 정리했다. 모두 정확히 어디에서 온 것들인지는 알 수 없으나 지난 세기에 이곳에 흘러들어 보관되어 온 것으로 추정한다.

| 공지문 |

게오르크 폰 작센 공작님 귀하.
1516년 작센의 안나베르크에 있는 교회 내 두 개의 천장 아치의
붕괴로 인해 여러 시민이 사망한 사건에 대한 보고

안나베르크 시의회는 공작님께 두 천장 아치가 붕괴하게 된 원인을 설명해 주는 각종 관련 문서를 보냅니다.

안나베르크 건설에 대하여

공작님께서도 아시다시피 1491년 카스파 니트첼트라는 평민이 슈레켄베르크 근처에서 은광을 발견하고 몇 년이 지난 후, 공작님의 지원하에 그곳에 도시가 세워졌습니다. 우리는 광부들의 수호자이신 성 안나의 이름을 딴 이 도시를 안나베르크라고 불렀습니다.

도시 설립은 공작님께서 설명하신 대로 그 일대에서 은광이 발견된 이후 사람들이 무질서하게 은을 찾아 헤매는 것을 막기 위한 계획이었습니다. 사람들을 다시 질서와 규칙 속에 살게 하기 위한 계획이었습니다. 그곳은 법도 질서도 없는 상태였기 때문입니다. 슈레켄베르크 주위로 아무렇게나 집이 들어섰고, 좌판 장사꾼들이 몰려들었습니다. 사람들은 혹여나 다른 사람이 은맥을 발견한 것은 아닐까, 어디에서 발견했을까 하며 서로를 의심하는 눈으로 바라보았습니다. 모두가 자기 생각만 했습니다. 산은 사람들의 욕심 때문에 파헤쳐졌으며 무너져 내리는 곳까지 생겨났습니다.

은은 오늘날 도시를 이토록 부유하게 만들고 사람들의 삶을 행복하게 만들어 주기도 했지만 한편으로는 은 때문에 사람들이 폭력, 도둑질, 강도질, 심지어 살인까지 서슴없이 감행하기 시작했습니다. 어디에나 불안, 죄, 공포, 질병 등 사람의 삶을 지옥으로 만드는 건 다 도사리고 있었습니다.

그 일대에 묻혀 있는 은이나 기타 광물이 모두 공작님의 소유인데도 보화를 발견한 사람들이 공작님께 세금을 바칠 생각을 하지 않았습니다. 오늘날의 도시의 모습을 만들기 위해서는, 은에 미친 사람들을 도덕적 시민으로 만들 엄격한 질서와 법과 규칙이 정착되어야만 했습니다.

모든 분야의 수공업자들은 조합을 결성하여야만 생산한 물건에 대한 정당한 값을 받을 수 있었고, 상인들은 마을 경제의 질서를 바로잡기 위해 상거래를 규칙에 따라 값을 조정해야만 했으며 발견된 은의 매매는 공정한 방식대로 이뤄져야만 했습니다.

슈레켄베르크 주변에 아무렇게나 들어선 집들은 철거했습니다. 공작님의 명령에 따라 현재 마을 중심가에 건물과 광장의 위치가 정해졌고 사람들은 자기가 집을 지을 땅을 공작님께 구입할 수 있게 되었습니다.

1496년에 울리히 뤼라인 박사님께서 나서서 은광이 있는 슈레켄베르크 맞은편 언덕 즉, 지금의 안나베르크가 위치한 땅에 도시를 계획하고 설립했습니다. 도시는 점점 커졌고 지금도 작센 전역 그 어떤 도시보다 번창해 가고 있습니다.

| 보고 2 |

안나베르크에 있는 성 안나 교회의 건설에 대하여

일반 백성의 가정집을 짓는 일에 비해 하느님의 집을 짓는 일은 매우 중요한 사업입니다. 우리 주님이시자 우리 도시의 참주인이신 하느님과 광부들을 수호해 주시는 성 안나를 위한 집은 우리 고장에서 가장 좋은 위치에 세워져야 합니다. 그래서 교회의 위치도 미리 정해져 있었고 그 자리에는 절대 다른 건축물이 들어설 수 없었습니다.

도시가 건설되던 초창기, 아직 안나베르크가 나무로 지은 오두막들이 모여 이룬 작은 마을의 모습을 하고 있던 당시 선량한 시민들이 교회 자리에 작은 목조 교회를 건축하였습니다. 당시 사람들은 그 목조 교회가 앞으로 세워질 도시의 규모에도 적당하다고 생각했었습니다. 그 목조 건물은 그대로 유지가 되었지만, 지금 짓고 있는 새 교회가 완공되면 철거될 것입니다.

안타깝게도 하느님의 집을 짓는 일은 처음부터 우리 도시가 겪은 초창기의 혼란 때문에 다소 차질을 겪어야 했습니다. 그래서 교회 건축은 임시 지붕과 임시 건물, 계획 없는 석조 건물을 짓는 등의 임시방편에서 벗어나질 못했습니다.

교회 공사를 위해 필요한 헌금과 기부금은 충분했습니다. 지금도 광산에서 쏟아져 나오는 방대한 양의 광물로 부유해진 시민들은 영혼의 안녕을 위하여 성 안나를 위한 교회를 짓는 일에 많은 돈을 헌금했습니다.

광산에서 사고라도 나면 헌금이 더 불어났습니다. 사람들은 헌금을 많이 함으로써 성 안나가 생명과 건강을 지켜줄 거라고 믿었습니다. 때문에 공사 자금은 넉넉했지만 공사 계획에 문제가 있었습니다.

1499년 4월 25일에 교회의 기공식이 열렸습니다. 그리고 지금도 먼 곳에서 보이는 거대한 교회탑 공사가 시작되었습니다.

사람들은 교회 공사 기간이 지연된 이유를 여러 가지로 설명합니다.

전문 인력이 부족하다는 의견부터 이것이 부족하다는 둥 저것이 부족하다는 둥 다양한 의견이 있습니다. 그러나 공사가 늦어진 이유는 마을 사람들이 하나가 되지 못해서였습니다. 주님이 하신 말씀 중 스스로 분쟁하는 나라마다 황폐해질 것이라는 말씀을 기억해야 합니다. 우리 도시는 무너지지 않았지만 그 결과 우리 교회의 천장이 무너진 것입니다.

| 청원서 |

1515년에 작센 공작령에 있는 안나베르크의 시의회 의원인 히로니무스 알트뷔슐이 게오르크 폰 작센 공작에게 보낸 청원서

성 안나에게 바칠 안나베르크의 대형 교회 공사 진행 상황에 대해서 안타깝게도 슬픈 소식들만 전해 드리게 되었습니다. 교회 건축을 둘러싸고 분쟁이 일어났습니다. 정확하게 말하면 제가 다른 시의원들과 의견 일치를 보지 못하고 있는 상태입니다.

사람들은 시의원들이 한 선량한 시의원의 의견을 무시하고 상대의 눈에 있는 들보는 보면서 자기 눈에 있는 티는 보지 못한다고 말이 많습니다.

이 일대에 사는 사람들은 만족하지 못하고 있으며 하느님께서 기뻐하지 않으시는 새로운 풍습과 관행을 따르기 시작했습니다. 사람들은 재물에 대한 욕심으로 갈수록 양심을 잃어 가다가 결국에는 자기들 손으로 데려온 늙은이에 대해서도 만족해하지 못하며 계속해서 뭔가 새로운 것을 원하게 되었습니다.

재물이 사람들의 눈을 가리기 시작했는데, 특히 무엇이든 더 잘 안다고 자부하며 늙은이의 충고를 지겨워하는 젊은이들이 재물에 눈이 멀었습니다. 설교자는 강단에서 이야기하고 또 이야기했지만 그들의 귀에는 설교가 공허한 메아리 같았습니다.

공작님께서야 예로부터 교회를 어떻게 지어 왔는지 잘 아실 것입니다. 보헤미아에는 더 이상 교회라고 할 수 없는, 낭비와 사치의 정신이 반영된 새로운 형태의 건축물들이 생겨났습니다. 이미 수백 년 전에 지어진 프라하의 성 벤첼 교회가 그런 정신을 반영하는 최초의 건축물입니다.

이제 그러한 형태의 건축이 새로운 유행 양식이 되어 버렸지만 그런 형태로 지어진 하느님의 집이나 기도의 집은 신성 모독이 될 것입니다. 새 유행의 가장 대표적인 특징은 중앙에 있는 회중석의 천장이 양쪽에 있는 나머지 두 회중석의 천장과 동일한 높이를 갖는 것입니다. 이는 하느님과 동일해지고 싶어 하는 인간의 교만을 나타냅니다.

더 큰 문제는 새로운 형태의 건축 양식은 더 이상 하느님과 거룩한 성령 중심이 아니라 인간의 쾌락을 중심으로 하여 일반 궁전과 유사한 형태를 추구한다는 점입니다. 교회 건물을 프라하의 흐라드차니 궁전에 있는 세계적으로 유명한 연회장인 블라디스라바 홀을 모형으로 삼아 짓겠다는 것입니다.

도시의 부유한 시민들은 제정신이 아닙니다. 특히 젊은이들은 우리

늙은이들을 무시하며 교만과
이기심으로 가득해졌습니다.
일개 연회장을 교회의 모형으
로 삼고자 하다니요!

19세기에 그려진 성 안나 교회 그림.

젊은이들은 그들이 생각하
는 교회를 설명해 주었습니다.
그러나 오래된 교회에서 고개
를 들어 천장을 보면 천장을
받치는 아치가 보이는데, 아치
는 수많은 십자가로 구성되어
있기 때문에 그 광경을 보는

것만으로도 가슴이 뭉클해집니다. 전통적인 교회의 천장은 그리스도의
십자가를 연상시키는 십자형 교차 지점들로 구성되는데, 이는 십자가가
교회와 온 세상을 감싸 안고 있다는 사실을 보여줄 뿐 아니라 몸소 체험
하게 해 줍니다. 십자가를 연상시키는 구조가 천장을 받치고 있지 않으
면 천장이 무너져 내려 안전과 평안은 사라지게 됩니다. 반면 베네딕트
리드라는 사람이 십여 년 전 큰돈을 들여 완공했다는 프라하의 블라디
스라바 홀 같은 경우 그리스도가 우리에게 주시는 평안을 전혀 느낄 수
없습니다. 이러한 건축물의 천장은 우리 눈에 익숙한 십자가 형태의 교
차로 구성되어 있지 않기 때문입니다.

블라디스라바 홀은 감히 말씀드리지만, 높이보다 너비가 더 큰 구조
를 갖고 있습니다. 그러니 사람들의 영혼을 위쪽으로 집중시키지 못하

고, 이 땅에서의 쾌락에 그대로 빠져 있도록 내버려 둔다고 볼 수 있습니다. 블라디스라바 홀의 천장은 미혹하는 자의 언어처럼 휘어져 있습니다. 그러니 연회를 위해 지어진 그러한 건축물은 쾌락에 대한 인간의 욕구를 더 부추길 뿐입니다. 우리와 같이 일정 나이가 지나고 나면 죽음이 생각 없는 젊은이들에게서처럼 먼 미래의 일로 여겨지지 않고 현재의 문제가 되기 시작합니다. 아치형 천장은 이런 나이에 접어든 우리로는 용납할 수 없는 욕구를 부추길 뿐입니다.

지금 젊은이들은 안나베르크 교회에 이미 설치된 천장 구조물을 여기저기 다시 뜯어낸 다음 선량한 신도들의 헌금으로 뱀처럼 구불구불한 형태의 아치를 만들어 하느님을 모욕하겠다고 합니다.

젊은이들은 우리 늙은이들을 그저 비웃을 뿐입니다. 저는 프라하의 건축물처럼 자재를 잘못 사용하여 하느님을 모욕하는 일을 반대하는 유일한 사람입니다. 과거에 열심히 은을 찾아다니며 성 안나의 보호 아래 부자가 된 저와 같은 늙은이들은 많이 있습니다. 이제 와서 우리를 수호해 주신 성인을 모욕하고 싶지는 않습니다.

공작님께서는 프랑스 리옹의 일르에서 성 안나의 유골을 구입하셔서 그것을 우리 성 안나 교회와 도시에 선사하시기로 했습니다. 무릎뼈, 갈비뼈, 어깨뼈 조각을 보내 주시어 사람들이 몰려들었습니다. 새 지지대 공사를 위해 들어간 돈을 차라리 성 안나나 다른 성인들의 더 많은 유골이나 성물을 구입하는 데 썼다면 어땠을까요?

전능하신 하느님께서 공작님께 힘을 주시어 항상 지혜롭게 행동하시며, 지금 안나베르크에서 일어나고 있는, 하느님을 생각하지 않고 벌이는 일들을 다시 바로잡아 주실 수 있게 되기를 기도합니다.

이 편지는 저처럼 여전히 예전 방식으로 사고하는 수많은 사람들을 대표하여 쓰는 편지이옵니다. 하느님께서 공작님께 건강과 장수를 허락하시기를 바랍니다.

히로니무스 알트뷔슐 의원 드림

| 편지 |

1515년에 마이센에서 광산 주주이자 목재상인 폰 로이샤라는 청년이 히로니무스 알트뷔슐 의원에게 건낸 편지

존경하는 의원님께

제 사촌 중 한 명이 마이센 의원으로 있습니다. 그 사촌으로부터 의원님께서도 돈만 많이 들고 무의미한 일에 반대하신다는 반가운 소식을 전해 들었습니다.

알트뷔슐 의원님께서 안나베르크 교회에 관해 궁에 보고하신 내용에 저도 전적으로 동의하는 바입니다. 돈을 창밖으로 내다 버리는 꼴입니다. 안나베르크에서 진행되는 공사에 불만은 없습니다만 재정적으로 감당할 수 없는 일에는 동의할 수가 없습니다. 저도 슈레켄베르크 주주인데, 슈레켄베르크와 그곳 은광에서 나오는 이윤이 어디에 쓰이는지 도무지 알 수 없습니다. 자기네 멋대로 해도 된다고 생각한다면 큰 오산입니다.

광산 주주로 산다는 건 오늘날 돈이 많이 드는 일이 되었습니다. 광부들은 날마다 더 많은 돈을 받으려 합니다. 프라하에서나 볼 수 있는 그런 희한한 천장을 만드는 것은 돈이 많이 듭니다! 결국 돈이 부족해 주주들에게 그 돈을 분담시킬 것이 불 보듯 뻔합니다. 그러면 광산에서 얻은 은을 교회에 다 갖다 바쳐야 하겠지요. 또한 참고가 필요하다며 프라하에 답사를 가겠지요. 벌써 거기에서부터 돈이 들어갑니다. 헌금한 사람들이 낸 돈을, 그리고 분명 제가 낸 돈을 그렇게 허비하다니요!

아예 교회의 천장 전체를 나무로 덮어 버리는 것이 제일 좋겠습니다. 전통적인 방식이지요. 그자들이 만들고자 하는 그 석조 구조물보다는 훨씬 더 튼튼하고 돈이 덜 드는 방식입니다. 석조 천장이 안전할 거라고는 한 번도 생각해 보지 않았습니다. 돌은 무겁기 때문에 아래쪽에 사용해야 할 소재이지, 천장에 사용했다가는 떨어지고 말 것입니다!

신께서 함께 하시길

광산 주주이자 목재상인 폰 로이샤 드림

| 청원서 |

게오르크 폰 작센 공작에게
비텐베르크의 로이코레아 대학 법학과 학생인
알브레히트 폰 글라우흐아우가 보낸 청원서

공작님, 공작님께 안나베르크의 성 안나 교회 공사에 대한 책임 권한이 있다고 들었습니다. 그리고 교회 설계 및 공사를 페터 폰 피르나의 죽음 이후 프라하 궁전에 있는 블라디스라바 홀 공사에 참가했던 건축가 야코프 폰 슈바인푸르트에게 일임하셨다고도 들었습니다.

감히 공작님께 아뢰는 것은, 블라디스라바 홀의 천장 구조가 독일에서는 매우 현대적이고 대단한 건축 구조물로 인정을 받고 있으나 제가 얼마 전까지 지냈던 베네치아에 가 보면 블라디스라바 홀의 건축 양식은 그 홀이 지어지기도 전에 이미 구식으로 취급당했음을 알 수 있습니다. 이탈리아 그 어디에도 그런 형태의 건축물을 짓는 사람이 없습니다.

이탈리아에서는 더 이상 끝이 뾰족한 곡선과 기하학적 창문으로 교회 실내를 만들지 않습니다. 그러한 문양에 사람들은 질려 버렸지만 독일에서는 그러한 형태가 여전히 지배적인 모양입니다. 이탈리아에서는 우리네 도시에서 하느님의 집으로 사용되는 건축물처럼 하늘로 높이 치솟은 뾰족한 탑도 더 이상 만들지 않습니다. 그곳에서 가장 세련된 건축 양식이라고 하면 프라하식의 구불구불한 아치를 말하지 않습니다. 이탈리아의 건축가들은 고전주의 시대의 설계도를 모방하여 만든 건축물을 가장 세련된 건축물이라고 봅니다.

최근 이탈리아의 교회는 외관상 로마의 신전 같은 느낌을 줍니다. 벽면은 수평 벽돌림 띠에 의해 여러 구획으로 구분이 되어 있습니다. 벽면의 아랫부분은 중간 공간이 매워져 있는 여러 기둥에 의해 지지됩니다. 그 윗부분 역시 기둥에 의해 지지되나 이번에는 곡선에 의해 기둥의 높이가 연장됩니다. 기둥 사이에는 고전주의 양식에 따른 단순한 곡선 형태의 창문이 배치되어 있습니다. 높이 위치한 아치의 곡선이 박공의 기능을 하는데 이 박공 역시 매우 간결한 형태이며 세 개의 둥근 창문과 그 위에 배치된 세 개의 성인 상으로 구성됩니다.

교회는 전체적으로 장식이 극도로 절제되어 있지만 놀라울 정도로 구획이 잘 지어져 있고 크기와 비율의 균형이 알맞아서 실제 규모는 그리 크지 않은데도 웅장하고 큰 느낌을 줍니다. 이탈리아 사람들은 이러한 형태의 건축 양식을 부활을 뜻하는 단어를 사용하여 이탈리아 르네상스 즉, 고전주의의 부활이라고 부릅니다. 바로 이런 형태가 세련된 건축물이라고 할 수 있습니다!

성 안나 교회의 공사도 아직 베네치아 사람들의 건축 양식을 도입할 수 있는 단계입니다. 필요한 돈도 충분히 있습니다! 이 기회를 놓치지 말아야 할 것입니다!

법학도 알브레히트 폰 글라우흐아우

| 편지 |

1515년에 건축가인 야코프 폰 슈바인푸르트가
작센 공작령에 있는 안나베르크 의회 앞으로 보낸 편지

존경하는 의원님들

페터 폰 피르나 총감독님께서 돌아가셨다고 하니, 그분을 대신하여 제가 기꺼이 안나베르크 교회의 설계와 공사 감독을 담당하겠습니다.

블라디스라바 홀의 천장 구조를 모형으로 성 안나 교회의 천장 공사 계획을 변경하고 수행할 수 있느냐고 문의하셨는데, 그것은 물론 가능한 일입니다. 저는 곡선 형태를 갖는 블라디스라바 홀의 천장을 베네딕트 리드 스승님과 함께 설계했을 뿐 아니라 당시 공사도 감독했기 때문에 성 안나 교회의 천장 구조를 요청하신 대로 만들 수 있다고 장담드립니다.

이미 교회 천장 일부분에 만들어진 십자 문양 구조는 다시 철거하면 됩니다. 곡선 구조의 천장 아치에는 전체적인 그림에 어울리지 않는 부분이 절대로 허용될 수 없습니다. 십자 문양 구조를 철거해야 하는 또 다른 이유는 천장이 무너질 위험이 있기 때문이며 또 옛 구조의 형태와 새로운 구조가 서로 조화를 이루지 못하기 때문입니다. 십자 문양의 구조물은 하나씩 제거하여 새 문양의 구조물로 교체하면 됩니다. 구조물을 고정하는 지지대의 고정 부분은 이미 대부분 장착이 되어 있는데, 이 부분은 그대로 두어도 전혀 문제가 없습니다.

천장의 바탕은 준비되어 있는 석조 자재를 이용하여 만드는 것이 가능하지만, 아치와 늑골은 예전 구조를 만들 때 사용했던 돌을 사용할 경우 두께나 교차 지점의 각도가 맞지 않아 배치가 불가능하게 됩니다. 따라서 아직 다듬지 않은 돌을 이용해 새로운 아치를 만들어야 합니다. 기본틀과 홍예(虹霓)를 위한 목재는 그대로 사용 가능합니다. 그러나 준비된 양으로는 부족합니다.

공사 비용에 대한 의원님들의 질문에 솔직한 답을 드리겠습니다. 아치 형태의 천장 공사는 예전의 단순한 교차로만 구성된 천장 구조를 만들 때보다 많은 비용을 요합니다. 홍예틀은 더 많은 목재를 이용하여 제작될 뿐 아니라 제작 방법도 어렵고 정교하기 때문입니다. 작은 오차만 발생해도 아치 전체가 무너질 수 있습니다.

감사합니다

야코프 폰 슈바인푸르트 드림

| 보고 |

1515년 여름에 안나베르크 재판소와 의회에서 성 안나 교회의 새 천장 구조의 붕괴에 대하여 기록한 보고문

공작님께 성 안나 교회의 새 천장 구조물 두 개가 떨어져 버렸다는 당혹스러운 사실을 보고드립니다. 반년 전에 죽은 공사 총감독이었던 페터 폰 피르나의 뒤를 이어 교회 건축을 야코프 폰 슈바인푸르트에게 맡긴 상태였습니다. 건축가 야코프는 성 안나 교회의 통로 쪽 회중석 위쪽에 두 개의 아치를 프라하의 연회장 천장과 비슷하게 설치하게 했습니다. 불꽃을 연상시키는 곡선들이 기둥에서부터 옆쪽 벽면 그리고 기둥에서 기둥으로 연결되어 아치를 구성하는 이 천장의 구조는 프라하 성의 연회장처럼 아름다운 공간을 만들어 냅니다. 하느님과 우리의 주님과 광부들의 수호자이신 성 안나께 가장 아름답고 좋은 것을 드려야 한다고 생각하는데 이 천장이 그러한 감사의 표현이 될 거라 믿습니다.

　돈을 아까워하는 농민들의 목소리도 높아지고 있습니다. 돈이야 우리가 상상했던 것보다 더 많은 것을 우리에게 안겨 주고 있는 슈레켄베르크의 풍부한 은광 덕분에 충분합니다.

　그런데 갑자기 홍예틀을 제거한 두 개의 아치 구조가 떨어져 버렸습니다. 가장 끔찍한 것은 돌 구조물이 붕괴되면서 돌에 맞아 세 명이 죽었고 그중 하나는 한스 폰 아우에라는 석공의 막내아들로 아버지에게 맥주를 가져다가 변을 당했던 것입니다. 다섯 명의 석공 역시 붕괴 때 튄 잔해에 맞아 부상을 입었습니다. 그들은 평소에 늘 그랬듯 따뜻한 보살핌을 받고 곧 작업에 다시 착수할 수 있게 될 것입니다. 공작님께서 공사에 대한 허락을 철회하지 않으신다면 말입니다!

　간곡한 부탁이 있어서 이렇게 보고를 아룁니다. 우리는 건축가와 함께 사고 현장을 둘러보았습니다. 경험이 많은 전문 기술자들이 최선을 다했다는 것을 확인할 수 있었습니다. 아무리 보아도 실수가 있었던 것 같지 않습니다. 아래에서 보다 자세하게 설명을 드리겠습니다.

먼저 돌에 대해서 말씀드리자면 늑골을 만들기 위해 사용한 돌은 조사 결과 전혀 문제가 없었습니다. 건축가 야코프가 직접 확인하거나 총감독의 수하에 있는 다른 건축가들이 직접 확인한 사실입니다. 의심의 여지가 없는 부분입니다.

그 다음으로 아치의 중앙에 위치한 섬세하게 조각되고 도금된 갓돌은 알록달록한 휘장과 성인들의 상과 함께 산산조각이 난 탓에 함께 주워 모아야만 했습니다. 여기에서도 우리는 사고의 원인을 전혀 찾을 수 없었습니다. 우리는 심지어 채석장에 나가 성 안나 교회 공사에 사용되는 돌의 모든 채석 지점까지 검사했는데, 전혀 문제가 없었습니다.

그래서 다음으로 여기저기 떨어진 회반죽을 조사해 보았습니다. 그런데 회반죽의 배합 비율도 전혀 문제가 없었습니다. 떨어진 회반죽조차도 석조 구조물과 강하게 접착되어 있었습니다.

석공들이 기준으로 삼은 틀도 조사를 해 보기 위해 전문가들에게 틀을 보여 주었고 각도를 정확하게 계산해 보도록 했습니다. 아치의 곡선 형태는 바로 이 각에 맞춰 늑골이 하나씩 조립되어 만들어지게 됩니다. 쉬운 일은 아니었습니다. 못 머리 크기 하나까지 정확하게 계산하고 스케치하고 정한 건축가 야코프의 실력이 정말 대단합니다. 한 군데도 어긋나는 데가 없습니다. 그 어디에서도 오류는 발견되지 않았습니다!

막 회반죽 칠을 한 돌을 회반죽 칠이 다 마를 때까지 받쳐 주는 홍예틀 역시 다 분해했다가 다시 조립하면서 검사했습니다. 홍예틀 역시 아무런 문제가 없었습니다.

우리가 검사한 모든 도구와 돌이나 나무와 같은 재료는 모두 조금의 오차도 없이 정확하게 들어맞았고 문제가 없었습니다. 검사를 하는 내 내 건축가 야코프의 정확성과 꼼꼼함에 다시 한 번 놀랐습니다. 그러나 더욱 더 놀라운 것은 건축가 야코프가 돌로 만든 늑골이 만들어 낼 아치의 구조를 예상하고 모든 치수를 미리 계산해 놓았다는 것뿐 아니라 그 완성된 모습을 정확하게 예견한 후 그림을 그려서 석공들에게 각자 무엇을 만들어야 할지를 보여 주었다는 점입니다.

안나베르크의 재판소와 의회는, 건축가 야코프는 조사 결과 전혀 혐의가 없다는 결론을 내렸습니다. 공작님께 이 결론을 알려드리는 바입니다. 세상 어떤 건축가가 블라디스라바 홀의 구조를 성 안나 교회에 그대로 옮겨 놓을 수 있겠습니까!

작센 소속 안나베르크의 재판소와 의회

| 청원서 |

작센의 공작에게 보내는 청원서

공작님, 예전에는 전혀 다른 방식으로 교회를 지었습니다. 교회를 지을 때는 자고로 죽은 아이를 바닥에 묻거나, 집시들에게서나 다른 곳에서도 죽은 아이의 시체를 얻지 못할 경우에는 하다못해 죽은 개나 고양이라도 묻었습니다. 안나베르크에서 짓는 교회 터에도 그렇게 하지 않으면 결국 누군가가 공사 중에 죽게 됩니다.

이렇게 하지 않으면 큰일이 납니다

안나베르크 광부 프라츠 할프그로스 올림

| 편지 |

시의회 의원인 히로니무스 알트뷔슐이
게오르크 폰 작센 공작에게 쓴 편지

공작님께

공작님께서도 안나베르크에 있는 성 안나 교회의 공사 현장에서 일어난 비극적인 일들에 대해 들으신 것으로 알고 있습니다.

새 교회에 있는 두 개의 신식 아치가 무너져 세 명이 죽었는데 그중에는 아이도 한 명 있습니다. 석공 여럿이 부상을 입었습니다. 제가 강하게 말씀드렸습니다만 듣지 않으셨기 때문에 일어난 일입니다. 공작님께서는 분명 제가 몇 달 동안 올린 청원서를 기억하실 것입니다. 경건치 않은 그 공사를 중단해야 한다는 제 소견을 공작님께 간곡하게 아뢰었던 청원서를 기억하실 것입니다.

낙원의 뱀들과 같은 문양은 새 교회를 장식할 만한 것들이 되지 못합니다. 그러한 불경건한 건물에서 무슨 신성한 축복을 기대하겠습니다.

악마의 축복은 죽음일 뿐입니다!

악마가 선사한 축복이 기어코 죄 없는 자들, 심지어 한 어린아이에게까지 미쳤습니다. 이런 상황에서 누구의 심장이 평온할 수 있겠습니까? 돈 때문이 아닙니다! 성모마리아의 어머니이시고 광산의 수호자이신 성안나를 위한 교회라면 저는 전 재산이라도 바칠 수 있습니다.

이제 공작님께서도 제게 동의하실 수밖에 없을 것입니다. 사람에게 닥친 비극은 주님의 경고입니다! 주님께서 우리의 슬픔과 고통을 통해 무엇이 옳고 그른지를 깨닫게 해 주시고 우리를 다시 고통 가운데서 건져 주실 것입니다. 모든 죄악으로 물든 연회장을 본떠 만든 교회에서 하느님께 기도를 하고 예배를 드린다는 것은 결코 하느님과 거룩하신 성령의 뜻일 수가 없습니다.

안나베르크 전체가 하느님의 신성을 모독하는 이 새로운 형태의 예술에 미혹된 듯합니다. 헌금이 여기저기에서 모여들고 있습니다. 공작님께서 기회를 놓치지 마시고 이 경거망동한 계획을 중단시키셔야만 합니다. 그렇지 않으면 목숨을 잃은 세 사람이 원망할 것입니다.

공작님과 공작님의 모든 권속들에게 주님의 축복이 항상 함께하시길 기원합니다.

안나베르크의 시의회 의원 히로니무스 알트뷔슐 드림

| 보고서 |

세바스티안 헤른뮐러 직공장의 보고서

1515년에 우리는 야코프 폰 슈바인푸르트의 지휘하에 안나베르크의 성 안나 교회 남쪽 측면 천장의 아치를 만들기 시작했습니다. 야코프 폰 슈바인푸르트는 교회 천장의 전체적 구조물을 위한 설계도를 안나베르크 의회에 제출하였고, 의회로부터 설계도에 따라 교회를 완공하라는 허락을 받고 기뻐했습니다. 저는 그 설계도를 자주 볼 기회가 있었는데, 제가 보기에는 세상의 어떤 교회도 그 설계도에 있는 것처럼 아름다운 천장을 가진 교회는 없을 것입니다.

맨 처음 제작되는 두 아치는 아직도 새로운 교회의 천장에 대해 의구심을 갖는 안나베르크 사람들에게 베네딕트 리드가 프라하의 궁전에서 만들어 놓은 것과 같은 곡선 늑골로 구성된 이 아치가 세상에서 가장 아름다운 천장 구조임을 확인시켜 줄 것입니다. 의원님들께서도 기대하시는 바인 줄로 압니다.

틀이 제작되었고 틀과 똑같은 형태의 첫 석조 늑골이 조각되었고 동시에 복잡한 홍예틀이 만들어졌습니다. 두 개의 갓돌은 총감독인 폰 슈바인푸르트가 직접 만들었습니다. 색칠과 금칠까지 된 갓돌은 보는 사람의 숨이 멎게 할 정도로 아름다웠습니다.

한 치의 오차도 없이 딱 들어맞는 갓돌을 곡선 형태의 아치 중앙에 배치하던 순간은 숭고하기까지 했습니다. 며칠 후 홍예틀이 제거되고 교회 실내가 천국의 꽃나무 가지처럼 높이 솟아오르며 뻗어나가는 아름다운 늑골의 곡선이 드러나는 순간도 마찬가지였습니다. 두 갓돌로부터 기도하기 위하여 손을 모은 듯한 모양의 아치가 뻗어 나왔습니다. 이 기적과 같은 광경을 보고자 안나베르크의 모든 주민이 교회로 몰려왔습니다.

다음 아치들을 만들기 위한 지지대가 모두 설치되었고 늑골이 될 돌도 이미 다듬어지기 시작했습니다. 바로 그때 믿을 수 없는 일이 일어났습니다! 완성되었던 두 개의 아치가 무너져 버렸습니다. 밖에서 바람이 세게 불고 있기는 했지만 아치가 무너진다는 것은 절대 일어날 수 없는 일이었습니다. 그리고 그 사고로 세 명이 목숨을 잃었습니다!

붕괴 사건은 오랜 기간 조사되었습니다. 그 어디에도 붕괴의 원인이 될 만한 작은 단서 하나도 발견되지 않았고, 특히 총감독을 맡고 있는 야코프가 부주의했다는 결론을 내릴 만한 단서는 전혀 없었습니다.

게오르크 폰 작센 공작님께서도 이 사실을 직접 확인하셨기 때문에 야코프에게 총감독직을 계속 수행하게 하였습니다.

새 아치를 만들기 전에 좀 더 정확한 경위를 알아내야겠다고 생각하여 퇴근 후에 저는 아치를 자세히 관찰하고 살펴보았습니다.

아치를 살펴보니 늑골들이 늑골 연결 부위로부터 떨어져 있었습니다. 연결 부위 자체는 아직도 벽과 교회 천장의 기둥에 부착되어 있었습니다. 바닥에 떨어진 아치의 잔해들은 모두 치워진 상태였습니다.

갑자기 제 눈에 여섯 개의 늑골 연결 부위 중 시야에서 다소 벗어나는 한 연결 부위가 들어왔습니다. 늑골이 기둥에 닿는 부위에 다른 연결 부위에서처럼 늑골 조각이 붙어 있어야 했는데 늑골 조각이 하나도 없었고 기둥에 구멍이 나 있는 것이었습니다! 그 부분은 밑에서는 잘 보이지 않는 곳으로 기둥 안쪽 깊숙한 곳에 위치하는 부분이었습니다. 그 어떤 돌기둥도 기둥에서 빠져나와 그런 식의 구멍을 남길 수 없었고, 그 사실은 늑골 조각들이 남아 있는 나머지 연결 부위를 통해 확인이 되었습니다. 저는 좀 더 아치에 가까이 다가가 추락의 위험과 팔의 고통을 감수하면서 그 기둥에 난 구멍에 손을 넣어 그곳에 있던 돌가루와 회반죽 찌꺼기를 꺼냈습니다. 결론적으로 말해서 그렇게 불안정한 연결 부위에 걸쳐 있는 늑골은 무너질 수밖에 없었습니다.

저는 사고의 원인을 밝혀냈습니다. 누군가가 견고한 늑골의 끝 부분을 돌가루와 회반죽 찌꺼기로 채운 다음 끝을 다시 늑골에 사용한 돌로 막고 기둥에 대충 고정시켰던 게 분명했습니다. 그렇게 하면 겉에서는 그 사실을 전혀 알 수 없었습니다.

범인이 누구든 간에 그 범인은 무너진 아치에 깔려 죽은 세 사람의 목숨을 앗아간 죄를 범했습니다. 그들의 영혼을 하느님께서 굽어살피시길 바랄 뿐입니다.

늑골 연결 부분을 끼워 넣는 일은 매우 인내를 요하는 작업입니다. 반면 연결 부위를 돌가루로 채우는 것은 몇 분만에도 가능한 일입니다. 수법은 이미 검사를 통과하고 총감독이 직접 확인한 돌의 일부분을 잘라내고 그 부분을 돌가루로 채워 놓는 것이었습니다. 돌가루의 양은 제가 양손으로 몇 번을 풀 수 있는 정도였습니다.

제 생각에는 야코프 폰 슈바인푸르트의 교회 설계와 건축을 저지하려고 했던 범인은 영원히 잡히지 않을 것 같습니다. 이러한 생각을 갖고 있는 사람이 많다는 것은 잘 알고 있습니다. 그리고 석공 한 명만 매수하면 쉽게 실현할 수도 있는 일입니다. 이 도시에는 은이 넘쳐나니 어렵지 않은 일입니다.

그러나 점점 성스러운 예루살렘처럼 찬란한 영광 가운데 빛나기 시작한 성 안나 교회의 천장은 성공을 기원하는 인내와 기도와 희망을 통해 완공될 것입니다. 또한 단 한 명의 죄인이라도 놓치지 않으시고 심판하시는 하느님에 대한 신뢰도 우리에게 요구됩니다.

아멘!

제6장

융커 외르크

이 장의 주요 인물 | **마르틴 루터**(Martin Luther, 1483~1546)

1517년에 당시 수도사였던 마르틴 루터는 교회의 면죄부 판매에 반대하는 「95개조 반박문」을 발표하였고 이 문서는 같은 해 독일어로 번역된 후 인쇄되어 널리 퍼졌다. 이는 사람들을 놀라게 하고, 생각하게 하고, 항의하게 하고, 개혁하는 엄청난 파장을 일으켰다. 사람들은 비텐베르크의 신학 교수였던 루터에게 공감했던 것이다. 그들은 면죄부를 사면 연옥의 불길로부터 구원을 받을 수 있으며 순례 여행, 성인 숭배 등과 같은 행위를 통해 신 앞에 공덕을 쌓아 둘 수 있다는 당시 교회의 주장에 대해 의구심을 가지고 있었고, 성직 매매, 성직자의 초과 공급, 주교들의 권력 싸움, 교회의 세속화 등에 불만을 가지고 있었다. 루터는 당시 사람들이 마음속으로만 생각했던 것들을 겉으로 당당히 표출했다.

그러나 교회는 당하고만 있지 않았다. 교회는 모든 권력을 동원하여 루터를 제거하려 했다. 이단 재판과 출교시키겠다는 협박으로 위협하였고 결국 1521년, 루터를 당시 황제였던 카를 5세가 소집한 보름스 국회에 출두시켜 루터가 자신이 주장한 바를 철회하도록 강요했다. 그러나 루터는 국회에서도 당당히 신념을 밝히고 끝까지 자신의 주장을 철회하지 않았다. 국회는 루터를 추방하기로 결정했다. 루터는 신체의 자유를 얻기는 했지만, 그 어느 때보다 생명의 위험에 노출되어 있었다. 작센의 선제후 프리드리히는 루터를 보호해 주었고 안전한 생활을 가능하게 해 주었다. 한편 후에 '수염을 기른 자'라고 불리게 되는 작센의 게오르크 공작은 루터를 죽이지 못해 안달이었다. 게오르크 공작은 프리드리히 선제후에게 속하지 않은 작센의 영토를 다스렸고 선제후의 계획을 방해했다.

당시에는 많은 개혁가들이 나타났다. 그들은 옛 교회를 개혁해야 한다고 외쳤다. 많은 개혁가들이 루터의 허락도 없이 루터와 자신의 주장을 연관시키면서 개혁을 통한 평화와 자유를 약속했다. 또한 "우상을 만들지 말라!"는 성경의 계명을 문자 그대로 해석하고, 사람들을 선동하여 교회에 있는 모든 형상들을 파괴하기도 했다.

그 당시였다. 튀링겐 숲과 바르트부르크 성에서는 정말 이상한 일들이 벌어졌다.

1521년 5월 초 바르트부르크 성에서 쓴 편지

사랑하는 부모님

부모님에 뜻에 의해 이곳 바르트부르크에 오게 된 지도 일주일이 다 되어 갑니다. 아버님, 어머님의 허락 없이 마틸데와 만난 것을 죄송스럽게 생각하며 그래서 벌을 받아 마땅하다고 생각합니다. 저도 여섯 살 난 아들이 부모님의 말씀을 거역해서는 안 된다고 생각합니다. 특히 앞으로 다스리는 자의 위치에서 다른 이들에게 복종을 요구해야 할 사람이라면, 순종하는 법을 알아야 할 것입니다.

부모님께서는 마틸데 백작 부인이라고 불리는 그 소녀를 이곳 튀링겐의 한적한 숲과 외로운 바르트부르크 성에서 지내며 기억에서 지우라고 저를 여기에 보내셨지요. 기억에서 지운다는 건 가능할지 몰라도 그녀를 어찌 제 마음속에서 지우겠습니까? 언젠가는 신부감을 골라 저를 그 여인과 혼인시켜 주시겠지요? 다른 여인과 결혼한다고 해서 제가 마틸데를 잊을 수 있을까요? 그것도 아버지께서 새로운 성의 성주가 되기 위해 시키시는 결혼일 텐데, 결혼을 한들 그녀를 잊을 수 있을까요?

제가 아들로서 마땅히 지켜야 할 계명을 어기고 부모님에 대한 존경심을 잃었다고는 생각하지 마십시오. 하지만 결혼할 여인 역시 존경해야 하지 않을까요? 사랑하지도 않는 여인을 어찌 존경할 수 있겠습니까? 어린 아이가 떼쓰듯 간곡하게 부탁드립니다. 다시 한 번 이 아들의 마음을 헤아려 주십시오. 부모님께 심려를 끼쳐 드려 죄송할 따름입니다. 다시는 걱정 끼쳐 드리지 않겠습니다. 아버지, 어머니, 제 소망에 대해서는 여기까지 적겠습니다.

매달 편지를 올리겠다고 약속드렸었지요. 매달 제게는 부모님께 전해 드릴 이야기가 생기고 있습니다.

이곳 바르트부르크 성에는 희한한 일들이 벌어지고 있습니다. 제가 지켜보며 알려 드리겠으니 여기에서 일어나는 일들에 대한 부모님의 소견을 알려 주십시오. 아무래도 삼촌인 게오르크 공작께서 저와 부모님께 비밀로 하고 싶어 하는 일들이 이곳에서 일어나는 것 같습니다. 첩자노릇을 할 작정은 아니나, 그렇다고 본 것을 못 본 채 할 수 없으니 고해 드리겠습니다. 부모님이 계시는 드레스덴 성에서 이런 일들이 일어났다면 어떻게 판단하시겠는지 알려 주십시오.

제가 말씀드리고자 하는 일이라는 건 바로 이렇습니다.

비록 부모님께 잘못을 하여 이곳 바르트부르크 성에서 벌을 받고 있기는 하나 부모님께서는 아량을 베풀어 주시어 성주님께 제가 사냥도 하고 말을 타고 근교에도 나갈 수 있게 하라고 부탁해 주셨지요.

5월 4일 거의 점심때가 다 되어서 말을 타고 바르트부르크 주변을 돌아보고자 성을 나섰습니다. 아시다시피 이곳 튀링겐 숲 속에는 가파른 언덕에 나무가 빽빽하게 들어서 있고 높은 언덕의 중턱에 넓은 들판이나 습지가 펼쳐지거나 키 작은 소나무들이 늘어서 있습니다. 이런 들판을 개간하여 마을이나 밭을 만든 경우도 있습니다. 저는 지름길을 택하려고 나무꾼들의 길이나 마을과 마을 사이의 좁은 샛길로 달렸습니다.

그렇게 네 시간을 숲 속에서 돌아다니다가 동쪽으로 뻗어 있는 잘 다듬어진 도로를 발견했습니다. 농사꾼들은 이 도로가 슈바이나에서부터 시작하여 발테르스하우젠과 고타로 향한다고 설명해 주었습니다. 그러고 보니 알텐슈타인 성이 멀지 않은 곳에 있었습니다. 말의 기수를 돌려 다시 바르트부르크로 돌아가려는 순간 요란한 말발굽 소리가 들려 왔습니다.

놀라지 않을 수 없었습니다. 발테르스하우젠 쪽에서부터 바르트부르크의 성주이신 한스 폰 베를렙슈가 말을 타고 다가오고 있었습니다. 성에서 본 적이 있는 하인 여덟 명과 함께 오고 있었습니다. 그중 몇 명과는 바르트부르크에 온 이후 며칠 사이에 이야기를 나누기도 했습니다.

모두가 무기를 들고 있었습니다. 하인들은 평범하지만 안장을 찬 말을 타고 있었습니다.

저는 도로 옆쪽의 가지가 많은 나무 뒤에 숨어 있었기 때문에 그들의 눈에 띄지 않았습니다. 그들은 경계심 없이 큰소리로 떠들며 지나갔습니다. 처음 성에 도착했을 때에는 이들과 어울리며 신뢰를 쌓아가야겠다고 생각했습니다. 하지만 그자들의 손에 들려 있는 무기를 보면서 저는 다시 고심하게 되었습니다. 비밀 군사 조직과 같은 그들과 어울리는 게 무슨 유익이 있겠습니까?

그들은 이미 목적지에 다 온 듯 속도를 늦췄습니다. 저는 뒤에서 어느 정도 거리를 두고 무리를 따라갔습니다. 길이 휘어져 있어서 그들은 저를 전혀 의식하지 못했습니다. 길은 숲이 우거진 계곡으로 이어졌습니다. 나중에 이 계곡이 글라스바흐그룬트라고 불린다는 사실을 알게 되었습니다.

솔직히 저는 호기심 때문에 그들의 뒤를 밟았습니다. 제가 한 일이 이상해 보인다는 걸 잘 압니다. 부모님 용서하십시오. 그러나 손님으로 환영을 받기는 했으나 곧 성의 일원이 된 저에게 성에서의 삶이란 너무나 단조롭고 지루했습니다. 그런 나날이 이어지고 있는 상황에서 의문스러운 무리를 목격했으니 그대로 있을 수 없었습니다.

전쟁 연습을 했다고 생각해 주십시오. 낯선 곳에서 눈에 띄지 않게 누군가를 쫓아가는 연습을 했다고 생각해 주십시오.

무리는 한참 후에야 멈춰 섰고 뭔가를 논의하는 듯했습니다. 처음 봤을 때보다 훨씬 조심스럽게 행동했고, 작은 소리로 이야기를 하며 수시로 주위를 살폈습니다. 저는 제가 타고 나갔던 말과 함께 큰 덤불 뒤에 몸을 감추고 파리 떼에게 곤욕을 당하며 그들을 지켜보았습니다. 사람들은 말에서 내려왔고 잠시 망설이더니 저처럼 빽빽한 덤불 뒤에 숨었습니다.

지나가는 사람을 습격하기에 알맞은 장소 같기도 했습니다. 그러나 이 일대에서 대표적인 성의 성주님인 한스 폰 베를렙슈가 길목에 숨어 있다가 강도짓을 한다는 건 말이 안 되는 일이었습니다.

사실 저는 덤불 뒤에서 나와 그들에게 제 존재를 알렸어야 했습니다. 같은 성에서 지냈고 제게 호의적으로 대해 주던 사람들을 몰래 훔쳐보는 것이 옳지 않다는 생각이 들었습니다. 부끄러운 생각이 들어 우연히 길을 지나다가 성주님과 마주친 것처럼 행동하려고 했습니다. 사실이 그렇기도 했습니다.

말을 타고 온 하인들은 길을 지켜보았습니다. 저는 그 하인들을 지켜보았습니다. 그들은 그들이 기다리는 이유를 알았지만, 저는 제가 뭘 기다려야 하는 것인지 잘 몰랐습니다.

한스 폰 베를렙슈 성주님이 강도였을까요?

드디어 멀리서 말이 다가오는 소리가 들렸습니다. 제가 숨어 있는 덤불 앞을 지나 한스 폰 베를렙슈 성주님 앞에서 말에서 뛰어내린 사람이 뭔가를 보고하는 눈치였습니다. 그러더니 웃으며 다시 말에 올라 사라졌습니다.

얼마 지나지 않아 마부가 운전하는 마차 한 대가 등장했습니다. 마차 안에는 수도사 두 명이 있었습니다. 하인들은 마차를 둘러쌌습니다. 그러나 무기를 꺼내지는 않았습니다. 두 수도사 중 한 명은 마차에서 뛰어 내려 달아났습니다. 그러나 아무도 그를 쫓아가지 않았습니다.

나머지 한 수도사는 달아나는 벗에게 뭐라고 외쳤습니다. 그러고는 자신을 운명에 맡기는 것 같아 보였습니다. 그는 마차에서 내려 무리가 시키는 대로 볼품없는 말에 올라앉았습니다. 사람들은 그를 묶거나 체포하지는 않았습니다. 수도사의 목소리가 들렸고 손을 내젓는 모습이 보였습니다. 마부는 아무 일도 없었다는 듯이 마차와 함께 사라졌습니다.

무리는 수도사와 함께 왔던 길을 돌아갔습니다. 저는 끝까지 숨어 있다가 다시 말에 올랐습니다. 그들은 제가 그들을 지켜보았다는 사실을 몰랐습니다. 사실 특별한 걸 본 것도 아니었습니다. 그것이 납치 장면이었을까요?

한 수도사가 달아나는데 무리는 그를 쫓아가지도 않았다는 점이 이상했습니다. 저는 말을 있는 힘껏 달리게 했고, 마을 사람들에게 지름길을 물어 짧은 시간 안에 바르트부르크 성에 돌아가려 했습니다. 제 계획은 그 사람들과 수도사보다 먼저 성에 도착하는 것이었습니다. 성에 거의 다다랐을 때에는 밤이 깊어진 탓에 어둠을 뚫고 달려야 했습니다. 쉽지 않은 일이었습니다.

성에 도착한 저는 한스 폰 베를렙슈 성주님을 만나고 싶다고 했지만 성주님께서 이미 주무신다는 대답과 함께 거절을 당했습니다. 때는 이미 밤 열 시가 지난 시각이었습니다. 거짓말이었습니다. 아직 성에 도착하지 못한 게 분명했습니다.

저는 방에 앉아 뜰에서 말발굽 소리가 들리기를 기다렸습니다. 자정이 되어서야 기다리던 소리가 들려왔습니다. 소리만 들릴 뿐 횃불이 보이지 않았습니다. 말소리도 전혀 들리지 않았습니다.

다음 날 아침에 성주님은 마차에서 내려 말에 올라탔던 수도사를 성에 찾아온 새 손님이라고 소개해 주었습니다. 융커 외르크라는 이름의 젊은 수도사였습니다. 그가 어디에서 왔는지, 어떤 귀족에게 속했는지는 전혀 소개되지 않았습니다. 융커(젊은 귀족이라는 뜻―옮긴이)라고만 했습니다.

하지만 그는 융커가 아니고 납치당한 수도사였습니다. 아니었을까요?

한스 폰 베를렙슈 성주님은 그에게 친절하게 대해 달라고 부탁을 하시면서 이상하게 근심스러운 표정을 지었습니다. 그가 오랫동안 성에서 지내게 될 것이라고도 했습니다. 융커의 건강이 좋지 않은 듯했습니다.

그보다 더 이상했던 것은 융커의 얼굴이 낯이 익다는 점이었습니다. 분명 어디에선가 본 적이 있는 얼굴이었습니다. 기억 속을 되짚으면서 마이센 궁전에서 지내면서 마주쳤던 온갖 젊은 귀족들을 떠올려 보았습니다. 그러나 전혀 기억이 나지 않았습니다!

그는 수도사로 변장한 젊은 귀족이었을까요? 아니면 젊은 귀족인 척하는 수도사였을까요?

수도사였다면 수도사 특유의 체발을 했을 게 분명하나 머리를 가리고 있어서 확인할 수가 없었습니다.

사랑하는 부모님, 제 첫 번째 서신을 읽고 언짢지 않으시기를 바랍니다. 순종하는 아들이 되겠습니다.

프리드리히 요하네스 올림

사랑하는 부모님께

제 머릿속은 요즘 갑자기 젊은 귀족의 모습으로 나타난 수도사 융커 외르크에 대한 생각으로 가득합니다. 솔직히 말씀드리면 오직 그에 대한 생각만 하는 것은 아닙니다. 그러나 제가 마틸데 생각을 한다는 사실을 말씀드릴 수야 없지 않겠습니까.

이곳에서 저는 식사 시간마다 폰 베를렙슈 성주님과 외르크를 비롯하여 몇 명의 나리들과 함께 한 자리에서 식사를 하곤 합니다. 외르크는 늘 저와 대각선으로 마주보는 자리에 앉아서 식사를 합니다. 창백하고 몸이 마른 외르크는 턱에 수염이 나기 시작했습니다. 늘 식탁에서 오고 가는 대화의 주제와 다른 뭔가를 골똘히 생각하는 눈빛을 하고 있고, 때로는 억압을 받고 있는 사람 같아 보이기도 합니다. 그러나 입을 열어 말을 하기 시작하면 눈에 생기가 넘치면서 눈빛이 강렬해지곤 합니다.

문제는 외르크가 말을 거의 안 한다는 것이지요. 질문을 받으면 늘 정중하게 대답을 합니다. 최근 농민들 사이에서 일어나고 있는 소동에 대해서 어떻게 생각하느냐, 이 소동에 어떤 방법으로 대응하는 것이 좋겠느냐고 묻는 저에게 외르크는 그런 소동을 통해 농민들의 근심을 알 수 있으므로 그런 일들을 진지하게 받아들여야 한다고 대답했습니다.

젊은 귀족답지 않은 대답이었습니다.

폰 베를렙슈 성주님은 갑자기 화제를 바꾸시면서 눈빛으로 제게 불편함을 드러내셨습니다. 저는 제가 그리 큰 잘못을 했다고 생각하지는 않았습니다. 소동에 어떤 방법으로 대응하는 것이 좋겠느냐는 제 질문은 군사적 전략을 묻는 질문이었습니다. 반면 외르크의 대답은 제가 의도한 것에서 거리가 먼, 군사적 전략과는 전혀 상관없는 것이었습니다. 그 자리에서 성주님께 그런 눈빛을 받을 만큼 무례한 사람이 있다면 제가 아니라 외르크였습니다!

이 말씀을 드리면 다른 사람을 쉽게 판단한다고 야단을 치시겠지요. 하지만 외르크는 늘 말을 시키면 자다가 깬 사람 같아 보였고, 식사를 할 때에도 혼자 딴생각에 잠겨 있었다는 걸 언급하지 않을 수 없습니다.

그에게 제공된 방도 이상했습니다. 외르크는 성의 중앙 건물이 아니라 수비병들이 보초를 서고 있는 길을 통해서 가야 하는 보안관 건물에서 지냈습니다. 제가 한 하인에게 보안관 건물에 대해 물어본 결과 그곳은 죄수들이나 포로들이 지내는 곳이었습니다.

그렇다면 외르크는 포로였을까요? 그렇다면 성주님과 성의 귀족들과 함께 식사를 하는 것은 어떻게 설명할 수 있을까요?

부모님께서 기회가 되실 때 삼촌에게 이 젊은 귀족에 대해 물어봐 주시면 어떨까 싶습니다. 물론 아버지께서 선제후님에게 외르크에 대해 문의하실 수도 있겠지만 선제후님은 분명 그런 작은 일에는 별로 신경을 쓰지 못하실 것 같습니다.

저는 외르크에게 함께 성 밖으로 말을 타고 나가보자고 제안을 했습니다. 그러나 외르크는 거절했습니다. 그러고 보니 처음 외르크를 봤던 날 이후 외르크가 말을 타는 걸 본 적이 없습니다.

성은 외로운 곳입니다. 다행히 날씨가 날로 따뜻해지면서 주변 환경이 점점 아름답게 변하고 있습니다. 계곡에 자라는 나무들은 꽃으로 뒤덮였고, 숲은 푸르게 물들었습니다.

사랑하는 부모님, 그녀에 대해서는 쓰지 말아야 하겠지요. 하지만 사방이 푸르게 변하고 성장하는 모습을 보고 있노라면 제가 부모님 앞에서는 언급해서는 안 될 그녀의 모습이 떠오릅니다. 제 솔직함을 용서하십시오. 부모님께 제 마음을 숨기고 거짓말을 하는 것보다 차라리 말씀을 드리는 편이 낫다고 생각했습니다.

효자가 되겠다고 다짐하는
프리드리히 요하네스 올림

6월 바르트부르크 성에서 쓴 편지

사랑하는 부모님께

저는 여전히 외르크에 대한 궁금증을 풀기 위해 그를 관찰하고 있습니다. 이제는 그에게서 수도사의 모습을 찾아볼 수 없습니다. 처음 성에 왔을 때 자라기 시작한 수염이 어느새 꽤 길게 자랐습니다. 그리고 머리도 더 이상 가리지 않고 다닙니다. 이곳에서의 생활이 그의 삶에 생기를 더 해준 것 같습니다.

그렇지만 그는 분명 수도사이지 귀족은 아니었습니다!

며칠 전에는 점심 식사 때 제가 외르크에게 라틴 어로 말을 걸었습니다.

"배고프다(Valde esurio)."

법학 공부를 위해 라틴 어 공부를 해야 하는 저는 요즘 매일 라틴 어로 된 책을 보고 있습니다. 그래서 외르크에게 장난삼아 라틴 어로 말을 걸면서 별다른 생각을 하지 않았습니다. 그러나 외르크는 얼굴에 아무런 표정 변화 없이 즉각 대꾸를 했습니다.

"식탁으로 갑시다(Ergo cenemus)."

그래서 저는 그가 모든 수도사들이 그렇듯 라틴 어에 능통하다는 사실을 알게 되었습니다.

외르크에게는 더욱 더 특이한 점이 있었습니다. 어제 성에 머무는 거의 모든 사람들이 모여서 사냥을 나갔습니다. 외르크 역시 동행했습니다. 하지만 토끼 두 마리와 닭 몇 마리밖에 잡지 못했습니다. 6월은 사냥하기 적합한 시기는 아니니 그 정도로 만족했습니다.

그렇게 사냥터에서 시간을 보내고 있는데 갑자기 어린 토끼 한 마리가 사냥개에게 쫓겨 외르크가 있는 쪽으로 도망치고 있었습니다. 부상을 당한 토끼는 결국 사냥개에게 붙잡히고 말았습니다. 외르크는 토끼의 목을 베는 대신 입고 있던 옷의 한쪽 소매로 토끼를 싸매더니 다른 손으로는 사냥개를 쫓아 버리고 있었습니다. 사냥개는 외르크의 팔에 매달려 외르크의 옷소매를 물어뜯었습니다. 사람들은 흥미진진해하며 이 광경을 지켜보았습니다.

사냥개는 토끼를 빼앗겨서 분한지 날카로운 이빨을 드러내면서 외르크의 목덜미를 물 기세를 하고 있었습니다. 결국 사냥개는 외르크가 소매로 싸맨 토끼를 빼앗는 데 성공했습니다. 사냥개는 토끼의 오른쪽 뒷다리를 물었고 토끼는 소리를 지르다 다른 사냥개에게 목덜미를 물려 결국 완전히 죽고 말았습니다.

외르크는 너무 어려서 고기는 고사하고 털도 활용할 게 없었던 토끼를 바라보았습니다. "쿠니쿨루스(Cuniculus) 또는 사판(Saphan). 난 그냥 토끼라고 해야겠군요."

"쿠니쿨루스?"

저는 그에게 물었습니다. 그는 언제나처럼 생각이 딴 곳에 가 있는 사람 같은 표정을 지으며 답했습니다.

"토끼를 뜻하는 라틴 어입니다. 그러나 사람들과 대화를 하려면 거리에서 평민들이 쓰는 언어를 사용해야 합니다."

"무슨 이야기를 하고 있는 것입니까?"

제가 다시 묻자 외르크는 갑자기 주위를 살피며 말했습니다.

"아닙니다. 그냥 헛소리이니 신경 쓰지 마십시오. 중요하지 않은 이야기입니다. 사냥감은 이미 죽었으니 됐지요."

"사판은?"

"사판."

그가 중얼거렸습니다.

"토끼를 뜻하는 히브리 어입니다."

그는 히브리 어가 누구나 할 줄 언어인 것처럼 말했습니다. 외르크는 자리를 옮겼습니다.

그는 라틴 어에 히브리 어까지 하는 사람이었습니다! 하지만 진짜 귀족 젊은이였다면 과연 토끼를 옷으로 싸서 살려 주려고 했을까요? 그는 수도사인 것이 확실해졌습니다! 그런데 왜 이곳에서 지내는 것일까요? 그것도 융커 외르크라고 하며 귀족인 척하는 것일까요?

항상 건강하시길 기원합니다

착한 아들 프리드리히 요하네스 올림

7월 초 바르트부르크 성에서 쓴 편지

사랑하는 부모님께

동시에 두 통의 편지를 보내 주시어 놀랍고도 기뻤습니다. 그런데 두 편지의 내용이 서로 모순된다는 점이 저를 혼란스럽게 합니다.

첫 번째 편지에서는 어머니께서 제게 상관없는 일에 관여하지 말라고 하셨습니다. 특히 융커 외르크는 위험한 사람인 것 같으니 멀리 하라고 당부하셨지요. 그는 질서와 법을 무시하고 우리가 신성시 여기는 것들을 짓밟고 수천 명의 영혼을 위험에 빠뜨리고 있다고 하셨습니다. 그게 사실이라면 정말 위험한 사람입니다.

어머니께서 적으신 내용 한 자 한 자를 통해 두 분께서 그자가 어떤 자인지 잘 아신다는 걸 느낄 수 있었습니다. 두 분께서 제게 자세한 말씀을 해 주시지 않은 것은 분명 이유가 있어서일 거라 생각합니다. 그런데 도대체 그렇게 위험한 사람이 왜 이곳 작센의 프리드리히 선제후의 바르트부르크 성에서 손님으로 대접을 받고 있는 것일까요? 어째서 반란자이자 반역자로 재판을 받지 않고, 귀족들과 한 상에 둘러 앉아 먹고 마시며 지내게 되었을까요?

어머니께서 보내신 편지를 읽으며 이러한 생각들을 해 보았습니다. 저는 외르크가 밤마다 크게 소리를 지른다는 걸 하인들에게 들었습니다. 어쩌면 잠결에 소리 지르는 것일 수도 있겠지요. 하인들은 그가 귀신에게 사로잡혀 있다고 했습니다. 어떤 날에는 방에서 큰소리로 노래를 하기도 합니다! 그리고 비밀리에 심부름꾼과 만나는 것도 직접 목격했습니다!

이러한 여러 가지 정황 때문에 앞으로는 경건치 못하고 위험한 그자와 마주하는 것을 최대한 자제하기로 결심했습니다. 그러나 어머니께서 보내신 편지가 도착한 지 얼마 지나지 않아 도착한 아버지의 편지는 정반대의 내용을 담고 있었습니다. 젊은 귀족과 최대한 가까이 지내라는 것이었습니다!

아버지께서는 그와 가능한 많은 시간을 보내며 그의 이야기들을 메모해 두라고 당부하셨습니다. 가능하다면 그가 작성한 문서를 손에 넣은 후 심부름꾼을 시켜 아버지께 그 문서를 보내라고도 하셨습니다. 외르크의 생각과 사상을 아버지께서도 궁금해하셨습니다.

두 편지의 상반된 내용을 저는 이렇게 이해했습니다. 어머니께서는 아무래도 제 신변을 걱정하셨던 것 같습니다. 아버지께서는 가정의 안녕을 더 생각하셨던 것이겠지요.

아버지, 무엇 때문에 아들에게 경건하지 않은 사람일 수도 있는 그 사람을 가까이 하라고 하시는지요? 아들에게 그자의 물건을 손에 넣는 도둑질을 하라고 하시는지요?

물론 저는 부모님의 착한 아들입니다! 하지만 첩자가 되고 싶지는 않습니다. 지금까지 그랬던 방식으로 그에 대해 제가 보고 들은 것만 알려 드리겠습니다. 저는 그자가 저 때문에 위험에 처하지는 않기를 바랍니다. 다른 사람을 곤경에 빠뜨리는 것은 불명예스러운 일이라 생각합니다.

아버지, 아버지께서 당부하신 말씀에 전적으로 순종하지 못하게 될 것 같습니다. 속히 답변을 주시어 사랑하는 부모님과 이 아들 사이가 멀어지지 않았음을 확인시켜 주십시오. 특히 아버지의 서신을 기다리겠습니다.

제가 사랑하는 소녀는 잊을 수가 없습니다. 그래도 잊으려고 노력하고 있으며 부모님의 말씀에 순종하는 아들이 되려고 노력하고 있습니다. 끝으로 외르크에 대해서 한마디 더 덧붙이겠습니다. 최근 들어서는 그의 모습을 거의 볼 수 없습니다. 폰 베를렙슈 성주님께서 그가 일을 하고 있다고 설명해 주셨습니다. 무슨 일인지는 잘 모르겠습니다.

아들을 위해 기도해 주십시오

프리드리히 요하네스 올림

사랑하는 부모님

또다시 두 분 모두의 편지를 받아 너무나 기뻤고 무엇보다 답장이 빨리 도착하여 놀랐습니다. 더 놀라웠던 것은 보내 주신 편지의 내용이었습니다. 외르크를 관찰하라는 당부는 사실 두 분의 뜻이라기보다 삼촌인 게오르크 공작의 부탁이라는 내용에 놀랐습니다. 제가 이곳 바르트부르크에 보내진 것이 제가 사랑한 마틸데 때문이 아니라 그 젊은 귀족 때문인 것만 같은 생각이 듭니다. 게오르크 삼촌께서 삼촌의 부탁을 들어주면 심지어 마틸데의 손을 잡을 수 있게 해 주겠다고 약속하신 것을 들으니 더욱 그렇습니다. 더 나아가 제가 삼촌의 부탁을 들어주면 아버지께 이 성을 넘겨주시겠다고까지 하셨다니 놀라울 뿐입니다. 물론 읽자마자 저는 너무나 기뻐서 제자리에서 팔짝 뛰어올랐습니다. 그만큼 좋은 제안입니다. 저는 어찌나 기쁜지 편지를 읽는 도중에 제 방에 들어온 하인을 껴안고 그에게 입을 맞추기까지 했습니다.

그렇지만 여전히 의구심이 들었습니다. 도대체 누구의 말을 믿을 것인가? 도대체 나는 어떻게 해야 할까?

저는 외르크에게 좀 더 접근하기로 했습니다. 그는 매사에 조심스러운 사람이었습니다. 고향이 어디냐는 제 질문에도 답하지 않았고 바르트부르크 성에 머물게 된 경위에 대해서도 대답해 주지 않았으며 그런 질문을 하는 저를 호기심 어린 눈으로 훑어보았습니다.

그럼 이만 줄이겠습니다.

프리드리히 요하네스 올림

9월 초 바르트부르크 성에서 쓴 편지

사랑하는 부모님

모든 의구심이 한 번에 풀렸습니다. 외르크라는 젊은 귀족은 마르틴 루터 박사였습니다. 충분히 알아낼 수 있었던 사실인데 모르고 지냈습니다. 제가 젊은 귀족으로 신분을 위장한 박사가 바르트부르크 성에서 지내는 시기에 이 성에 오게 된 것은 분명히 우연이 아닐 것입니다.

온 세상이 그에 대하여 이야기합니다. 눈에서 비늘이 벗겨지듯 모든 궁금증이 해소되었습니다. 그를 처음부터 알아보지 못한 제 자신을 이해할 수가 없습니다. 전단지에 찍힌 그의 초상화를 그렇게 여러 번 보았는데도 그를 알아보지 못했습니다.

물론 아직까지도 해결되지 않은 의문점들이 있습니다. 면죄부 판매에 반대하는 루터 박사는 왜 바르트부르크 성에서 지내고 있는 것일까요? 그는 게오르크 삼촌과 부모님에게 반역자이자 다른 사람들에게 해를 끼치는 사람이라는 소리를 듣는 사람인데, 이렇게 자신을 위장하고 숨어 지내면서도 어떻게 사람들에게는 존경을 받는 것일까요? 게오르크 삼촌이 박사를 싫어한다는 사실은 익히 들어 알고 있습니다. 삼촌께서는 1519년 라이프치히에 있는 플라이센부르크에서 에크 박사와 루터 박사의 논쟁의 장을 마련했고 그 후 루터 박사의 유죄 판결을 요구하셨다고 들었습니다.

외르크라는 젊은 귀족이 전혀 다른 사람처럼 보입니다. 며칠 전에는 박사가 제게 면죄부 판매에 대한 자신의 주장을 적은 95개 조항을 주어서 읽어 보았습니다. 그리고 그 문제에 대해 그분과 이야기를 나눌 기회가 있었습니다.

그에 대한 제 의견을 몇 자 적습니다. 그러나 결코 두 분의 말씀에 어긋나는 사람이 되고 싶지는 않으니 두 분의 의견을 보내 주십시오.

성서에는 분명 예수 그리스도가 하느님과 인간 사이의 유일한 중개자임이 명시되어 있는데도 면죄부를 사야지만 연옥에서 영혼을 구할 수 있다고 주장한 황제의 면죄부 판매를 루터 박사가 반대한 것은 옳은 일이었다고 생각합니다. 면죄부 판매로 황제의 주머니만 두둑해졌습니다. 만약 황제가 이런 말을 하지 않았다면 마르틴 루터는 사기꾼입니다.

그러나 황제가 파는 면죄부가 거짓말이고 사기라고 믿는 사람들의 주장을 뒷받침할 만한 근거가 너무나 많습니다. 부모님께서 하신 말씀과 제 의견이 다르다는 점을 이해해 주셨으면 합니다.

그가 쓴 글을 인쇄한 책이 왜 그렇게 대량으로 팔리고 인기가 있는지도 이해할 수 있게 되었습니다. 루터 박사는 누구나 한 번쯤 생각했던 것들을 글로 기록했습니다. 그는 제대로 교육을 받지 않은 교회 심부름꾼을 설교자로 세우는 것, 아무 일도 하지 않는 성직자들이 돈을 긁어

모으는 일 등에 대해 썼습니다. 성
직자들은 먹고 마시고 창녀와 놀아
나는 것에만 집중하고 있습니다. 기
도하는 대신 많은 수도원에서 그랬
던 것처럼 세속적인 일에 몰두하고
있습니다. 주교들은 신도들보다는
권력에 더 신경을 쓰고 있습니다.
아버지께서도 이러한 일들에 대해
여러 번 불만을 토로하신 적이 있
으셨던 것으로 기억합니다.

로마 가톨릭 교회의 교리와 전통을 논박한 종
교 개혁가 마르틴 루터.

성직이 판매되고 있습니다! 돈을 가장 많이 내는 사람이 가장 높은
자리를 갖게 됩니다. 아버지께서 브란덴부르크 출신의 알브레히트가 스
물세 살의 나이에 할베르슈타트뿐 아니라 마그데부르크에 이어 일 년
후 마인츠의 주교로 임명되고 그 결과 선제후 직위를 받았을 때 무척
화를 내셨던 것이 생각납니다. 아버지께서는 황제가 각 주교령에서 큰
액수의 돈을 받고 주교 권한을 팔고 있다고 욕을 했습니다. 당시 저는
열 살밖에 안 되었지만 생생하게 기억이 납니다. 알브레히트 폰 브란덴
부르크가 마인츠의 선제후가 되고 1518년에 추기경직을 돈으로 주고 사
자 아버지께서는 불같이 화를 내셨습니다. 물론 성직을 매매하는 것은
금지되어 있었습니다.

알브레히트 추기경은 출세를 위해 엄청나게 많은 돈이 필요했습니다.
그래서 면죄부를 팔아 수많은 사람들의 주머니에서 돈을 갈취하고 대신 그들에게 헛된 희망을 심어 주었습니다. 수많은 사람들의 주머니에서 나온 돈은 그저 알브레히트 추기경의 빚을 갚는 데 사용되었습니다.

이 일에 대하여 부모님의 의견을 알려 주십시오. 마르틴 루터 박사가 최근 저에게 해 준 말처럼 양심을 짓누르는 모순을 안고 산다는 것은 바람직하지 않은 것 같습니다. 제 영혼의 근심을 덜어주기 위해 빠른 시일 내에 답장을 해 주시기 바랍니다.

프리드리히 요하네스 올림

9월 중순 바르트부르크 성에서 쓴 편지

사랑하는 부모님

이번에 보내 주신 답장은 매우 짧군요. 제가 드린 질문에 대해 답변해 주시리라 기대했습니다. 그런데 게오르크 삼촌이 마르틴 루터 박사에게 알아보라고 한 부탁에 대해서만 말씀하셨습니다. 프리드리히 선제후가 마르틴 루터 박사를 바르트부르크에 있게 하기를 원하신다고 한스 폰 베를렙슈 성주님께서 말씀해 주셨습니다. 그러기 위해서는 루터 박사를 납치하는 것처럼 꾸며야 했던 것입니다. 보름스 국회에서 돌아오는 길에 슈바이나 근처에 사는 친척들을 방문하고 작센의 선제후가 그를 납치할 수 있도록 발테르스하우젠으로 이동한 것이었습니다.

제가 목격했던 납치 장면에 대한 여러 가지 의문이 모두 풀렸습니다.

납치가 밝은 대낮에 이루어진 이유도 이해가 되었습니다. 루터 박사가 납치당했다는 소문이 널리 퍼져 사람들이 그가 감옥에 있거나 죽었다고 생각하게 만들어야 했던 것입니다. 그래서 루터 박사가 이동하던 마차에는 납치에 대한 이야기를 퍼뜨릴 또 한 명의 수도사가 동승했던 것입니다. 그는 루터 박사가 공격을 당하고 납치를 당하여 사라져 버렸다는 소문을 퍼뜨리고 다녔습니다. 당시 하인들이 나를 발견했다면 성주님께서는 오히려 더 좋아했을 수도 있습니다.

바르트부르크 성에 있는 사람 중 융커 외르크가 누구인지 아는 사람은 많지 않았습니다. 한스 폰 베를렙슈 성주님, 한 젊은 귀족, 저 이렇게 세 사람만 그 사실을 알고 있습니다. 성주님께서는 이 사실을 발설하는 자는 죽음을 각오해야 할 것이라고 단호하게 말했습니다. 그러고 보니 부모님께서도 처음부터 게오르크 삼촌이 무엇을 원하시는지 알고 계셨던 것 같습니다.

마르틴 루터 박사는 올해 1월에 교회에서 추방을 당했습니다. 보름스 국회에서 황제는 루터 박사를 교회에서 추방시켰습니다. 누구든 그를 체포하고 그에게 상해를 입히고 죽일 수 있게 되었습니다. 프리드리히 선제후는 루터 박사를 바르트부르크에서 지내게 하면서 그를 보호하려고 했던 것이었습니다.

그런데 게오르크 삼촌을 위해 첩자 노릇을 하라는 말씀이십니까! 만약 제가 그런 일을 한다면 저도 그의 적이 되는 것인데 말입니다.

부모님, 부모님께서는 무언가에 대하여 판단을 하기 전에 그 사실을 정확하고 자세히 보라고 제게 가르치지 않으셨습니까? 그렇다면 누군가를 그의 적에게 넘겨주기 위해서는 얼마나 오랫동안 그 사람을 관찰하고 지켜보아야 하는 건가요?

물론 저는 부모님의 말씀에 순종하였습니다. 두 분의 부탁과 게오르크 삼촌의 부탁대로 마르틴 루터 박사를 가까이 했습니다.

저는 마르틴 루터 박사의 방에 처음으로 들어가 보았습니다. 이전에 말씀드린 대로 그의 방은 수비병들이 보초를 서는 서쪽 복도 앞 보안관 건물에 위치하고 있으며 제가 살고 있는 방보다 꽤 넓었습니다. 벽은 나무로 되어 있고 심지어 벽난로까지 있습니다. 제 방에는 그런 물건이 없습니다. 탁자가 하나 있고 그 옆에 작은 침실이 있습니다. 탁자는 글을 쓸 때 사용하는 것이었습니다. 탁자 위에 있는 수많은 종이와 잉크병과 그리스 어 신약성경을 보고 알 수 있었습니다. 벌써 여러 장의 종이에 글씨가 가득 채워져 있었습니다. 바닥에는 여러 권의 책이 놓여 있었습니다.

마르틴 루터 박사는 성에서 지내는 동안 변했습니다. 처음 왔을 때보다 살이 많이 쪘습니다. 식사 시간에 그가 상당히 많이 먹는다는 사실이 눈에 띄었습니다. 얼마 지나지 않아 뚱뚱해질 것 같았습니다. 저는 루터 박사에게 무얼 쓰고 있느냐고 물었습니다.

"성경입니다."

그는 정중하게 대답했습니다.

"성경을 쓸 필요가 있습니까? 성경은 이미 다 완성되어 있지 않습니까?"

"독일어로는 아직 적히지 않았습니다. 번역본이 있기는 하나 형편없지요. 도저히 이해할 수 없는 번역이에요. 로이틀링겐에서 번역된 성경은 슈바벤 지역 사람들만 읽을 수 있습니다. 저는 슈바벤, 바이에른, 작센 등 독일 전역의 사람들이 모두가 이해할 수 있는 성경을 만들고자 합니다. 라틴 어 성경을 원본으로 삼지 않고 그리스 어 원본을 번역하고 있습니다."

저는 물었습니다.

"왜 이런 일을 하십니까? 어차피 사람들은 제각각 성경을 해석하지 않습니까? 해석하지 않고는 성경을 이해할 수 없으니까요."

제 선생님들께서도 늘 그렇게 말씀하셨기 때문에 제가 그렇게 물어본 것이었습니다. 그런데 제 말을 들은 루터 박사는 아주 희한한 이야기를 했습니다.

"맞아요, 성경을 해석해야 하지만 지금까지는 그것이 설교자의 권한이었습니다. 그것으로는 부족하지요. 죄악 속에서 살다가 죽기 전에 성전 제단 축조를 위한 성금을 내면 하느님께서 모든 죄를 사해 주실 것이라고 믿는 사람들이 있습니다. 달리 생각하는 사람들도 있습니다. 예수님께서 나를 위하여 십자가에서 죽으셨으니 성금을 낼 필요가 없다고 생각하는 것입니다. 다시 말해 돈을 믿는 사람들이 있는가 하면, 하느님의 긍휼을 믿는 사람들이 있는 것이지요. 누가 옳은 것일까요? 이 질문에 대한 대답은 자신의 양심과 신앙에 따라 각각 다르겠지요. 하지만 이런 일을 판단할 때에는 자기 합리화를 해서는 안 될 것입니다. 설교자의 가르침을 기준으로 삼아야 할 것입니다. 그들은 성경을 연구한 사람들이며 농부들보다 성경을 보다 정확하게 해석할 수 있는 사람들이기 때문입니다."

저는 다시 의문을 제기했습니다.

"그렇다면 농부들은 성경을 읽을 필요가 없겠네요?"

"아니지요. 만일 그렇다면 자신이 무엇을 하는지 알지도 못하면서 아무 생각 없이 제 주인의 명령에 순종하는 개와 다를 것이 없지 않습니까?"

"하지만 인간은 순종해야 하지 않나요? 예컨대 부모님께 순종해야 하잖아요."

저는 루터 박사의 대답이 궁금했습니다.

"네, 물론 부모님을 공경하고 그분들의 말씀에 순종해야 합니다. 그러나 부모님께 생각 없이 순종하는 것이 아니라, 확신을 가지고 순종해야 합니다. 그렇지 않으면 개와 다를 것이 없지요."

"그렇다면 부모님의 말씀에 항상 순종해야만 하는 것은 아닌가요?"

부모님께 순종하지 않겠다는 마음을 먹고 이 질문을 한 건 아니었습니다. 그에게 무엇이든 물어보라고 하셨기 때문에 물었습니다.

"부모와 상사와 주인에게 순종하는 것은 당연한 일이지요. 그러나 양심에 거리낀다면 순종하지 않아도 됩니다. 개는 양심이 없습니다. 그러나 하느님께서는 인간에게 양심을 주셨으니 인간은 양심의 소리에 귀를 기울여야 합니다."

어머니 말씀이 옳았는지도 모릅니다. 제가 그를 멀리하는 것이 더 바람직했을 수도 있습니다. 저는 더 이상 아무 말도 하지 않고 다른 곳으로 갔습니다. 도대체 누구에게 귀 기울여야 하는 것일까요? 제 양심에 귀 를 기울여야 할까요? 아니면 두 분의 말씀이나 게오르크 삼촌의 말씀을 들어야 할까요? 선제후의 말씀에도 귀를 기울어야 할까요? 그도 제가 순종해야 할 주인 아닌가요? 그러나 그렇게 되면 게오르크 삼촌을 배신해야 하는데 어떻게 해야 합니까?

복종은 강자의 힘이다! 루터 박사는 바로 이 말을 두 가지 측면에서 이해할 수 있음을 알려 주었습니다. 한편으로는 이렇습니다. 강자들은 복종하는 신하들에 의해 힘을 갖게 되는 것입니다. 반면 기독교인들은 신에 대한 순종으로부터 힘이 솟아나며 또 힘을 얻은 강자만이 신께 복종할 수 있다고 했습니다. 그런데 이런 루터 박사의 설명을 완벽하게 이해하기는 어려웠습니다.

그는 보름스 국회에서 있었던 일도 이야기해 주었습니다. 국회에서 루터 박사는 자신의 주장을 철회하라고 강요당했습니다. 그러나 루터 박사는 황제에게 복종하지 않고 자신의 주장을 철회하지 않았습니다. 그는 "양심에 거스르는 일을 하는 것은 옳지 않기 때문이라오."라고 말했습니다.

백 년 전에 얀 후스는 보헤미아의 콘스탄츠 공의회에서 화형을 당했습니다. 두 분도 잘 아시리라 생각합니다. 후스도 양심과 신념을 지켰고, 자신의 입장을 철회하지 않았기 때문에 그런 일을 당했습니다.

마르틴 루터 박사에게도 그런 일이 일어날까요?

게오르크 삼촌께서 원하시는 건 무엇일까요? 선제후에게 맞서는 것일까요? 아니면 기존 교회의 질서를 바로잡으시려는 걸까요? 삼촌께서는 권력을 위해 그러시는 걸까요? 영혼의 구원을 위해 그러시는 걸까요? 루터 박사가 바르트부르크를 떠나면 루터 박사를 살해하려고 하시는 걸까요?

사랑하는 부모님, 저는 뭐가 뭔지 모르겠습니다. 어떤 날에는 속히 바르트부르크를 떠났으면 하는 마음뿐입니다. 그래서 눈빛 하나만으로도 설교자의 긴 설교보다 사람을 더 강하게 설득하는 루터 박사에게서 멀리 떠나고 싶은 마음뿐입니다. 그러다가도 루터 박사와의 만남이 하느님께서 주신 선물이기에 이 기회를 놓쳐서는 안 된다는 생각도 듭니다. 그러면서도 게오르크 삼촌이 계획하시는 일도 다 타당한 이유가 있지 않을까 하고 여겨집니다. 모든 것이 눈에 밝게 보여서 마음의 결정을 내릴 수 있는 날이 속히 오기를 간절히 바랍니다.

부모님의 부흥을 기대하며, 부모님께 무한한 순종을 드러내는 아들이 되겠습니다.

프리드리히 요하네스 올림

10월 중순 바르트부르크 성에서 쓴 편지

사랑하는 부모님

보내 주신 편지를 받고 참으로 놀랐습니다. 제가 바르트부르크 성에서 지내야 하는 이유가 게오르크 삼촌의 뜻이라니요! 게다가 그 대가로 마틸데를 만나도 좋다고 하시니 놀랍습니다. 제가 이 성에 계속 머물며 삼촌이 시키시는 대로 행하면 삼촌께서 아버지게 지난번 약속에 더

해 새로운 성까지 주신다고 하셨다니 더욱 놀라지 않을 수 없습니다.

부모님께서 강조하셨던 결혼의 신성함이 갑자기 소를 사고파는 것과 같이 매매되는 기분입니다. 물론 부모님께서 제안하시는 바에 따른다면 제가 원했던 것을 모두 얻을 수 있게 되겠지요. 그러나 제가 신뢰하는 마르틴 루터 박사를 어찌 죽음의 자리로 팔아넘기겠습니까? 그는 제가 말 상대가 필요할 때면 언제나 곁에서 제 이야기를 들어주는 사람

콘스탄츠 공의회의 결정에 따라 화형에 처해진 종교 개혁가 얀 후스.

입니다. 때로는 제 어깨에 손을 얹고 제게 용기와 힘을 주기도 합니다. 제가 보기에는 그가 다른 누구와도 그렇게 많은 대화를 나누는 것 같지 않습니다.

"자네는 여전히 진지한 마음으로 진실을 찾고 있네. 그게 인간이 가질 수 있는 가장 바람직하고 좋은 마음이지."

루터 박사가 제게 했던 말입니다. 그는 여전히 신약성경을 번역하고 있습니다. 그리고 언젠가는 방대한 양의 구약성경도 번역할 것이라고 했습니다.

부모님께 순종하는 아들이 되고자 하는

프리드리히 요하네스 올림

사랑하는 부모님

너무 오랫동안 연락을 드리지 못한 이유를 설명드려야 하겠지요. 바르트부르크 성에서 심부름꾼을 보내는 일이 그간 상당히 어려웠습니다. 눈이 너무 많이 내리는 통에 어려움이 많았습니다. 하지만 진짜 이유는 따로 있었습니다. 이곳 주변에서 소동이 일어났습니다. 바르트부르크 성은 겨울철이면 세상과 거의 단절되다시피 하는데도 불구하고 소란에 대한 이야기가 이 성에까지 들려올 정도였습니다. 이곳에서의 겨울은 참 외롭고 추웠습니다. 그래도 겨우내 루터 박사와 많은 대화를 나눴습니다. 루터 박사는 더 이상 수도사이고 싶지 않다고 했습니다.

그는 수도원 체제 전체가 오류라고 했습니다. 무조건적 순종을 요구하는 것부터가 잘못되었다고 했습니다. 신앙의 문제에 있어서는 자신의 양심과 믿음을 따라야지, 황제나 주교의 말을 따를 수 없다는 것입니다. 그러나 그보다 더 큰 문제는 결혼도 하지 않고, 가난, 순종, 기도, 금식, 성물 숭배만이 있는 수도 생활을 통해 천국을 살 수 있다고 여기는 잘못된 믿음이라고 했습니다.

그는 천국의 자리를 자신의 노력으로 살 수 있는 사람은 없다고 했습니다. 그리고 인간의 죄를 덮어 주시는 하느님의 은총과 그에 대한 인간의 믿음을 통해서만이 인간은 하느님 앞에서 당당해질 수 있다고 했습니다. 이는 우리를 대신하여 죽으신 예수님을 통해서 가능하다는 것이었습니다. 에르푸르트에 자리 잡고 있는 아우구스티누스 수도회의 수도사였던 루터 박사는 자기 정체성에 대한 회의와 좌절에 빠져 몇 주 간을 괴로워하던 끝에 어느 순간 번개에 맞은 듯 이 사실을 깨달았다고 했습니다. 어느 날 저녁에 루터 박사가 제게 들려준 이야기입니다.

그는 자신의 생각과 신념을 적은 세 개의 글을 주면서 읽어 보라고 했습니다. 기독교인 귀족에게 보낼 기독교인들의 자유에 관한 글과 바빌론의 포로가 된 것 같은 교회의 상황에 대해 쓴 글이었습니다. 아직까지는 그가 하는 말이 다 이해되지는 않습니다.

그는 사실 인내심이 깊은 사람이 아닌데도 제게만큼은 너그럽게 인내하는 사람입니다. 루터 박사는 원래 성격이 불같은 사람입니다. 그가 사는 방 벽에는 큰 잉크 자국이 나 있습니다. 어느 날 화가 나서 악마를 향해 던진 잉크병 때문에 생긴 자국이라고 했습니다. 악마가 나타나 루터 박사를 괴롭히길래 잉크병을 집어 들고 온 힘을 다해 악마에게 던졌다고 했습니다. 결국 잉크병은 수천 개의 유리 조각이 되었고 잉크는 사방으로 튀었습니다. 이것은 한 하인이 해 준 이야기입니다. 루터는 그 일에 대해서도 설명해 주었습니다.

"잉크 자국은 분노 때문에 일어난 사고의 흔적입니다. 사실 내가 바르트부르크에서 잉크를 가지고 악마와 싸우는 건 사실입니다."

그러면서 그는 성경 번역이 이뤄지고 있는 자신의 책상에 널려 있는 필사본을 보며 웃었습니다.

며칠 전 저는 성의 중앙탑에 올라 주변 경관을 감상하고 있었습니다.

하늘이 맑고 깨끗한 날이었습니다. 초록빛으로 물들기 시작한 하이니히 고원과 고원 너머로 보이는 튀링겐 숲의 푸른 물결 그리고 헤센 일대의 크고 작은 산들이 펼쳐졌습니다. 그 광경을 보고 있자니 문득 루터 박사가 했던 말이 떠올랐습니다.

"이곳에 있으면 누구나 새가 된 기분이 들겠지요. 모두가 당신처럼 자유로워야 합니다. 저는 새처럼 자유롭지 못합니다. 그저 버려진 인생이기에 속박이 없을 뿐입니다."

최근에 들려오는 이야기도 생각났습니다. 이 성 아래에 사는 사람들의 불만이 갈수록 커지고 있다고 했습니다. 농민들은 술집에 모여 주먹을 움켜쥐고 있다는 이야기가 들려왔습니다. 자유와 해방을 요구하며 더 이상 주인에게 조종당하지 않겠다고 한다는 것이었습니다.

이 주제에 대해 루터 박사와 식사 중에 이야기를 나누기도 했습니다. 그때 루터 박사가 역정 내는 모습을 보았습니다. 그는 얼굴이 시뻘게지면서 흥분하여 입에 거품을 물었습니다. 거품을 물었다는 표현 말고는 달리 설명할 표현이 없는 것 같습니다. 그는 아주 큰소리로 농민들과 그들을 선동한다는 토마스 뮌처를 비난했습니다. 그는 지금은 카를슈타트라고 불리고 있는 보덴슈타인 박사의 선동에 따라 교회의 형상을 파괴하는 이들도 비난했습니다. 그들은 교회에 침입하여 성인들의 상을 때려 부수고 제단에 불을 지르고 다니고 있습니다. 두 분께서도 익히 들어 아시는 사실일 겁니다.

"그들은 내 가르침에 먹칠을 하고 있습니다!"

루터 박사는 불같이 화를 냈고, 이 소리를 들은 사람들은 이 젊은 귀족이 도대체 어떤 가르침을 전파했다는 것인지 궁금해했습니다. 이 젊은이가 마르틴 루터 박사라는 사실을 전혀 몰랐던 사람들마저 루터 박사의 정체를 눈치챌 뻔했습니다. 그러나 폰 베를렙슈 성주님께서 재치 있게 루터를 진정시키면서 대화의 주제를 사냥과 전쟁으로 돌렸습니다. 루터 박사는 이런 몇몇 경우

처음에는 루터를 지지했으나 후에는 루터에게 반박하며 더 철저한 교회 개혁을 주장한 카를 슈타트.

를 제외하고는 눈에 띄지 않았습니다. 카를슈타트 박사에 대해 루터 박사는 이렇게 말했습니다.

"그는 자기 생각을 통제하지 못하면서 자기 혼자 잘났다고 떠드는 광신도이지요. 지금은 비텐베르크에 자리를 잡고 앉아서 모든 걸 바꾸고 개선하겠다고 떠들어 대지만 오히려 그 반대의 일만 하고 있습니다. 그는 아예 미사를 없애고 모든 성인 상을 비롯한 기존 교회의 전통을 모두 부숴 버릴 작정입니다. 너무 급하고 신중하지 못하게 일을 밀어붙여서 중대한 일을 망치고 있습니다. 농민들은 내 가르침을 오해하고 있습니다. 나는 모든 기독교인이 자유롭다고 했지, 기독교인이 누군가의 하수인이 되라고 하지는 않았습니다. 완전히 잘못 이해했지요."

루터 박사는 화를 낼 때만 빼면 내가 본 사람 중에서 가장 신중하고 조심스러운 사람입니다. 루터 박사는 학식과 지식을 갖춘 사람으로 모든 일을 다양한 각도에서 바라볼 줄 아는 사람입니다. 그런 점을 앞으

로 제 학업을 해 나가는 데 있어 본받으려 합니다.

바르트부르크에서의 제 생활에 대한 이야기를 오늘은 여기에서 마치겠습니다.

두 분께 변함없이 순종하는 아들이 되고자 하는

프리드리히 요하네스 올림

1522년 3월 초 바르트부르크 성에서 쓴 편지

사랑하는 부모님

마르틴 루터 박사가 성을 떠나 교회를 파괴시키고 있는 폭도들과 권력에 도전하는 농민들의 도를 지나친 폭력과 무질서를 막기 위해 비텐베르크로 돌아갔습니다. 저는 이 사실을 전부터 알고 있어서 사실 미리 알려 드릴 수도 있었습니다.

그러나 일부러 알려 드리지 않았습니다. 제 이야기를 게오르크 삼촌께서 아시면 어떻게 되었을까요? 저는 모르겠습니다. 알고 싶지도 않습니다. 그러나 제가 만약 그 사실을 미리 알려 드려서 그 소식이 삼촌께 전해졌다면 저는 평생 루터 박사를 팔아먹었다는 죄책감에 시달렸을 것입니다.

마틸데를 다시 만나려고 합니다. 저는 그녀를 여전히 좋아합니다. 하지만 지금은 어차피 학업에 매진해야 하니, 그녀와 어떻게 될지는 모르겠습니다. 그녀와의 문제를 제 뜻대로 결정하도록 허락해 주신 것 진심으로 감사합니다.

두 분을 사랑하는 아들
프리드리히 요하네스 올림

제7장

킨델브뤼크의 농민들

이 장의 주요 인물 | **토마스 뮌처**(Thomas Müntzer, 1489~1525)

독일 농민 전쟁 당시에 농민들은 떼를 지어 전국을 휘젓고 다니며 성을 불태우고 수도원을 약탈했다. 더 이상 억압 속에서 살 수 없었던 것이다. 교육의 기회가 확대되고 삶의 질이 높아지는 동시에 정치는 부패했고 농민들이 바쳐야 할 조공은 점점 더 많아졌다. 그러자 농민들은 자신들의 지위를 향상시키고자 나섰다. 농민들은 자신들의 행동을 마르틴 루터의 주장에 근거하여 정당화시켰지만, 그들은 루터가 말한 기독교인의 자유를 순전히 자의적으로 해석하곤 했다.

12개의 조항으로 구성된 농민 헌장에 기록된 농민들의 요구 및 주장은 사실 그렇게 과격하지 않았다. 조공과 부역의 강도를 합리적인 수준으로 제한하고 사냥, 어업, 임업의 자유를 허용하는 것 등이 그들이 요구했던 내용이다. 그중 대표적인 것이 농노제 폐지였다. 한편 마르틴 루터는 성경을 근거로 했다는 농민들의 주장이 신성모독이라고 보았고, 때문에 그들의 운동에 반대했다. 사회 개혁을 주장했던 토마스 뮌처는 평등의 원칙을 토대로 한 정의로운 국가 건설을 추구했다. 그는 튀링겐 농민 운동에 동참하면서 자신을 신이 보낸 사람이라고 확신하며 절대 패하지 않을 것이라고 믿었고 폭력적인 방법도 용인했다. 그러나 농민 운동은 통제되거나 조절되지 않았기 때문에 농민 집단들은 차례로 패할 수밖에 없었다. 5월 12일 뵈블링겐에서는 하루 만에 게오르크 폰 발트부르크가 이끈 만스펠트와 헤센 지방의 연합군이 1만 5천 명의 농민을, 3일 후 프랑켄하우젠에서 7천 명의 농민을 제거했다.

이 이야기에서는 한 형제가 등장한다. 형은 한 지주 밑에서 마부로 일하고 있었다. 그는 늘 부드럽고 온화한 동생이 폭동을 일으키고 있는 농민들의 무리에 합류하는 것을 보았다. 결국 형제는 서로 대항하여 싸우게 되었다. 형제는 적이 되어 서로 마주보게 된 것이다.

세상에서 가장 어이없는 일이지! 어딘가에 가담을 하게 되는데 자기 자신이 누군지, 무엇을 하는 것인지 모른다니! 가담한 그 일이 자기에게만 영향을 미치는 일이라면 상관없지만, 다른 사람에게도 영향을 준다면 그렇게 쉽게 생각할 수만은 없을 것이다.

내게 있어 프랑켄하우젠 전투가 그랬다. 사실 그것은 제대로 된 전투라기보다는 학살이었다.

사건의 처음부터 시작해 보자. 모든 것은 킨델브뤼크에서 시작되었다. 튀링겐의 하르츠 산과 에르푸르트 그리고 뮐하우젠과 프랑켄하우젠 사이에 있는 곳이다. 할머니들은 우리가 어릴 적에 늘 킨델브뤼크라는 이름에 대한 이야기를 해 주시곤 했다. 킨델브뤼크라는 작은 도시에 흐르는 비페르 강에 놓인 다리가 있었다. 사내아이들이 다리 위에서 까불고 있는데, 그들의 손에는 막대기가 들려 있다. 장난을 치던 아이들은 다투기 시작하면서 처음에는 서로에게 욕설을 퍼붓더니 결국에는 막대기로 서로를 때렸다. 다리 위에서의 싸움은 커졌고, 네 명의 아이들은 서로를 밀어 강물에 빠지고 말았다. 그중에는 형제도 있었다. 할머니들은 이 이야기를 들려주실 때 그 형제가 특히 가장 심하게 싸웠고 결국 서로를 죽이고 말았다는 사실을 강조하곤 하셨다.

할머니들의 이야기는 결코 이야기 하나로 끝나지 않는다. 하나의 이야기가 끝나면 다음 이야기를 들려주셨다. 이번에는 두 형제 중에 형이 주인공인 이야기를 해 주셨다.

형은 아버지의 농장을 물려받게 된다. 그러나 형은 농부가 될 마음이 없었다. 밭을 갈고, 소젖을 짜고, 외양간을 청소하고, 잔디를 깎고, 곡식을 타작하고, 방앗간에 곡식을 실어 나르는 등의 일이 죽기보다 하기 싫었다. 매년 똑같이 반복되는 농사일이 싫었던 것이다.

그렇다면 무엇을 할 수 있을까? 공부? 그러기엔 돈이 부족했다. 농장을 팔아도 공부할 돈이 부족했다. 사실 킨델브뤼크는 비옥하고 적당히 비가 내리는 곳으로 한겨울에도 눈이 많이 내리거나 극심한 추위가 없고, 봄에 갑작스러운 늦추위로 농부들이 애를 먹는 일이 없는 곳이다. 그야말로 농사짓기 딱 알맞은 곳이었기 때문에 농장을 팔아 버린다는 건 너무 아까운 일이었다. 게다가 주인공이 물려받은 농장은 규모도 상당히 컸다. 그 일대에서 가장 큰 농장 중 하나였다. 문제는 조공이었다! 킨델브뤼크의 지주인 폰 쿠츠레벤 일가에게 바쳐야 할 조공의 양이 어마어마했다. 폰 쿠츠레벤 씨는 밭에 굴러다니는 낱알 하나까지도 다 긁어모았다.

형제의 부모는 흑사병으로 5년 전쯤 세상을 떠난 상태였다. 결국 형은 동생에게 농장을 떠넘겼다. 그리고 고향을 떠났다. 마침 폰 쿠츠레벤 씨가 하인을 모집하고 있었다. 나라 안팎이 불안한 시대였던 당시에는 하인이라고 하면 전쟁터에 나갈 일종의 군인을 뜻했다. 여기저기에서 분란과 소동이 끊이지 않았다.

동생은 물려받은 농장에서 가축의 배설물을 치우고 타작을 하면서 장성한 청년이 되었다. 그런데 지주가 그를 기마병사로 고용했다. 하지만 동생은 기마병사 같은 일을 하기에는 너무 나약했다. 동생은 어렸을 때 늘 엄마의 품 안에서만 지내던 착한 아들이었다. 형이 조금이라도 잘못을 하는 날에는 동생이 엄마에게 형의 잘못을 일러바치는 바람에 형이 야단을 맞곤 했다. 동생은 엄마의 말이라면 무조건 순종하였기 때문에 야단맞을 일이 없었다.

동생은 늘 누군가의 도움을 필요로 했다. 아버지의 도움, 그 다음에는 형의 도움을 필요로 했다. 형은 동생의 엉덩이를 걷어차 버리고 싶은 적이 한두 번이 아니었지만, 부모님이 돌아가시기 전까지는 엄마의 감시 때문에 늘 동생을 도와줄 수밖에 없었다. 형과 동생 사이는 참 묘했다. 형은 동생을 미워했지만 동생이 다른 아이들에게 매를 맞고 오면 뛰어나가 동생을 때린 아이들을 혼내주고 왔다. 그런데 이제는 부모가 죽은 후 농장을 맡아준 동생이 고맙기까지 했다.

동생이 전쟁터에 나가 싸우는 병사가 될 수 있었을까? 말도 안 되는 이야기였다. 동생은 그저 소심하게 가축의 배설물이나 치우고 당나귀를 모는 정도가 어울렸다. 당나귀라도 자기 고집이 있고 주장이 있었지만 동생은 그런 당나귀만도 못했다.

아버지는 돌아가시기 전에 동생을 장가보냈다. 동생은 자식도 셋이나 있었다. 원래 다섯이었는데 둘은 태어나자마자 죽었다. 형은 동생이 나은 자식들의 대부였기 때문에 마음 내키는 날에는 농장에 찾아가 배가 터지도록 음식을 얻어먹고 오곤 했다.

형은 절대 애를 낳지 말아야겠다고 다짐했다. 아이들? 생각도 하기 싫었다.

이야기를 계속하자면, 그래서 형은 결국 폰 쿠츠레벤 씨가 살고 있는 프라이엔베싱겐으로 갔고, 며칠 후에는 전임자가 타다가 떨어져 죽은 말 등에 타고 창을 들었다. 기마병사가 된 것이다. 전임자는 추락할 때 발이 등자에 껴 버려서 말에게 끌려 다니다가 목이 부러져 죽었다고 한다. 그 말을 탄 형은 말이 아무리 제멋대로라고 해도 자신은 전임자처럼 죽지 않을 자신이 있었다. 말은 등에 사람이 올라타자마자 난리를 쳤다. 그러나 형은 당당하게 말을 타고 농민들을 내려다보았다.

동료들과 함께 킨델브뤼크 일대를 돌아보던 중 결국 기마병사가 되지 못한 동생이 집에서 소똥을 치우는 모습을 본 형은 자신이 저런 모습으로 살지 않고 이렇게 남자다운 삶을 살 수 있게 된 것에 대해 신께 감사했다.

형이 기마병사로 일을 한 대가로 받은 돈은 물론 적었다. 약간의 돈과 식사와 잘 곳이 제공되었다. 그러나 전투를 해서 승리할 경우 패자들을 약탈할 수 있었다! 전투 끝에 챙기는 물건은 모두 그 사람의 몫이었다. 여럿이 협력해서 강탈한 물건은 공평하게 나눠 갖곤 했다.

병사들은 매일같이 훈련을 했다. 말을 타고 상대를 공격하는 법, 흩어졌다가 다시 모이는 법, 뿔나팔로 신호를 보내는 법 등을 연습했다. 형은 그동안 자신이 전쟁과 전투에 전혀 문외한이었다는 사실을 깨달았다. 창은 언제 어떻게 사용하는가? 칼은 언제 사용하는가? 형에게는 창이 제공되지 않았지만, 다른 병사들은 창을 가지고 있었다. 대신 형은 끝이 약간 휜 길고 날카로운 칼을 갖게 되었다. 그는 자신이 기사가 된 것만 같은 기분이 들었다. 물론 농부의 아들로 태어난 형이 기사가 될 수는 없었다.

지주의 군대를 이끌어 가는 총책임자는 실제 기사였다. 그는 지주의 둘째 아들로서 유산을 물려받지 못하여 기사가 되었던 것이다. 이 기사의 이런 억울한 사연은 기사의 성품에서 그대로 드러났다. 그는 엄격했다. 병사 중 누구라도 허리를 펴지 않고 구부정하게 안장 위에 앉아 있기라도 하면 주먹을 날리거나 몽둥이로 때려 말에서 떨어뜨렸다. 병사가 말에서 떨어지다가 목이 부러져 죽든 말든 상관하지 않았다. 그런 과정을 통해 병사들은 살아남는 법을 배워야 한다는 것이었다.

기마병사 훈련에 대한 이야기를 하자면 끝이 없다. 형에게 만약 자식이 있었다면 자식들을 모아 놓고 끝없이 이야기를 했을 것이다. 그러나 형에게는 자식도 없을 뿐더러 해야 할 중요한 일들이 있었다. 지금부터 본격적으로 그 일들에 대해 들어보자.

형은 이미 오래전부터 온 나라가 시끄럽다는 사실을 알고 있었다. 백성의 절반은 마르틴 루터를 추종했다. 나머지 반은 교황의 편에 섰다.

나라를 시끄럽게 하는 사람들의 대부분은 지나친 조공과 부역에 반대하여 일어난 농민들이었다. 그들은 더 나아가 자유롭게 사냥을 하고 물고기를 잡게 해 달라고 요구했다. 당연히 농민들도 야생에 사는 동물의 고기를 먹고 싶었다. 그것도 일주일에 한 번쯤 그럴 수 있다면 얼마나 좋을까? 야생동물들은 농민들의 밭과 들판을 망치는 주원인이기도 했다. 농민들은 그래서 야생동물 사냥을 허용해 달라고 했나? 그들은 숲에서 마음대로 나무를 하게 해 달라고도 요구했다. 마을의 신부도 스스로 선택하겠다고 했다. 농민들이 루터의 신념에 따르는 신부들만 선택하게 될 것이라는 건 불 보듯 뻔했다. 청어를 먹을 수 있느냐가 가장 중요한 사람이 있는가 하면, 교회에 가는 것을 가장 중요하게 생각하는 사람도 있으니 각자 요구하는 바가 달랐던 것이다. 하지만 형에게는 다 상관없는 이야기들이었다.

아담이 밭을 갈고 이브가 실을 잣던 당시
귀족은 어디에 있었는가?

수년 전부터 사람들은 이런 노래를 불렀고 "수도원의 창고를 비워라!" 따위의 구호를 외쳤다. 소동을 피우고 다니는 농민들은 자신의 주장을 성경을 통해 합리화했다. 다른 의견을 내 놓는 사람은 성경을 통해 그 의견의 정당성을 증명해야만 했다. 농민들은 모든 성직자와 교황의 권위를 인정하지 않았다.

그들에게 있어 가장 중요한 목표는 농노제 철폐였다. 당시에 살았던 사람이라면 누구라도 그랬을 것이다. 자유로운 삶을 추구하는 것! 형은 기마병사였기 때문에 상대적으로 자유로울 수 있었다. 그러나 농민들에게 자유를 준다는 것이 가능한 일이었을까? 지주가 성을 지을 때 누가 동원되는가? 지주는 성이 없으면 다른 기사들의 공격으로부터 농민들을 어떻게 보호하는가? 형은 농민들이 자유를 요구하는 것은 모두에게 유익할 게 없는 일이라고 생각했다.

게다가 농민들이 요구하길 로마의 법에 입각하여 라틴 어를 할 줄 모르면 아무것도 할 수 없게 되는 도시의 재판소 대신 예전처럼 기사나 마을 관리에게 마을의 재판권을 주라는 것이었다. 당시 라틴 어를 모르는 농민들은 대변인 없이는 재판을 받을 수 없었다. 그런데 이런 변호인이나 대변인들은 주로 농민들이 아무 말도 알아듣지 못하는 것을 이용해 법정에서 아무 말이나 하고 농민들을 골탕 먹이며 돈을 뜯어내기 바빴다. 반면에 그 이전에는 재판이 독일어로 진행되었기 때문에 아무리 못 배운 농민도 무슨 일이 벌어지고 있는지를 이해할 수 있었다. 게다가 재판관도 마을 사람이었기 때문에 농민들의 사정을 알고 그들의 말에 귀를 기울여 주었다.

물론 예전의 방식이 다 좋은 것만은 아니었다. 예를 들어 이웃과 싸우게 되어 재판을 받아야 하는데, 그 이웃이 재판관과 친척일 수도 있었다. 이런 경우라면 누가 이기게 될지는 뻔했다. 재판관과 친척이 아닌 사람은 억울하게 넓은 땅을 내주어야 하는 것이었다. 그러나 이제 모든 재판이 도시에서 진행되고 재판관이 마을 사람들을 전혀 모르는 사람일 경우에는 상황이 달랐다. 농민들은 모두 대변인을 고용해야 했다. 다들 그게 무슨 짓이냐고 했지만 대변인 없이는 재판관에게 말을 할 수가 없었다. 대변인이 재판관에게 라틴 어로 몇 마디 하기만 하면 재판을 이길 수도 있었다. 그러니 그렇게 나쁜 제도도 아니었다! 상대방은 내 대변인이 주장한 것과 정반대의 이야기를 했을 것이다. 말을 알아듣지 못해도 상황 파악은 되었다. 그러나 재판에서 이기고 돌아와 술집에서 자랑을 늘어놓자 사람들이 모두 재판에서 진 사람의 편을 들고 이긴 사람을 비난했다. 심지어 마을 사람들은 밤중에 이긴 사람의 집에 들이닥쳐 대변인이 어디에 사느냐고 멱살을 잡았다.

농민들은 언제나 불만이 많다. 자기 뜻대로 되지 않는 일이 있으면 항상 누군가에게 모든 잘못을 뒤집어씌우기 마련이다. 날씨를 예로 들어 보자. 너무 덥거나 춥거나 건조하거나 습하거나 바람이 많거나 하면 다들 난리다. 밭에 돌이나 모래가 많아도 불만, 밭이 너무 깊거나 얕아도 불만, 밭이 너무 말라도 불만, 너무 질퍽해도 불만이었다. 다 마누라 때문이라고 욕을 했다. 심지어 외양간에 있는 소한테 욕을 하기도 했다. 그러나 단 한 사람, 바로 농부 자신만은 언제나 잘못이 없었다.

지주에게 바쳐야 하는 조공, 농노제, 재판 등에 대한 불만과 개혁 요구는 몇 년째 계속되었다. 누구나 한 번쯤은 술집에 앉아서 사람들과 어울려 불만을 토로하며 허공에 주먹을 휘둘러봤을 것이다. 그런데 그런 사람들 사이에 섞여 살던 형은 어느 날 갑자기 높은 말에 앉아 경비를 보며 농민들의 생활이야 어떻게 되든 관심조차 갖지 않게 되었다. 문

분트슈의 난을 그린 목판화. 끈으로 묶는 신발이 농민들의 깃발에 그려져 있다.

제는 농민들이 불만을 토로하는 데서 그치지 않고 늑대들이 모여들 듯
집결하기 시작했다는 것이었다.

이미 30년보다 훨씬 이전에도 알자스와 브라이스가우에서 소동이 있
었다. 당시 농민들은 갈퀴와 낫과 깃발을 들고 다니면서 성과 수도원에
불을 지르고 기사들을 때려죽였다고 한다. 깃발에는 끈으로 묶는 신발
이 그려져 있었고 이 때문에 당시의 소동을 '분트슈의 난'(분트슈는 끈으
로 묶는 신발이라는 뜻—옮긴이)이라고 했다. 소동을 주동했던 요스 프리츠
라는 자에 대한 이야기는 그 후 오랫동안 술집에서 사람들의 안주거리가
되었다. 농민들의 반란은 무력에 의해 다시 수그러들었다. 그러나 여전히
요스 프리츠를 마치 성인이나 되는 양 떠받드는 사람들이 있었다.

그 일이 있고 약 10년 후, 형이 아직 열여덟 살이 되지 않았을 때 그

러한 소동이 뷔르템베르크 왕국에서 다시 일어났다. 장사꾼들은 다들 그 사건에 대한 이야기들을 전했고, 형은 현장에서 농민들의 반란을 직접 보고 들었다는 떠돌이 목수에게서 자세한 내막을 들었다. 농민들은 스스로를 불쌍한 콘라드라고 부르며, 저울을 조작했다는 이유로 지주와 귀족들에게 달려들었다고 했다.

목수는 계속 설명해 주었다. 만약 집에서 정확하게 무게를 잰 호밀 부대를 지주에게 가져가더라도 지주의 저울로 잰 부대의 무게는 집에서 잰 것보다 훨씬 적게 나오게 되어 있다는 것이다. 그래서 결국 농민들은 실제보다 훨씬 더 많은 양의 조공을 바칠 수밖에 없었다.

설명을 듣고 나니 농민들이 분노했던 이유도 지주들에게 주먹을 휘둘렀던 이유도 이해할 수 있을 것 같았다. 그러나 뷔르템베르크의 울리히 공작은 전투로 농민들을 제압하고 주동자들의 목을 모조리 치게 하여 소동을 잠재웠다.

형은 앞에서도 말했듯 높은 말에 앉아 그곳에서 세상을 바라보았다. 그렇게 높은 곳에서 내려다 본 세상은 이전과 전혀 다르게 보였다.

농민들의 반란이 튀링겐에서도 일어날 것이라고는 예상치 못했었다. 튀링겐은 너무나 조용한 곳이었다. 당나귀가 끄는 수레에 가축의 배설물을 싣고 밭으로 가거나 들판에서 소를 치거나 도축장으로 돼지를 끌고 가는 이곳 농부들의 모습을 보면 상상할 수 없는 일이었다.

그러나 이곳 튀링겐의 농부들도 불만이 가득했던 것이었다. 벌써 몇 해 전부터 술집에서는 더 이상 당할 수만은 없다, 힘을 모아야 한다는 소리가 들렸다. 당시 형은 그런 농민들의 편에서 함께 목청을 높였었다.

그러나 높은 말에 앉아 세상을 내려다보기 전의 일이었다. 당시 농민들이 했던 말이 실현될 거라고는 꿈에서도 생각하지 못했었다.

1525년 초 알거이, 슈바벤의 알브, 슈바르츠발트 숲, 보덴제 호수, 오버하임, 네카어 강, 도나우 강, 오덴발트 숲, 슈페스아르트 산지, 마인 강, 타우버 강, 밤베르크, 뷔르츠부르크, 마인츠 등 여러 제국의 자유도시 지역으로부터 슈바벤과 프랑켄 전역의 농민들이 일어나 봉기하고 있다는 소식이 전해졌다. 수만 아니 수십만 명의 농민이 봉기했다고 했다. 형의 주인인 폰 쿠츠레벤 씨는 농민들이 힘을 합치면 정말로 귀족들을 꺾을 수도 있다고 말했다. 다행히 멍청한 농부들일 뿐이니 아주 걱정할 것은 없다고도 했다.

그러던 어느 날 폰 쿠츠레벤 씨는 형에게 뮐하우젠으로 가서 그곳의 상황을 파악하고 오라고 했다.

뮐하우젠에 도대체 무슨 일이 일어났다는 거지? 형은 의아했다. 뮐하우젠은 늘 조용한 곳이었다.

폰 쿠츠레벤 씨는 아이스레벤, 만스펠트, 상게르하우젠, 프랑켄하우젠을 비롯하여 크베르푸르트, 할레, 아셰르스레벤 등 사방에서 사람들이 떼를 지어 뮐하우젠으로 모여들고 있다고 설명했다. 뮐하우젠에 있는 토마스 뮌처라는 신부가 예전에 요스 프리츠가 그랬던 것처럼 사람들을 선동하고 있다는 것이었다. 그래서 도대체 그곳에서 무슨 일이 벌어지고 있는지 알아보라는 것이었다.

제길! 이제 막 작은 대포에 화약을 넣고 쏘는 법을 배우기 시작했는

데! 번쩍거리면서 굉음을 내는 대포야말로 굉장한 물건이지! 도화선에
불을 붙여 보며 한참 재미를 보고 있는데 밀하우젠으로 가라니!

"말은 두고 가라."

폰 쿠츠레벤 씨가 말했다.

"네? 말을 두고 가라니요?"

형은 어리둥절했다.

"말은 안 된다. 농민처럼 행세해야 한다."

폰 쿠츠레벤 씨의 대답이었다.

"첩자가 되라는 말씀이신가요?"

형은 놀라서 외쳤다. 그건 할 수 없는 일이었다. 하지만 폰 쿠츠레벤
씨는 뜻을 굽히지 않았다.

"너보다 이 일을 더 잘할 수 있는 사람이 없다. 진짜 농부였던 사람은
너뿐이다. 이 일을 하면 충분한 보상을 주겠다. 그러니 그곳에서 일어나
는 일을 꼭 알아내란 말이다. 뮌처라는 자는 성모마리아 성당에서 설교
를 하며 사람들을 선동하고 있다고. 분명 멍청하게 아무 말이나 지껄이
는 건 아닐 거야. 사람들이 생각하는 것보다 뭔가 더 특별한 것이 있을
수 있다. 베라탈에 사는 농민들과도 이미 협력했다는 걸 보면 분명 뭔가
있어."

선동? 신부가? 불과 몇 년 전에 몇몇 지주들이 직접 신부를 골라 루
터식으로 성경을 해석하여 설교를 하게 하는 통에 나라가 시끄러웠다.
교회의 권위에 대한 이러한 도전 때문에 여전히 소란이 일어난다. 지주
들은 이렇게까지 일이 커질 줄은 몰랐을 것이다. 사람들은 마르틴 루터

가 비록 비텐베르크 대학의 교수이지만 소요를 주동하는 작자라고 말했다.

뮐하우젠 주민 중 여전히 옛 교리를 신봉하는 사람들도 많지만 뮐하우젠은 처음부터 루터를 지지했다. 그런데 이제 와서 또 신부가 사람들을 선동한다니?

"도대체 어떻게 된 일인지 모르겠으니 네가 가서 알아보라는 것이다."

폰 쿠츠레벤 씨가 말했다. 그리고 상황이 이러하니 기마병에게는 수치스러운 일이기는 하나 농민처럼 차려입고 사람들 사이에 몰래 섞여서 상황을 알아보라는 것이다.

"그리 어려운 일도 아닌데 왜 망설이는가?"

폰 쿠츠레벤 씨가 물었다. 미늘창이나 철퇴로 누군가를 말에서 떨어뜨려 죽이는 것보다야 쉬운 일이었다. 주인에게 충성을 다하고 큰 대가까지 받을 수 있는 기회였다. 손으로 사람을 죽이는 일이든 정보를 수집해 주인에게 전해 주는 일이든 상관없었다.

"말을 타고 다닐 때 사람들이 길을 비켜 주던 생각을 하면 신경질이 나겠지만 걸어서 가거라. 오히려 옷을 더 잘 차려입은 사람에게 길을 비켜 주어야 하는 초라한 농민으로 변장을 하고 가거라. 아마 너는 길거리에서 만나는 사람마다 길을 비켜 주어야 할 것이다."

동네 어귀마다 사람들이 모여 소동과 싸움으로 죽은 사람들에 대해 이야기했고, 술집은 그 어느 때보다도 사람들로 붐볐다. 저녁마다 형은 술집에 앉아 귀를 쫑긋 세웠다.

사람들은 루터가 부패한 뚱보라고 했다. 놀라운 소리였다. 루터는 사람들의 존경을 한 몸에 받던 사람이었다. 그러나 여기에서는 희한한 이야기들이 들렸다. 루터는 먹고 마시고 즐기면서 귀족들에게 아양을 떨어 그 꼴을 눈뜨고 봐줄 수 없다는 것이었다. 그리고 루터는 비텐베르크 성에서 편안하고 여유롭게 즐기고 있다는 것이었다. 바로 토마스 뮌처가 루터에 대해 그렇게 말하면서 그를 거짓말쟁이 박사나 비텐베르크의 교황, 기회주의자, 귀족에게 붙어사는 아첨자라고도 했다는 것이었다.

물론 루터를 변호하는 사람들도 있었다. 그들은 루터가 가장 똑똑하고 용감한 사람이라고 했다. 그리고 다른 사람들에게 그들도 몇 주 전까지만 해도 루터의 뒤를 따르지 않았느냐고 반문했다. 모두들 루터에 대해 흥분하며 그를 추앙하지 않았느냐고 되물었다. 그렇게 해 놓고 이제 와서 그를 그렇게 비하할 수 있느냐는 것이었다. 그들은 또한 뮌처가 루터를 비난하면서 사람들을 혼란에 빠뜨리고 있다고 주장했다. 뮌처야말로 말만 많은 자라고 했다. 루터는 입을 열기 전에 생각을 하며 무엇이 옳은 일인지 아는 사람이지만 뮌처는 건방진 떠벌이일 뿐이라고 했다. 루터를 옹호하는 사람들은 뮌처를 악마라고도 말했다.

형은 농민들이 루터와 뮌처의 편으로 나뉘어 서로 주먹을 날리며 싸우는 장면을 목격했다. 가톨릭 신자는 하나도 없고 다들 루터가 세운 개신교회의 신도들이었다! 놀라운 광경에 입이 다물어지지 않았다.

토마스 뮌처는 뮐하우젠에서 가장 유명한 사람이라고들 했다. 뮐하우젠에는 하인리히 파이퍼라는 설교자도 있었는데 그는 루터처럼 수도원에서 나온 사람이었다. 뮌처와 파이퍼 두 사람 모두 뮐하우젠에서 설교를 했지만, 뮌처가 더 중요한 인물이었다.

뮌처가 성모마리아 교회의 강대상에 서는 날에는 교회 밖에까지 사람들이 서서 뮌처를 보려고 했다. 시청에서도 막을 수 없는 일이었다. 관리들은 뮌처가 사라져 버리길 바랐다. 사실 뮌처는 할베르슈타트, 츠빅아우, 뉘른베르크, 알슈테트, 프라하 등 여러 지역 교회에서 설교를 하다 그곳에서 추방을 당한 사람이었다. 그러나 뮐하우젠 관청이 그를 쫓아내는 날에는 농민들이 관리들을 다 죽일 태세였다. 뮐하우젠 농민들은 암컷 양들이 뭣도 모르고는 거세한 수컷 양을 따르듯 우르르 뮌처의 뒤를 따라다녔다. 형은 사람들의 꼴이 우스웠지만 조용히 입 다물고 있었다.

도대체 무슨 설교를 하기에 사람들이 그를 따를까? 형은 궁금해하며 사람들에게 자신이 뮌처에 대해 아직 전혀 알려지지 않은 브라운슈바이크 일대에서 왔다고 말했다. 사람들은 숨을 쉬기도 힘들 정도로, 부담스러울 정도로 가까이 다가서며 말했다.

"루터의 말도 옳지. 그는 천국에 대해 이야기하고, 천국에 들어가는 방법에 대해 설교를 하지. 루터는 성인의 도움이나 돈으로 천국에 가는 것이 아니라 믿음으로 천국에 간다고 했어. 하지만 루터는 이 세상에서의 삶은 완전히 무시했지. 루터는 세상은 어차피 다 망할 것이고 신의 은총만이 우리를 구원한다고 하면서 이 세상에서의 삶이 행복하든 괴롭든 관심 없어 한다고! 그러나 누구나 이 세상에서도 행복하고 싶은 것이 당연하지 않겠나?"

술집에 모여 있는 사람들은 형에게 누구의 편이냐고 물었다. 형은 주위를 둘러보고서 루터 편인 사람들이 몇이나 되는지, 뮌처 편이 몇이나 되는지 가늠해 본 후 수가 많은 쪽 편이라고 대답하곤 했다.

뮐하우젠에 가까워질수록 루터 편을 드는 사람은 줄고, 소리 지르며 난동을 피우는 사람들이 늘어났다. 뮐하우젠 근처에 있는 마을에 이르러서는 토마스 뮌처를 지지한다고 하지 않으면 목숨이 위험할 정도였다.

드디어 뮐하우젠에 도착했다. 도시의 거리에는 소리를 질러 대며 상대방의 이야기에는 전혀 귀를 기울이지 않는 사람들로 북적이고 있었다. 사람들에게 여인숙이 어디에 있냐고 묻자 묻는 말에는 대답도 안 해 주면서 다들 신학자들이라도 되는 양 형에게 성경을 풀이해 주었다.

온 도시가 시끌벅적해졌고, 뮌처가 설교를 했다! 드디어 뮌처의 설교를 들을 수 있었다! 일요일도 아니었지만 사람들은 대낮부터 하던 일을 멈추고 교회로 몰려갔다. 사람들은 가게를 닫고 가정집의 창문과 대문도 걸어 잠그고 성모마리아 교회로 달려갔다.

어차피 별달리 할 일이 없었던 형은 일찌감치 교회에 도착하여 강대상이 잘 보이는 곳에 자리를 잡았다. 이전에 봤던 교회 중 가장 큰 교회 같았다. 기둥들은 숲을 이뤘고 회중이 앉는 자리는 넓은 밭 같아 보였다. 교회 안은 시끌벅적했다. 사람들은 저마다 목을 빼고 대주교나 교황이라도 기다리듯 뮌처를 기다렸다.

강대상에는 학자 같은 옷차림 빼고는 별로 특별할 것 없어 보이는 평범한 농부 같은 사람이 올라섰다.

드디어 설교가 시작되었다.

그는 큰소리로 또박또박 말을 했다. 그의 음성은 멀리에서도 또렷하게 들렸고, 문간에 선 사람들은 뮌처가 한 말을 빠짐없이 밖에 서 있는 사람들에게 전달했다. 뮌처의 설교는 사람들의 입에서 입으로, 교회 밖 골목으로 퍼졌고, 뮐하우젠 전역에 퍼졌고, 다시 그 주변 마을에 퍼졌다.

뮌처는 설교 중에 갑자기 목소리를 높여 소리를 지르다시피 말을 하기도 했는데, 높은 교회의 천장이 쩌렁쩌렁 울렸다. 사람들은 하늘에서 머리 위로 큰 바위가 떨어지기라도 하는 듯 몸을 움츠렸다.

형은 뮌처의 말 한 마디 한 마디를 놓치지 않고 외우려고 노력했다. 그래야 나중에 주인님께 비록 군데군데 내용이 좀 빠지더라도 전체적인 내용을 고할 수 있기 때문이었다.

"귀족들은 사람들을 물어뜯는 개보다 나을 게 없습니다! 언제까지 이렇게 잠들어 있을 겁니까! 어서 일어나 주님이 명하신 싸움을 해야 합니다. 독일과 프랑스와 벨슈란트(독일어를 사용하는 스위스 지방—옮긴이) 전역에서 농민들이 일어났습니다. 주님께서 원하시니 우리가 일어나야 합니다! 풀다에서는 부활절 주간에 네 개의 교회가 파괴되었습니다. 헤가우와 슈바르프발트 주변 농민들이 일어났습니다. 30만 명의 농민이 집결하였고 그 무리는 점점 커지고 있습니다. 농민들이 가짜 계약을 맺고 당하게 될까 걱정입니다. 어서, 어서 일어납시다! 귀족들은 우리를 개처럼 물어뜯으려 합니다! 이제 일어날 때입니다! 하느님을 모르는 그 비열한 인간들은 친절하게 부탁을 하기도 하고 어린애들처럼 매달려 울부짖을 것이나 절대 속지 마십시오! 도시마다 마을마다 새로워져야 할 때입니다! 칼에 묻은 피가 식지 않도록 하십시오. 니므롯의 뿔에 칼을 갈고 그들의 성을 무너뜨려야 합니다! 서두르세요! 하느님께서 앞장서시니 그 뒤를 따르세요! 하느님께서 함께하십니다! 하느님께서 성경에 써 있듯 여러분께 말씀하고 계십니다. 두려워 말라, 내가 너희와 함께하겠다. 적군의 많은 수를 두려워하지 말라. 너희의 싸움이 아니라 나의 싸움이니라. 여러분, 남자답게 일어나십시오! 주님께서 여러분을 돕고 계심을 눈으로 확인하게 될 것입니다. 사람에 대한 두려움을 없애 주시고 힘을 주시는 하느님의 계획을 믿음 안에서 완성하십시오. 아멘!"

"일어날 때입니다! 어서!"라고 하는 그의 목소리가 오랫동안 귓가에 쟁쟁거렸다. 교회 안은 온통 감격에 겨워 울먹이는 소리와 감탄하는 소리로 가득했다. 설교가 끝나고 뮌처가 강단에서 내려와 기도를 하기 위해 제단 앞으로 이동하자 사람들은 크게 박수를 치며 환호했다. 제단에서 뮌처가 큰소리로 올린 기도 소리는 아예 들리지도 않았다. 사람들의 환호와 "일어날 때다! 어서 가자!"라는 구호만이 들렸고 이 구호는 뮐하우젠 전체를 뒤흔들었다.

뮌처는 설교로 사람들을 선동하여 전쟁을 선언했던 것이다! 사람들은 골목 사이로 뛰어다녔다. 모두들 "어서 가자!"라는 구호를 외쳤다. 사람들은 주먹을 불끈 쥐고 여기저기서 무기를 꺼내 왔다. 도리깨와 갈퀴와 긴 막대기 끝에 매단 낫, 긴 칼을 허리춤에 꽂고 다니기 시작했다.

술집에서는 온통 그날 설교에 대한 이야기뿐이었다. 한편 하인리히 파이퍼라는 이에 대한 이야기도 들렸다. 수도원에서 탈출한 파이퍼는 며칠 전 농부 무리와 함께 아이히스펠트로 달려가 성을 차례차례 불 지르고 있다고 했다.

그는 떠나기 전에 외양간이 나오는 꿈에 대해 설교를 했다고 한다. 파이퍼는 큰 외양간에 서 있는데 수많은 사람들이 들이닥쳐 그를 위협하면서 그가 손짓으로 사람들을 여기 저기로 보내기만 하고 있다고 항의하는 꿈을 꿨다고 했다. 그는 하느님께서 자신에게 이 꿈으로써 나약한 자신을 통해 귀족들의 손에서부터 나라를 해방시키고자 하시는 계획을 알려 주셨다고 했다.

독일의 신학자 토마스 뮌처. 처음에는 마르틴 루터와 협력하였으나 이후 마르틴 루터의 종교 개혁 운동을 비판했다.

많은 농민이 파이퍼의 뒤를 따라 함께 떠났다. 토마스 뮌처는 아직 여기에 있었다. 아직 더 많은 수가 모여야 합니다! 그는 이렇게 외쳤다. 쇳덩이도 충분히 달궈지지 않았을 때 망치질을 하게 되면 쓸모없는 광재가 될 뿐이라고 했다. 그는 전쟁을 해야 한다고 하며 농민들을 선동하긴 했지만 아직 때를 기다렸다. 그래서 많은 사람들이 뮐하우젠에서 그와 함께 기다리며 무기를 강화하고 하느님께서 뮌처에게 때를 알려 주시는 신호를 보내시면 그와 함께 일어나기 위해 준비했다.

형은 토마스 뮌처가 설교 후 교회에서 나갈 때 그를 아주 가까이에서 관찰할 수 있었다. 하마터면 형 역시 사람들의 물결과 흥분에 휘말려 그를 따라 나가서 그의 옷에 입맞춤을 할 뻔했다. 사람들은 그에게 외쳤다.

"당신은 하느님이 보내신 사람입니다. 어디를 가시든 따라가며 목숨을 바치겠습니다."

형은 폰 쿠츠레벤 씨가 있는 성을 향해 있는 힘껏 달렸다. 그는 뭔가 피를 끓게 하는 일이 벌어지는 곳으로부터 도망치고 있었다. 도대체 그것이 무엇인지는 알고 싶지도 않았다. 그는 달려가면서 뮌처가 사람들을 현혹시키고 선동하여 지배계층에게 대항하게 만드는 사기꾼일 뿐이라고 되뇌었다. 그러면서 이 모든 것이 자신과 아무 상관없는 일이라고 반복해서 생각했다. 자신은 그저 주인님께 뮐하우젠의 상황을 보고하기 위해 온 심부름꾼일 뿐이라고 되뇌였다.

상황은 지배계층과 수도원에게 불리하게 돌아가고 있었다. 파이퍼를 따라 나선 자들은 라이펜슈타인 수도원에 침입하여 수도사들을 길거리로 내쫓고 수도원의 창고 문을 부수고 들어가 가축과 온갖 물건들을 약탈하고 인생의 수고를 한 번에 보상받겠다는 식으로 무절제하게 수도원에서 먹고 마셨다. 사람들은 모두들 이 사건에 대해 이야기하며 낄낄거리고 좋아했다. 그래도 형은 생각했다.

"배가 고프면 이성을 잃게 되지."

어떤 농부는 갈퀴나 낫을 들고 파이퍼의 무리에 합류하면서 혹 수도원의 술통에 술이 완전히 바닥나지는 않을까 하는 걱정만을 했다.

형은 생각했다. 이런 농민들의 운동이 토마스 뮌처가 성모마리아 교회에서 설교 중에 말했던, 신부를 자유롭게 선택하는 것이나 조공의 양을 축소하는 것과 도대체 무슨 상관이 있는가? 도둑질과 방화, 먹고 마시는 이런 일들로 어떻게 나라를 바꾸겠다는 것인지 이해할 수 없었다. 그러면서도 한편 다른 생각도 들었다. 이 모든 게 사실 자신도 원했던 일이라는 것이었다.

열심히 달렸지만 생각만큼 빨리 이동하지는 못했다. 경비병들이 길목마다 서서 형을 붙잡았다. 그들은 그가 배신자인지를 확인하고자 어디에서 왔으며, 어디로 가는지, 누구의 심부름을 하는지 등등을 꼬치꼬치 캐물었다.

형은 미리 생각해 둔 이야기를 읊었다. 자신은 파이퍼가 직접 보낸 사람으로 다른 농장들에게 파이퍼의 소식을 전하기 위해 이동 중이라고 했다. 순진한 얼굴을 한 경비병들은 모두 형의 말을 믿었다. 마음 같아서는 그 머저리 같은 인간들의 얼굴이 침이라도 뱉고 싶었다. 한참을 가면 또 다른 경비병들이 길을 가로 막고 서서 똑같이 멍청한 얼굴을 하고 똑같은 질문을 해 댔다. 형은 계속해서 똑같은 거짓말을 하면서도 전혀 양심의 가책을 느끼지 못하는 자신에게 놀랐다.

아직 폰 쿠츠레벤 씨의 성까지 반도 가지 못한 지점, 프라이엔베싱겐과 슐로트하임에서 멀지 않은 곳에서 또다시 길을 가로 막고 선 농부들을 만났다. 형은 뮌처가 자신을 직접 보냈다는 이야기를 늘어놓기 시작했는데 농부들 중에 눈에 익은 사람이 보였다. 그 농부도 형을 알아보았다. 다름 아닌 그의 동생이었다!

하마터면 동생을 알아보지 못할 뻔했다. 입고 있는 옷 때문이기도 했지만 기사들이 쓰는 챙이 넓고 깃털이 달린 모자 때문이었다. 거기에 농부로서는 상상도 할 수 없는 벨벳과 밍크로 만든 넓은 가운을 두르고 있었다. 평생 기른 적 없었던 수염도 길렀다. 그러나 이런 외형적인 부분보다 달라진 눈빛 때문에 동생을 알아보지 못할 뻔했다. 마치 새끼 양의 눈빛처럼 부드러웠던 동생의 눈빛은 완전히 달라져 있었다. 뭔가 꿈틀거리는 것, 번쩍이는 것, 예리한 것이 눈동자에 가득했고 동시에 동생과 전혀 어울리지 않는 자신감 같은 것도 엿보였다. 그는 큰 소리로 형에게 말을 하며 계속해서 입술을 깨물고 땀으로 젖은 손을 비벼 댔다. 부드러운 목소리는 거칠고 쉰 소리로 바뀌어 있었다.

형은 동생에게 다가가 말했다. 하마터면 동생에게 "늑대 소굴 속에서 양 같은 네가 뭐하는 것이냐?"라고 물을 뻔했다. 그러나 그렇게 말하지는 않았다. 훔친 것으로 보이는 기사의 모자와 밍크로 장식된 벨벳 망토에 대해서도 언급하지 않았다. "살인자와 도둑놈들 사이에 있지 마라. 잡히는 날에는 목매달려 죽게 된다고. 넌 강도가 아니니 당장 그만둬."라고만 했다.

동생의 눈은 반짝였다. 동생은 상관없다고 대답하면서 자기들은 토마스 뮌처의 편이니 함께 가자고 했다. 그는 모자를 만지작거렸다. 그러더니 아주 멀리 있는 아름다운 뭔가를 보는 듯한 눈빛으로 변했다.

"처와 자식들은?"

형이 물었다.

"농장에서 일을 하고 있지."

동생이 답했다.

"넌 농장에 어울리는 사람이야. 남자는 자기 농장을 지켜야지. 일을 안 하고 이렇게 돌아다니는 건 옳지 않아."

그러나 동생은 남자는 생각을 해야 한다고 답했다. 아무 생각 없이 시키는 일만 하고 살았던 동생의 입에서 나온 대답에 형은 놀랐다.

"아이들은?"

조카들의 대부이기도 했던 형은 아이들에 대해 물으면 동생이 정신을 차리지 않을까 하는 마음에 물었다.

"아이들 때문에 더더욱 토마스 뮌처를 따르는 거야."

이렇게 대답하는 동생의 눈은 더욱 반짝거렸다. 그의 눈빛은 사람을 사로잡는 힘을 느끼게 해 주었다. 형은 동생의 모자와 외투를 훑어보았다.

"토마스 뮌처는 살인을 조장하고 나라의 평안을 깨는 놈이라고. 그가 붙잡히는 날에 너까지 붙잡히면······."

형이 말했다.

"그렇다 하더라도 난 내 신념대로 행동할 거야."

동생이 답했다. 동생의 입에서 그런 말이 나오다니! 놀라웠다.

"넌 지금 토마스 뮌처가 원하는 걸 할 뿐이라고."

형은 다시 말했다. 동생은 그저 웃기만 했다. 다른 농부들이 다가왔다.

"도대체 무슨 일인데 이렇게 오랫동안 자리를 비우고 이자와 있는 거야? 도대체 무슨 일이야?"

"그럴 수도 있죠."

동생은 태연하게 답했다. 형은 결국 기사에게서 빼앗은 모자와 외투를 쓰고 있는 동생을 두고 주인이 계시는 성으로 향했다.

그 후로도 형은 며칠간 흥미로운 일들을 겪었다. 그러나 폰 쿠츠레벤 씨는 형의 이야기를 귀담아듣지 않고 그만 됐다고만 했다. 벌써 천장에 내려앉은 참새들이 떠들기 시작했다는 것이었다.

폰 쿠츠레벤 씨는 어서 일어나 다시 말을 타라고 명령했다. 무기를 갖추고 다시 기마대에 합류하라는 것이었다. 머리에는 투구를 쓰고 갑옷을 입으라고 했다. 훈련 중에 사용했던 것보다 훨씬 좋은 무기가 주어졌다. 끝이 휜 칼과 창을 들고 상대를 말에서 떨어뜨리라고 했다.

마을과 마을을 지나 걸어서 다니는 것과 말을 타고 여기저기를 휘젓고 다니는 것은 전혀 다른 느낌이었다. 거리에서 마주치는 사람들이 대하는 태도부터 달랐다. 투구를 쓰고 갑옷을 입고 있으면 다른 대우를 받았다. 술집에 들어서면서도 "이봐 주인장! 맥주 좀 내오게!"라고 당당하게 말할 수 있었다. 그러면 술집 주인은 마치 전쟁이라도 난 것마냥 이리저리 뛰어다니면서 다른 사람들의 주문은 무시해 버렸다. 제아무리 돈이 많은 평민이나 농부가 있어도 기마병이 우선이었다. 술집 주인은 술잔이 넘치도록 술을 채워 내왔다.

슐로트하임과 할멘하우젠과 같은 성들은 모두 잿더미가 되었다. 볼켄로다 수도원은 시커멓게 탄 기둥만이 하늘 높이 솟아 있었다. 귀족들은 소동에 동참한 마을들을 벌하기 위해 불을 질렀고 그 때문에 고향을 잃은 사람들이 떠돌게 되었다. 여자와 아이들이 거리를 떠돌며 구걸했다.

형은 고삐를 당기며 허리를 세우고 그들을 못 본 체했다. 주인은 이들을 벌하기 위해 그들이 온 것이라고 했다. 법을 어기는 사람은 법에 의해 심판을 받아야 한다는 것이었다.

형의 군대는 점점 강해졌다. 다른 기마병들이 합세했고 보병들도 합류했다. 결국 에른스트 폰 만스펠트와 필리프 폰 헤센, 두 사람이 이끄는 두 개의 큰 부대가 함께 손을 잡고 프랑켄하우젠으로 이동했다. 많은 양의 무기를 보유한 화려한 군대의 행진이었다. 군인들의 갑옷이 번쩍거렸고 정확한 대열을 이루었다. 달리는 말들은 15개의 무거운 대포를 운반했다. 뿔나팔 소리, 명령 소리, 깃발, 불, 연기로 군대가 이동하는 주위가 시끌벅적해졌다.

프랑켄하우젠에서 소동을 피운 주민들은 며칠 전에 농민들과 합세하여 관청 건물을 점거했다고 했다. 그들은 아르테른, 발하우젠, 뷔르켄, 바이흐링겐 같은 마을과 필링겐 수도와, 아른스부르크 성 등을 모두 불태웠다. 반면 지주들의 편에서는 이 모든 소동에 깊숙이 가담한 링레벤이라는 마을에 불을 질렀다.

드디어 두 적수가 마주하게 되었다. 프랑켄하우젠의 성벽에 닿는 언덕에서 마주쳤는데, 그곳의 이름은 오늘날까지도 슐라흐트베르크(전투의 산―옮긴이)라고 불린다. 반란 세력은 베라탈에 있는 농민들의 도움을 받을 수 있을 거라 생각했다. 그러나 그건 그들의 착각이었다. 베라탈 농민들은 지주에게 완전히 제압을 당했거나 지주와 계약을 맺어 더 이상 전투할 필요가 없었다. 형의 심장은 평생을 통틀어 가장 심하게 뛰었다. 바로 코앞에 적이 버티고 서 있었고 과연 저녁까지 살아있을지는 아무도 장담해 주지 않았다. 아직은 익숙하지 않은 여러 감정이 섞인 이상한 기분이었다. 공포, 호기심, 전투욕 등이 모두 뒤섞여 뭐라 표현할 수 없는 기분이었다.

그러면서 동생이 프랑켄하우젠의 농민들 사이에 있지 않기를 간절히 바랐다. 반란 세력은 프랑켄하우젠을 본거지로 삼았다. 지주들의 군대가 가한 몇 번의 공격을 성공적으로 방어한 반란 세력은 자기들이 이미 승리를 한 것마냥 굴었다. 프랑켄하우젠 위쪽 산등성이를 따라 각각 긴 막대기에 매단 큰 보자기를 휘날리는 수레가 늘어섰다. 보자기는 모두 무지개 색으로 색칠되어 있었다. 무지개는 뮌처를 상징하는 표시였다. 정식 문장은 아니었다. 구름 사이로 햇빛이 비추는 정도에 따라 휘날리는 보자기의 무지개 문양이 나타났다가 사라지곤 했다. 전형적인 4월의 날씨였다. 바람이 조금 불더니 비도 몇 방울 내렸다.

갑자기 주위에서 비명 소리가 들렸다. 농민들의 진영에서 전갈이 전해졌다. 비명을 지른 사람들은 전갈의 내용을 이미 아는 사람들이었다. 농민들의 전갈 내용은 다음과 같았다.

"우리는 특정 누구를 괴롭히려는 것이 아니라 하느님의 정의를 실현하고자 할 뿐이다. 우리는 피를 보려는 것이 아니다. 우리와 같은 생각을 가졌다고 하면 너희에게 아무런 해를 끼치지 않겠다. 이 말은 반드시 지키겠다."

모두가 웃었다. 지주들은 농민들이 마치 자기네들이 이미 승리한 것처럼 행세하면서 조건을 내걸며 협상을 하려고 든다고 비웃었다. 지주들은 농민들에게 답장을 썼다. 뮌처만 넘겨주면 아무런 처벌을 하지 않고 고향으로 돌려보내 주겠다고 제안했다.

이상한 기분이었다. 어서 전투를 하게 되기를 고대하면서 동시에 절대 싸우게 되지 않기를 바랐다.

전투는 지주들의 군대가 쏜 대포 소리와 함께 갑자기 시작되었다. 대포 소리가 어찌나 큰지 뱃속이 울리는 것 같았고 팔다리가 모두 떨렸다. 형은 다른 기마부대원들과 함께 도시를 한 바퀴 돌아 뒤에서 언덕 위에 대열을 갖춘 수레들을 공격했다. 형도 그 공격대 속에 있었다. 그러나 농민들은 곧장 모든 것을 버리고 도망치고 있었다. 병사들은 농민들을 따라가 성으로 들어가는 길을 가로막고 그들을 포위한 후 때리고 찌르기 시작했다. 병사들은 멈추지 못하고 계속해서 찔러 댔다. 왜 그랬는지 알 수 없다. 어쨌건 전투 후에 병사들은 자신들의 행동을 후회했다. 그들은 수많은 사람을 죽이고 살아남은 사람들은 포로로 잡았다. 농민들은 신의 은총인지, 신의 저주인지 알 수 없는 상황에 내맡겨졌던 것이다.

병사들의 임무는 거기까지였다. 그 이후의 일은 사형 집행관의 몫이었다. 전투가 끝나자 형은 몸에 상처 하나 나지 않았다는 사실에 기쁨을 감추지 못했고 다른 병사들과 노래하며 술을 퍼마셨다. 형이 치른 첫 전투였다. 먼 훗날 손자들을 불러 모아놓고 저녁 내내 해 줄 이야기가 생긴 것이다.

형은 승리의 기쁨에 도취되어 모닥불 주위에 둘러앉아 떠들어 대는 병사들 틈에서 빠져나왔다. 기분이 정말 이상했다.

동생이 걱정되었다. 그는 시체 더미 속에서 동생을 열심히 찾았다. 다행히 시체 더미에도 포로들 사이에도 동생은 없었다. 들판과 언덕에서 칼에 찔린 채 버려진 시체들을 확인하면서도 동생이 아니길 간절히 바랐다. 동생이 쓰고 있던 깃털 달린 모자와 벨벳 외투도 보이지 않았다. 물론 그 복장을 전투 때도 입고 있었는지는 알 수 없는 일이었다.

늦은 저녁에 수레 속에 숨어 있던 한 농부가 붙들려 왔다. 피로 물든 천을 머리에 두르고 있었고 얼굴도 피 범벅이 되어 있었다. 농부는 아주 작은 목소리로 간신히 이야기를 했기 때문에 농부의 입에 귀를 갖다 대야만 했다. 적진의 상황은 어떠했는지 모두 궁금했다. 농부는 말했다.

"군대가 다가오는 것을 보고 모두가 자기 집으로 가고 싶어 했습니다. 저는 킨델브뤼크 출신입니다."

형은 깜짝 놀라며 다시 얼굴을 확인했지만 처음 보는 사람이었다. 킨델브뤼크를 떠난 지 한참 되었기 때문에 모르는 사람이 많은 건 당연했다. 형은 농부에게 동생에 대해 물었다. 농부는 이름은 들어봤지만 모르는 사람이라고 했다. 농부는 형의 질문에 대답을 하고 다시 이야기했다. 목소리는 더 작아졌고 떨렸다.

"오, 하느님! 처자식이 있는 고향에 다시 돌아갈 수 있게 해 주세요!"

눈물이 뚝뚝 떨어졌다. 기력을 상실한 농부는 몸을 웅크리고 더 이상 아무 말도 하지 않았다. 형은 그 농부를 측은하게 생각했다. 그러나 기사는 농부의 머리채를 붙들고서는 계속 말을 하도록 시켰다.

"토마스 형제(그는 뮌처를 토마스 형제라고 불렀다)는 우리가 도망치는 것을 허용하지 않았습니다. 그는 수레 대열 한가운데 서서 설교를 했습니다. 저는 멀리 떨어져 있어서 그가 하는 말을 거의 알아듣지 못했습니다. 가까이에 있는 사람들이 설교 내용을 뒤쪽 사람들에게 전달해 주었지만 저한테까지 자세한 설교 내용이 전달되지는 않았습니다. 토마스 형제는 정의로운 하느님께서 정의로운 편에게 승리를 안겨 주실 것이라고 했습니다. 만스펠트 백작이 수많은 대포로 공격을 한다 해도 하느님께서 승리를 허락하지 않으시면 다 소용없는 짓이라고 했습니다. 그다음에 한 말은 제가 직접 똑똑히 들었습니다. 토마스 형제는 이렇게 말했습니다. 내가 손으로 대포알을 낚아채는 것을 너희가 볼 것이다! 설교 내내 저는 두려움에 떨었습니다. 설교를 한참 하는데 하늘에 무지개가 떴습니다. 그는 무지개를 가리키며 우리 편의 깃발에 그려진 것과 똑같은 저 무지개가 하느님께서 보여 주시는 승리의 상징이라고 했습니다. 안도감에 눈물이 쏟아졌고 몸이 따뜻해지면서 다시 제정신이 드는 것 같았습니다. 주위에 있던 다른 사람들도 눈물을 흘렸습니다. 우리는 토마스 형제의 말처럼 우리가 반드시 승리할 것이라고 확신하며 승리의 구호를 외쳤습니다. 토마스 형제는 무릎을 꿇었고 다른 사람들 모두 그를 따라 무릎을 꿇었습니다. 그리고 모두가 노래를 부르기 시작했습니다. 오소서 성령이여, 오소서 하느님! 아마도 성령강림절이 얼마 남지 않아 그 노래를 불렀던 것 같습니다. 그렇게 무릎을 꿇은 채 노래를 하던 중에 갑자기 평생 들어본 적 없는 큰 폭발 소리와 굉음이 들려오기 시작했습니다. 폭발 소리가 계속해서 들렸고 점점 가까워졌습니다. 갑자기 바로 앞에서 흙이 튀어 오르고 농부들이 쓰러졌습니다. 제 주위로 사람들이 죽어서 쓰러지거나 부상을 당해 살려 달라며 소리를 질렀습니다. 온통 피와 비명 소리와 이리저리 뛰어다니는 사람들로 정신이 아득해졌습니다. 그때서야 폭발음이 우리를 향해 쏘는 대포 소리임을 깨달았습니다. 저는 토마스 형제가 있는 쪽으로 고개를 돌려 그가 정말로 대포알을 손으로 낚아채 주는지 보았습니다. 그러나 토마스 형제는 이미 그 자리에 없었습니다. 사람들은 수레 안에 올라타기도 했습니다. 그러나 대포에 맞은 수레도 부서지고 있었고 잔해는 사방으로 튀어 올랐습니다. 그래서 저는 온 힘을 다해 달렸습니다. 언덕 아래로 미친 듯이 달리며 소리를 질렀습니다. 다른 농부들도 뛰었습니다. 제가 가지고 있던 도리

깨는 버렸습니다. 사방에서 비명 소리가 들렸고 주위에는 기사들이 보였습니다. 아무도 기사들에게 대항하지 않았습니다. 그런데도 기사들은 우리를 때리고 창으로 찔렀습니다. 큰 말이 점점 더 가까이 왔습니다. 그러고는 제 귀에 대고 큰 소리로 콧방귀를 뀌었고, 그 다음에는 갑자기 뭔가가 제 머리를 세게 내리쳤습니다. 허벅지에도 창을 맞았습니다. 그 다음에는 더 이상 도망칠 수 없어 결국 붙잡혔습니다.”

“불쌍한 놈.”

한 병사가 말했다. 그렇다고 그 농부를 불쌍히 여겨 구해 주지는 않았다. 결국 군인들은 살인자와 도둑과 반란 세력과 함께 행동한 농부를 목매달아 죽이기로 결정했다.

형도 프랑켄하우젠 일대를 뛰어다니며 동생을 찾았다. 여기저기에는 손발이 묶인 농민들이 있었다. 형은 그들의 얼굴을 자세히 들여다보았지만 동생은 그 어디에도 없었다.

그날 저녁에 군인들은 체포한 농민들의 목을 치거나 매달기 시작했다. 끔찍한 학살이었다. 그들 중에 동생이 있는지, 없는지 확인할 수 없는 형은 도저히 그 광경을 지켜볼 수가 없었다.

토마스 뮌처는 프랑켄하우젠으로 도망쳤다. 그는 성문 근처에 있는 집의 다락방 침대에 누워 환자인 척하고 있었다. 그러나 군인들은 그를 알아보고 수레에 실어 헬드룽겐에 있는 만스펠트 백작의 성으로 보냈다. 뮌처는 도저히 이 상황을 믿을 수 없다는 듯 계속해서 고개를 흔들었고, 가끔 웃는 듯한 표정을 짓기도 했다. 헬드룽겐에 있는 성에서 뮌처는 심한 고문을 당하고 5월 27일에 뮐하우젠의 단두에서 죽었다. 파이퍼는 그날 밤 뮐하우젠에서 도망쳐 나왔다. 그러나 아이젠아프에서 붙잡혀 같은 날 뮐하우젠에서 목이 베였다.

전국적으로 농민들에 대한 잔인한 보복이 시작되었다. 슈바벤, 바이에른, 프랑켄, 헤센, 로트링겐, 알자스 등지에서 농민들이 패했다는 소식이 들려왔고 그들이 잔인한 처형과 처벌을 당했다는 소문들이 파다했다.

형은 백방으로 동생을 찾아다녔고 프랑켄하우젠의 성 문지기에게까지 동생을 아느냐고 묻게 되었다.

"잘 알다마다."

성 문지기의 대답에 형은 놀랐다.

"어디까지 알고 있소? 어디에 있는지 아시오?"

형은 다급하게 물었다. 성 문지기는 동생이 전투 며칠 전까지 몇몇 농부들과 한 여인숙에서 머물렀다고 했다. 성 문지기는 동생이 프랑켄하우젠의 장터에서 처형을 당했다고 알려 주었다.

형의 눈에는 낯선 동생의 모습, 그에게서 상상할 수 없었던 너무나 자유로운 동생의 모습이 선했다. 형은 자기가 놓아줄 수 있는 농민은 다 놓아주기 시작했다.

도시와 킨델브뤼크와 같은 소도시에는 남아 있는 남자가 거의 없었다. 수많은 가정들이 가장을 잃었다. 킨델브뤼크로 향하는 길에는 목발을 짚고 쩔뚝거리며 도시로 향하는 사람들이 여럿 보였다. 대부분 오른쪽 다리가 잘려 있었다. 도둑놈이라고 재판을 받은 자들은 벌로 주로 오른쪽 다리가 잘렸던 것이다. 남의 것을 먹고 마시는 도둑들이니 그래도 싸다는 생각을 하던 형은 갑자기 자기도 그들과 함께 있었다면 똑같이 하지 않았을까 하는 생각이 들었다. 자기들이 자초한 일 아니었을까? 적게 먹고 마시며 좀 더 힘을 합쳐 뭉쳤다면 이겼을 수도 있지 않았을까? 독일 전역의 농민들을 연합하지 못하고 각 무리가 독립적으로 움직였다. 폰 쿠츠레벤 씨가 설명해 준 내용이다. 장님이 된 사람들도 보였다. 재판을 받고 눈이 뽑히는 벌을 받은 자들이었다. 어떤 이들은 코나 귀나 혀가 잘렸다. 마을마다 그렇게 애처로운 모습으로 돌아온 사람들로 붐볐다. 어떤 지방에서는 지주의 횡포가 나아지고 농민들이 전보다 나은 대우를 받기 시작했다는 소리도 들렸다. 그곳에서는 농민들의 반란이 의미가 있는 일이었다.

성 문지기는 동생이 목숨을 구할 수도 있었다고 말했다. 그러나 동생은 고집스럽고 건방지게 행동하는 바람에 죽었다고 했다. 처벌을 받고 병신이 되긴 했지만 목숨을 건질 수 있었던 다른 사람들처럼 목숨만 살려 달라고 애걸하지 않았다. 동생은 군인들의 얼굴을 똑바로 쳐다보며 자신의 생각이 옳다고 주장했다고 한다.

늘 동생이 줏대 없다고 생각했었는데, 형은 이제 동생이 자랑스러웠다. 형은 동생이 남기고 간 세 아이를 돌보며 농장 일을 했다. 그래서 기마부대에서도 나와야만 했다. 기마병은 충분히 많았다. 형은 다시 농부가 되었고 그날 이후 단 하루도 그 사실을 후회한 적이 없었다.

제8장

교수의 악몽

16세기 초 스페인의 정복자 코르테스와 피사로가 아즈텍 인들과 잉카 인들의 도시를
비롯해 그들의 문화와 민족을 몰살하면서 중남미의 고문화에 끔찍한 불행이 불어닥쳤
다. 수많은 사람들이 목숨을 잃었고 수백 년의 역사를 지닌 지식과 값비싼 예술품들이
파괴되었다. 스페인 정복자들은 엄청난 양의 금을 대가로 잉카 족의 아타우알파 왕을
풀어 주기로 하였다. 하지만 그들은 금을 받은 뒤 왕을 처형시켰다. 또한 그들은 아즈텍
의 몬테수마 왕을 돌에 맞아 죽게 만들었다.

　생존자들은 억압을 받았고 그들의 후손들 중 일부는 오늘날까지 억압을 받고 있다.
1494년에 아메리카는 토르데시야스 조약을 통해 당시 교황인 알렉산더 6세가 남극과
북극을 이으며 전 세계를 관통시켜 그린 선에 따라 스페인과 포르투갈의 식민지로 각각
나뉘게 된다. 당시 남미 지역을 식민지화하는 데에는 독일인들도 가담했다. 벨저 회사
는 베네수엘라를 점령하고자 했다.

　우리는 매일 사람들이 다른 사람들에게 해를 끼치는 소식을 듣고 보고 읽는다. 우리
는 이러한 소식을 듣고 끔찍하다고 말을 하지만, 과연 얼마만큼 진지하게 받아들이고
있을까? 이번 이야기는 16세기 초에 유럽 인들이 잉카와 아즈텍을 파괴한 역사를 반대
로 상상해 본 것이다.

나이가 지긋한 사학과 교수 에발트 에른스트는 2004년 10월 27일로 넘어가는 26일 밤에 심각한 꿈을 꾸었다. "식민지-사명과 권력"이라는 주제의 역사학회 일정 중 셋째 날에 일어난 일이었다. 다시 정신을 차리고 일어나기까지 꽤 오래 걸렸다. 그는 깊이 잤는데도 나쁜 꿈을 꾸었다.

　그런 꿈을 꾸게 된 이유는 쉽게 설명할 수가 없었다. 확실한 것은 아주 피곤한 날에 꾼 꿈이라는 것이다.

　늦은 저녁에 한 식사가 조금 과하기는 했다. 술을 마시기도 했다. 하지만 에른스트 교수가 취했던 것은 아니었다. 그는 절대 취하는 경우가 없었다.

　그의 꿈은 밤새도록 이어진 듯했다. 매우 끔찍하면서도 아주 자세하고 또렷한 꿈이었다. 마치 그가 직접 경험을 한듯 하면서도 동시에 멀리서 지켜본 느낌이었다. 꿈에서는 이러한 묘한 상황이 가능하다. 몇 년이 지난 후에도 그날 밤 꿈을 이야기할 수 있을 정도로 생생한 꿈이었다. 하지만 그는 꿈 따위는 이야기하지 않는 학자였다.

꿈속에서 처음에는 배들이 보였다. 대양을 가로지르는 범선 무리였는데, 그는 그 바다가 대서양임을 알 수 있었다.

배 위에는 검은 눈과 구릿빛 피부, 바다의 푸른빛에 녹아드는 듯한 검은 머리를 가진, 수염이 없는 남자들이 보였다. 대체적으로 여기 사람들보다 키가 작은 사람들이었다. 그들 사이에는 계급이 있었다. 높은 사람들의 머리 위에는 이상하게도 낯익은 듯한 깃털 그림이 있었고 계급이 낮은 사람들은 스웨터를 연상시키는 특이한 옷을 입고 납작한 모자를 쓰고 있었다.

배는 그리 크지 않았고 별 의미는 없는 듯했다. 배들은 강의 하류로 흘러가더니 조류를 거슬러 넓은 평지의 땅으로 향했다. 배들은 마치 분명한 목적지를 향해 가듯이 움직였다.

그 강은 분명 엘베 강이었다. 배들은 탑들이 보이는 큰 도시의 항구로 들어섰는데, 바로 함부르크였다. 도시에는 반목조 건물들이 많았으며 중간 중간 큰 교회의 탑과 지붕들이 솟아 있었다. 도시와 항구 사이에는 큰 누벽과 그 뒤로 탑들이 솟은 성벽이 있었다.

육지에 내린 선원들은 몸을 아래로 깊이 숙였으며, 어떤 이들은 바닥에 입을 맞추기도 했다. 또 다른 이들은 장대들에 이상한 무언가를 고정시킨 다음에 바닥에 꽂았다. 장대에 매단 깃발 같은 것에는 무슨 의미인지 알 수 없는 기호가 그려져 있었다.

배들이 들어오는 것을 지켜보던 항구 경비대는 다섯 명의 대원과 서기 한 명을 그들에게 보냈다. 이들의 흉부 갑옷, 미늘창, 깃털 투구를 보자 교수는 지금 이 꿈이 16세기 초임을 알 수 있었다. 두 사람은 소총을 지니고 있었는데, 위험하지 않은 상황이라고 생각했는지 총알은 없었다. 서기는 종이, 깃털, 잉크병으로 무장했다.

그때 갑자기 픽 하는 소리와 함께 작고 둥글고 노란 연기가 나더니 눈 깜짝할 새에 여섯 명이 죽어 쓰러졌다.

항구 일대에서는 이 일을 본 사람이 아직 아무도 없었다. 그때 선원들이 이상하게 생긴 동물들을 배에서 내려 강한 나무판 위로 옮겼다. 라마 혹은 낙타와 같이 긴 목을 가졌지만 목이 조금 덜 굽었고 낙타와 같은 동물들보다는 훨씬 크고 강해 보이는 동물들이었다. 에발트 에른스트 교수는 이들이 둥근 연기와 마찬가지로 자신의 꿈에서 튀어나온 동물들임을 알았다.

선원들 중 몇 명이 이 신기한 동물들을 타고 항구의 행정 관리소로 갔다. 갑자기 오늘날 항구의 크레인들을 연상시키는 모습의 부두 위에 죽은 여섯 명이 누워 있었다. 하지만 항구에 도착하는 사람들은 아무도 이들에 대해 더 이상 신경 쓰지 않았다. 배를 항구에 대고, 이상한 동물들을 배에서 내리고 작고 둥글고 노란 연기로 낯선 사람들을 죽이는 것이 마치 당연한 듯이 말이다.

관리소 건물에 다다르자 동물들 위에 타고 있던 사람들이 뛰어내려 건물로 들어서더니 그 안에 있던 상인과 서기 몇 명을 아주 잔인하게 때려죽였다. 그중에 세 명만은 살려둔 채로 포박하여 그들의 범선들 중 하나로 데려갔다.

지금까지 사람을 때리는 퍽 소리 외에는 별로 큰소리가 나지는 않았다. 다만 둥근 연기로부터 밝은 빛이 나왔는데, 이 빛 때문에 교수가 잠에서 거의 깰 뻔했다. 하지만 그는 신기해하며 조심스럽게 계속해서 꿈을 따라갔다. 그는 분명 이 꿈에서 깨기를 원치 않았을 것이다.

이 모든 것이 무서울 정도로 빠른 속도로 일어났다. 모든 배들에서 수많은 남자들이 나와 모두 그 이상한 동물을 타고 작지만 잘 정비된 부대를 이루어 도시로 향했다.

드디어 도시에서도 이상한 것을 느끼곤 성문을 닫고 호른으로 경보를 울렸다. 성벽과 누벽 위로 무장한 남자들이 모였다. 무슨 일인지 궁금한 사람들도 성벽 위로 올라와, 성문 앞에 이상한 동물을 타고 서 있는 혹은 그냥 서 있는 낯선 사람들을 바라보았다. 이 낯선 사람들은 보초대와 밀려나오는 마을 사람들에게 무어라 소리치고 있었지만 아무도 알아들을 수가 없었다.

교수도 그들의 언어를 알아들을 수 없었지만, 어디선가 비슷한 말을 들어본 것 같았다.

하지만 성문 앞 남자들의 팔 움직임은 무엇을 뜻하는지 알 수 있었다. 성문을 빨리 열지 않으면 도시가 파괴될 것이라는 신호였다.

동물을 타고 있던 사람들이 그 무리의 선두가 아님도 알 수 있었다. 소리를 치는 사람들은 동물을 타지 않은 채 권위 있는 발걸음으로 왔다

갔다 하고 있었고 다른 사람들과는 다른 옷을 입고 있었다. 복잡한 뜨개 문양이 새겨진 넓은 망토에 형형색색의 깃털들이 예술적으로 달린 아주 특이하고 화려한 옷이었다.

교수는 함부르트 앞에 진을 치고 있는 이 낯선 사람들이 누군지 알아차렸다. 그 화려한 옷은 바로 16세기 중미 지역의 아즈텍 인이 입던 옷이었다. 그가 생각하기에 모두가 아즈텍 인들은 아니었다. 그중에는 잉카 족도 있었고 어느 민족의 옷인지 알 수 없는 옷을 입고 있는 사람들도 있었다.

성문과 성벽 위에서 지켜보던 사람들은 저 형형색색 차림의 사람들이 무엇을 원하는 것인지 알게 되자 소리 내어 웃었다.

저녁이 되고 밤이 되었다.

선두자들과 대부분의 사람들은 다시 배로 돌아갔지만 동물을 타고 있는 일부 기마병들은 성문 앞에 그대로 있었다. 성벽 뒤에 진을 치고 다음날 이른 아침에 해가 뜨면 아마도 이 낯선 침입자들을 몰살시킬 도시의 막강한 군사력에 비하면 아주 적은 수의 사람들이었다.

교수는 16세기의 전쟁술에 대하여 잘 알고 있었다. 성벽 위에 대포가 침입자들을 향해 장착되고, 불과 천둥과 번개가 침입자들을 두려움에 떨게 만들 것을 알고 있었다. 그는 소총의 위력에 대해 알고 있었다. 머리끝에서 발끝까지 무장을 한 기마병의 무리가 침입자들을 공격하여 모두 죽일 것을 알고 있었다. 성 안 사람들이 가지고 있는 창과 칼이 얼마나 강한 강철로 만들어졌는지와 석궁의 치명적인 위력에 대해서도 알고 있었다. 침입자들이 성벽을 타고 올라오려 할 때 성 안의 사람들은 역청을 가득 담은 양동이들을 성벽 위로 날라 큰 돌들과 함께 그들을 향해 던질 것을 알고 있었다.

게다가 침입자들은 별로 무장을 하고 있지 않았다. 흉부 갑옷도 없었고 팔이나 다리 보호 장구도 없었다. 안타까울 정도였다. 꿈은 아주 흥미로웠다. 하지만 두 세력의 충돌은 너무 금방 결판이 났다.

예상과는 전혀 달랐다.

밤새도록 침입자들의 배가 계속 도착했다. 수많은 남자들이 어둠 속에서 내렸는데, 이들도 무장을 많이 한 것 같지는 않았다. 길고 굽은 목을 가진 이상한 동물들도 계속 도착했다.

아침이 되니 함부르크 성벽 앞에는 훨씬 커진, 하지만 아직도 상대적으로는 수가 적은 침입자들의 부대가 서 있었다. 이들은 협상을 할 생각도 없이 즉각 공격하기 시작했다. 또다시 작고 둥글고 노란 연기가 반짝이며 성벽 주위로 일어나더니 성벽이 더 이상 버티지 못하고 종이로 된 벽처럼 무너졌다. 함부르크 부대는 화려한 말들을 탄 기마병을 앞세워 머리에서 발끝까지 강철로 무장한 채 깃발과 호른과 트럼펫을 들고 두 번의 돌격을 시도하였지만 긴 목을 가진 동물을 탄 기마병들에게 단숨에 쓰러지고 말았다. 그 이상한 동물들은 강철로 된 듯한 긴 이빨로 함부르크 기마병들의 말을 물어 죽였고 나머지는 둥근 연기가 처리했다.

더 이상 낯선 침입자들에게 접근할 수조차 없었다. 이전에 경험해 보지 못한 이상한 힘이 그들에게서 뿜어져 나와 이들을 공격하는 모든 사람들을 무력하게 만들었다. 석궁 화살에 몇 명만 쓰러졌을 뿐 소총과 대포는 이상하게도 소용이 없어 보였다.

반면 여기저기서 피어나는 작고 둥글고 노란 연기는 엄청난 위력을 발휘했다. 전쟁이 시작된 지 얼마 되지 않아 함부르크 부대는 쓰러져 갔다. 함부르크 사람들은 성벽을 타고 올라오며 이미 허물어지기 시작한 성벽을 밟고 도시로 쳐들어가기 시작하는 침입자들을 힘없이 바라볼 수밖에 없었다.

함부르크 부대의 유일한 희망은 인원수가 더 많다는 것뿐이었다. 처음에는 침입자들이 함부르크의 큰 무리에 눌리는 듯 보였으나 이상하게도 전세는 곧 역전되고 말았다. 아마도 치밀하게 미리 계획되고 훈련된 전략이 있었던 것 같다.

많은 수의 사람들이 쓰러져 갔고 그중의 일부는 포로로 잡혔다. 함부르크 시민들 중에는 몇 명만이 도망치는 데 성공했다. 이들은 안전한 성벽을 찾아 뤼베크나 브레멘으로 달려갔다.

안전? 하지만 안전한 곳은 없었다!

동해안은 곧 낯선 침입자들에 의해 점령되었다. 함부르크, 뤼베크, 로슈토크, 그라이프스발트에 이어 슈테틴, 그단스크, 리가, 레발에 이르기까지 모든 도시들이 점령되었다. 뿐만 아니라 영국 해안, 프랑스의 해협 해안, 프랑스의 강 하류의 도시들에서도 점령 소식이 들려왔다.

침입자들이 북쪽에서부터 시작하여 엘베 강, 라인 강, 베저 강, 오더 강을 따라 남쪽으로 점령해 오자 황제는 독일 남부 지역에 엄청난 규모의 기마 부대를 소집했다. 황제의 부대는 대포로 무장했다. 이미 자신의 고향을 피해 모인 전 유럽의 기마병들이 방어에 가담했다. 프랑스, 네덜란드, 오스트리아, 스페인, 이탈리아의 저명한 군인들이 모두 모였다. 오랫동안 이어져 왔던 적대감은 모두 사라졌다. 폴란드, 헝가리, 동해의 국가들에서 모인 기마병들이 연합했다. 조약 체결을 통해 평화로운 협상 해결을 하고자 했던 영국도 결국 합세했다.

침입자들은 협상을 전혀 원하지 않았다. 그들은 영국이 파견한 자들을 무차별하게 죽였다.

전 유럽에서 모인 부대가 아직은 침입자 무리를 이길 수 있다는 희망을 가졌을 때 전투가 시작되었다. 그 결과 그 희망은 곧 사라졌다.

전투는 모든 전쟁술과 관습을 거슬렀다. 침입자들은 협상을 제안하기 위해 보낸 파견병들을 모두 즉시 죽여 버렸다. 아무도 그들의 진영에 들어가 보지도 못했다. 포로로 잡혀가는 경우도 거의 없었다. 잡힌 사람들은 사람이 아닌 양 무차별하게 죽임을 당했다.

나이든 황제도 붙잡혔다. 황제는 일반 군인과 함께 밧줄로 묶인 채 마구간에 감금되었다. 그들은 황제를 인질로 몸값을 요구했다. 적어도 드디어 협상을 할 준비가 된 것이다. 하지만 그들이 요구하는 몸값은 보통 사람들이 상상하기조차 힘들 정도로 너무나도 컸다. 그들은 수만 톤의 금과 보석, 은, 호박 보석을 요구했다.

사람들은 몇 주 동안 유럽 각국으로부터 금으로 된 유물함, 보석으로 치장된 책 덮개, 상아, 성체 현시대, 금으로 된 제단 장식품, 화려한 술잔, 성수기, 그릇, 왕관, 띠, 목걸이, 팔지, 진주, 에메랄드, 루비, 다이아

몬드 등을 가득 실은 수레들을 가져왔다. 침입자들은 그렇게 모은 아름 다운 예술품들 중에서 금이나 금으로 도장된 은 동상과 같은 것들은 그 자리에서 부수거나 녹였다. 그들에게 예술품은 큰 의미가 없었다. 금 과 은은 모두 사각형의 덩어리로 녹여 배에 실었다. 보석도 모두 깨뜨려 가죽 주머니에 담아 갔다.

"충분한가요?"

하지만 그들은 아직 멀었다는 대답만을 하였다. 그렇게 몇 달이 흘렀 다. 보물이란 보물은 전부 다 갖다 바쳤다. 침입자들은 자신들을 원망해 서는 안 된다고 했다. 이 모든 것이 황제의 책임이라고 했다. 그들은 늙 은 황제를 재판대에 세워 사형을 선고했다. 한 사형 집행수가 나와 황제 의 목을 끈으로 졸라 죽였다.

어떤 사람들은 프랑스, 스페인, 포르투갈의 왕들이 바다 반대편으로 끌려갔다고 말하고, 또 어떤 사람들은 그들이 모두 죽임을 당했다고 말 했다. 분명한 것은 왕비, 공작부인, 백작부인, 공주를 포함한 모든 여자 들이 침입자들의 노리개로 끌려갔다는 것이다.

침입자들은 크게 두 종족으로 구성되어 있었다. 바로 아즈텍 인들과 잉카 인들이었다. 그들은 서로 다른 언어를 사용하였지만 비슷한 신을 섬겼고 신과 같은 큰 통치자가 있었다. 그 통치자들은 너무 신성하고 큰 존재여서 이들과 함께 바다를 건너오지 않았다. 침입자들이 땅을 점령 하는 것도, 보석을 약탈하는 것도 모두 이들 통치자들을 위한 것이었다. 끝없이 배를 채워 바다를 건너 서쪽으로 향하는 것도 모두 이 통치자들을 위해서였다.

반대로 새로운 배들도 계속해서 유럽의 대서양 해안에 도착했다. 하지만 이제 함부르크로 오지는 않았다. 함부르크는 이미 전멸되었고 극소수의 사람들만이 폐허 속에서 비참한 삶을 살고 있었다.

잉카 인 침입자들은 남쪽과 서쪽으로 향했다. 처음에는 브레멘이 공격을 당했고 이어서 안트베르펜, 암스테르담, 겐트, 브뤼게가 함락되었다. 파리는 일주일도 버티지 못했다. 리옹, 아비뇽, 마르세유가 무너졌다. 프로방스 지역과 그 일대가 모두 함락되었다. 알프스와 피레네 산지도 소용이 없었다. 잉카 인들은 산들을 넘어 포르투갈, 스페인, 이탈리아, 교황령, 그리스, 터키를 비롯하여 발칸 지역의 모든 민족들을 점령했다.

동쪽과 북쪽 지역은 아즈텍 인이 맡았다. 체코, 폴란드, 에스토니아, 라트비아, 리브랜드 지역, 리투아니아, 러시아, 핀란드와 스칸디나비아 전 지역이 그들에게 보석을 바쳐야 했다. 처음에는 여기저기서 저항 운동이 벌어졌지만 침입자들은 이를 잔인하게 짓눌렀다.

침입자들의 행렬은 끊이지 않았다. 계속해서 공격자들이 유럽에 도착했다. 재산, 땅, 부에 대한 채워지지 않는 갈증을 가진 그들은 배에서 내리자마자 서로 땅을 차지하기 위해 서둘렀다. 이러한 과정에서 싸움과 폭력이 나타났다.

점령한 유럽 땅들을 둘러싸고 누가 약탈을 할 것인지에 대한 싸움이 커져서 결국 잉카 인들과 아즈텍 인들 간에 전쟁이 일어났다. 마침내 그들의 고향에 있는 신과 같은 존재의 통치자들이 결정을 내렸다. 알프스와 피레네 산맥을 경계선으로 북쪽은 아즈텍 인들이, 남쪽은 잉카 인들

잉카 문명의 고대 도시인 마추픽추.

이 차지하기로 했다. 이렇게 해서 오늘날 뮌헨과 플로렌스로 불리는, 신-테노치티틀란과 신-테오티우아칸 간의 조약이 체결되었다. 이로 인해 침입자들 사이에는 평화가 찾아왔다.

아즈텍 족과 잉카 족이 전 세계를 차지했다는 말이 퍼졌다. 이들은 모든 민족들을 다스리고 자신들의 신을 섬길 것을 강요하고 물건을 팔았다. 이들은 원료를 가져가는 대신 돈을 지불하는 것이 아니라 자신들의 물건을 주었다. 질이 안 좋은 그릇을 주고 주석과 납을 샀고, 자신들의 허술한 제복을 주고 고급 옷감을 샀다. 그래서 모든 민족들은 침입자들이 입고 있는 옷과 비슷한 혹은 똑같은 옷을 입었다.

이 모든 것이 일어난 기간은 한 사람의 일생보다 길지 않았음을 꿈에서 알 수 있었다.

교수는 또한 침입자들이 어떻게 지역을 차지하는지 보았다.

그들은 사람들을 사람이 아닌 동물 취급했다. 사람들의 작품들을 비롯해 예술과 문화에 대해서는 애초부터 무시했다. 동물들은 예술이나 문화가 없기 때문이다.

새로운 도시를 점령하면 가장 먼저 책들을 불태웠다. 하나도 남김없이 불태웠다. 그들은 도시를 뒤져 도서관을 찾아 책과 모든 인쇄물들, 즉 시대의 지식을 모두 모아 불태웠다. 불은 몇 달 동안이나 꺼지지 않았다. 교회와 제단을 부수는 것도 중요하게 생각했다. 단 한 개의 돌들도 남지 않도록 모두 철저히 부숴 버렸다. 지식과 종교는 그들에게 불경스럽고 이교도적인 것이었기 때문이다.

교수의 눈에는 쾰른 성당도 보였다. 1880년 10월 15일에 완공된 쾰른 성당도 무너졌다. 그들은 처음에는 성당 탑에 구멍을 내서 돌들을 떨어뜨리더니 회랑을 부수고 성당의 정면 장식들을 파괴했다. 창문들을 부수고 제단은 이미 불태운 상태였다. 그들은 10미터도 채 되지 않는 낮은 벽면까지 모조리 부숴다. 그들은 폐허에 계속해서 엄청난 산더미를 쌓아갔다. 그러더니 그 산더미를 멕시코식인 듯한, 괴기하게 장식된 여러 층의 피라미드로 만들었다.

그들은 피라미드 꼭대기로 이어지는 외부 계단 위에서 한 남자를 그들의 신들에게 바쳤다. 사람들은 그 희생자가 쾰른의 대주교라고 이야기했다.

아마 교황도 그렇게 희생됐을 것이다. 왜냐하면, 꿈은 교수에게 로마의 피터스 성당이 무너지고 그 위에 새로운 피라미드가 세워지는 장면을 보여주었기 때문이다.

옛 성당, 교회, 수도원의 자리에는 이렇게 크고 작은 피라미드가 세워졌다. 이 피라미드들은 유럽 토박이들은 이해할 수 없는, 이상하고 기괴한 장식과 모형들로 꾸며졌다.

유럽 대륙에서 살고 있던 사람들이 당한 파괴와 살인의 규모는 엄청났다. 침입자들은 수백 년간의 적응 덕분에 자신들은 면역력을 지니고 있지만 유럽 인에게는 치명적인 병을 몰고 왔다. 이 병은 전염병으로 유럽을 휩쓸었다. 유럽 인들은 면역력이 없는 무방비 상태에서 떼죽음을 당했다. 모든 도시가 사람이 없는 불모지가 되었다.

살아남은 사람들은 강제 노역을 당했다. 침입자들은 광산을 중요하게 여겼다. 하르츠, 슈바르츠발트 숲, 에르츠 산지, 보헤미아 지역, 알프스 산지, 카르파티아 산맥, 카프카스 산맥, 콘월, 웨일스, 프랑스, 이탈리아, 스페인, 발칸 지역에서 우랄 산맥과 시베리아 및 중국의 산지에 이르기까지 광산을 파도록 했다. 그들이 원하는 것은 분명했다. 금! 보석!

침입자들은 유럽 인들을 효율적으로 다스리는 방법도 이내 터득하였다. 예부터 섬겨 오던 그들의 하느님을 부정하고 침입자들의 신을 인정하는 사람에게는 경작할 작은 땅을 주었다. 이러한 현실은 독일, 프랑스, 영국에 이어 저 동방의 국가들과 아프리카 남단 지역에까지 이어졌다.

추수한 작물은 땅의 원래 주인에게 바쳐야 했고 그 주인들은 작물을 부유한 잉카 인들과 아즈텍 인들에게 팔았다. 땅을 경작한 사람들에게는 한 푼도 주어지지 않았다. 그들은 농사일을 계속할 수 있을 정도의 양만큼만 자신들이 수확한 작물을 가질 수 있었다.

모든 학교와 대학들은 문을 닫았고 교수와 선생들은 광산에서 자루를 지거나 수레를 밀었다. 에발트 에른스트 교수는 소름이 끼쳤다. 아무도 읽거나 쓰거나 계산하는 법을 배울 수 없었다.

하지만 이렇게 억압을 받는 사람들에게도 작은 희망은 있어 보였다. 침입자들 중에 유럽 사람들의 괴로움을 이해하는 극소수의 제사장들이 쓴 책과 기사들이 있었다. 아주 힘든 시기에 이들은 사람들의 고통에 대하여 썼다. 하지만 이들의 말은 주목받지 못했다. 사람들의 고통을 보고 자신들의 정책을 바꾸기에는 유럽에서 약탈한 값비싼 것들이 아까웠다. 티와나쿠와 테오티우아칸의 대제사장들이 유럽 사람들의 고통을 경감시키라고 지시했지만 그조차도 소용이 없었다. 제네바, 파리, 마이란트, 바르샤바, 빈의 고통은 그들에게 상관없는 먼 일이었다.

사람들이 너무 많이 죽어나가 노동력이 부족해진 지역에서는 노예들로 노동력을 대체했다. 침입자들은 아프리카에서 잡아온 흑인들을 대신 부렸다. 이러한 노예들을 부리면서 엄청난 이득을 남겼다. 그래서 대서양 건너편에 있는 잉카 족과 아즈텍 족의 고향에는 정치와 경제를 장악하는 부유한 상인층이 형성되었다.

흑인 노예들의 수는 수백 년간 급증하였고 곧 유럽 지역의 가난한 자들도 노예로 잡혀갔다. 과일, 곡물과 같은 생산물과 알코올 풍습이 아메

아즈텍의 피라미드 유적.

리카로 전해졌고 그곳의 삶의 형태를 변화시켰다.

3백 년이 지난 후, 대서양과 우랄 산맥 사이의 땅이 모두 황폐화되었다. 침입자들이 유럽 등지를 전혀 새로운 땅으로 만들어 버린 후, 지금은 파괴된 유럽과 기타 지역의 문화 흔적을 찾으러 침입자들의 나라로부터 학자들이 왔다. 이들 문화에 대한 이론을 세우고 책을 쓰기 위해서였다.

그들은 함부르크, 쾰른, 하노버, 뮌헨, 프랑크푸르트, 울름, 빈, 크라코브, 부다페스트, 로마, 파리, 리스본, 런던, 보스코바, 콘스탄티노플 등을 샅샅이 뒤졌다. 교회와 성벽의 잔해를 찾아 다녔고 뼛조각, 유리조각, 양피지나 종이 조각을 찾을 때마다 기뻐했다.

옛 파리의 교회 자리에 있는 케찰코아틀의 대형 피라미드에서 보석으로 장식된 금 십자가가 발견되자 그들은 흥분을 감추지 못했다. 그 교회의 원래 이름이 무엇이었는지는 아무도 알지 못했다. 이제 더 이상 파리라는 도시는 없었다. 그 자리에 엄청난 규모의 공장들만 있을 뿐이었다. 석상과 동상의 흔적들도 발견되었는데, 학자들은 이 조각들을 다시 맞추려 했다. 하지만 조각들을 맞추는 동안 서로의 의견이 일치한 적은 한 번도 없었다.

한번은 위에서 말한 케찰코아틀 피라미드 근처의 한 지하 구멍에서 나무판 위에 그린 그림이 발견되었다. 그 그림의 반은 이미 깨져나갔고 많이 손상된 상태였다. 그림의 대부분이 손실된 상태였지만 에른스트 교수는 곧바로 무슨 그림인지 알 수 있었다. 바로 레오나르도 다 빈치의 모나리자였다. 하지만 그 학자들 중에는 어떤 화가의 무슨 그림인지 아는 사람이 없었다.

학자들은 이러한 흔적들을 모아 박물관을 지었다. 이 박물관들은 원래의 유럽 주민들은 절대 가 볼 수 없는 바다 저 건너편 먼 곳에 지어졌다. 운이 좋아 옛 건물의 복도나 지하실에서 도서관의 흔적을 찾을 때도 있었다. 이렇게 발견된 책들은 인류의 값비싼 유산으로 수집되었다.

그들은 옛 유럽 주민들의 종교와 세계관을 알아내고자 애를 썼다. 이러한 과정에서 플라톤, 아리스토텔레스, 토마스 아퀴나스, 단테와 같은 이름들이 등장하였고 학자들은 이들의 가르침을 연구했다.

많지는 않지만 여기저기서 아주 오래된 서신과 문서들도 발견되었다. 학자들은 이것들을 연구하여 유럽의 옛 역사를 연구했다. 하지만 대부

케찰코아틀 피라미드의 모습.

분은 알아내기가 힘들었다. 학자들은 교황과 황제가 한 사람에게 사용되었던 두 개의 이름인지, 서로 다른 두 권력자들을 지칭하는 것이었는지를 놓고 싸워야 했다.

과거에 라틴 어와 고대 그리스 어가 존재했다는 추측은 결국 입증하는 데 성공하지 못했다. 과거 유럽의 주민들이 사용했던 언어는 사라진 언어로 불리며 새로 건립된 도시에서는 전혀 사용되지 않았다. 남은 유럽 인들도 새로운 도시에 적응했다. 운이 좋은 어떤 사람들은 자식들을 학교에 보낼 수도 있게 되었다.

갑자기 에발트 에른스트 교수는 신-테노치티틀란에서 개최되고 있는 아즈텍 역사학자들의 회의장에 앉아 있었다. 회의의 주제는 "교황 제도와 카프카스의 사냥", "독일의 황제—전설인가 혹은 진실인가"였다.

오후에 에른스트 교수는 큰 회의실에서 "잉카 인들과 아즈텍 인들의

유럽 정복—축복인가 혹은 저주인가"라는 주제로 발표를 해야 하는 긴
장된 상황이었다.

바로 그때 교수는 소리를 지르며 꿈에서 깨어났다.

제 9 장

시계공

이 장의 주요 인물 | **카를 5세**(Karl V, 1500~1558)

인간이 발명한 것 중 가장 천재적인 발명품인 톱니바퀴 시계는 두 개의 부분으로 구성된다. 바로 구동부와 제동 및 조절부이다. 구동부는 시계 부품에 가해질 힘을 발생시키는 스프링이나 추로 구성된다. 제동 및 조절부는 톱니바퀴들이 풀어지는 것을 방지한다. 일찍이 사람들은 시계를 보며 사람의 심장과 닮았다고 했고, 끝없이 맞물리는 톱니바퀴의 움직임이 악마를 연상시킨다고도 했다.

카를 5세는 시계 수집광이었고 직접 시계를 수리하기도 했다. 그의 정치도 구동과 제동이 번갈아 가며 작동하는 시계와 같았다. 그의 재위 기간 동안 개혁, 농민 전쟁, 터키 전쟁, 프랑스 전쟁, 종교 전쟁, 제후들의 봉기가 연속해서 일어났다. 그가 황제로 통치하던 시기에는 모든 결정이 이러한 역사적 사건들에 의해 조종을 당했으며 황제의 의지는 크게 반영되지 못했다. 그는 가톨릭 신앙으로 종교의 통일을 달성하고 교황의 권한을 다시 부활시키고자 했다. 그러나 새로운 적과 경쟁자들이 끝없이 나타나 길을 가로막았다. 기독교가 우세한 도시에서는 기독교도들과 협약이 맺어졌다. 모든 노력이 헛된 수고였다는 것을 인정해야 하자 그는 1556년에 황제의 자리에서 내려왔다. 역사상 스스로 권력을 포기하고 황제의 자리에서 내려온 유일한 사람이 된 것이다.

그는 황제의 자리에서 내려올 때 연설을 했는데, 이 이야기 속에 그의 연설의 일부를 내용에 맞게 변형해서 또는 전해 내려오는 문구 그대로 인용했다. 이 이야기의 마지막 문장 역시 카를 5세가 인생의 마지막 순간에 정말로 했던 말이라고 한다.

나는 시계공이 되었다. 나는 시계를 수리하며 산다. 나는 더 이상 황제가 아니다.

신의 은총을 입은 나는 로마의 황제인 카를 5세이자 게르마니아의 왕, 카스티야, 아라곤, 레옹, 시칠리아, 예루살렘, 헝가리, 달마티아, 크로아티아, 나바라, 그라나다, 톨레도, 발렌시아, 갈리시아, 카나리아 제도, 인도 제도, 대서양의 육지들의 통치자였다. 나는 세계를 통치했었다.

그러나 그 모든 권력을 뒤로 하고 지금은 세상의 끝에 위치한 에스트레마두라의 유스테 수도원의 한 별채에서 지내고 있다.

나는 시계를 수리하며 지낸다. 시계는 신기한 물건이다! 내가 수리하는 것은 금, 은, 보석으로 장식된 사람 머리만 한 큰 시계다. 시계는 세 개의 부분으로 구성된다. 마찬가지로 나는 세 개의 제국을 소유했었다.

스페인과 신성 로마 제국 그리고 신대륙인 인도를 지배했었다.

시계의 몸체를 받치는 받침대는 얇지만 금과 은으로 정교하게 제작된 작품이다. 과연 권력의 받침대는 얼마나 넓을까?

황제로서 나는 화려함과 세련됨의 대명사였다. 권력의 상징인 휘장을 달고 언제나 가장 고급스러운 옷을 입고 살았다. 그러나 실제로 권력을 쥐고 있었을까?

제국의 기초가 되어 주는 제후들도 화려했다. 특히 나를 선출해 준 마인츠, 쾰른, 트리어, 작센, 팔츠, 보헤미아, 브란덴부르크의 일곱 제후들은 더욱더 그랬다. 나 이전에 황제의 자리에 있던 카를 4세 때부터 이들 일곱 제후들은 선제후라 불리기 시작했다. 카를 4세는 1356년 금인칙서에 일곱 선제후가 선출한 왕은 호엔슈타우펜 왕조 때와 같이 단순한 왕이 아니라 동시에 황제가 되기 때문에 교황의 권한 밖에 있음을 명문화시켰다.

그래서 나도 1519년에 쾰른의 주교로부터 아헨 성당에서 황제로 임명을 받았다. 그러나 나는 이러한 황제 제관식의 정당성에 대해 다소 의문을 가졌고, 전투에서 내게 항복했던 당시 교황 클레멘스 7세로부터 볼로냐에서 다시 황제로 임명을 받았다. 나는 황제였기 때문에 엄청난 부를 소유했다. 마지막 기사라고 불리는 내 할아버지 막시밀리안 황제는 술집 외상값을 갚기 위해 제국의 일부를 담보 잡혀야 했다고 한다. 그에 반해 나는 적어도 그럴 염려는 없었다.

얇은 받침대 위에 시계의 몸체가 얹혀 있다. 금으로 만든 정교한 몸체이다. 몸체 안에는 시계판과 그 판 위를 빙글빙글 도는 바늘이 있다. 바늘에는 시침과 분침이 있고 행성을 가리키는 침과 황도십이궁과 별자리와 요일을 가리키는 침이 있다. 가시화된 세상의 시간이 금으로 표현되어 있다. 몸체의 뚜껑은 깨져 있다. 사방팔방으로 번지는 갈라짐 때문에 유리 뚜껑에는 어지러운 문양이 생겼다.

나는 황제로 선출되었지만, 나 자신의 특성은 그 투표에 전혀 반영되지 않았다. 나는 돈 때문에 선출되었다.

선제후들을 매수하기 위해 필요했던 막대한 자금은 아우크스부르크의 푸거 가문의 주머니로부터 제공되었다. 물론 경쟁 후보들도 있었다. 프랑스의 왕 프란츠 1세, 영국의 하인리히 8세는 신성 로마 제국의 황제 자리를 노리고 있었다. 선제후들의 마음은 돈으로 매수해야만 했다. 돈이 많은 야코프 푸거는 세 후보를 지지하는 세력 중 가장 돈이 많았고, 그의 눈에는 내가 그의 가문과 사업을 가장 유리하게 만들어 줄 만한 황제 후보로 보였던 것 같다. 그는 상인이었기 때문에 계산이 정확했다. 나는 그에게 대서양 너머 신대륙에서 그 전후로 상상할 수 없는 우선권을 주어 마음껏 사업을 할 수 있도록 보장해 주겠다고 했다. 그래서 나는 1519년 10월 23일에 황제로 즉위했다.

이 시계의 가장 솟아 있는 부분은 금이 간 몸체 위에 달려 있는 금상이다. 이 상은 인간이나 신이 시간을 지배하는 것을 표현하고 있다. 지배한다는 것은 시간을 통제한다는 것이다. 시계공이 된 황제라면 할 수 있는 일일까?

시계의 내부를 보면 그 속이 얼마나 깨끗한지에 놀라지 않을 수 없다! 나는 시계의 구조에 대해 잘 안다. 이 시계는 톱니바퀴가 정교하게 맞물려 있고, 작은 판과 기둥 등의 표면이 매끄럽고 균일하며, 연결 및 맞물림 부위가 섬세하고 정확하게 제작되었다.

그러나 시계는 서 버렸고 이제는 태엽을 감아 주어도 움직이지 않는다. 이런 시계는 시계공이 고쳐야만 다시 시간을 가리킬 수 있게 된다. 시계공은 의사와 같다. 의사는 병의 원인을 알아내고 병을 치료한다. 시계공은 고장 난 부위를 파악하고 그 부위를 수리한다.

이 시계를 보니 시계 안에 먼지가 들어가 톱니바퀴가 잘 돌아가라고 칠하는 기름과 함께 덩어리졌다. 그래서 태엽이 돌아가는 것을 막은 것이다. 시곗바늘의 움직임이 느려졌다가 완전히 멈추고 말았다. 시계 내부의 때를 제거하고 다시 바늘이 움직일 수 있게 해 주어야 한다. 스프링도 다시 자유롭게 움직일 수 있게 해 주어야 한다.

스프링의 탄력과 추의 힘이 시계를 움직이는 원동력이다. 그러나 톱니가 없으면 시계는 한 순간에 분해되어 버릴 것이다. 톱니가 영원히 맞물려 돌면서 크라운 톱니바퀴를 막았다가 다시 놓아 주기를 반복한다. 동시에 스프링의 움직임이 추의 속도를 조절하고 시계의 모든 부분에 움직임을 알리는 크라운 톱니바퀴의 속도 역시 제어한다. 스프링은 탄력적으로 움직이는 일종의 바퀴로 사람의 심장에 비유할 수 있는 부분이다.

스프링이나 톱니를 국가에 비유한다면 황제라는 존재는 무엇이라고 할 수 있을까? 황제는 크라운 톱니바퀴가 되는가? 크라운 톱니바퀴처럼 밀어붙였다가 다시 막아 중도를 지키게 하는 역할을 하는가? 아니면 단순히 힘을 전달할 뿐인가?

모든 것은 하느님이 주시는 힘으로부터 비롯되지 않는가?

그렇다면 하느님이 시계의 스프링이고 황제는 하느님이 주신 힘을 적당한 크기로 조절하는 자이다. 시계에 떨어지는 햇볕의 양은 그 국가를 생각하는 하느님의 뜻이다. 따라서 황제의 법은 국가를 하느님의 뜻에 부합하게 만드는 것이다.

황제의 권력은 세 가지 역할에 사용된다. 톱니와 스프링과 크라운 톱니바퀴처럼 균형 잡기, 통제, 조절을 한다. 위대한 시계공이 자신의 뜻대로 황제로 세우시고, 세상의 시곗바늘을 일치시키라고 명한다. 그래서 황제들은 황제로서의 책임을 다하는 것이다.

그런데 나의 제국이라는 시계 속에 모래알처럼 끼어든 것이 있었다. 수도사이자 비텐베르크에서 교수직을 맡은 마르틴 루터라는 자였다.

나는 1519년 아헨 성당에서 신성 로마 제국의 황제로 임명되었다. 루터가 세상을 혼란스럽게 만든 지 벌써 2년째 되던 해였다. 성모 마리아에게 대항하는 루터의 글은 전국적으로 퍼졌다! 루터의 주장 중 많은 부분은 일리가 있었다! 이것은 인정해야 한다.

그러나 제국은 교회 위에 서 있으며 제국 위에 교회가 세워진다. 교회와 제국은 불가분의 관계에 있다! 그러니 제아무리 별 볼일 없는 수도사일지라도 생각 없이 손을 댔다가는 제국 내의 복잡한 관계들이 틀어지게 될 수 있었다. 제국의 상황은 시계 속의 복잡한 톱니바퀴와 축의 메커니즘과 같았다.

나는 건방진 수도사를 백 년 전 콘스탄츠 공의회에서 얀 후스를 화형시킨 것처럼 화형시킬 수도 있었다. 그러나 나는 1521년 보름스 국회에 소환된 루터에게 자유를 주었다.

나는 궁금했다. 사람들의 마음을 조정할 수 있었던 그는 어떤 사람일까?

나도 결국 외형적인 법으로만 그를 다스릴 수 있었다. 나는 그가 절대로 자신의 주장을 철회하지 않을 것임을 첫눈에 알아볼 수 있었다. 창백한 얼굴을 한 채 세상 그 무엇에도 주장이 꺾이지 않고 절대로 자신의 신념을 버리지 않는 그런 종류의 사람들이 있다. 나는 알 수 있었다. 그는 세계라는 시계의 한 부분이었고 자기가 있어야 할 곳을 찾은 것 같았다.

그가 쓴 글이 정말 루터 자신이 쓴 것들임을 확인한 후 나는 그에게 주장을 철회하라고 명령하고 간단히 답하라고 했다. 너무 많은 말은 위험했다.

루터는 하루 동안 생각할 시간을 가진 후 단 몇 마디에 불과하지만 확신과 열정에 찬 몇 마디로 나를 감동시켰다. 어쩌면 내가 그 당시 스물한 살의 어린 나이였기 때문에 그에게 압도당했었는지도 모른다.

나는 그때나 지금이나 독일어를 알아듣지 못한다. 그래서 당시 그의 말을 통역하게 했다. 나는 스페인 어, 프랑스 어, 이탈리아 어에 능통하며 겐트 출신이므로 플랑드르 어도 구사하지만 독일어는 못했다. 1500년에 태어난 내 삶의 시계는 15세기의 시계와 같은 속도로 갔다.

나는 신학자가 아니다. 나는 황제였지 신학자가 아니었다. 그러나 루터가 말한 것들 중 대부분의 것들은 내게도 쉽게 이해가 되었다. 그러나 교회와 학계, 에라스무스 폰 로테르담과 같은 학자들은 루터의 교리를 거부했다.

나는 제국 내 긴장을 완화시키려고 했다. 그것이 내가 해야 할 임무이기도 했다. 나의 선왕이신 지기스문트 황제 역시 콘스탄츠 공의회에서 교회의 어른들에게 교회와 교회 내부의 분란에 대해 고심하고 교회를 머리끝에서 발끝까지 개혁하라고 촉구한 바 있었다. 나는 루터의 교리를 종교 회의를 통해 판결하기를 원했다. 그 방법을 통해 교회가 스스로 교회 내의 문제들을 정리하고, 교회가 주장하는 바 중에서 옳은 부분들을 인정받아 다시 권위를 회복하게 될 것이라 믿었다. 그 결과 영혼들이 가야 할 하나의 길이 법으로 확정되어 제국이 안정을 찾게 될 것이라고 믿었다.

나는 종교 회의를 개최하고자 애를 썼다. 그러나 교황 레오 10세와 그의 뒤를 이은 클레멘스 12세는 종교 회의 때 다른 세력들이 결정권을 갖게 될 경우 교황권이 상실될 것이라며 두려워했다. 나와 손을 잡은 네덜란드 출신의 학자이자 후에 교황이 된 하드리안 11세는 교황으로 선출된 직후 교회의 문제점들을 고쳐 나가고 서양 세계를 위협하는 이교도들에 맞서 기독교를 통합하고자 노력했다. 그러나 그는 교황직에 오른지 1년 후 1523년에 죽고 말았다.

1545년에 파울 3세가 드디어 트리엔트에서 종교 회의를 개최하였지만 로마 가톨릭 교회와 루터 교회 간의 갈등과 격차는 이미 고착화된 상태였다. 기름이 굳어지면 톱니바퀴의 움직임이 불가능해지듯, 두 신앙을 중심으로 하는 세력의 관계는 조율될 수 없게 되었던 것이다. 시계의 두 바늘은 서로 다른 곳을 향했고, 세계라는 시계는 더 이상 제대로 작동하지 못했다.

시계의 바늘은 크라운 톱니바퀴로부터 힘을 전달받은 톱니바퀴를 통해 움직이게 된다. 이 힘에 의해 시간의 흐름을 표시하게 되는데, 이는 마치 사람들의 생각이 세계의 요구를 신앙을 통해 표출하는 것과 같다. 시계를 발명한 사람이 자신의 생각을 시간을 측정하는 기계를 발명함으로써 표출한 것 같다.

나는 제국을 혼란에 빠뜨리고 새로운 기준을 제시한 루터의 개혁에 맞섰다. 나는 그를 미치광이라고 정의했다. 그리고 1521년에 발표한 보름스 칙령을 통해 루터의 가르침을 받아들이는 것을 금지했다. 그러나 일개 수도사였던 루터는 거인으로 성장했다. 나는 루터의 글을 퍼뜨리는 것을 금했다. 그러나 한 세대 전 요하네스 구텐베르크가 발명한 인쇄술 덕분에 루터의 글은 금지령에도 불구하고 대량으로 생산되어 제국의 모든 구석에까지 도달했다.

그는 독일에 사는 모든 백성들이 이해할 수 있는 언어로 성경을 번역했다. 심지어 루터의 글을 읽기 위해 글을 배우는 사람들도 있었다. 심지어 사회의 최하계층에서도 그의 글을 읽고자 글을 배우는 사람들이 나타났다. 소시민과 농민들만 루터를 추종했던 것은 아니다. 제후들과 대도시에 사는 사람들 중에도 그의 추종자가 있었다. 교회의 재정을 충당하던 부유층도 나에게서 등을 돌렸다.

나는 협상해야만 했다. 시계를 다시 맞추고 시곗바늘을 하느님의 뜻에 맞춰야 했다. 나는 금지령을 권력의 힘으로, 무력이 필요하다면 전쟁

모하치 전투를 묘사한 그림. 이 전투에서 헝가리 군대는 쉴레이만이 이끄는 터키 군대에게 완패했다.

을 해서라도 관철시켰어야 했다. 그러나 프랑스의 왕 프란츠 1세가 밀라노가 있는 이탈리아 북부를 장악하려는 계획을 세웠다. 그래서 나는 제국 안이 아니라 밖으로 싸우러 나가야 했다. 나는 제후들의 지원이 필요했다. 교회를 떠나 새 신념을 따르는 제후들의 도움까지도 절실했다.

1525년 2월 24일에 나는 프랑스의 왕을 파비아 전투에서 이기고 그를 포로로 잡았다. 그리고 같은 해에 농민들의 반란을 제압하는 데에도 성공했다.

나는 완전한 승리를 거두었다. 루터의 추종자들은 세력이 약화되었고 나는 드디어 그들의 교리를 완전히 금지시키고 세계라는 시계의 바늘을 다시 바로 가게 할 수 있었다!

그러나 이번에는 이교도들이 동남쪽에서부터 공격해 오기 시작했다. 대제라고 불리는 터키의 쉴레이만 술탄이 1521년 베오그라드 요새를 정복하고 1522년 로도스 섬을 손에 넣은 후 1526년에 수백만 명의 군사를 이끌고 헝가리로 진격하여 모하치 전투에서 헝가리 군대를 전멸시켰다. 이로써 이교도들을 저지하던 마지막 보루가 무너졌다! 터키 군대는 제국 국경 바로 앞까지 다가왔다.

상황은 더 악화되었다. 나에게 패했던 프랑스의 왕 프란츠 1세는 나와 맞서고자 이교도 술탄과 손을 잡았다. 교회와 제국이 위기에 처했다. 그런데 교황은 나에게 아무런 도움도 주지 않았다. 무기도, 돈도 제공하지 않았다. 교황의 입장에서는 나의 세력이 너무 커 있었다.

나는 또다시 제후들에게 도움을 청할 수밖에 없었고 어쩔 수 없이 1526년 슈파이어 국회에서 새 교리를 인정하고 보름스 칙령을 무효화시켰다. 루터의 교리는 사람들의 마음뿐 아니라 생각과 정치까지 장악하기 시작했다.

나의 군인과 용병과 민병대원들은 파비아 전투 이후 여전히 이탈리아에 주둔하고 있었다. 이탈리아 정치가 불안정하여 돌아가지 못하고 있었던 것이다. 신대륙으로부터의 은 공급량은 점점 줄어들었고 군인들에게 줄 수 있는 돈도 모자라기 시작했다. 전쟁은 돈이 있어야 가능한 일이다. 돈 없이는 불가능한 일이다. 정당한 대가를 기대할 수 없게 된 군대는 교황에게서 보상을 받기 위해 나의 명을 따라 로마로 향했다. 로마는 1527년 5월 5일에 점령되었다. 민병대를 지휘한 게오르크 폰 프룬드스베르크는 그 이전에 반란을 일으킨 용병에 의해 최후를 맞았다. 이탈리아에서 군대를 지휘한 총사령관 카를 폰 보르본은 로마의 성벽을 점령하던 중 화승총에서 발사된 총알을 맞고 쓰러졌다. 총지휘관을 잃은 군대는 한 달 동안 도시를 잔인하게 약탈했다. 거친 민병대원들은 엥겔스부르크로 피신한 교황의 옷을 두르고 로마의 거리를 누비며 축복의 말이랍시고 끔찍한 말들을 지껄여 댔다. 여자와 아이들도 포함된 수천 명의 사람들이 살해되었다.

나는 교황을 그런 식으로 제압하려고 했던 것은 아니었지만, 결과적으로는 세상의 질서가 무너지게 되었다. 나는 다시 한 번 세계라는 시계의 바늘을 제자리로 옮겨 놓으려고 애를 썼다. 1529년 초 슈파이어 국회에서 나는 루터의 교리를 다시 금지시켰다. 개신교 제후들과 루터를 지지한 도시들은 거세게 항의했고, 이 때문에 개신교도들은 프로테스탄트(Protestant: 항의하는 사람—옮긴이)라고도 불리게 되었다.

그러나 나는 제국을 통합하지 못했다. 그 해가 가기 전에 나는 성과 도시가 차례차례 터키 군대에 의해 점령되고 있던 헝가리에 온 군사력을 투입해야만 했다. 어마어마한 대규모 군대가 빈을 향해 오고 있었다.

선왕인 황제 프리드리히 3세가 1453년 콘스탄티노플의 몰락 이후 그랬던 것처럼 나도 터키 군대에 대항하기 위한 특별 세금을 거둬들여 그 돈으로 군대를 모집했다. 프리드리히 3세 때와 같이 매일 12시에 제국 전역의 종탑에서 종을 울려 하늘의 도움을 기원했다.

1529년 가을에 드디어 터키 군대가 빈 앞에 진을 쳤다. 도시는 1529년 9월 23일에 포위되었다. 그러나 적군은 나의 성을 단숨에 정복하지는 못했다. 터키 군대의 대포는 성벽을 무너뜨리기에는 너무 화력이 약했다.

10월 25일에 빈은 다시 자유를 되찾았다. 빈의 자유는 인간의 힘으로 쟁취된 것이 아니었다. 빈은 적에게 한 달 동안 포위를 당하고 포탄을 맞으며 함락 직전의 위기에 처해 있었다. 그러나 세계라는 시계의 바늘을 직접 바로잡으신 하느님의 은총으로 위기를 모면할 수 있었다. 그해 가을에 일찍 들이닥친 강추위 때문에 터키 인들은 얇은 천막에서의 생활을 견디지 못하고 철수했던 것이다.

내가 추구한 질서가 하느님의 뜻이라는 것을 증명해 주는 사건이었다. 나는 드디어 군사력을 제국 안에 집중시킬 수 있었다. 1530년에 루터의 추종자들은 그들의 교리를 정리한 「아우크스부르크 신앙 고백」을 발표했다. 나는 이 신앙 고백에 대한 교황청의 반박문을 공개하고 루터의 추종자들에게 그 어떤 반론도 허용하지 않았다. 「아우크스부르크 신앙 고백」의 발표는 제국의 평화를 깨는 사건으로 간주되었다.

동시에 나는 프랑스의 왕인 프란츠 1세의 호위와 지원을 받으며 쉴레이만 대제가 재차 빈으로 다가오는 것을 지켜보아야만 했다. 나는 다시 모든 제후들의 도움이 필요했다. 그래서 또다시 나의 손으로 시계침의 위치를 바꾸었다. 1532년 뉘른베르크 종교 회의를 통해 개신교도들에게 교리 전파와 종교 의식을 공인해 준 것이다.

이미 오래전부터 루터를 비롯하여 지배계층에 대항하라고 농민들을 선동한 비텐베르크의 카를슈타트 박사나 미사를 폐지하고 교회 내의 모든 형상을 없애 버린 취리히의 츠빙글리와 같은 다수의 엉터리 개혁가들이 활동하고 있었다. 그들 중 누군가는 빵과 포도주가 예수 그리스도의 살과 피로 변한다는 사실도 부정했는데, 여기에 대해서는 루터마저도 동의하지 못했다. 이들 개혁가들이 서로를 멸망시키고 시계의 바

늘이 저절로 다시 제자리를 찾기를
희망했던 나의 바람은 안타깝게도
이뤄지지 않았다.

실레이만 대제. 오스만 제국의 10대 술탄이다.

나는 밖으로 시선을 돌렸다. 금,
은, 보석 등이 신대륙에서부터 나의
서양 세계로 쏟아져 들어오고 있었
다. 나는 세계 시계의 바늘이 자기
자리를 찾아갈 수 있게 하기 위해
필요한 군대를 샀으며, 전쟁이라는
수단을 이용할 수 있을 만큼의 경제적 능력을 갖췄고, 이미 1532년에
빈으로 입성하지 못하게 막았어야 할 불신자들을 무력으로 막을 수 있
게 되었다.

1535년에는 배를 타고 무어 인 강도들의 소굴인 아프리카의 튀니스
를 향해 진격했다. 튀니스는 오래전부터 나의 선박들이 납치를 당하고
선원들이 노예로 팔리는 곳이었다. 나는 잘 싸웠고 전투에서 승리를 거
둬 튀니스를 차지하게 되었다.

그 승리를 계기로 나는 신의 제국을 바다 건너에 있는 대륙으로까지
확대하기 위한 노력을 기울였다. 아프리카와 신대륙으로 제국을 확대하
고 불신자들인 터키 인들을 정복하기 시작했다.

수십 년씩 세월이 흐르면 시계에 때가 타기 마련이다. 전혀 티도 나지

않게 먼지가 시계 몸체 안으로 들어가 부품 사이의 기름과 결합하여 기름때를 형성한다. 시계는 더 이상 태양이 움직이는 속도를 따라가지 못하며 신이 정한 세월의 흐름을 쫓아가지 못하다가 결국에는 시간을 뒤따라가게 된다. 그런 시계는 쓸모없는 물건이 되고 만다.

아주 작은 먼지 한 톨 때문에 톱니바퀴가 돌아갈 힘이 충분히 발휘되지 못하여 시계가 서 버릴 수도 있다.

제국 주민의 대부분은 독일어권 사람들이었는데, 그들은 수년 전부터 루터를 지지해 왔다. 슈말칼덴이라는 도시에서는 제후들이 나에게 대항하기 위해 동맹을 결성하기도 했다. 나는 무력이든 다른 방법을 써서든 슈말칼덴 동맹을 반드시 제압해야만 했다. 그 동맹은 내 시계에서 반드시 제거되어야만 하는 모래알과 같은 존재였다. 이를 위해 필요한 자금은 신세계에서 쏟아져 나오는 금으로 충당할 수 있었다.

1544년에 나는 점점 더 커져만 가는 프랑스와의 전쟁을 끝내는 데 성공했다. 그리고 프란츠 1세와 화해하는 동시에 교황과 동맹을 맺고 제국 내의 문제 세력들을 함께 제거하기로 했다. 이로써 제국의 시곗바늘이 드디어 자기 자리를 찾을 때가 다가왔다. 슈말칼덴 동맹이 트리엔트 공의회에 대표를 보내라는 명령을 거부하자 나는 헤센의 필리프 백작과 작센의 요한 프리드리히 선제후를 제국에서 추방시켰다. 다시 말해, 제국은 이들 제후들과 전쟁을 선포했던 것이다.

작센의 모리츠 공작은 내 편에 서서 선제후들과 맞서 싸웠다. 그는 개신교로 개종을 하기는 했으나 동맹에서 탈퇴했다. 그래서 슈말칼덴 동맹에 가입된 다른 선제후들은 그를 마이센의 배신자라고 불렀다.

나는 모리츠 공작에 대해 잘 알고 있었다. 그는 터키 대 프랑스의 전쟁에서 그리고 이탈리아에서 제국군을 위해 싸웠던 사람이었다. 헤센의 백작은 모리츠 공작의 장인이었기 때문에 동맹에서 탈퇴한다는 것은 쉽지 않은 결정이었다.

아니, 오히려 쉬운 결정이었을까?

엘베 강 유역 뮐베르크에서는 신께서 나에게 승리를 안겨 주신 결정적인 전투가 있었다. 그 전투에서 헤센의 백작과 작센의 선제후를 비롯한 적군의 주요 이교도들이 체포되었다.

저녁이 되어 전투가 벌어졌던 들판 위로 말을 타고 지나면서 이제 세계의 시계가 다시 정상적으로 가게 될 것이라는 안도감이 들었다. 제국은 다시 나의 손 안에 있었다.

나의 제국은 모든 시대를 통틀어 인간이 만든 모든 제국 중 가장 큰 제국으로 신성 로마 제국의 국경은 물론 스페인과 이탈리아, 네덜란드에까지 이르렀다. 뿐만 아니라 대서양 너머에 있는 신대륙의 광활한 영토와 동아시아의 섬들까지, 온 세계를 장악한 거대한 왕국이었다. 나의 제국은 해가 지지 않는 제국이라고 당당하게 말할 수 있었다.

선왕들인 프리드리히 3세와 막시밀리안 황제가 예견했던 대로 'AEIOU'라는 다섯 모음으로 구성된 표어 즉, '오스트리아는 세계를 지배할 운명이다(Austriae Est Imperare Orbi Universo)'라는 표어가 현실이 되었다.

나는 뮐베르크 전투의 승리를 기리기 위해 말을 타고 뮐베르크에 있는 나 카를 5세의 모습을 나의 시대를 대표하는 화가인 티치아노에게 그리게 했다. 그러면서도 내가 세상의 모든 권력을 손에 쥐게 되었다는 생각에 어깨가 무거워졌고 타고 있던 말이 갑자기 주저앉기라도 할까 봐 겁이 났다.

나는 개혁가들을 추종했던 사람들에게 하루아침에 신념을 바꾸고 자기가 신봉하던 신앙을 배신하라고 강요하지 않았다. 그런 건 무식한 지배자들이나 하는 짓이니까. 나는 사람들을 회유하기 위해 노력했고 아우크스부르크 가신조협정(假信條協定)을 선언함으로써 절충안을 제시했다. 절충안의 내용에는 개신교도들의 입장에서 보았을 때 목적의 일부를 달성했다고 표현할 만한 것들도 있었다. 나는 그들에게 성찬식 때 빵과 포도주를 사용하고 성직자들이 혼인할 수 있도록 허락해 주었다.

이 모든 일은 1548년 아우크스부르크에서 개최된 국회에서 의결하였는데, 선제후들은 이의를 제기할 수 없었다.

헤센의 백작은 5년간 네덜란드에 유배시켰다. 작센의 선제후는 작위를 박탈하고 작센의 모리츠 공작에게는 공로에 대한 대가로 작센의 선제후 작위를 수여했다. 하느님과 교회와 세계라는 시계는 드디어 다시 일치하기 시작했다. 마르틴 루터가 존재했었는가 하는 의문이 들 정도였다.

태엽의 탄력이 시계를 움직이는 힘이다. 시계의 바늘은 그 순간을 장악한 힘을 가리킨다. 시간을 지배하는 힘. 그것은 결코 손 안에 넣을 수 없는 것임을 나는 배웠다.

권력은 사람을 시험에 들게 한다. 정말 놀라운 일이다! 시계 안에 들어간 새로운 모래알은 내가 세운 작센의 모리츠였다. 나와 평화 협정을 맺은 프랑스의 왕 프란츠 1세는 1547년 4월 24일에 죽었다. 내가 선제후로 만들어 준 모리츠는 선제후가 되고 얼마 지나지 않아 나와 반대편에 있는 프란츠 1세의 아들이자 프랑스의 왕위를 이은 하인리히 2세

티치아노가 그린 〈뮐베르크의 카를 5세〉.

와 동맹을 맺었다. 그는 프랑스의 왕과 동맹을 체결하면서 자신에게 속하지도 않은 나의 자유도시들인 툴, 캉브레, 베르됭, 메츠를 바쳤다.

개신교도 선제후들은 즉시 모리츠와 손을 잡았고 선제후들은 결탁하여 선제후의 반란을 모의했다!

결국 프랑스의 왕 및 개신교도 선제후들과 그들의 황제이자 세상의 시계를 뜻대로 조종할 수 있을 거라고 착각했던 나 사이에 전쟁이 일어났다. 나는 예상치 못한 기습을 간신히 방어할 수 있었다. 나에게 충성을 맹세한 지역들은 전쟁터로 변했다. 모리츠는 나를 제거하기 위해 군대를 이끌고 인스브루크를 공격해 왔다. 나는 병든 몸을 이끌고 간발의 차로 간신히 빠져나와 필라흐로 피했다. 제국의 남부 일대는 이미 프랑스의 손아귀에 넘어간 것 같았다.

그런데 모리츠는 또다시 마음을 바꿨다. 신앙 때문이었을까? 권력 때

문이었을까? 나로부터 독립하는 것이 목적이었을까? 그는 프랑스의 왕을 홀로 남겨 두고 나의 어린 동생이자 제국의 후계자로 왕위에 올라 제국을 다스리는 일을 가장 열심히 지원했던 페르디난트 1세와 평화 협정을 맺었다. 모리츠는 이로써 다시 나와 가까워졌지만, 물론 아무런 대가 없이 접근한 것은 아니었다.

세상이 불길에 휩싸이는 것을 보지 않기 위해 나는 그토록 오랜 시간 애쓴 끝에, 그 많은 고생과 기쁨 끝에, 그 많은 승리와 실패 끝에 1552년 파사우 화의에 서명함으로써 아우크스부르크 가신조협정을 끝내고 새 교리를 인정해야만 했다. 결국 마이센의 배신자인 작센의 모리츠 공작이 제국에 개신교 신앙이 뿌리내리는 데 기여하게 된 셈이었다.

1555년 아우크스부르크 국회에서 나의 형제 페르디난트는 별 볼일 없는 수도사가 주창한 교리를 찬양하고 그 신앙을 전통 교회의 신앙과 동일한 위상을 가진 신앙으로 인정해야만 했다. 결국 세계라는 시계의 바늘은 영원히 잘못된 시간을 가리키게 되었다! 아니면 그것이 하느님의 뜻이었을까?

시계의 끝은 시계의 낙후 또는 태엽에게 가해지는 지나친 부담이나 톱니바퀴의 마모로 인한 고장, 또는 스프링의 휘어짐이나 외부의 강한 충격으로 인해 야기된다. 망가진 시계의 부품들은 힘을 전달하지 못하게 되므로 시계는 멈추게 된다.

나는 수많은 전쟁을 치렀다. 전쟁이나 평화는 이웃 국가가 좋은 의도를 가졌느냐, 악한 의도를 가졌느냐에 달려 있다. 내가 성취한 수많은 승리는 무슨 의미가 있었는가?

나는 37년간 황제로 통치하면서 마흔 번의 큰 전쟁을 위해 여러 주 동안, 수개월 동안 유럽 전역에 걸친 거대한 제국의 한쪽 끝에서 다른 쪽의 끝까지 달렸다. 독일에서 아홉 번, 스페인에서 여섯 번, 이탈리아에서 일곱 번, 프랑스에서 네 번, 영국에서 두 번, 지중해 일대에서 여덟 번, 스페인 해에서 두 번의 원정을 치렀다. 늘 말이나 배나 가마나 마차를 타고 달렸다. 추위, 더위, 비, 눈, 우박, 폭풍을 견뎠고 길거리의 먼지를 뒤집어쓰고 살았다. 발라돌리드, 그라나다, 브뤼셀, 겐트, 프랑크푸르트, 아우크스부르크, 밀라노, 나폴리로 다녔다. 세상 모든 사람들이 거의 다 가지고 있는 한 가지를 나는 갖지 못했다. 바로 편안한 집이었다. 나는 늘 목표를 향해 달렸고, 늘 이동 중이었다.

나는 아내와 아이들이 있었고 애인도 여럿 있었다. 그런데도 대부분의 시간에는 늘 혼자였다.

나는 황제의 자리에서 물러났다. 1556년 브뤼셀에서 예수공현일 전날 저녁 코덴베르크에 위치하는 아울라 마그나 궁전에서 일어난 일이다.

정확히 40년 전 예수공현일 전날 저녁 내 아버지께서 브뤼셀에서 나를 성인으로서 인정해 주셨다. 당시 나는 열여섯 살이었다. 그 후 나는 스페인의 왕이 되었고 신성 로마 제국의 황제의 자리에까지 올랐다. 나는 세상의 모든 혼란과 어지러움을 감당하며 살았다. 그러나 통풍에 시달리면서 너무 허약해진 나는 더 이상 견딜 수가 없었다.

나는 황제로서 얼마나 많은 추앙과 칭송을 누렸던가! 하지만 나는 파리에서 만난, 나를 찬양하는 한 사람에게 이렇게 말한 적이 있다.

"칭찬해 주니 고맙네. 자네의 말 속에서 내가 모범으로 삼아야 할 모습이 발견되는군! 나는 처음에는 청년의 미숙함 때문에, 그 다음에는 광기와 열정과 욕심 때문에, 그리고 마지막으로는 피곤 때문에 내가 많은 실수를 했다는 것을, 큰 실수들을 했다는 것을 인정한다네."

지금은 이렇게 세상의 끝에 위치한 스페인 에스트레마두라의 유스테 수도원에서 지내고 있다. 고향! 시계! 시간! 드디어 다 갖게 되었다.

아쉽게도 내가 이것들을 소유할 수 있는 시간은 그리 길지 않다.

아름다운 시계는 다시 움직이기 시작했다. 나는 시계의 바늘과 태양이 움직이는 속도를 어느 정도 일치시키는 데 성공했다. 물론 매우 제한된 시간 동안 시계가 정확한 시간을 가리킬 수 있게 할 수 있을 뿐이다.

만약 이 시계와 또 다른 시계의 바늘이 완전히 똑같이 움직이게 하려고 한다면 아무리 수고를 하더라도 성공하지 못할 것이다. 처음에는 둘 다 일정한 속도로 움직이는 것처럼 보인다. 그러나 인간의 눈으로 잡아내기도 힘든 미세한 차이는 이내 두 시계의 바늘 사이에 큰 간격을 만들어 내며 결국 모든 노력을 다 기울여도 두 바늘을 일치시킬 수 없게 된다.

세계라는 시계의 태엽은 계속해서 돌아간다. 무엇이 세상을 발전시키는 것일까? 무엇이 세상의 발전을 방해하는 것일까?

나는 이곳 유스테 수도원에 올 때 스무 개가 넘는 시계를 가져왔다. 매일 두 개의 시계를 하루 동안만이라도, 아니 단 몇 시간 동안만이라도 똑같이 움직이게 하여 같은 순간에 같은 시간을 가리키게 해 보리라 마음먹고 있었다.

두 개의 시계도 일치시키지 못하는 바보 같은 나는 사람들에게 나의 신앙을 강요하면서 세계를 다스릴 수 있을 거라 착각했었다.

제10장

뇌르틀링겐에 사는
아름다운 마겔로네의 운명

15세기 말, 흑사병으로 인해 사람들 사이에 자리 잡은 두려움은 점점 커졌고 특히 여성에 대한 폭력을 유발시켰다. 점점 더 많은 사람들이 악마적이고 주술적인 힘과 악천후, 흉작, 유산 및 사산, 질병, 가축의 죽음, 화재 등과 같은 모든 재앙이 서로 관련되어 있다고 믿기 시작했으며 그 원인으로 죄 없는 사람들을 지목하고 공격했다.

　대부분의 사람들은 악마와 내통하고 그 대가로 지옥의 권세를 얻어 인간, 동물, 식물, 심지어 날씨에 마술을 걸 수 있게 된 이른바 마녀가 모든 불행의 원인이라고 믿었다. 마녀에 대한 이러한 믿음은 프랑스에서 시작되어 15세기 스위스와 독일 전역에 퍼졌다.

　스스로를 라틴 어 이름인 인스티토리스로 부른 하인리히 크라머와 야코프 스프렝거는 도미니크 수도회의 수도사였는데, 이들은 관심을 끌 목적으로 『마녀 철퇴』라는 책을 썼다. 그런데 이 책은 당시의 상황을 자세히 묘사해 주고 있다. 당시 독일과 기타 여러 유럽 국가들에서는 상상할 수 없을 만큼 잔인하고 폭력적인 일들이 자행되었다. 악마적인 힘이 문제였기 때문에 범죄자를 잡아 처벌하는 데 있어 일반적인 규칙은 무시되었다. 조금만 의심스러우면 무조건 고문을 했다. 용의자에게 고문을 통해 받아낸 자백만 있으면, 즉 그가 자신이 마법을 부렸다는 사실을 인정하기만 하면 바로 용의자로 법정에 세워 재판할 수 있었다.

　자백을 한 사람은 이어서 공범자들을 말하라는 고문을 당하게 되었다. 그 때문에 대부분의 마녀 재판에서는 수많은 사람들이 한꺼번에 판결을 받았다. 16세기와 17세기에 절정에 달했던 마녀 사냥의 결과로 수백 명이 희생되었다. 희생자의 3분의 1은 남자였고, 심지어 아이들도 마녀 재판을 받고 화형에 처해졌다. 마지막 마녀 재판은 18세기 말에 열렸다.

　마녀에 대한 이러한 광적인 두려움은 16세기 뇌르틀링겐이라는 마을 역시 휩쓸었다. 이 이야기는 역사 기록으로 남아 있는 마녀 재판에 관한 것이다. 기록에 남아 있는 서신들이 여기에 인용되었고, 감옥에 대한 묘사는 뇌르틀링겐에 대한 다른 동시대 기록을 참고했다.

1590년 6월 2일에 모든 일이 시작되었다. 그 해가 하느님이 나에게 허락하신 행복한 해였다고 말하기는 힘들다. 그럴 수는 없다. 부모님이 나에게 늘 이야기해 주었던 은혜가 많으신 하느님과 구세주 예수 그리스도를 나는 더 이상 믿을 수 없게 되었다.

나는 그날을 절대 잊을 수 없다. 뇌르틀링겐의 경리였던 아빠 페터 램프는 일 때문에 외국에 나가 있었다. 아빠가 집에만 있었더라도 그런 끔찍한 일들은 벌어지지 않았을지도 모른다.

햇살이 따사로운 날이었고 우리는 집 뒤뜰에 있는 작은 정원에 모여 놀면서 체리 나무에 체리가 익었는지 살펴보고 있었다. 벌써 빨갛게 익기 시작한 체리를 보고 어린 동생들이 졸랐다.

"딱 한 개만 먹을게."

나는 우리 집 맏이였고 밑으로 남동생 둘, 여동생 셋 이렇게 동생이 다섯 명 있었다. 엄마는 무릎이 까져서 울음을 터뜨린 남동생을 달래고 있었다. 남동생은 여섯 살이었다. 그때 갑자기 누군가가 대문을 쾅쾅 두들기는 소리가 들렸다. 대문 앞에는 관청에서 나온 사람 세 명이 서 있었다. 그들은 나에게 엄마가 어디에 있느냐고 아주 퉁명스럽게 물었다. 우리 식구들은 그런 말투에 익숙하지 않았다. 우리 집안은 뇌르틀링겐에서 가장 친절하고 그래서 존경받는 집안이었다.

즉시 대문으로 나온 엄마의 치마에는 아직도 울음이 그치지 않은 남동생이 매달려 있었다. 엄마는 퉁명스러운 사람들에게 다정한 말투로 아빠가 집에 계시지 않고, 아마 오늘 중으로는 돌아오지 못하실 거라고 알려 주었다.

"램프 씨를 만나러 온 게 아니오. 바로 당신에게 볼일이 있어 왔소."

관청에서 나온 사람들의 말투가 어찌나 기분 나빴던지 마음 같아서는 문을 쾅 하고 닫아 버리고 싶었지만 엄마는 눈치를 채고 문을 손으로 잡았다.

"레베카 램프, 당신은 우리랑 같이 가야겠소."

셋 중 가장 키가 큰 사람이 말했다.

"당장 같이 가야겠소!"

다른 사람이 소리쳤다. 마지막 남자는 그나마 셋 중에서 가장 부드럽게 말했다.

"당신을 데려오라는 명령을 받고 왔소. 당신을 당장 시청사로 데려가야 하오."

"명령이요? 누가 내린 명령입니까?"

남동생은 입에 손가락을 넣고 울음을 삼키며 엄마 뒤로 몸을 숨겼다. 엄마는 몸을 돌려 아들을 다독였다.

"어딜 도망가려고!"

키가 가장 큰 사람이 엄마의 어깨를 잡으며 말했다.

"제가 어딜 도망가겠어요?"

엄마는 놀란 목소리로 대답하면서 어깨를 뒤로 뺐다. 셋 중에 두 명은 무기가 없었지만 키가 가장 큰 사람은 한 손에 미늘창을 들고 있었는데, 그 미늘창의 끝을 엄마를 향해 들었다. 그러면서 그가 불편한 기분을 갖는다는 것이 느껴졌다. 나머지 두 사람은 갑자기 엄마에게 다가가 양쪽 팔을 붙잡았고, 소리를 지르는 우리들을 뒤로 한 채 와인 시장을 지나 골목을 따라 끌고 가 버렸다.

집 밖에는 사람들이 몰려들었다. 대부분 엄마가 끌려가는 걸 말 없이 지켜봤다. 웃음소리도 들렸다. 이웃에 사는 한 아주머니가 말했다.

"불쌍한 것. 불쌍해 죽겠다."

누군가 나에게 그렇게 말했다. 불쌍한 건 내가 아니고 우리 엄마 아니었던가! 그때 한 아주머니는 욕까지 했다.

"도대체 하늘은 뭘 하고 있는 거야?"

어른들은 우리에게 다른 사람이 보는 데서 욕을 하면 안 된다고 했었다.

"엄마는 어디로 간 걸까?"

남동생이 물었다. 시청사? 나도 잘 모르는 곳이었다. 나는 도무지 무슨 일인지 알 수 없었다.

"언제 오실까?"

"곧 오실거야."

내가 대답했다. 어린 동생들은 울었다. 머리가 조금 굵은 동생들은 나에게 질문을 퍼부었다.

"엄마는 어떻게 되는 거야? 아빠는 언제 오셔?"

나는 동생들의 질문에 대답해 줄 수가 없었다. 엄마는 우리에게 아빠가 정확히 어디로 가셨는지 알려 주지 않으셨다.

나는 열여섯 살이었고 아빠는 곧 나를 위한 배우자를 골라 주실 게 분명했다. 곧 시집갈 나이가 된 내게도 아빠가 자신의 일에 대해서는 자세한 말씀을 해 주지 않으셨다. 가장 주된 업무가 뇌르틀링겐의 재정을 관리하는 일이라는 것 정도만 알고 있었다. 우리는 뇌르틀링겐 와인 시장 부근에 있는 가정집들 중 가장 큰 집에 살았는데, 우리 집에는 마을 사람들이 사용할 소금이 보관되어 있기도 했다. 뇌르틀링겐 시에서 아빠에게 이 넓고 좋은 집을 제공해 주었다. 우리 식구들은 그런 아빠와 우리 집이 자랑스러웠다.

우리 집은 부유했다. 대개 부잣집 사람들이 경리가 될 수 있다고 아빠가 설명해 주며 자랑스러워하셨던 적이 있다. 가난한 사람들보다는 원래 돈이 많은 사람에게 돈을 맡기는 것이 더 안전하기 때문이라고 하셨다. 부모님은 항상 돈도 하느님께서 주시는 것이기 때문에 늘 감사하며 살아야 한다고 했다.

엄마는 신앙심이 깊고 착한 분이었다. 아침저녁으로 우리들을 데리고 기도를 하셨기 때문에 우리는 기도하는 것이 아주 익숙했다. 우리 형제들은 함께 기도문을 외웠다. 식사 전과 식사 후에도 기도를 하며 매일 배불리 먹을 수 있는 양식을 주셔서 교회 계단에 앉아 구걸하는 거지처럼 살지 않아도 되는 사실에 감사했다. 아빠도 집에 계시는 날에는 항상 우리와 기도를 했다.

엄마는 우리 형제들을 모아 놓고 시편을 노래하곤 했다. 엄마의 목소리는 아주 청아했고 아빠처럼 글씨를 읽을 줄 알았다. 그래서 나를 비롯한 큰 아이들은 엄마에게 글씨를 읽고 쓰는 법을 배웠다. 요한 콘라드라는 내 바로 밑 남동생은 라틴 어 학교에도 다녔다.

부모님은 책이 많아서 서로 책을 읽어 주시곤 했다. 가끔은 나도 책을 읽어 주실 때 옆에 앉아서 들어도 된다는 허락을 받았다. 가장 기억에 남는 이야기는 마겔로네에 관한 이야기인데, 그 내용은 거의 외우다시피 한다. 처음에는 슬프지만 마지막에는 행복하게 끝나는 이야기이다.

이 이야기 속에 등장하는 주인공 마겔로네는 아름다운 공주인데 사랑하는 페터 왕자와 떨어져 지냈다. 왕자는 마겔로네에게 세 개의 반지를 주었다. 그런데 공주가 자고 있는 사이에 까마귀가 날아와 반지를 모두 훔쳐간다. 페터는 반지를 찾기 위해 까마귀를 따라가다가 영웅들에게 붙잡혀 노예로 팔려가게 되었다. 두 사람의 슬픈 이별 이야기는 더 이상 희망이 없어 보이는 마지막 순간에 찾아온 행복한 결말로 끝이 난다.

그래서 나는 세상의 모든 일은 결국에는 행복한 결말을 맺게 된다고 믿게 되었다.

아빠의 이름도 페터인데, 아빠는 종종 엄마를 사랑스럽고 아름다운 나의 마겔로네라고 불렀다. 아빠는 엄마와 슬픈 이별을 겪어야 한다는 사실을 예상이라도 했다는 듯 엄마를 그렇게 불렀던 것이다.

엄마는 미모가 출중했다. 사람들은 엄마가 뇌르틀링겐 최고의 미인이라고도 했다. 엄마의 나이는 마흔이 다 되었다. 그런데도 여전히 예뻤다. 어쩌면 그 미모가 불행의 원인이었는지도 모른다고 아빠가 말한 적이 있다.

무슨 일이 일어났는지 우리가 제대로 알게 되기도 전에 우리 집에서 일하던 두 하녀가 떠났다. 하녀는 조용히 짐을 싸서 도시를 떠났다. 그 소식은 시간이 조금 지난 후에 알게 되었다.

우리는 집에 앉아서 엄마가 돌아오기를 기다렸다. 어린 동생들은 계속 울기만 했다. 도대체 눈물을 그치질 않았다. 큰 아이들은 엄마에게 일어날 수 있는 일들을 예상해 보았다. 그러나 정말로 무슨 일이 일어났는지는 알아낼 방도가 없었다.

저녁이 되었다. 엄마는 오지 않았다.

나는 남동생 콘라드와 함께 시청사로 향하는 무서운 길을 가 보았다. 알고 보니 시청사는 그리 멀지 않았다. 하지만 우리는 시청사까지 가지는 않았다.

평소 같지 않게 거리에는 사람들이 많이 나와 있었고 다들 옹기종기 모이기 시작했다. 사람들은 우리를 향해 손가락질을 했다. 우리는 부모님으로부터 다른 사람에게 손가락질하면 안 된다고 배웠다. 사람들은 우리가 전염병에 걸리기라도 한 듯 우리를 피했다.

우리는 "자백했다고 한다." 또는 "결국 실토하겠지." 등의 이야기를 들었다. 키르흐하이메린이라는 산파와, 시청사에 사는 마르그레테 프리킹에린, 마르가레타 훔멜린과 바바라 뷜레린이라는 여자들도 그날 체포됐다고 한다. 그다음에 결정적이고도 끔찍한 단어가 들렸다.

"마녀."

"레베카 램프가 마녀래."

근처에 있는 한 여자가 나 들으라는 듯 크게 말했다.

"레베카도 그렇고 나머지 여자들도 체포되는 게 당연하지."

사람들이 갑자기 무서운 맹수 같아 보였다. 길가의 집들조차 무서워 보였다. 콘라드는 열두 살이었는데 나이에 비해 키가 작았다. 그 순간 항상 어린 동생이라고만 생각했던 콘라드는 갑자기 어른스러운 말을 했다.

"엄마는 마녀가 아니에요!"

얼굴이 시뻘게진 동생은 엄마를 마녀라고 했던 여자에게 달려들 기세였다. 나는 동생을 막았다.

사람들은 우리에게는 아무 짓도 하지 않았다. 어떤 사람들은 우리를 동정 어린 눈빛으로 보기도 했다. 하지만 우리와 이야기를 나누려는 사람은 없었다. 그중에는 우리 집에 자주 왔었던 사람들도 눈에 띄었다. 그 사람들은 우리와 눈을 마주치지 않으려고 했고, 우리를 피해서 가버렸다. 나는 몇몇 사람들에게 말을 걸었다.

"도대체 우리 엄마는 어떻게 되는 거예요?"

모두가 나를 피해 갔다.

"콘라드, 집으로 가자."

나는 너무 화가 나서 몸까지 떨렸다. 콘라드는 울기 시작했다. 갑자기 너무 혼란스럽고 어지러워서 지진이 일어난 것만 같은 기분이었다. 우리가 어떻게 집까지 왔는지 기억도 나지 않았다.

마녀! 이 단어보다 더 무섭고 끔찍한 단어는 없었다.

마녀! 1년 전부터 온 동네에 마녀 이야기뿐이었다. 가을이 되자 드디어 뇌르틀링겐의 여자들이 마녀라는 이유로 감옥에 갇히기 시작했다.

정말로 악마와 내통하는 마녀들이 존재하긴 했다. 사람들은 그렇게 믿었고 나도 오랫동안 그렇게 믿었다. 마녀들은 악마와 함께 온갖 나쁜 일들을 일으켰고 악마로부터 마력을 얻는다고 했다. 마녀와 눈을 마주친 사람이나 동물은 병에 걸리거나 자식을 낳지 못하게 되거나 유산하게 되었다. 소를 병들게 하여 소젖에서 피가 섞여 나오게 하면서 결국 소를 죽게 만들기도 했다. 말은 마녀의 마법에 걸리면 갈퀴에 혹이 나기도 했고 몸이 마비되거나 마비저에 걸려 죽었다. 악마는 마녀에게 날씨를 조정할 수 있는 힘도 준다고 했다. 가뭄, 병충해, 강우, 홍수, 이른 추위와 우박 등이 다 마녀 때문이었다.

마녀들은 서로서로 알았고 마녀 회의를 갖는다고 했다. 그리고 개구리, 두꺼비 등과 살해된 영아의 피를 섞어 몸에 바른다고 했다. 막대기와 빗자루를 타고 날기도 하고 비밀 장소에 모여 난잡한 춤을 추며 악마와 접선한다고도 했다.

도시에서도 마녀로 인한 피해가 발생했다. 마녀가 재판장에서 자신의 존재를 자백했다는 소문도 들렸다. 마녀로 밝혀진 여자들은 화형을 당했다. 마법사를 살려 두어서는 안 된다고 성서에 씌어 있다는 게 그 이유였다.

이미 백 년 전에도 뇌르틀링겐에서는 마녀를 재판한 적이 있었다. 그러나 그 당시에는 아무것도 입증할 수 없었다. 지난 11월에 뱃사공의 딸인 우르줄라 하이더가 자신이 마녀라고 자백을 하고 나서 다른 두 명의 여자도 마녀라고 지목했다고 한다.

물론 마을 사람들은 모두 그게 사실이라고 믿었고, 나도 그랬다. 그런데 왜 자신이 마녀라고 털어놓으면서 자기 발로 재판관을 찾아갔을까? 사람들은 양심의 가책 때문에 그랬다고 말했다. 나는 우르줄라에 대한 이야기를 들은 후 밤에 잠을 이룰 수 없어 엄마와 이야기를 나눈 적이 있다. 엄마도 그게 모두 사실이라고 믿었다.

뇌르틀링겐 사람들은 1590년 5월 15일에 세 여자가 화형을 당하는 장면을 보기 위해 모였다. 동생들은 다른 친구들도 모두 가는데 왜 우리만 안 되냐며 엄마에게 자기들도 가게 해 달라고 졸랐다. 엄마는 우리 모두 화형장에 가지 못하게 했다. 맏이인 나도 허락을 받지 못했다. 우리는 더 이상 화형에 대한 이야기도 하지 말라는 주의를 받았다. 그래서 우리는 마녀에 대한 이야기를 하지 않았다.

마녀가 존재한다는 사실을 믿지 않는 사람은 마을에 몇 명 없었다. 그런데도 뇌르틀링겐의 존경받는 목사님은 마녀 사냥과 마녀에 대한 처벌과 관련해 두 번씩이나 설교를 하며 마녀가 존재하지 않는다고 강조했다. 당시 나를 포함한 모든 마을 사람들은 목사님의 말에 놀랐고 고개를 저으며 믿지 못했다. 목사님은 온 나라가 마녀에 대한 광기에 병들었다고 말했다. 자기 부인을 마녀라고 고발하는 사람들까지 있었다. 목사님은 강단에서 큰 소리로 외쳤다. 시청이 행하는 끔찍한 고문은 기독교 정신에 위배된다는 것이었다. 그러자 시청사에서 사람이 나와 목사님에게 벌금을 내게 하고 다시는 그런 설교를 못하게 했다.

목사님 외에 마녀 사냥에 반대하는 사람이 또 있었다. 바로 우리 아빠였다.

"세상에 마녀가 어디 있단 말이오! 말도 안 되는 소리!"

엄마와 아빠는 종종 이 문제를 두고 싸웠지만 심각한 싸움은 아니었다. 엄마는 마녀가 있다고 확신했다.

"하이더 씨네 딸이 자수를 했대요."

"하이더 씨네 딸이 제정신이 아닌 걸 모르는 사람이 어디 있나?"

아빠는 대꾸해 주었다.

"마녀들은 다들 자기가 마녀임을 순순히 인정한다고요!"

엄마는 다시 우겼다.

"죽도록 고문을 당하고 나서 인정하지."

아빠는 계속 설명했다.

"고통스러워서, 더 이상 견딜 수 없어서 인정하는 것이라고. 그래서 그런 자백은 의미가 없어. 어느 수도사가 쓴 『마녀 철퇴』라는 책이 있는데, 그 책을 보고 다들 그런 이상한 짓을 하는 거라고."

엄마는 생각에 잠겼다.

"맞는 말이긴 해요. 불쌍한 여자들, 얼마나 끔찍했을까?"

나도 엄마가 이렇게 말하는 걸 들은 적이 있다. 엄마는 머리를 매만지며 말했다. 얼굴은 다소 상기되어 있었고 짙은 색의 눈동자는 빛났다. 나는 엄마가 참 예쁘다고 생각했다. 나도 내 나이 마흔에 엄마처럼 예쁠 수 있을까?

엄마는 이런 말도 했다.

"그런데 페링거 시장님, 그라프와 뢰팅거라는 법학자가 모두 착각에 빠졌다고 하기엔 좀 그렇지 않나요? 그분들은 뭐가 진짜인지 알 거 아니에요?"

도미니크 수도회 수도사였던 하인리히 크라머와 야코프 스프렝거가 쓴 『마녀 철퇴』.

예전에 저런 말을 했던 엄마이다. 그런데 이제 와서 우리 엄마가 마녀라니! 나는 확실히 알고 있었다. 엄마는 절대 마녀가 아니었다. 사랑스러운 엄마는 아이들이 아프면 아이의 머리맡에 앉아 밤새 아이들을 간호하는 그런 분이었다. 마녀일 수가 없었다! 우리 엄마가 마녀가 되는 건 불가능한 일이었다.

어린 동생들은 울부짖었다. 막둥이는 이제 겨우 여섯 살이었다. 어린 동생들은 무슨 일이 일어났는지 전혀 몰랐다. 그러나 엄마가 위험에 처했다는 건 직감적으로 알아챘다. 동생들은 엄마를 불렀다. 그리고 "아빠는 언제 집에 오시는 거야?"라고 물었다.

나는 확신했다. 아빠가 오면 다 해결될 거라 믿었다. 경리인 아빠는 영향력이 있는 위치에 있었다. 아빠가 오면 엄마도 다시 집으로 돌아올 것이었다.

희망과 좌절이 수없이 교차했다. 그리고 시간이 흘렀다.

"엄마에게 편지를 쓰자. 엄마한테 편지 좀 써 줘!"

막둥이 바로 위 동생이 부탁했다. 그 아이는 여덟 살이었다. 원래는 형제가 아홉 명이었지만 그중 셋은 죽었다. 한 명은 나보다 먼저 태어났었다고 한다.

"편지를 쓰자고?"

모두가 동생의 제안에 동의했다. 우리 형제들 중에서 내가 글씨를 제일 잘 썼다.

"그런데 엄마에게 편지를 어떻게 전달하지?"

"어떻게든 방법이 있을 거야."

편지는 어떻게 보낸단 말인가? 하지만 우리는 일단 편지를 썼다.

사랑하는 엄마! 우리는 모두 잘 지내고 있으니 걱정 마세요. 아빠가 오늘은 꼭 돌아오시길 간절히 바라며 기다리고 있어요. 하느님께서 은혜를 베풀어 주셔서 엄마가 건강하게 다시 우리에게 돌아오시길 바라요. 엄마가 돌아오면 맥주도 사고, 빵도 굽고, 생선도 굽고, 닭고기도 요리해서 같이 먹어요. 돈이 필요하면 말씀하세요. 엄마가 돈을 넣어 둔 곳을 알고 있으니까요. 집안일은 걱정 마세요. 하느님께서 지켜 주시길 빌어요.

빵과 생선과 닭고기 이야기를 쓰자고 제안한 것은 제일 어린 동생들이었다. 우리는 엄마를 기쁘게 하고 엄마에게 힘이 될 만한 것들을 계속 생각해 냈다.

우리는 모두 자기 이름을 적었다. 막내는 아직 글씨를 쓸 줄 몰라 그냥 십자가 모양을 그려 넣었다. 나는 무슨 일이 일어나고 있는지 잘 이해할 수 없는 어린 동생들에게 위로가 되라는 의미에서 이 편지를 썼다. 글씨를 쓰는 내내 손이 떨리고 심장이 너무 세게 뛰어 가슴이 아플 지경이었다. 그러나 글씨는 가장 예쁘게 쓰려고 노력했다. 엄마가 내가 떨고 있다는 걸 눈치 채면 안 되니까.

그런데 엄마에게 이 편지를 어떻게 전달할 것인가? 나 혼자 갈 용기가 안 나 콘라드와 함께 시청사에 찾아가기로 했다. 너무 위험한 일이었다. 혼자 가더라도 야간 보초병에게 들키지 않게 조심해야 하는데 동생까지 데리고 가다니. 걸렸다가는 밤새 체포될 수도 있었다.

골목은 어둡고 사람이 전혀 없었다. 창문들도 모두 어두컴컴했다. 사람들은 어두운 방에 모여 앉아 마녀와 우리 엄마에 대한 이야기를 하고 있을 게 분명했다.

나는 용기가 나지 않았다. 엄마에게 편지를 전달할 방법은 없는가? 분명 면회는 안 될 것이다. 그래도 일단 시도는 해 봐야만 했다. 나는 문득 내가 마녀의 딸이 아닐까 하는 생각이 들었다. 갑자기 무서웠다. 마녀의 딸이라니! 그렇다면 나도 감옥에 투옥되어야 한단 말인가?

나는 내가 마녀가 아니라는 걸 분명히 알았다.

나는 시청사 건물 앞 계단 밑에 서 있었다. 시청사 건물의 위층 방에서는 불빛이 새어 나오고 있었다. 저 방에서 엄마가 관청 사람들의 질문에 답을 하고 있을까?

계단을 오르다가 불쑥 망설여졌다. 그러다가 어렵사리 용기를 냈다. 근위병들은 어둠 속에서 나타나 내게 다가왔고 나를 보며 자기네들끼리 속삭였다.

"레베카 램프의 딸 아니야?"

한 명이 내 앞으로 나섰다. 나는 한 걸음 물러섰다. 그는 알아듣기 힘들 정도로 작은 목소리로 물었다.

"네게 줄 것이 있다. 안 그래도 가져다주려고 했단다."

엄마를 잡아갈 때 왔었던 사람 중 엄마에게 미늘창을 들이댔던 사람이었다. 그는 내게 너덜너덜한 종이 한 장을 주었다.

"네 엄마가 이걸 건네 주란다. 단, 내가 주었다고 말하고 다니면 안 된다. 믿고 주는 것이다. 네가 입을 여는 날에는 나도 무사하기 힘들다."

그러고 나서 그는 재빨리 뒤돌아 가려고 했다. 나는 황급히 그를 쫓아갔다.

"엄마를 보셨나요? 엄마는 무사한가요?"

눈물을 참기가 힘들었다. 그는 내 말을 못 들은 척하고 시청사 계단을 뛰어올라 갔다. 나는 따라갔다.

"제발, 한 마디만 해 주세요."

그는 갑자기 뒤돌아보며 말했다.

"제발, 나 좀 따라오지 마라! 너랑 이야기를 하는 모습을 다른 사람들이 보면 큰일이다."

하지만 나는 그에게 우리의 편지를 전해 주어야만 했다!

"이거! 엄마에게 전해 주세요! 하느님께서 이 은혜를 갚아 주실 거예요!"

나는 말했다.

"네 엄마는 마녀라고 고발당했다."

그는 그렇게 말하고는 내 손에 있는 편지를 빼앗듯이 가져갔다. 그러고는 시청사 건물 안으로 사라졌다. 그가 준 종이에 뭐라고 씌어 있는지는 너무 어두워서 읽을 수가 없었다. 아무것도 알아 볼 수가 없었다. 그렇다고 집에 갈 수도 없었다. 바로 저 건물 안에 엄마가 있었다! 말도 안되는 누명을 쓰고 얼마나 모진 고난을 당하고 있을까?

고발을 당하다니!

나는 오래도록 시청사 앞에 서 있었다. 이렇게 늦은 밤에 혼자 장터를 서성이는 건 처음이었다. 밤에 집 밖으로 나가는 건 금지되어 있었기 때문이다.

도시의 모습은 낯설었고 건물들의 뾰족한 지붕들은 나를 숨 막히게 했다. 나는 어린 동생들 곁으로 돌아가 동생들을 돌봐야 했다. 동생들을 안심시키고 재워 줘야 했다. 집에 가면 촛불을 켜고 종이에 뭐라고 씌어 있는지 읽어 볼 수 있었다. 그러나 나는 시청사 건물 앞에 얼어붙은 사람처럼 서 있었다.

15분마다 교회의 종탑 시계에서는 시간을 알리는 종소리가 흘러나왔다. 올라가 볼까? 재판장에 가 볼까?

게오르크 교회의 시계가 10시를 알렸다. 그러자 시청사 문이 열렸다. 불빛이 쏟아져 나왔고 많은 사람들이 계단을 내려오기 시작했다. 희망이 생겼다!

남자들 여럿이 내려오고 있었다. 그중에는 우리 집에 왔었던 세 사람도 있었다. 그들은 양손이 뒤로 묶인 엄마를 끌고 나왔다. 나는 엄마를 보자마자 소리를 지를 뻔했다! 그들은 엄마를 양쪽에서 붙잡고 골목길을 내려가기 시작했다.

나는 소리 지르고 싶은 마음을 누르고 조용히 무리의 뒤를 쫓아갔다. 그들은 이전에 수도원으로 사용되던 한 건물로 엄마를 데려갔다. 그곳은 작은 방들이 있어서 감옥으로 쓰이고 있었다. 나는 엄마에게 내가 엄마를 지켜보고 있다는 걸 알릴 방법이 없었다.

집에 가니 아빠가 와 계셨고 나를 보자마자 끌어안으셨다. 그제야 안심이 되었다! 어린 동생들은 울다 지쳐 잠들었고 바로 아래 동생들은 나를 기다리고 있었다. 우리는 관청 사람이 준 종이를 펼쳐서 읽었다. 엄마가 아빠에게 쓴 편지였다.

사랑하는 당신에게. 걱정 마세요. 수천 명이 나를 고발한다 해도, 나는 죄가 없습니다. 만약 내가 정말 마녀라면 세상 모든 악마들이 나를 갈기갈기 찢어도 좋습니다. 여보, 내가 정말 이자들이 말하는 것과 같은 죄가 있다면 하느님 앞에 설 수 없겠군요. 하느님은 전능하시니 이 고난에서 저를 곧 건져 주실 겁니다. 당신 얼굴이 보고 싶습니다. 당신은 내 무죄를 알 테니 나를 피하지 마세요. 이 고통을 홀로 당하게 내버려 두지 마세요.

"엄마는 아무런 죄가 없는 게 확실하다."

아빠는 이렇게 말씀하셨다. 나는 아빠가 자식들 앞에서 울지 않으려고 애쓰는 걸 눈치 챘다.

"고발당한 여자들 모두 억울하게 당하는 거란다."

콘라드가 내게 물었다.

"수천 명이 엄마를 고발한다는 게 무슨 뜻이야?"

"잡혀간 여자들은 심문을 받는데, 더 심한 고문을 당하지 않으려고 다른 여자들을 지목해 그들이 마녀라고 말한단다. 이때 지목을 당한 여자들은 엄마처럼 잡혀가는 것이지."

"그럼 누군가가 엄마를 마녀라고 지목한 건가요?"

"아무래도 그런 모양이다. 오늘 엄마 외에도 다른 여자 네 명이 감옥에 갇혔다고 들었다. 모두 다른 여자들에게 지목을 당해 체포되었을 거야."

"누가 그랬을까요? 도대체 누가 그런단 말이에요?"

"도대체 누가 그러는 거예요? 여자들을 고문하는 거 말이에요."

"어째서 우리 엄마를 지목한 걸까요? 우리 엄마는 마녀가 아니잖아요!"

아빠는 아무런 대답을 해 주지 않았다.

아빠는 밤새 글을 썼다. 청원서였다.

다음 날 날이 밝자 아빠는 엄마를 풀어 달라고 요청하는 여러 가지

서류를 시청사에 제출하러 나섰다. 나는 아빠를 따라가고 싶었지만 아빠는 내게 동생들을 돌보라고 하셨다.

나는 아빠가 시청사에서 돌아오던 때의 모습을 잊을 수가 없다. 힘없이 돌아오는 아빠의 얼굴에는 근심과 두려움이 가득했다.

"엄마를 만나셨어요? 엄마가 아무 말 안 했어요?"

우리는 아빠에게 달려들었다.

"엄마는 언제쯤 돌아오나요?"

어린 동생들은 소리를 질렀다. 아빠가 시청사에서 보고 들은 모든 것을 나는 나중에야 알게 되었다. 처음에는 한 마디도 안 하셨다. 아빠는 손과 입술을 떨고 있었고 어깨에도 약한 경기 같은 것이 일어나는 듯했다. 몇 시간이 지나고 나서야 아빠는 몇 마디만 하고 다시 입을 다무셨다. 모든 게 다 지난 후에야 아빠는 그날 일어났던 일들을 이야기해 주셨다. 그때에는 다른 사람들에게 그 일에 대해 물어볼 수 있게 되었다.

내가 알아낸 사실은 내가 시청사에 찾아갔다가 엄마를 목격한 그날 밤 엄마가 수도원 건물이었던 감옥에 투옥되었다는 것이다. 그때 우리가 엄마에게 보낸 편지가 발각되었고, 엄마는 아이들의 걱정과 사랑을 확인한 대가로 큰 고초를 치러야 했다.

아빠는 약사인 다비드 홀 씨와 그다음에는 농부인 한스 마우어 씨와 이야기를 했다. 두 사람은 엄마를 심문한 시청의원들이다. 하지만 그들은 아빠를 도와줄 생각이 없는 듯 말을 회피한다고 했다.

농부는 말했다.

"정말 심각한 문제이오. 자네가 걱정하는 것도, 자네가 이렇게 발 벗고 나서는 것도 다 이해하오."

약사인 홀 씨는 이렇게 말했다.

"나라도 그랬을 것이오. 그러나 자네 마누라는 크게 의심받고 있소."

농부가 다시 말했다.

"우리가 원하던, 원하지 않던 하느님의 이름을 위해 철저하게 조사할 수밖에 없다오."

아빠는 특히 농부가 별로 뛰어날 게 없는 평범한 사람인 자신이 마녀 심문이라는 중대한 일을 맡았다는 사실에 의기양양해졌다는 것을 느낄 수 있었다.

"그 사람은 엄마가 무죄라는 사실을 밝혀내고 엄마의 억울함을 풀어 줄 생각은 눈곱만큼도 없다. 홀 씨도 마찬가지이겠지. 홀 씨는 자신을 좀 더 잘 포장했을 뿐이야."

아빠는 두 사람에게 심문 내용에 대해 물었다. 그러나 둘 다 고개를 절레절레 흔들었다.

"그런 건 극비요. 관청직원이나 시청의원이 아닌 자에게는 말해 줄 수 없소."

농부는 단호하게 말했다. 아빠는 아빠가 경리로서 시청 일을 봐주고 있다는 사실을 넌지시 이야기했지만 소용없었다.

"물론 벌써 포기할 일은 아니오. 우리가 진실을 밝혀낼 터이니 희망을 버리지 말게나. 더 이상 해 줄 수 있는 말이 없네."

아빠는 페링거 시장도 만났다. 그러나 시장 역시 의원들과 다를 바 없었다.

"못 배운 단순직 노동자도 내가 재판을 아주 공정하게 한다는 걸 알 수 있소. 돈이 있건 없건 모두 똑같이 재판을 받아야 하오. 예외는 허용될 수 없소."

아빠는 원래 직업이 목수였던 사람이 시장이 되어 마을 재력가들과 사이가 좋지 않았다고 설명했다.

"예외를 허용해 달라는 것이 아닙니다. 진실을 밝혀내 달라는 것뿐입니다. 아내는 마녀가 아니란 말입니다."

"청원서 내용은 규정에 따라 의원들과 논의하겠소. 반드시 그리 할 테니 걱정 마시오. 이미 의원들이 모여 있소."

시장은 우물거리듯 아빠에게 이야기했다. 아빠는 우리에게 시장과 만난 일을 그렇게 얘기해 주었다.

"하지만 시장은 내가 가져간 근거 자료들을 성의 없이 넘기며 제대로 읽어 보지도 않았단다."

아빠는 화난 목소리로 말했다.

"제대로 읽어 보지도 않은 청원서 내용을 논의하겠다니."

얼마 지나지 않아 아빠가 제출한 청원서를 의회가 거절했다는 소식이 전해졌다. 엄마는 마녀 용의자로 감옥 생활을 계속해야만 했다.

나는 미늘창을 들고 우리 집에 왔던 관청 사람이 사실은 우리 편이라는 걸 처음부터 직감했다. 우리 가족을 도와주려는 이유는 알아내지 못했다. 그는 아빠와 몰래 이야기를 나누며 감옥 소식을 전해 주었다. 그리고 엄마가 우리에게 쓴 편지를 전달해 주고 자주는 아니었지만 가능할 때에는 우리가 쓴 편지를 엄마에게 가져다주었다. 그는 나와도 두 번인가 세 번쯤 대화를 나눴다.

뇌르틀링겐의 감옥은 다른 오래된 도시의 감옥들처럼 사람들이 상상하기 어려울 정도로 끔찍한 곳이었다. 그런데 그곳의 실상을 아는 사람들조차 어차피 감옥에 갇히는 사람들은 그럴 만한 죄를 지었으니 그곳에서 무슨 일을 당해도 상관없다는 식이었다. 나도 그렇게 생각하는 사람 중 하나였다. 그러나 이제는 무죄인 사람도 감옥에 갈 수 있다는 걸 알게 되었다.

우리 마을의 감옥은 관청 건물 지하에 지붕이 낮고 어두컴컴한 감방이나 수도원으로 쓰였던 건물 지하에 햇빛이 전혀 들어오지 않는 감방이었다. 높으신 양반들이 무서워서인지 우리에게 자기 이름을 알려 주지 않았던 관청 사람이 아빠에게 말했었다.

"감옥에는 크고 두꺼운 나무토막이 두 개 또는 세 개씩 쌓여 있는데, 나무토막에는 구멍이 뚫려 있어서 팔과 다리를 넣게 되어 있습니다. 팔과 다리를 나무토막에 넣고 나면 나무토막을 완전히 고정시켜서 수감자들이 팔다리를 전혀 움직일 수 없게 됩니다. 수감자는 꼼짝할 수가 없게 됩니다."

그는 철이나 나무로 만든 십자가에 수감자를 눕히고 목과 등과 팔다리를 십자가에 묶는 형태로 수감자를 결박하는 경우도 있다고 했다.

"대부분의 경우, 감방이 너무 작아서 성인이 똑바로 서거나 누울 수 없을 정도입니다. 수감자들은 단 하루도 다리를 편히 뻗고 잘 수 없습니다. 그들에 비하면 차라리 마구간에 있는 가축이 더 편하게 지낸답니다."

나는 어둡고 습하고 좁은 감옥에서 홀로 지내야 한다는 생각만 해도 치가 떨리게 무서웠다. 나는 종종 감옥에 가는 꿈을 꿨다. 아빠는 자다가 소리를 지르는 나를 깨우곤 했다. 어두운 방에 혼자 누워 있으면 바로 내 얼굴 위에 차가운 돌벽이 있는 것만 같은 생각이 들어 잠이 잘 오지 않았다. 그런 날에는 숨까지 막히는 듯했다.

어린 동생들에게는 이런 얘기들을 해 주지 않았다. 어린 동생들은 날마다 엄마가 보고 싶다고 징징거렸고 밤마다 울고 보채다가 간신히 잠들었다. 자다가 이부자리에 오줌을 싸는 일도 자주 있었다. 내 바로 아래 동생들은 어린 동생들이 잠들 때까지 곁에서 이야기를 해 주어야만 했다.

"엄마 곧 오신다니까, 걱정 마. 다 잘될 거야."

나도 모든 게 다 잘될 거라 믿었다. 다른 결말은 있을 수도 없으며, 좋으신 하느님께서 그건 허락하지 않으실 테니까.

엄마는 6월 2일에서 9월 9일까지 감옥에서 고생스러운 나날을 보냈다! 분명 하루하루가 고통스러웠을 것이다. 엄마가 보낸 편지에는 엄마가 지낸 감방에는 낮에는 약간의 햇살이 들어오고 몸을 조금 뒤척일 수 있을 만큼의 공간은 있다고 씌어 있었다.

6월 6일에 엄마는 엄마를 지목한 여자들과 대면하게 되었다. 아폴로니아 아이슬링거와 마리아 셰퍼가 우리 엄마가 와인 시장에서 마녀의 춤을 추고 마녀 회의에 참석한 것을 보았다고 증언했다고 한다.

"두 여자는 잔인한 고문을 당했습니다. 극심한 고통 때문에 자신이 무슨 이야기를 하는지도 몰랐을 거예요. 고문관과 고문관의 수하에 있던 사람들의 고문을 멈추게 하기 위해 무슨 얘기든 했을 거예요."

고문 현장에 있었다는 그 관청 사람이 아빠에게 그렇게 설명했다. 엄마를 고발한 여자들은 자기들도 11월에 체포된 다른 여자들에게 지목당해 수감되었다고 했다. 그들은 6월 10일에 화형을 당했는데, 엄마가 감옥에 간 지 일주일이 지난 후였다. 아빠와 우리 형제들은 화형이 집행되는 내내 집에 모여 기도를 했다.

나는 마녀와 마법을 더 이상 믿지 않았다. 아빠는 고발당한 사람들이 억울하게 고발을 당했거나 제정신이 아닌 사람들이라고 설명해 주었다.

"다른 여자들을 고발한다고 그들을 욕할 수가 없단다."

아빠는 막내에게 설명을 해 주었다.

"고문을 당하면 두려움과 고통에서 벗어나기 위해 어쩔 수 없이 그렇게 말할 수밖에 없단다."

아빠는 고문이 한 세대 전 카를 5세 당시 범죄자들을 재판하는 과정에서 처음 도입되었다고 알려 주었다.

"그래도 당시에는 용의자가 범인이라는 증거가 확실한데 자백하지 않을 때에만 고문을 할 수 있었단다. 자백을 받아 내지 않고 처벌하는 것은 금지되어 있었기 때문이지."

그러나 마녀 재판 과정에서의 고문은 조금 달랐다. 사람들은 마녀는 악마와 내통하는 자이며 악마의 도움을 받는다고 믿었다. 그래서 마녀라고 의심되는 사람은 증거가 없어도 일단 고문을 하는 일이 흔했다.

"의심을 받는 사람은 의심을 받는 순간 끝장인 셈이지. 자백을 할 때까지 고문을 당하다가 결국 화형을 당한단다."

아빠는 6월 13일에 의회로 두 통의 청원서를 보냈다. 그러나 이번에도 의회는 거절했다. 페링거 시장은 한 번 더 강조했다.

"예외는 허용할 수 없소! 공정하고 엄격하게 재판할 것이오."

나는 제발 공정하고 엄격하게 재판해 주길 바랐다.

8월 29일 저녁, 나는 아빠가 창백한 얼굴로 집에 오시는 걸 봤다. 아빠는 나를 가까이 오지 못하게 했다.

나는 아빠가 우리를 도와주는 관청 사람을 만나고 오는 길이라는 걸 알았다. 아빠와 관청 사람은 소금 보관소 뒤편, 그러니까 우리 집 뒤쪽 골목과 와인 시장에서는 전혀 보이지 않는 곳에서 만나곤 했다.

나는 아빠의 방문을 두들겼지만 아빠는 대답하지 않았다. 아빠가 방안을 왔다 갔다 하는 소리가 들렸다. 순간 방안이 조용해졌다가 아빠가 흐느껴 우는 소리가 들렸다.

"아빠, 무슨 일이에요?"

방문은 잠겨 있었다. 나는 두려움에 온 몸이 마비되는 것 같았다. 나는 더 이상 눈물을 참을 수 없었다. 나는 굳게 닫힌 문 앞에 서서 한참을 울었다.

문은 열리지 않았다.

나는 한참 후에야 그날 엄마가 처음으로 고문을 당했다는 사실을 알게 되었다.

엄마는 고문 중에 자신이 마녀라고 고백할 것을 강요받았다. 그러나 엄마는 단호한 목소리로 자신은 마녀가 아니라고 했다. 엄마는 자기가 마녀가 아니라고 맹세하면서 자신은 하느님을 사랑하는 신실한 신앙인으로서 남편과 아이들에게도 자신이 마녀가 아님을 당당히 맹세할 수 있다고 말했다.

의원들 사이에서도 의견이 나뉘었다. 어떤 의원들은 엄마를 놓아주자고 했다. 그러나 시장은 엄마에게 앞으로 어떻게 될지는 추후에 알려 주겠다고 했다.

이 모든 사실을 관청 사람이 아빠에게 알려 주었다. 엄마는 여전히 자신 있는 표정이라고 했다.

나는 훗날 무슨 일들이 있었는지 자세히 들었다. 엄마가 겪은 일들은 아빠가 이야기해 줬던 것보다 더 고통스럽고 끔찍했다. 아빠는 어린 자녀들에게 가급적 말을 아꼈다. 나는 엄마의 상황을 알려 주지 않으면 죽을 것만 같다고 졸라 댔다. 그제야 아빠는 입을 여셨다.

오후에 감방 문이 다시 열렸다. 벌써 두 달째 감옥에서 지낸 엄마는 얼굴이 상하고 긴 머리가 엉망이 된 상태였다. 그래도 엄마는 감방 문이 열리자 환하게 웃었고 자유를 되찾았다는 듯 행복해했다.

그러나 엄마는 자유를 찾은 게 아니었다. 곧바로 고문 담당자에게 넘겨졌다. 두 명의 고문 보조관이 엄마를 고문실로 끌고 갔다.

보조관들은 엄마에게 고문 기구들을 보여 주었다.

"자백을 하지 않으면 고문을 당하게 되어 있어!"

그들은 협박을 했다. 엄마는 몸이 떨리면서 얼굴에 식은땀이 흘렀고 얼굴은 백지장처럼 하얗게 변했다.

하지만 엄마는 자백하지 않았다.

그러자 고문관은 엄마의 옷을 모두 벗겼다. 머리카락도 모두 잘랐다. 엄지손톱 밑에 못을 박고 '스페인 장화'라는 별명을 가진 고문 방식에 따라 뜨겁게 달궈진 철판으로 발을 짓눌러 손발에서 피가 흘러나오게 했다. 참기 힘든 고통이었다.

그래도 엄마는 그 어떤 거짓자백도 하지 않았다. 자백은 곧 죽음으로 이어진다는 걸 누구나 알았다. 마법사를 살려 두어서는 안되니까!

고문을 당한 날 밤에 컴컴한 감방에서 홀로 보낸 시간이 가장 끔찍하고 괴로웠을 것이다. 손과 발에 느껴지는 아픔과 또다시 고문을 당하게 될지도 모른다는 두려움은 견디기 힘들었을 것이다. 대부분 한 번의 고문으로 끝나지 않는다는 걸 엄마도 잘 알고 있었다. 아마도 자기 자신에 대한 불안이 가장 견디기 힘들었을 것이다. 고통을 참을 수 있을까? 결국 내가 한 적도 없는 일을 했다고 자백하게 될까? 결국 사형 선고를 받고 불길 속에서 사라지게 될까?

다음날 아침, 상처투성이인 엄마는 또다시 고문을 당했다. 엄마는 끝까지 입을 열지 않았다.

저녁이 되자 엄마가 보낸 편지가 아빠에게 전달되었다. 이번에는 우리를 도와주던 사람이 아니라 한 의원이 편지를 들고 왔다.

"자네 마누라가 쓴 거네. 잘 읽어 보게. 이 편지가 유죄를 입증하는 확실한 증거지."

사랑하는 당신에게. 당신과 이렇게 떨어져 있다니! 하느님께 이 억울함과

분통함을 호소합니다. 매일 같이 자백을 하라고 협박을 당하고 있습니다. 나도 고문을 당했어요. 정말 나는 하늘의 하느님처럼 죄가 없습니다. 이 자들이 주장하는 죄를 내가 단 한 번이라도 지었다면 하느님께 벌을 받아도 좋습니다. 사랑하는 당신을 생각하면 가슴이 무너져 내립니다. 불쌍한 내 자식들! 여보, 내가 먹고 죽을 약을 보내 주세요. 그렇지 않으면 고문을 당하다가 결국 포기하고 거짓 자백을 할 것만 같습니다. 오늘이 아니면 내일이라도 꼭 보내 주세요. 언제쯤 보내 줄 수 있는지 알려 주세요.

편지 뒷장에는 엄마가 죽은 후 엄마가 소유했던 보석을 어떻게 해야 할지가 씌어 있었는데, 엄마를 잊지 않도록 우리 딸들이 보석을 평생 지니고 다니라는 말씀이 적혀 있었다.

끝에 몇 마디가 더 있었다.

죄 없는 마겔로네의 연인, 내 사랑! 결국 난 당신 곁에 있을 수 없군요. 내가 그들의 말처럼 죄가 있다면 하느님께서 나를 긍휼히 여기지 않으셔도 좋습니다. 그렇다면 내가 당하는 고난이 당연히 감내해야 할 일이겠지요. 하느님은 도대체 왜 내 기도를 들어주시지 않는 걸까요? 빨리 나에게 약을 보내 주세요. 그렇지 않으면 내 입으로 거짓을 말해야 합니다. 거짓으로 내 영혼을 더럽힐 수 없습니다.

엄마의 편지는 운반 도중 발각되었던 것이다. 야만인이나 심지어 동물이라도 그 편지를 읽을 수 있었다면 엄마를 동정했을 것이다. 그러나

의원들은 전혀 마음을 움직이지 않았다.

"편지가 그녀의 유죄를 입증하고 있소. 유죄가 아니라면 왜 죽으려 하겠소? 왜 약을 보내 달라고 하겠소?"

아빠는 즉시 따졌다.

"자백을 하라고 협박을 당하고 있지 않습니까!"

결국 엄마도 자신이 마녀라는 거짓 자백을 했다. 그리고 더 이상 강요를 받지 않게 되었다. 하지만 엄마는 마녀가 아니다! 그날 또다시 그 의원이 찾아와 또 한 통의 편지를 전달했다.

"이제는 당신도 어쩔 수 없이 인정해야 하오!"

우리는 엄마의 글씨체를 알아볼 수 있었다. 엄마는 처음 썼던 편지에 거짓말을 했으며, 드디어 진실을 말했다고, 자신은 마녀라고 편지에 썼다. 그러나 아빠는 단 한 글자도 믿을 수 없다고 했다.

"두 번째 편지는 고문 중에 강제로 쓴 것이오! 누구나 알 만한 일이오!"

아빠는 그날 저녁 내내 정신이 나간 사람 같았다. 엄마는 계속해서 고문을 당하다가 끝내 다른 마녀의 이름을 댔다. 고문관과 판사는 엄마가 느끼는 고통이나 아픔 따위에는 관심이 없었고 오로지 엄마가 대는 이름에만 관심이 있었다. 엄마가 지목한 여인도 체포되었다.

엄마는 고문을 당하며 별의별 자백을 다 했지만 여기에서 자세히 말하고 싶지는 않다. 우스꽝스럽기까지 한 자백들이다. 엄마는 살인, 영아 살해 등을 했다고 자백했다고 한다. 피투성이가 된 양손을 등 뒤로 묶고 잡아당길 때마다 엄마는 생각나는 대로 온갖 나쁜 짓을 자신이 저질

마녀로 몰린 여인들을 화형시키는 현장을 묘사한 목판화.

렀다고 소리쳤을 것이다.

엄마는 죽고 싶어 했다. 엄마는 그전까지는 늘 행복하게 살아온 사람이었다. 그런 엄마가 이제는 육체적 고통과 정신적 괴로움을 견딜 수 없어 자살하지 못해 안달이었다. 사랑하는 남편과 아이들 앞에서 공개 처형당하는 아내와 엄마가 되지 않기 위해 자살을 결심한 것이다.

아빠는 의회 앞으로 세 번째 편지를 보냈다.

> 내 양심을 걸고 내 아내가 하느님을 두려워하는 사람이며, 가정적이고 진실되고 착한 여인임을 말할 수 있습니다. 이는 다른 많은 사람들도 증언할 수 있는 사실입니다. 아내는 악을 싫어하고 멀리하는 사람입니다. 하느님과 예수 그리스도가 직접 재판관으로 심판을 하실 심판 날에 이 모든 게 밝혀질 것입니다.

이 편지도 아무 소용이 없었다.

의회와 법정은 엄마에게 사형을 선고했다. 엄마와 함께 마녀라고 고발을 당하고 자백을 한 다른 여자들도 화형을 당하기로 되어 있었다. 감방 간수들은 처형을 앞둔 여자들의 감방에 칼과 같은 무기가 들어가지 못하게 하라는 명령을 받았다. 스스로 목숨을 끊어 뇌르틀링겐 의회와 페링거 시장 및 재판관이 정의를 실현하는 일이 저지당하면 안 된다는 것이 이유였다.

사형집행인이 울린 종소리가 울려 퍼질 때 우리는 모두 집에서 무릎을 꿇고 기도했다. 막내마저도 엄마의 죽음을 느낄 수 있었는지 울부짖으며 기도했다. 아빠는 큰 소리로 시편을 읽고 엄마를 위해 기도했다.

그러나 나는 더 이상 기도를 할 수가 없었다.

화형 집행을 위해 나무 무더기를 쌓아 놓은 처형대는 라임링거 성문 앞에 있었다. 1590년 9월 9일에 엄마를 포함한 총 다섯 명의 여인이 수레에 실려 처형대로 운반된 뒤 산 채로 화형을 당했다.

그 자리에는 킬리안 라이흐라트라는 높은 행정관과 엄마를 직접 심문하기도 하고 모든 재판 과정을 지켜보며 우리가 쓴 편지와 엄마가 쓴 편지를 가로채기도 했던 홀 의원과 마우어 의원 그리고 페링거 시장과 기타 의원들이 참석했는데, 그들은 화형 장면을 보고도 모두들 태연했다. 화형을 당하는 여인들을 위하여 요한네스 룸멜이라는 신부가 기도를 했다.

4년 동안 시의회는 서른다섯 명의 여인들을 마녀라는 이유로 화형시켰다.

그리고 마녀 사냥은 멈췄다. 마을에 있는 식당 주인이었던 마리아 홀이라는 이름의 여인은 대단한 의지와 인내로 예순두 번의 고문에도 끝까지 자백을 하지 않았고 누구를 마녀로 지목하지도 않았다. 의회는 결국 이 여인을 풀어 줘야 했다. 마리아 홀 덕분에 마녀 사냥은 끝났다. 고발을 당한 한 여인이 무죄였으니, 다른 여인들도 무죄일 가능성이 있었던 것이다.

고문관과 고문 보조관들은 엄마와 나머지 네 여인들이 처형당한 날에 의회로부터 술대접을 받았다. 그 술집에는 온통 웃음과 노랫소리가 가득했다는 이야기가 전해졌다.

나는 엄마가 죽던 날 이후로는 웃을 수가 없었고 아주 오랜 세월 동안은 눈물도 나지 않았다. 모든 희망이 사라져 버린 것만 같았다. 마겔로네의 이야기처럼 내가 살면서 당하는 일들의 결말도 행복할 것이라는 기대는 전부 사라졌다.

나는 이제 아무런 믿음 없이 하느님을 찾고 있다.

제11장

세 사람이 창밖으로
떨어지다

30년 전쟁을 촉발시켰다고 알려져 있는 프라하 창문 투척 사건은 1618년 5월 23일에 일어났다. 보헤미아에 있는 개신교회와 가톨릭 교회 사이의 갈등이 사건의 원인이었다.

　이 종교적 갈등에 합스부르크 왕가의 집안싸움까지 일어났다. 루돌프 2세와 훗날 황제가 된 마티아스가 분란의 주인공들이다. 루돌프 2세는 형제들과 많은 사람들로부터 미치광이라는 소리를 들었다. 루돌프의 동생인 마티아스도 그런 루돌프 2세를 황제의 자리에서 끌어내리려 했다. 불안해진 루돌프 2세는 개신교도들을 자기편으로 만들었고 황제이자 보헤미아의 왕으로서 많은 우여곡절 끝에 개신교회에게 종교의 자유와 보헤미아 왕국의 정치에 대한 참여권을 보장한다는 황제의 명을 선언했다. 그러나 루돌프 2세는 자신의 약속을 정말로 지킬 의지는 없었다.

　루돌프 2세의 동생인 마티아스는 1611년 보헤미아의 왕위를 차지하고 루돌프의 죽음 이후 1612년에 황제의 자리에까지 올랐다. 그러나 그도 형이 한 약속을 지키지 않았다. 그런데 개신교도들에게 더욱 견디기 힘들었던 건 마티아스에 이어 1617년에 보헤미아의 왕이 되고 1619년에 황제가 된 페르디난트 2세였다.

　개신교도들은 거듭되는 실망과 분노와 증오를 참지 못하고 1618년 5월 21일 프라하에 집결했다. 그런데 마티아스 폰 투른이라는 백작이 주도한 이 집회의 3일째 되던 날 흐라드차니 성의 창문 밖으로 고관 두 명과 비서관 한 명을 던져 버리는 사건이 일어났다. 이 사건은 계획된 것이었다. 이 사건은 보헤미아를 합스부르크 왕가로부터 독립시키기 위한 개신교 운동의 시작을 알리는 시발 사건이라 전해진다. 창문 투척 사건 이후 개신교도들은 30명의 의원으로 구성된 임시정부를 수립하고 겨울왕으로 알려진 프리드리히 5세를 보헤미아의 왕으로 임명했다.

　프라하 창문 투척 사건에 대해서는 많은 왜곡이 가미된 그림과 기록이 남아 있다. 그러나 전쟁을 촉발시킨 중요한 사건인 만큼 그 사건의 진상이 더욱 궁금해지는 것은 당연한 일이다.

　현재 그 사건에 대한 명확한 설명이 존재하지는 않지만 적어도 사건을 구성하는 부분들은 일부 정확하게 밝혀졌다. 가상의 서신 세 통을 통해 이 사건과 관련된 중요한 역사적 사실들을 소개하고자 한다. 세 서신에 소개되는 여러 사실들을 근거로 프라하 창문 투척 사건에 대해 각자 판단해 볼 수 있을 것이다.

I.

카를슈타인의 성주인 야로슬라프 폰 마르티니츠와
의회 의장인 빌렘 슬라바타가 의회를 대표하여 마티아스 황제와
보헤미아의 왕이신 페르디난트 2세께 1618년 5월 23일
프라하 성에서 폭도들이 황제의 충성스러운 고관들을
공격한 사건에 대하여 산증인으로서 올리는 보고서

사건에 대한 소식이 온 나라 안을 시끄럽게 하여 고귀한 도시 프라하의 주인인 전하들께 무수한 왜곡과 거짓으로 알 수 없게 된 사건의 진상에 대해 소상히 고하고자 합니다. 또한 이 사건은 전하들께 피해를 끼친 것은 사실이나 전하들께는 유익한 면이 있음을 알리고자 합니다. 글을 쓰는 소인들은 모두 사건을 직접 목격한 자들이니 전하들께 고하는

모든 내용이 진실이라는 점에는 의심의 여지가 없습니다.

이미 5월 21일에 보헤미아 주변 각 도시의 개신교 대표들이 모두 프라하로 몰려와 카롤링 학교에 집결하면서 소동을 벌였습니다. 그들은 위험을 예상한 소인들이 집회를 취소하고 모두 해산하라고 명령한 것을 무시했습니다. 소인들은 소인들의 예상이 틀리지 않다고 믿었고 사건이 일어나기 전날 밤 이미 빈에 사람을 보내어 여기에서 일어날 일을 그곳에 전하게 했습니다.

1618년 5월 23일 수요일, 그해 예수 그리스도의 승천 기념일 전날에 소인들은 항상 그랬듯이 전하들을 알현하기 위해 프라하 성에 갔습니다. 성으로 향하던 중 전날 밤부터 모여든 사람들이 어느새 구시가지를 점령하고 개신교의 영향력이 개신교 귀족들의 궁에서부터 시작해 소시민들에 이르기까지 프라하 시내 전역으로 번져 나가는 것을 보고 놀라지 않을 수 없었습니다. 전하의 병사들은 프라하 시내의 도로가 점령되는 것을 막기 위해 골목과 길가에 늘어서서 경계 태세를 갖추고 있었습니다. 아무래도 집결한 사람들에게 소인들이 전하의 충성스러운 충신임을 알리지 않는 것이 안전상 좋겠다고 하여 소인들은 이불을 뒤집어씌운 마차를 타고 입성했습니다. 소인들은 소인들의 동지들과 함께 전하들을 위해 살과 피를 다 바칠 준비가 되어 있으나 그런 무리에게 희생되는 것은 무의미한 일로 여겨졌습니다.

전하들께서도 집결한 사람들이 루돌프 2세 전하의 칙서를 근거로 소요를 일으키며 도시를 시끄럽게 한 것을 알고 계실 것입니다. 돌아가신

루돌프 2세 전하께서는 보헤미아의 왕으로 계실 때 종교의 완전한 자유를 보장하겠다고 선언하시고 황제의 권한을 보헤미아의 귀족들에게 분배해 주셨었습니다. 그러나 소인들은 전하들께서 생각하시는 것처럼 가톨릭 신앙만이 인간을 구원하며, 황제와 교황의 권한이 유지되어야 한다고 아뢰는 바입니다. 강한 한 사람이 쥐고 있던 권력을 약한 여러 사람에게 나눠 주는 것은 그 권력을 약화시키는 결과를 초래할 뿐입니다!

전하들께서는 예전 전하께서 이와 같은 선언을 하셨을 때 보헤미아의 귀족들 중 오직 소인들만이 그 명령을 거부했다는 사실을 기억해 주시기를 원합니다. 루돌프 전하께서 심각한 정신적 혼란을 겪으시고, 악령에 사로잡혀 계셨다는 건 누구나 다 아는 사실입니다. 전하들께서도 강조하셨듯이 그런 악한 세력 앞에서 물러서서는 안 된다는 것이 소인들의 신념입니다. 부디 소인들은 수하의 모든 사람들을 항시 거룩한 미사에 참석하게 했음을 기억해 주시옵소서. 신성한 영혼이 없는 고귀한 육체가 무슨 소용이겠습니까! 이런 소인들의 노력은 많은 백성들의 증오를 불러일으켰지만 소인들은 하느님과 전하들만을 바라보며 인내했습니다.

무리를 지나 탑과 성벽과 성문을 지나고 나서야 안도의 한숨을 내쉴 수 있었습니다. 소인들 즉, 마르티니츠와 슬라바타 백작 외에도 성주인 아담 폰 슈테른베르크, 성모마리아 수도원의 대표 폰 포펠른도 전하들의 부름을 받고 왔습니다. 하지만 소인들을 제외한 두 사람은 보헤미아의 통치권 문제에 대해 소인들과 다른 입장인 듯했습니다. 개신교도들에게 성문을 열어 주라고 명한 장본인이 바로 폰 슈테른베르크였습니다.

그 외에도 충성스러운 비서관인 필리프 파브리키우스도 합류하였습니다. 날씨가 청명한 5월이었기에 창문을 열어 두었는데 창문을 통해 많은 사람의 무리가 성을 향해 오고 있는 소리가 들렸습니다. 그들이 온 목적은 저희가 곧 몸소 경험하게 되었습니다.

소동을 일으키는 자들이 성문을 지나 성의 안뜰에까지 이르렀음을 알 수 있었습니다. 경비병들은 이 무리를 저지할 용기를 내지 못했고 저지할 수도 없었습니다. 결국에는 복도에서 발자국 소리가 들렸고 그 발자국 소리는 곧 회의장 안에도 울려 퍼졌습니다.

회의장 바로 옆 작은 소회의실에 있던 소인들은 갑자기 문이 열리고 엄청나게 많은 사람들이 밀려들어 오는 것을 보고 놀라지 않을 수 없었습니다. 그중에는 무기를 든 자들도 있었습니다. 모두가 전하들의 고관인 소인들을 큰소리로 비난했습니다. 신성한 신앙을 저 버린 보헤미아의 귀족들과 지저분한 차림의 천민들이 한데 어우러진 무리가 들어왔습니다. 소인들은 무리를 주동하는 인물들 중 낯익은 얼굴들을 발견했습니다. 예컨대 대표자로 나섰던 요아힘 안드레아스 슐리크 백작을 비롯한 여러 귀족들이었습니다. 전하들께 며칠 이내로 그 사건의 주동자 명단을 작성하여 올리겠습니다.

소인들은 사람이라기보다 성난 개에 가까웠던 그들의 얼굴을 바라보았습니다. 분노와 증오에 사로잡힌 그들은 소인들을 향해 소리를 지르며 위협적으로 다가왔고, 소인들은 회의실의 큰 탁자 뒤로 몸을 피했습니다. 소인들은 탁자와 벽 사이에 갇힌 꼴이 되었습니다. 폰 슈테른베르크와 폰 포펠른은 들이닥친 자들을 진정시키려고 했습니다. 폰 슈테른베르크가 무리에게 무슨 말을 했지만 방안이 너무나 시끄러워 아무도 그의 말을 알아들을 수가 없었습니다.

소인들 즉, 마르티니츠와 슬라바타 백작은 신성한 신앙과 전하들의 권한을 대변하고 지켜내는 것 외에는 다른 생각을 할 여지가 없었습니다. 특히 마르티니츠는 소인들의 이 의지를 위협적인 폭도들 앞에서 용감하고 명예롭게 알렸습니다.

방에 쳐들어온 사람들은 폰 슈테른베르크와 폰 포펠른을 붙잡고 그들을 방에서 끌어냈습니다. 그들이 어디로 끌려갔는지는 모르겠습니다. 비서관 파브리키우스는 앞서 말씀드렸던 무리의 가장 앞줄에 서 있던 슐리크 백작에게 정중하게 신변 보호를 요청했습니다. 그러나 슐리크는 그를 보호해 줄 마음이 없었을 것으로 생각되며, 그럴 마음이 있었다 해도 보호해 줄 수 있는 상황이 아니었습니다.

소인들에게는 죽음의 시간이 다가왔습니다. 수백 개의 손이 소인들을 붙잡아 이리저리 휘둘렀습니다. 수백 명의 목소리가 체코 어와 독일 어로 알아들을 수 없는 말을 했습니다. 그들은 조용히 운명을 받아들인 소인들을 활짝 열린 창문 곁으로 끌고 갔습니다.

신분을 망각한 채 야만인과 다를 것이 없었던 폭도들은 마르티니츠 백작을 들어 창틀에 올려놓은 다음 밖으로 밀쳐 버렸습니다. 마르티니츠 백작은 추락하면서도 "예수님! 성모마리아님!"이라고 외쳤습니다.

슬라바타 백작은 창틀을 붙잡고 떨어지지 않으려고 안간힘을 썼습니다. 그러나 수백 명의 주먹이 그를 가격했습니다. 그는 발에 차이고 구타를 당했습니다. 창틀을 붙잡고 있던 손에서는 피가 흘렀습니다. 그는 결국 힘이 풀릴 때까지 가격당했습니다.

자리에 얼어붙은 채 이 광경을 지켜본 비서관 파브리키우스도 사람들의 손에 붙들려 창문으로 끌려갔고, 비명을 지르고 저주를 퍼부으며 높은 탑에서 추락했습니다.

마르티니츠 백작은 추락하면서 결코 도움을 요청하는 사람을 모른 척하지 않으시는 성모마리아께 기도를 했습니다. 그는 떨어지면서 성모마리아가 천사들에게 둘러싸여 있는 모습을 보았습니다. 그리고 곧 전하들의 성 밖 깊은 곳에 놀랍도록 부드럽게 착지하는 것이 느껴졌습니다. 그는 잠시 동안 놀라움에 꼼짝하지 못했습니다. 그러나 정말 다친 곳 하나 없이 몸이 성했습니다. 그는 앞으로도 전하들께 충성을 다할 수 있게 되었습니다.

성모마리아의 은총과 도움은 슬라바타 백작에게도 임했습니다. 피를 흘리며 높은 탑에서 떨어지던 슬라바타 백작 역시 성모마리아의 모습과 음성이 또렷이 보이고 들렸다고 합니다. 수많은 천사들과 함께 모습을 보이신 성모마리아는 부드러운 음성으로 천사들에게 슬라바타 백작을 안아 안전하게 바닥에 도달하게 해 주라고 명하셨답니다. 장미향이 느껴졌고 천사들은 백작이 땅에 안전하게 착지하도록 해 주었답니다. 거룩한 성모와 천사들이 지켜보는 가운데 백작은 자기 하인들이 낮은 쪽에 있는 창문으로 내려 준 사다리를 타고는 폭군들에게 저지당하지 않고 안전한 곳으로 피할 수 있었습니다.

슬라바타 백작이 추락하는 도중에 성모마리아와 천사들만이 나타나

프라하 창문 투척 사건을 묘사한 판화. 마르티니츠, 슬라바타 백작이 떨어지기 직전이며 비서관도 창문으로 끌려오고 있다.

신 것은 아니라고 합니다. 악마가 나타나 성모의 보호를 방해하려고 백작에게 온갖 간사한 말을 했다고 합니다. 슬라바타 백작 외에 추락한 두 사람의 옷에도 악마의 흔적들이 남아 있어서 반드시 세탁을 해야만 했습니다.

마르티니츠 백작도 성모마리아께서 지혜와 용기를 준 슬라바타 백작의 하인들이 내린 사다리를 타고 안전한 곳으로 이동할 수 있었습니다.

마지막으로 비서관 역시 악한 무리의 손에 떼밀려 창문에서 추락하는 도중 성모님의 은총을 입어 구원을 얻었습니다. 그도 성모님의 부드러운 음성을 듣고 장미향을 느꼈다고 증언했습니다.

전하들께서는 회의장 옆 작은 소회의실 창을 통해 종종 바깥을 보시곤 하시니, 그 창이 얼마나 높은지 너무나 잘 아실 것이라 생각합니다. 20미터가 넘는 높은 곳에서 떨어지고도 목숨을 부지한다는 건 기적이 아니고 무엇이겠습니까! 인간의 논리로는 설명이 되지 않습니다. 신께서 예수 그리스도의 승천 기념일 전날에 소인들의 생명을 구원하시기 위해 베푸신 기적입니다.

소인들의 이 경험을 통해 시편 91편의 말씀이 이뤄졌습니다.

"주께서 너를 두고 천사들에게 명하여 너 가는 길마다 지키게 하셨으니, 행여 너 돌부리에 발을 다칠세라 천사들이 손으로 너를 떠받치고 가리라."

그날에 구원을 받은 소인들이 이 기적의 증인입니다. 전하들께 이 모든 것이 사실임을 고합니다.

전하들께서도 기억하시겠지만, 전하들께서 통치하시는 프라하에서 보헤미아 사람들의 용인될 수 없는 이러한 창문 투척 사건은 처음이 아닙니다. 이미 이단으로 판정된 후스파에 대한 전쟁이 시작되던 당시, 최초의 창문 투척 사건이 일어났습니다. 1419년 7월 30일 프라하에서 이단을 설파하다가 4년 전 콘스탄츠에서 화형을 당한 얀 후스의 광적인 추종자들이 신시가지 시청사의 창문에서 가톨릭 신자인 의원 일곱을 투척한 사건이 일어났습니다. 창밖으로 떨어진 의원들은 창에 찔려 죽었습니다.

이러한 연유로 전하들께 간곡히 아룁니다. 보헤미아를 더 이상 이교도 광신자들의 손에 둘 수 없습니다. 전하들께서는 황제이시자 보헤미아의 통치자이시니 폭도들에 대한 전쟁을 선언하시옵소서. 보잘 것 없는 소인들을 천사들을 통해 지켜주신 성모마리아께서 전하께 승리의 기쁨을 주시리라 믿어 의심치 않습니다.

II.

프라하에서 개신교 대표들이 보헤미아 왕국의 임시정부 의원 30인의 대표와 마티아스 폰 투른 백작에게 보내는 보고서

존경하는 의원님들

1618년 5월 23일에 자유를 찾기 위해 감행되었던 사건을 다양한 시각에서 해석한 다양한 보고서들이 난무하는 듯하여 그 결전의 날에 일어났던 사건의 진실을 알려 드리고자 보고서를 올립니다. 이 보고서에 기록된 모든 내용은 본인들이 직접 경험한 사실이므로 더 이상의 혼란과 왜곡을 방지해 줄 것입니다.

의원님들도 아시다시피 5월 21일 보헤미아의 개신교도 도시 대표들이 프라하의 카롤링 학교에 모였습니다. 프라하에 대표들이 도착했다는 소식이 전해지자 구시가지를 비롯하여 온 도시의 거리와 골목으로 사람들이 쏟아져 나왔습니다. 그들은 눈물을 흘리며 우리가 행하는 일을 끝까지 성공시켜 달라고 부탁하며 우리를 지지하겠다고 약속해 주었습니다.

우리 대표들은 마르티니츠와 슬라바타 백작이 보헤미아의 개신교도들에게 자유를 인정해 주지 않으면 그들을 처형할 것을 결의하고 이를 5월 22일에 문서로 기록하였습니다.

그 다음 날인 5월 23일, 우리는 모두 무장을 한 채 말을 타고 프라하성으로 향하는 길에 모여들었습니다. 우리 뒤에는 수많은 사람들이 따라왔습니다. 보헤미아의 자유가 우리 손에 달려 있었고 우리는 모두 그 막중한 임무의 중요성을 알고 있었습니다.

성문을 통과하여 뜰을 지나 성에 다다르자 창문에 서서 우리를 내려다보는 합스부르크가의 귀족들이 보였습니다. 단 한 명의 근위병도 우리를 저지하지 않았습니다. 블라디스라바 홀과 회의장을 지나 소회의실의 문을 열었습니다.

바로 그 안에 백성이 미워하는 황제의 추종자와 보헤미아의 왕이 된 자의 추종자들이 있었습니다. 방 안에는 네 명의 고관과 비서관이 보였습니다. 마르티니츠와 슬라바타 백작, 필리프 파브리키우스 비서관, 폰 슈테른베르크 백작과 폰 포펠른 나리였습니다. 폰 슈테른베르크와 폰 포펠른 나리는 이전에도 우리가 하는 일에 공감한다는 의사를 자주 표했기 때문에 소회의실 옆방으로 끌어내 도망가게 해 주었습니다.

그러나 마르티니츠와 슬라바타 백작은 신하들을 강제로 미사에 참석하게 하고 거부할 경우 개에게 물어뜯기는 벌을 받게 했고, 종교의 자유를 보장하고 왕의 권한을 제후들에게 분배하겠다고 했던 루돌프 황제의 칙서를 무시했던 자들이었습니다. 그들은 개신교 신앙을 가진 하인들에게 개종을 하지 않을 경우 결혼을 시키지 않겠다고 협박했습니다. 슬라바타 백작은 사실 반은 개신교도였지만 돈이 많은 아내를 맞이하기 위해 가톨릭으로 개종을 한 후 마르티니츠 백작과 함께 개신교도를 짐승처럼 취급하기 시작한 자입니다. 그들이야말로 짐승이나 마찬가지였고, 처형당해야만 했습니다! 탁자 뒤로 숨어 들어가는 꼴은 정말 우스웠습니다! 그들은 초점 없이 허공을 응시했습니다. 창백해진 얼굴 위로 땀이 흘러내렸습니다.

우리는 그들에게 질문을 했습니다. 보헤미아의 자유과 권리를 인정하느냐고 물었습니다. 슬라바타 백작은 새하얗게 질린 채 사시나무처럼 떨고 있었습니다. 한 마디도 하지 못했습니다. 마르티니츠는 거만한 말투와 큰 목소리로 우리와 보헤미아 왕국을 모욕했지만 두려움에 떠는 몸을 탁자에 기대야만 했습니다.

우리는 마르티니츠를 붙잡아 전통에 따라 창밖으로 던져 버렸습니다. 그곳에서 떨어지면 살아남기 힘들다는 것을 우리도 잘 알고 있었습니다.

소리를 지르며 창틀에 매달려 있는 슬라바타를 향해서는 수백 개의 손이 주먹질을 했습니다. 발로 차고 밀어 간신히 떨어뜨릴 수 있었습니다.

두 고관이 꾸민 일들을 보조하고 도왔던 비서관은 울부짖으며 우리의 대표인 슐리크 백작에게 매달렸습니다. 그러나 비서관 역시 두 고관을 따라 창밖으로 떨어뜨렸습니다.

마르트니츠는 떨어지면서 예수님과 마리아의 이름을 불렀다는 소문이 파다합니다. 그러나 그는 예수님과 마리아에게 도움을 청했다기보다는 그냥 너무 놀라 자기도 모르게 "예수님! 마리아님!" 하고 외쳤던 것뿐입니다. 우리 무리 중 한 사람이 창밖으로 고개를 내밀고 말했습니다.

"성모마리아가 너 같은 인간을 구해 주는지 지켜보겠네!"

그때 누군가가 외치는 소리가 들렸습니다.

"오, 신이시여! 아직 살아 있소. 둘 다 살아 있소. 도저히 믿을 수가 없군. 셋 다 살아 있소!"

슬라바타는 처음에는 죽은 사람처럼 바닥에 누워 있었지만 마르티니츠가 부축을 하자 일어섰습니다.

손에 총을 들고 있던 사람들은 모두 제정신이 아닌 상태로 성벽 주위를 이리저리 헤매는 두 사람을 향해 총을 발사했습니다. 그때 예상치 못하게 아래쪽의 창문에서 내려진 사다리를 타고 두 사람이 도망을 쳤습니다. 주인을 구하려는 슬라바타의 하인들이 도와준 덕분에 두 사람은 우리가 쏜 총알을 피해 달아났습니다.

두 사람 모두 로프코비치라는 자의 집으로 도망쳤습니다. 마르티니츠는 심각한 부상을 입고 죽어간다고 하면서 의사와 신부를 불렀습니다. 정당한 사람들인 우리들은 병들고 나약한 사람을 공격하지 않기 때문에 마르티니츠는 무사할 수 있었습니다. 그러나 마르티니츠는 멀쩡했습니다! 그날 밤 마구간을 지키는 하인으로 변장을 한 마르티니츠는 성을 벗어나 황제에게로 달려갔습니다. 로프코비치의 하인들은 그가 얼굴에 온갖 오물을 묻혀 아무도 그를 알아보지 못했다고 증언했습니다.

슬라바타의 경우 실제로 부상을 입어 결국 멀리 도망치지 못하고 붙잡혔지만 며칠 전 투른 백작 부인을 찾아가 엎드려 아부를 떤 슬라바타의 부인 덕에 목숨을 건질 수 있었습니다.

비서관은 셋 중에서 가장 먼저 성을 빠져나가 황제에게 달려갔습니다.

세 사람이 떨어진 창문은 20미터는 족히 되는 높이에 있습니다. 그렇게 높은 곳에서 떨어진 사람이 어떻게 살 수 있습니까? 그것도 세 사람씩이나! 창문의 높이와 세 사람이 그 창문에서 떨어진 것은 엄연한 사실입니다. 이 사실에 대해서는 토를 달 것이 없습니다. 수많은 사람들이 목격자로 증언하는 사실입니다.

황제의 편에서는 세 사람의 생존을 기적이라고 선전했고, 마르티니츠와 슬라바타는 성모마리아와 천사들의 도움으로 살아났다며 떠들고 다닙니다. 그들이 살아난 일은 사람들에게 감동을 주며 나쁜 인상을 잊게 만들고 있습니다.

그러나 우리는 그들이 주장하는 바를 본 적이 없음을 보장하며 맹세도 할 수 있습니다. 성모마리아와 수많은 천사는커녕 천사 한 명도, 장미향이나 기이한 현상도 전혀 보이지 않았습니다. 오히려 반대입니다!

그들이 생존할 수 있었던 건 어쩌면 그들이 걸치고 있던 두꺼운 옷이나 그들이 떨어진 바닥의 질퍽질퍽한 특성 때문이었는지도 모릅니다. 또는 착지할 때 경사진 비탈을 구르면서 충격이 완화되었는지도 모릅니다. 하느님께서 그렇게 악한 사람들에게 기적을 베풀었다는 의문점을 해소해 주는 설명입니다. 다행히 우리는 현장에서 두 눈으로 모든 것을 보았습니다. 그들이 주장하는 기적과 같은 일은 결단코 일어나지 않았습니다!

한 가지 확실한 건 페르디난트가 보헤미아의 왕위에서 내려와야 한다는 것입니다. 새 왕을 골라야 하며 좋은 일을 위해 싸워야 합니다! 황제와 왕이 원치 않는다면 전쟁이라도 감수해야 합니다!

프라하 성의 어느 일꾼이 쓴 편지

존경하는 어르신

마을 사람들 모두가 제가 지난주에 경험한 기이한 일에 대해 어르신께 고해야 한다고 해서 이렇게 서신을 올립니다. 제가 대부에게 글씨 쓰는 법을 배워 둔 것이 이런 날을 위해서인가 봅니다.

저는 예수 그리스도의 승천 기념일 전에 거름을 실어 운반하기 위해 프라하 성에 올라갔다가 그 기이한 일을 목격했습니다. 엄청 많은 사람들이 성에 몰려 있었습니다. 모두가 성에 들어가 계속 소리를 질렀고, 저는 그냥 제 일을 했습니다. 평소에도 귀족 나리들 간에 무슨 일이 있든지 저는 별로 상관하지 않았습니다.

사람들은 거기에서 종교 문제를 떠들었는데, 저도 그들과 같은 걸 믿는 사람이라 귀가 조금 솔깃했습니다.

그런데 시간을 보니 서둘러 똥을 치우러 가야 할 시간이었습니다. 큰 회의장과 작은 소회의실 바로 아래에 똥이 가장 많이 있었습니다. 얼마나 많이 쌓여 있었는지는 상상하시기도 힘드실 겁니다. 똥을 쓸어 모으면 그 무더기가 아마 사람 키보다도 높았을 겁니다. 성 안 마구간에 모인 똥을 그곳에다가 버리면 제가 가서 치우곤 했습니다. 더 멀리 갖다 버리면 될 것을 게을러서 그냥 그곳에 다들 쌓아 두니 제가 할 일이 많았습니다. 똥 냄새가 진동했습니다.

한참 똥을 모으고 무더기를 만들고 있는데, 갑자기 창문이 열리더니 누군가가 크게 소리를 질렀습니다. 올려다보자마자 누군가가 똥 무더기 위로 떨어지는 게 보였습니다. 그러더니 더 큰 소리가 들리면서 또 한 명이 창문에 매달렸고 많은 사람들이 인정도 없이 그 매달린 사람을 마구잡이로 때렸습니다. 그 사람도 곧 또 다른 똥 무더기 위로 떨어졌습니다. 똥 무더기에 몸이 꽂혀 목만 간신히 나와 있었습니다. 그래도 똥 덕에 살았지 안 그랬으면 죽었을 겁니다.

그 순간 또 한 명이 똥 무더기 위로 떨어져 또 목만 내밀고 똥에 파묻혀 버렸습니다. 위에서는 사람들이 소리를 지르며 총을 쏘고 난리를 쳤습니다. 떨어진 사람들은 다들 도망쳤습니다. 그때 어떤 창문에서 사다리가 내려졌고 하인들이 나타나 떨어진 양반들이 똥 무더기에서 빠져나와 도망가는 것을 도왔습니다. 그러더니 사라져서 다시는 보이지 않았습니다.

아직 똥을 수레에 싣지 않길 잘했다 싶었습니다. 아니면 셋 다 죽었을 겁니다. 하지만 그다음에는 제 평생 가장 열심히 일을 했습니다. 나리들이 제가 일을 마쳤나 보러 나오셨을 때는 벌써 일을 다 끝난 상태였고 들판에는 똥 무더기가 하나도 없었습니다.

읽어보시니 잘 읽었다 싶으시죠?

충성스러운 벤츨 올림

제12장

바바라

17세기 당시에 30년이라는 기간은 거의 한 사람의 평균 수명에 맞먹었다. 그 시간 동안 전쟁이 계속된 걸 보면 당시 권력자들 간에 긴장감은 대단했을 것이다. 이 장에서는 끔찍한 전쟁을 지속시킨 수많은 크고 작은 사건들을 살펴보고자 한다.

합스부르크 왕가가 장악하려고 했던 보헤미아에서부터 전쟁이 시작되었다. 신성 로마 제국 내에도 여러 가지 문제들이 있었다. 점차 독재 정권의 형태를 취하기 시작한 황제는 각 지방 제후들의 권력을 제한하려 했다. 종교 문제는 갈등을 심화시키고 권력 싸움의 도구가 되었다. 주변 국가들은 제국 내의 혼란을 그냥 지켜보지 않았고 각각의 동맹자들을 도와 가세했다.

스페인은 독립을 위해 투쟁하는 네덜란드와 맞서 싸웠다. 행상로가 계속 차단되자 군수 물자가 이탈리아 북부와 알프스 산맥을 넘어 라인 강변을 따라 수송되었다. 군수 물자 수송로에 있던 모든 지역과 주변 지역들은 결국 전쟁 지역이 되고 말았다.

독일 국경 안에 영토를 가지고 있던 유럽의 다른 통치자들은 이 전쟁을 권력과 영토 확장의 기회로 보았다. 덴마크 왕도 전쟁에 뛰어들었지만 실패했다. 스웨덴의 왕은 동해의 해상권을 놓고 폴란드와 싸웠고 폴란드 내에서 위협을 받던 개신교 신자들을 보호하기 위해 폴란드 영토에까지 침입했다. 물론 동해 해상권 장악이 폴란드에 쳐들어간 또 다른 이유였다.

합스부르크 왕가와 손을 잡은 스페인과 신성 로마 제국 사이에 위치한 프랑스는 전쟁을 기회 삼아 두 나라의 압박에서부터 벗어나려고 했다. 처음에는 전쟁의 주요 원인처럼 보였던 종교적 갈등은 점차 비중이 작아졌다.

30년 전쟁 기간 중에 총 네 번의 큰 전쟁이 일어났다. 바로 보헤미아-팔츠 전쟁, 니더작센-덴마크 전쟁, 스웨덴 전쟁 그리고 스웨덴-프랑스 전쟁이 그것이다. 모두 두 나라의 황제나 왕 또는 두 나라와 동맹 관계에 있는 나라의 왕 사이에서 일어난 전쟁이었다.

당시 슈바벤의 한 마을에서 자란 바바라라는 소녀는 아무것도 모른 채 살아가고 있었다. 그러나 끔찍한 시대에 태어났다는 이유로 많은 희생을 치러야 했다. 지금부터 시작되는 이야기는 슈투트가르트 국립도서관에 보관되어 있는 그 소녀에 대한 재판 기록을 바탕으로 적은 이야기이다.

어떻게 된 일인가? 어떻게 그럴 수 있단 말인가? 전쟁 중이었고 전쟁은 장난이 아닌데 말이다.

높으신 양반들의 결정은 나중에 평범한 백성에게 영향을 주었는데, 특히 가장 낮은 계층의 사람들이 가장 큰 영향을 받았다. 당시 나라의 가장 높은 자리에는 페르디난트 2세가 황제로 통치하고 있었고, 가장 낮은 자리에는 바바라라는 소녀가 살고 있었다.

1618년에 페르디난트 이전에 보헤미아 왕위를 차지했던 마티아스 황제가 전쟁을 일으켰다. 이미 그때 바바라의 불행은 하늘에 떠 있는 먹구름처럼 다가오고 있었다. 폭풍이 일어나 비가 쏟아지는 날에 들판에 나가는 사람은 운이 나쁘면 번개에 맞아 죽을 수도 있는 것이다.

차라리 일찌감치 번개에 맞아 죽었더라면 바바라는 더 행복했을 것이다. 사실 바바라는 전쟁이 시작되던 당시에는 아직 태어나지도 않았었다. 자기가 태어난 해가 1624년인지 1625년인지 정확하게 모르는 바바라는 어쨌건 페르디난트 2세가 이미 전쟁을 벌인 지 6, 7년이 된 그쯤에 뷔르템베르크 남부에 위치한 플라이델스하임이라는 마을에서 태어났다.

전쟁이 시작된 계기는 팔츠의 선제후인 프리드리히 5세가 차지하려고 했던 보헤미아를 지키기 위해서였다. 프리드리히 5세는 보헤미아를 정복했지만 고작 겨우내 잠시 동안 보헤미아를 통치하고 다시 그 땅을 빼앗긴 탓에 겨울왕이라는 별명을 얻었다. 페르디난트 2세는 1620년에 프라하의 바이센베르크에서 벌어진 전투에서 황제에게 패하고 보헤미아의 왕위와 선제후의 직위를 박탈당했다.

전쟁은 황제의 승리로 끝난 듯했다. 그러나 그건 헛된 기대였다! 게임에서 이기는 자는 더 강해지고, 더 많은 영향력을 행사하게 되어 있다. 한 명이 더 강해지면 게임에 참여하지 않았던 나머지 사람들까지 모두 더 약해져 버리게 된다. 싸우지도 않고 지지도 않았는데 세력이 작아지는 건 참을 수 없는 일이었다. 그러나 더 많은 권한을 갖게 된 자는 나머지가 그걸 원치 않는다고 해서 자신의 권한을 포기할 리 없다. 오히려 그 반대다!

당시 약자들은 독일 내 개신교도들과 제후들이었다. 나라 안에서 제일 힘이 없는 바바라 같은 사람들에게는 전쟁이 일어나지 않는 것이 최선이었다. 그러나 그들의 의견은 어차피 아무도 들으려 하지 않았다.

약자가 자신을 도와줄 누군가를 찾으면 전쟁은 계속되었다. 1625년

덴마크의 왕이 된 크리스티안 4세는 독일의 제후들을 도와주면서 독일 황제보다 큰 권력을 획득하고자 했다. 그런 덴마크의 왕은 영국의 왕이자 추방당한 겨울왕의 장인이기도 했던 제임스 1세의 지원을 받았다. 그러나 덴마크의 왕과 그의 동맹자들은 독일 황제와 수차례 전투를 치르며 유명해진 틸리 장군과 발렌슈타인 장군이 지휘하는 독일 군대에게 패하고 말았다. 결국 독일의 페르디난트 2세 황제는 더 큰 권력을 휘두를 수 있게 되었다.

페르디난트 2세. 그는 신앙의 다양성을 존중하지 않았으며 보헤미아 왕위에 오르자마자 개신교를 탄압했다.

어린 바바라는 훗날 일어날 비극을 당하지 않고 편히 잠들 수도 있었다. 1626년, 바바라가 한 살 또는 두 살쯤 되었을 때 덴마크의 왕과 황제의 갈등은 극에 달했다. 거기에 흑사병까지 돌기 시작했다. 바바라가 살던 플라이델스하임에서도 네 명 중 하나가 죽었다. 그러나 바바라와 바바라의 가족 즉, 플라이델스하임의 대장간 식구들은 모두 무사했다. 당시만 해도 살아남은 것을 행운이라고 생각했다.

대장간과 모든 식당에서는 전쟁에 대한 이야기만 오갔다. 플라이델스하임은 워낙 작은 마을이라 전쟁에 대한 소식이 뒤늦게 전해졌다. 1622년

빔펜에서 일어난 전투가 플라이델스하임과 한두 시간 떨어진 곳으로까지 번졌음에도 불구하고 플라이델스하임은 전쟁을 실감하지 못했다.

바바라는 자라서 어머니를 도와 부엌일과 집안 살림을 했다. 이제 플라이델스하임에서도 군인들이 먹을 게 없는 데다가 아무도 그 많은 군인들에게 먹을 것이나 월급을 줄 수 없는 탓에 군인들이 농가들을 탈취한다는 소문들이 전해지고 있었다. 그래도 아직 플라이델스하임 사람들은 군인들이 숨겨 놓은 돈을 내놓게 하려고 농민들을 괴롭힌다는 이야기, 손톱 밑에 못질을 하고 물이나 비료 같은 것을 배가 터질 지경이 될 때까지 먹이는 고문을 한다는 이야기를 들으며 인상을 찌푸리는 정도였다.

도시가 정복당하면 군인들이 가정집들을 털고, 아낙네들과 소녀들을 욕보인다는 소문이 자자했다. 그러나 아직은 먼 곳 이야기였다. 플라이델스하임까지 군인들이 올 리가 없었다. 다른 곳에서 그런 짓을 한다 하더라도 당장 우리와는 상관없는 일이 아닌가?

스스로 그렇게 생각하는 자신이 부끄럽기도 했지만 누구나 그렇게 생각하기 마련이었다. 아닌 척해도 다들 무의식적으로 그렇게 생각하고 있었다.

전쟁은 계속되었지만 바바라는 할아버지가 나무토막으로 조각해 준 인형을 가지고 노는 일에만 관심이 있었다. 전쟁도 플라이델스하임처럼 작은 마을에 사는 소녀 따위는 신경 쓰지 않는 듯했다.

너무 많은 권력을 손에 쥐게 되어 이제는 제후들의 권한을 축소시키고 동해 해상권을 장악하기로 결심한 페르디난트 2세 황제를 막기 위해 제후들은 황제를 위해 싸웠던 유능한 장군인 발렌슈타인을 쫓아냈다. 동시에 개신교도들에 대한 탄압은 점점 더 심해졌다.

스웨덴의 왕 구스타브 아돌프가 개신교도들의 편에 섰다. 그는 프랑스에서부터 강한 군사력을 자랑하는 군대와 많은 돈을 실은 배를 이끌고 1630년에 독일 동해에 도착했다. 황제가 되고픈 욕심을 가지고 왔는지도 모른다.

전쟁은 독일 북부 일대를 쑥대밭으로 만들었다. 플라이델스하임의 대장간도 1631년에 틸리 장군이 마그데부르크를 정복하고 몇몇 어부의 집을 제외한 마그데부르크 시내 전체를 불태워 버렸다는 이야기로 시끄러웠다. 남녀노소 할 것 없이 모두 불에 타 죽었는데, 2만 구 이상의 시체를 그냥 엘베 강에 버렸다는 소문도 파다했다. 시체 때문에 강이 막혀 버리고 그 일대에 전염병이 돌기 시작했다는 내용이 담긴 전단지가 여기저기 뿌려졌다.

그 후 전투만 했다 하면 스웨덴의 왕이 틸리 장군을 이겼다. 스웨덴의 왕은 그라이스발트에서부터 뮌헨에 이르는 지역을 장악했고, 바이에른 지역을 잔인하게 황폐화시켰다.

당시 바바라의 엄마는 유산을 해 병석에 누워 있었다. 너무 무거운 물동이를 들었다가 사고를 당한 것이었다. 물론 그것이 유산의 이유인 줄은 몰랐다. 바바라의 엄마는 마녀와 눈을 마주치는 바람에 마법에 걸려 아이를 잃었다고 생각했다. 사람들 사이에서는 마녀에 대한 이야기가 끊이지 않았다.

바바라는 결국 외동딸로 자랐다. 남동생 두 명과 여동생 한 명이 있었지만 모두 태어나자마자 죽었다. 그것도 마녀 때문이었을까? 바바라의 엄마는 겁이 나서 그런 생각조차 하기 싫어했다.

온 나라가 전쟁으로 곤욕을 치르는 동안 바바라는 걷기 시작했고, 말도 하고 집안일까지 할 수 있을 만큼 성장했다. 바바라는 무엇보다 순종하는 법을 배웠다. 사람들은 바바라가 착한 딸이라고 칭찬했다. 늘 인형을 데리고 다니는 친절하고 착한 바바라는 얼굴도 예뻤고 금발의 곱슬머리가 매력적이어서 사람들이 모두 좋아했다.

페르디난트 2세는 영토의 절반 정도를 잃고 나자 발렌슈타인 장군을 다시 불러 들였고, 라이프치히 근교 뤼첸에서 벌어진 전투에서 구스타브 아돌프 왕을 이겼다. 1632년 11월에 있었던 일이다.

바바라는 벌써 일곱 살 혹은 여덟 살이 되었다. 엄마를 위해 물을 길어 오기도 하고 야채를 다듬어 음식 준비를 돕기고 하고 정원에서 잡초를 뽑고 떨어진 사과를 모아 놓기도 했다. 아빠가 일하시는 작업실을 저녁마다 청소하고 시간이 남으면 인형을 가지고 놀았다. 그리고 저녁마다 하느님과 수호천사들에게 가정을 지켜 달라고 기도했다.

바바라와 바바라의 부모님은 자신들에게 닥칠 불행이 점점 속도를 높여 달리는 말처럼 다가오고 있음을 전혀 알지 못했다.

전투에서 스웨덴의 왕을 이긴 황제는 다시 예전의 힘을 되찾았다. 달라진 것이 있다면 황제의 군대에 대한 영향력이 점점 커지는 발렌슈타인 장군을 경계의 눈초리로 감시한다는 것이었다. 결국 1634년 2월 25일에 황제는 장군을 보헤미아의 에게르라는 도시에서 제거했다. 발렌슈타인 장군의 죽음에 대한 노래가 퍼졌고, 자세한 내용을 담은 전단지가 장터에서 팔렸다. 식당과 술집에서도 발렌슈타인에 대한 노래가 끊이지 않았다.

장군의 죽음 때문에 온 나라가 시끌벅적해졌다. 어떤 이들은 그가 살해되었다고 했다. 발렌슈타인은 황제 몰래 스웨덴과 협상하여 더 이상 전투로 결판나지 않는 이 전쟁을 끝내려고 했기 때문에 살해됐다는 것이다. 다른 이들은 정당한 처형이었다고 했다. 발렌슈타인은 나라를 팔아먹은 배신자이기 때문에 그의 죽음은 당연하다는 것이었다. 스웨덴과 협상을 했던 것도 스스로 황제가 되려고 했기 때문이라는 것이었다. 물론 진실이 뭔지는 결국 알려지지 않았다. 정확하게 알려진 사실이 얼마나 되겠는가?

바바라도 아버지의 대장간에서 이런 이야기들을 들었을까? 바바라는 어느덧 열 살을 바라볼 정도로 자랐다. 그러나 그런 소리를 들어도 그것이 자신에게도 영향을 미칠 수 있을 거라 생각하지는 못했을 것이다. 자신이 플라이델스하임에 사는 사람 중 누구보다도 큰 위험에 처할 사람이란 사실을 바바라는 전혀 짐작하지 못했다.

발렌슈타인의 죽음 이후 황제의 아들인 페르디난트가 개신교도들이 가장 많이 모여 있는 뇌르틀링겐을 장악했다. 아들 페르디난트는 헝가리의 왕이었고 훗날 페르디난트 3세라고 불리며 황제가 되었다. 뇌르틀링겐 정복과 함께 어린 바바라의 불행은 본격적으로 시작되었다.

뷔르템베르크 공국에 사는 사람들은 모두 기도하고 참회하면서 신에게 뇌르틀링겐을 구해 달라고 도움을 구했다. 뷔르템베르크와 스웨덴 출신의 사람들이 중심인 개신교도들은 모두 하일브론 동맹을 통해 스웨덴이 세울 황제에게 충성하겠다고 맹세했던 사람들이다. 종교 갈등은 이 전쟁에서 이미 오래 전에 권력 싸움 뒤로 밀려났다. 누가 권력을 잡을 것인가? 황제와 가톨릭 신도들인가, 스웨덴 정권과 개신교도들인가?

플라이델스하임의 대장장이는 뇌르틀링겐에서 어떤 일들이 일어나는지 잘 알고 있었다. 대장장이는 여행을 하는 사람들이 편자를 갈기 위해 대장간에 들를 때마다 들려주는 이야기 덕분에 마을에서 가장 소식이 빠른 사람이었다. 그러나 대장장이는 식구들에게는 아무 말도 하지 않았다. 정치는 남자들이 알아서 할 일이고, 여자나 특히 아이들은 알 필요가 없는 것이라 생각했다. 당시에는 누구나 그렇게 생각했다.

그러나 전쟁으로 인해 가장 큰 피해를 입는 사람들은 누구인가?

황제의 아들은 뇌르틀링겐을 점령하기 위해 스페인의 지원을 받아 더욱 큰 군대를 거느리게 되었다. 개신교도들이 혹시 그에게까지 도움을 요청할까? 대장장이는 잠을 이룰 수가 없었다.

반면 바바라는 인형의 안녕만을 걱정했다. 바바라는 다른 아이들과 이런 노래를 부르기도 했다.

스웨덴 사람들이 왔다
모조리 다 가져갔다
창문을 부수고
철을 모조리 가져갔다
그 철로 총알을 만들었다

30년 전쟁 기간인 1633년에 맺어진 하일브론 동맹. 가톨릭 세력에 맞서기 위해 개신교 세력들이 맺은 동맹이다.

그 총알로 농부들을 쏴 죽였다

1634년 9월 초, 하일브론 동맹의 군대가 집결하여 황제의 군대와 대치 상태에 들어갔다. 9월 6일과 7일 뇌르틀링겐에서는 전투가 벌어졌다.

황제의 군대는 헝가리 왕의 지휘하에 성벽만큼 높은 언덕에 진을 치고 있었다. 구스타브 그라프 호른의 지휘하에 하일브론 동맹군은 밤부터 다음날 오전까지 적을 뒤에서 공격했다. 그러나 황제의 군대는 막강한 수비력을 자랑하며 쉽게 무너지지 않았다. 게다가 동맹군의 탄약통이 폭발했다. 동맹군은 막대한 손실을 입었다.

날이 밝기 시작하면서부터 뷔르템베르크의 군인들도 포함되어 있던 베른하르드의 바이마르 군대 진영에 불이 났는데, 화재는 북쪽에서 시작하여 들판을 지나 황제의 부대가 진을 치고 있는 언덕 아래까지 이르렀다. 군인들은 떼죽음을 당했다. 거기에다가 황제의 기마대의 공격이 가해지면서 결국 30년 동안의 긴 전쟁은 끝이 났다.

스웨덴과 개신교도들을 포함한 하일브론 동맹은 그들을 향해 하늘이 무너져 내린 것마냥 완전히 전멸되었다. 2만 명의 사망자가 발생했다.

바바라는 자주 잠을 이루지 못했다. 아버지는 대장간을 찾아온 남자들과 심각한 얼굴로 이야기를 나누고 어머니는 저녁 때면 종종 울었다. 아무도 바바라에게 그 이유를 알려 주지 않았다.

페르디난트 2세는 뇌르틀링겐 전투에 앞서 하늘에 걸터앉은 천사들의 발이 뜨거워질 정도로 뷔르템베르크에 큰 불을 지르고 말겠다고 맹세했다. 천사 같은 어린 바바라를 두고 한 말은 아니었지만 결국 바바라 역시 불을 피해 도망하는 신세가 되긴 했다. 황제에게 왜 바바라에게 그런 짓을 했느냐고 물었다면 황제는 이렇게 대답했을 것이다.

"바바라에게는 전혀 유감이 없네. 어차피 누군지도 모르는 아이 아닌가. 천사들에게도 유감이 없네."

황제는 스스로 자신이 정의롭고 착한 사람이라고 확신했다.

군인들은 전투 후에 황제의 명을 따라 뷔르템베르크로 진격했다. 메뚜기 떼가 곡식이 익은 밭을 향해 달려들 듯 군인들은 가정집에 뛰어들어가 손에 잡히는 건 무엇이든 때려 부수고 네카어 강과 슈바르츠발트 숲 사이에 살던 사람들을 찔러 죽였다. 배고픈 군인은 군복을 입었다는 사실 외엔 강도와 별반 다를 게 없었다.

플라이델스하임에서 걸어서 두 시간 정도 떨어진 한 교회의 종탑에서는 9월 11일에서 12일로 넘어가는 밤 동안에만 열여섯 곳에서 불이 난 걸 확인할 수 있었다. 그날 밤 아홉 살이나 열 살쯤 된 바바라가 평생 마지막으로 편안한 침대에서 인형과 함께 잠을 잤다.

스웨덴의 옥센셰르나 총리. 30년 전쟁 당시 구스타브 아돌프 왕의 명령으로 독일 점령 지역의 군지휘권을 맡았다.

그날 밤에도 바바라는 중얼거렸을 것이다.

> 잘 자라 우리 아가
> 내일은 스웨덴 사람이 오고
> 내일은 옥센셰르나가 오고
> 아이는 기도하는 법을 배우게 될 거다

그러나 스웨덴의 옥센셰르나 총리와 스웨덴 군대는 전투에서 져서 올 수가 없었다.

헝가리의 왕이자 백성을 선하게 다스렸던 황제의 아들은 그날 밤 바바라가 자고 있던 곳에서 한 시간 반 정도 떨어진 베지히하임에서 잠자리에 들었다.

그는 어린 바바라를 몰랐지만, 바바라는 그를 알았고 잠들기 전에 늘 두려움에 울었다. 바바라는 겁이 났다. 바바라는 아버지의 대장간에 편자를 갈기 위해 찾아온 두 명의 군인이 아버지에게 이상한 억양으로 헝가리의 왕에 대해서, 그가 이곳으로 올 것이라는 사실에 대해서 이야기하는 것을 들었던 것이다. 군인들은 군대가 농부들에게 한 짓과 편자를 제대로 갈지 않으면 아버지에게 어떤 짓을 할지를 말했다.

바바라는 어른들이 하는 이야기를 엿들었다고 야단을 맞았다. 하지만 곧 엄마는 딸을 안고 위로해 주었고 군인들은 떠났다.

바바라는 좀 전에 찾아왔던 두 군인이 세 시간쯤 후에 겜리히하임에서 단순히 화가 나서 아홉 명의 사람을 네카어 강에 빠뜨려 죽였다는 이야기를 들었다. 하지만 그중 여자와 바바라 또래의 어린 여자아이도 있었다는 사실까지는 듣지 못했다. 물에 빠진 사람들 중 두 남자는 간신히 헤엄을 쳐 강에서 기어나오려 했지만 결국 군인들의 총에 맞아 죽었다고 한다.

그러나 바바라의 운명은 군인들에게 살해당한 그 아홉 사람의 운명보다 훨씬 가혹했다.

군인들의 만행에 대한 소문이 급속히 전국에 퍼졌고 플라이델스하임에 사는 많은 농부와 기술자들은 더 이상 그곳에 있을 수 없었다. 그들은 마을을 떠나 주위 숲으로 들어가 숨거나 가까운 도시의 성벽 밑에 숨었다. 바바라네 옆집에 살면서 바바라와 자주 놀았던 두 여자아이도 부모님과 함께 도망쳤다.

바바라의 아빠는 말했다.

"대장장이는 항상 쓸모가 있지. 특히 군인들에게는 유용한 사람이니 우리 가족은 도망칠 필요가 없어."

드디어 황제의 군인들이 플라이델스하임에 도착했고 도망간 사람들이 미처 데려가지 못한 가축을 모두 쫓아 버렸다. 빵과 고기와 소금 그리고 돈이 될 만한 것은 모두 집어 갔다. 군인들은 마을을 떠나지 못한 농민들을 괴롭히며 가지고 있는 걸 다 내놓으라고 협박했다. 그나마 숨겨 둔 것이 있어 내놓을 게 있는 사람은 행복한 편에 속했다. 뭐라도 내놓아야 괴롭힘이 끝났기 때문이다.

마을은 온통 신음하는 소리와 울부짖는 소리로 가득했다. 그 사이로 찢기고, 깨지고, 부서지는 소리와 불길이 건물을 집어삼키는 소리가 들렸다.

열 살쯤 된 바바라 뷔르클러는 두려움에 떨며 울면서 창고에 쌓여 있는 짚 더미 뒤에 숨어 있었다. 부모님의 비명 소리가 들리자 바바라는 뛰어나갔다. 바바라는 평생 부모님이 그렇게 소리치는 걸 본 적이 없었다. 화가 나서 또는 멀리 있는 딸을 부르기 위해 지르는 고함과는 다른 소리였다. 뼛속까지 오싹해지는 느낌이었다. 엄마가 울며 애걸복걸하는 소리가 부엌에서 들렸고, 아빠가 고통스러워하며 울부짖는 소리가 대장간에서 들렸다.

군인들은 울고 있는 아이를 발견해 들어 올렸다. 비명을 지르는 아이를 말에 태우고 문델스하임, 혜시히하임, 베지히하임, 발하임 등을 지나 계속해서 달렸다. 바바라는 하도 소리를 질러 더 이상 목소리가 나오지 않았고 얼마나 울었는지 눈이 퉁퉁 부었지만 군인들은 상관하지 않았다.

말에서 바바라를 내릴 때까지 바바라의 손에는 인형이 들려 있었다. 한 군인이 인형을 빼앗아 비웃으며 집어던졌다.

바바라는 인형을 주우려고 했다. 그러나 군인들은 바바라를 다시 말에 태웠다. 또다시 바바라는 들어 본 적도 없는 먼 곳의 마을과 도시까지 달렸다.

이런 걸 두고 사람의 운명이나 숙명이라고 주장하는 사람들에게는 이 말을 꼭 하고 싶다. 사람이 하는 일은 미리 정해져 있지 않다. 누구에게나 다른 선택을 하고 다르게 행동할 자유가 있다.

바바라는 군인들에게 고문을 당하지는 않았다. 어차피 숨겨 놓은 돈이 있거나 그런 장소를 알기에는 너무 어린 애였다. 그러나 열 살쯤 된 소녀는 군인들의 막사를 청소하고 설거지를 하고 물을 기르고 불을 피우고 식사 준비를 돕는 등의 일은 할 수 있었다. 바바라는 몇 시간이고 강가에서 빨래를 하고 빨래를 널었다. 대장장이 딸이라 말을 다룰 줄 알아서 말을 씻기고 빗기는 일까지 해야만 했다. 짚을 갈고 똥을 치우는 일도 했다.

밤에도 바바라는 하기 싫은 일들을 당해야만 했다. 울고불고 소리쳤지만 소용없었다. 아무도 바바라에게 하고 싶은 일을 묻지 않았다.

그렇게 세월은 지나고 바바라는 점점 어른이 되었지만 자주 식사를 거른 탓에 키도 별로 크지 않고 몸에는 살도 전혀 없었다. 일하는 게 익숙해져서 속도가 빨라졌다.

처음에는 예전에 기도하던 버릇 때문에 기도를 했지만 나중에는 신이 구원해 주길 간절히 바라는 마음으로 기도했고, 좀 더 후에는 결국 무의미하고 소용도 없는 일이지만 습관이 되었기 때문에 기도했다. 얼굴에는 아무런 표정이 없었고 웃는 건 매우 드문 일이었다.

바바라는 못생긴 여자는 아니었지만 아주 미인도 아니었다. 게다가 자신을 꾸미는 법을 배운 적도 없고, 자신을 치장할 장신구도 없었다. 군인들에게 몸을 파는 여자들은 늘 바바라를 놀려 댔다. 바바라는 어릴 적 엄마가 가르쳐 준 대로 열심히 몸을 씻고 머리를 빗었다. 그러나 입을 거라고는 누더기뿐이었다. 바바라와 잠자리를 한 군인이 어디선가 훔쳐 온 옷을 주면 그 옷이 누더기가 될 때까지 입고 다녔다.

부대가 이동할 때면 바바라는 반쯤 정신이 나간 채로 걸어서 따라갔다. 단 한 번도 말을 타지 못했다. 짐을 들고 물이나 나뭇가지 등을 이고 걸어야 했기 때문에 발과 등이 아팠다. 아무도 그녀를 동정하지 않았다. 바바라는 안 아픈 곳이 없었다.

추위, 더위, 비, 폭풍, 우박, 눈은 바바라를 괴롭혔다. 배고픔, 목마름, 빈혈, 피로 등에 시달렸다.

한번은 주방에서 불을 피우다가 불이 붙은 나뭇조각이 튀어 올라 얼굴에 흉터가 생겨 인상마저 우스꽝스러워졌다. 군인들은 그런 바바라를 욕하고 비웃었다. 그런 바바라를 군인들은 계속해서 학대했다.

아주 드문 일이었지만 누군가가 바바라에게 친절하게 말을 걸 때도 있었다. 그러면 바바라는 당황스러워서 아무 말도 하지 못했다. 흐릿해진 기억 속에서 어린 시절이 떠올라 더욱 불안해졌다. 손가락을 비비 꼬고 시선은 바닥을 보다가 끝내 자리를 피하곤 했다.

바바라가 수종 들던 군인들은 늘 바뀌었다.

어떤 이들은 체포되어 투옥되었고, 어떤 이들은 정탐을 가거나 보초를 서러 나갔다가 돌아오지 않았다. 또 병들어 죽기도 했다. 전투 중에 죽는 군인들도 있었다. 어떤 군인은 카드 놀이를 하다가 실수를 해서 그 자리에서 총에 맞아 죽었다. 어떤 군인은 마을을 습격할 때 너무 오랫동안 마을 사람들의 집을 뒤졌다는 이유로 교수형을 당했다. 어떤 군인은 장교의 막사에서 금화를 훔쳤다고 교수형을 당하기도 했다. 어떤 군인은 적군에게 항복하고 적군의 편에서 싸우기도 했다. 한 군인은 포를 쏘던 중 포가 폭발하여 죽기도 했다.

바바라는 플라이델스하임에 돌아가고 싶을 뿐이었다. 물론 세월이 흐르면서 고향에 대한 기억도 흐릿해졌지만, 완전히 지워지지는 않았다.

그러나 부대에서 도망치는 건 불가능했다. 몇 번은 간신히 부대를 벗어나는 데 성공했었다. 그러나 곧 붙잡혀 와 원래 있던 부대나 새 부대에서 다시 고된 임무들을 수행해야 했다. 바바라는 여자였고, 여자들은 혼자 먼 길을 가거나 숲을 지나는 게 불가능했다.

군인들은 바바라를 때리고 밀치곤 했다. 머리를 당기기도 했다. 언젠가부터는 도주하는 것이 마치 동물이 우리를 탈출하려는 것처럼 습관적이고 본능적인 일이 되었다. 고향과 부모님의 집이 그리웠다.

어떤 때는 바바라에게 부상을 당한 군인을 보내어 치료하게 했다. 머리가 검고 길고 눈이 파란 만프레트라는 군인은 바바라가 붕대를 감아주자 바바라의 손과 얼굴을 쓰다듬어 주었다. 그는 바바라의 얼굴에 난 흉터를 매만지며 중얼거렸다. 엄마라고 중얼거리는 듯했다. 그는 거의 의식이 없었다. 그래서 작은 소리로 중얼거렸다.

바바라는 그의 눈빛을 보고 알 수 있었다. 바바라가 오랫동안 그리워했던 따뜻함이 느껴졌다.

만프레트의 상처는 덧났다. 바바라는 3일 밤 동안 그의 곁을 지켰지만 그는 고열로 정신을 잃고 말았다.

부대에 일하는 다른 여자가 바라라를 도와주었다. 바바라보다 네 살이 많은 그 여자는 이름이 엘리자베스였다. 둘은 각자 고향집에 대해 이야기했다. 엘리자베스는 원래 고향에서도 부대에서 심부름을 하는 아이였는데, 그녀가 수종 들던 군인은 스웨덴 군대에 잡혀갔고 엘리자베스는 한 기마병에게 붙잡혀 이곳까지 왔다고 했다.

엘리자베스는 또 어디로 가게 될까? 아무도 알 수 없었다. 그리고 아무도 엘리자베스의 말에 귀 기울여 주지 않았다.

황제는 평화를 원했다. 뇌르틀링겐 전투 이후 황제는 완전한 승자가 되었다. 1635년에 프라하 평화 조약이 체결되었다. 하지만 프랑스는 독일 황제의 권력을 용인할 수 없었고 1636년에 스웨덴과 동맹을 맺었다. 결국 전쟁은 계속되었다.

바바라는 이제 열한 살이나 열두 살쯤 되었다. 어느 날 밤에 하혈을 했는데 그것이 월경이라는 것을 아무도 가르쳐 주지 않은 탓에 자신이 아프고 죽어가고 있다고 생각하게 되었다. 군인들에게 몸을 파는 여자들은 바바라의 고민을 듣고 배꼽을 잡고 웃으며 비아냥거리면서 월경에 대해 설명해 주었다. 바바라는 그날 당한 모욕감과 수치심 때문에 피를 볼 때마다 죄책감을 느꼈다. 그 피가 나지 않는 것이 무슨 의미인지를 모욕적인 방법으로 알게 되었던 것이다.

프랑스와의 전쟁이 시작되기 전에 페르디난트 2세는 죽고 헝가리의 왕인 그의 아들 페르디난트 3세가 새로운 황제가 되었다. 바바라는 군인들과 함께 브라이자흐 요새와 필리프스부르크 요새 앞 슈바르츠발트 숲을 지나고 있었을까? 아니면 레겐스부르크에 있었을까? 군인들을 따라 슐레지엔이나 보헤미아로 가고 있었을까? 황제의 군대가 파리를 정복한 후인 1636년에 바바라는 황제의 군대를 따라 프랑스로 가고 있었을까? 황제의 군대가 지나는 길에는 많은 사람들이 피를 흘리며 폭력에 희생되었다.

여기저기에서 전투가 벌어졌다. 독일 중부 지방에서 시작해 남쪽과 북쪽으로, 브란덴부르크에서 시작하여 보헤미아와 슐레지엔 일대에 이르기까지 황제의 군대와 스웨덴의 군대는 수많은 지역에서 전투를 벌였다. 독일 서부 지역에서는 프랑스 군대와의 전투가 계속되었고, 특히 라인 강 유역 요새들을 중심으로 치열한 전투들이 벌였다. 헝가리와 폴란드와 이탈리아 북부 지방에서도 전투가 일어났다.

당시 전투에 참가했던 대표적인 장군들은 바너, 베르트, 토르스텐손, 피코로미니, 메르시, 쾨닉스마르크, 괴츠, 갈라스 등이었다. 바바라는 이들 장군들의 이름을 자주 들었지만 그녀에게는 별 의미 없는 이름들이었다. 1645년 뮌스터와 오스나브뤼크에서의 평화 협상에 대해서도 들었다. 하지만 평화라는 단어가 무엇을 뜻하는지 기억도 잘 안 났다.

바바라는 스무 살이나 스물한 살쯤 되었고 글을 쓰고 읽을 수 있게 되었다. 부대 주변에는 하녀와 군인들이 낳은 아이들과 젊은 여자들이 많이 있었다. 다들 바바라의 흉터를 비웃었고 항상 바바라를 따돌렸다.

바바라의 인생은 더 이상 내려갈 곳도 없을 만큼 깊은 수렁에 빠져 있는 것 같았다. 그러나 최악의 순간은 아직 기다리고 있었다.

1645년 스웨덴의 장군 토르스텐손은 에르츠 산맥을 넘어 프라하 전에 위치한 얀카우에서 황제의 군대를 무찔렀다. 바이에른은 스웨덴에게 다시 정복을 당하고 또다시 황폐화되었다.

바바라는 당시 한 머스켓 총병의 수종을 들고 있었는데, 그는 술에 취해 다른 보병과 내기를 하다가 바바라를 내기 담보로 걸었다. 그는 내기에서 졌다. 그런데 그 일이 바바라에게 탈출할 기회를 주었다. 1647년 늦가을에 바바라는 점점 군기가 약화되기 시작한 황제의 군대로부터 탈출하는 데 성공했다. 바바라는 구걸을 하거나 도둑질을 하며 고향을 향해 갔다.

1648년 1월 말 어느 숲의 가장자리에 선 바바라는 그곳이 하르츠인지, 튀링겐 숲인지, 보헤미아 숲인지 아니면 슈바르츠발트인지 알 수 없었다. 바바라는 쉬고 싶었는데 마침 태양이 떠올랐다. 바바라는 집으로 돌아갈 수 있다는 생각에 밤새 쉬지 않고 걸었다. 아직 전쟁이 완전히 끝나지 않은 때라 낮에는 위험했기 때문에 주로 밤에 이동했다. 그런데 갑자기 덤불 속에서 다리가 하나 밖에 없는 사내라 뛰어나와 바바라를 끌고 갔다.

그러고 나서 늘 무섭기만 하면 월경이 없어졌다. 바바라는 그게 무엇을 의미하는지 생각해 보지도 않았다. 눈과 추위를 피할 안전하고 따뜻한 곳을 찾는 일 등 걱정할 거리가 너무나 많았다.

네카어 강 유역에서 멀지 않은 곳에 다다랐을 즈음 바바라는 왼쪽 발목을 다쳤다. 그래서 1648년 6월이나 7월이 되어서야 다리를 절며 간신히 고향에 도착했다. 바바라는 자신이 더욱 앙상해지고 흉한 몰골을 하고 있다는 사실을 인식하지도 못했다. 늘 삶을 더 괴롭고 고되게 했던 몸뚱아리였다.

플라이델스하임!

네카어 강 유역 평야에 위치한 그곳은 바바라의 눈에 익숙한 곳이었다. 많은 집과 담장은 불에 타 버려 숯덩이가 되어 있었다. 어떤 집들은 완전히 무너져 내렸고, 대부분은 지붕이 부서져 있었다. 창문들은 하나같이 깨져 있었다. 골목마다 잡초가 자랐다. 더러운 아이들이 전쟁 놀이를 하고 있었다.

부모님과 함께 살던 대장간은 어떻게 되었을까? 넓은 중앙도로에 들어서자 바바라는 심장이 터질 것만 같았다. 중앙도로 옆 대부분의 집들은 예전 그대로의 모습을 유지하고 있었고 부모님의 집도 여전히 그 자리에 있었다. 여러 집 굴뚝에서 연기가 나오고 있었다. 점심시간이었다. 음식 냄새가 났다.

눈물이 쏟아져 내렸다. 오랜 세월이 지나 간신히 집에 돌아왔다. 어느새 스물세 살이나 스물네 살쯤 되었다. 얼굴은 마흔이 넘은 여자 같아 보였다. 깊은 주름이 얼굴에 가득했다. 머리카락도 거의 백발에 가까웠다. 몸은 앙상했다.

대장간이 보였다! 드디어! 드디어!

바바라는 숨도 크게 쉬지 못하며 길가 돌에 앉았다. 집에 들어갈 용기가 나지 않았다. 한참 동안을 그냥 앉아 있었다. 뭔가를 기다린 건 아니었다. 그냥 엄마나 아빠가 문을 열고 나와 그녀를 안아 주길 기다렸는지도 모른다. 아무 말 없이 그냥 앉아서 기다렸다.

오랫동안 기다려도 집 안이나 정원이나 깨끗하게 정돈된 대장간 안에서 아무런 인기척이 느껴지지 않자, 바바라는 피곤해 보이는 얼굴로 자리에서 일어나 조금 떨어진 골목에서 놀고 있던 아이들에게 대장장이에 대해 물었다.

아이들은 바바라가 예전에 부모님과 살던 집을 가리키며 그곳이 대장장이의 집이라고 알려 주었다. 바바라는 용기를 내어 아이들에게 대장장이의 이름을 물었다. 그런데 바바라에게 들려오는 이름은 뷔르클러가 아니고 낯선 이름이었다.

거리의 집들에 그림자가 길게 드리워지기 시작하자 바바라는 일어나 고개를 숙인 채 예전 부모님과 살던 집으로 가 익숙한 대문을 두드렸다.

생머리에 엄격한 얼굴을 한 젊은 여인이 문을 열어 바바라에게 누구며 왜 찾아왔느냐고 물었다. 그녀는 떠돌이를 재워 줄 만한 장소가 없다고 했다. 문을 열어 준 여인의 표정은 바바라의 얼굴에 있는 흉터와 누더기 차림과 불룩한 배를 보며 더욱 굳어졌다. 집 안에서 누가 왔느냐고 묻는 남자 목소리가 들렸고, 검게 탄 얼굴의 사나이가 민소매 상의에 가죽 앞치마를 두른 채 나타났다.

바바라는 전쟁터에서 왔다고 대답했다. 원래 플라이델스하임에 살았는데 군인들에게 끌려가 전쟁터에서 살았다고 설명했다.

그러나 여자는 바바라를 보고 "창녀겠군요."라고 말했다. 군인들이 여자를 끌고 가서 데리고 다녔다면 당연하지 않은가? 더 이상 인간으로서의 존엄성이 없으며 완전히 이용되면서 온갖 수치와 모욕을 다 당한 사람! 바바라의 인생이 눈에 훤히 보인다는 식이었다. 그리고 그런 여자는 절대 대문 안으로 들일 수 없다는 표정이었다.

바바라는 자신이 그 당시에 겨우 열 살이었다고 간신히 설명하고선 뷔르클러 대장장이는 어떻게 되었냐고 물었다.

부부는 그가 죽었다고 대답했다. 그가 죽은 지 벌써 10년도 넘었다고 했다. 대장장이뿐 아니라 그 아내와 딸까지 1635년 흑사병 때 모두 죽었다고 했다.

"그게 당신과 무슨 상관이오?"

"그 딸이 나예요."

바바라는 떨리는 목소리로 말했다.

"바바라 뷔르클러, 나는 죽지 않았어요. 나는……."

"거짓말 마! 그 가족은 모두 죽었다고."

여자는 문을 닫으려 했다. 그때 여자 뒤에서 남자의 목소리가 들렸다.

"우리가 대장간 문을 다시 열었소. 6년 전에 다시 열었는데, 수리하고 쓸고 닦느라 고생했다오."

"노인네들이 대장간을 엉망으로 운영했더라고."

여자가 잽싸게 덧붙였다.

"우리 부모님이셨어요."

바바라가 말했다.

"아니 언제부터 죽었던 사람이 살아나는가?"

여자는 비웃으며 문을 닫아 버렸다. 오랜 전쟁 탓에 사람들은 인정을 잃었다.

바바라는 다음 날에 다리를 절며 마을 대표를 찾아갔다. 바바라의 머리에는 밤을 지새운 마구간에 깔려 있던 지푸라기가 묻어 있었다.

"안 그래도 얘기 들었네. 바바라 뷔르클러, 죽었다가 살아났다지?"

마을 대표는 바바라를 머리끝에서 발끝까지 살펴보았다. 바바라는 침묵했다. 마을 대표를 똑바로 쳐다보기만 했다. 마을 대표는 말했다.

"우리도 여기 온 지 얼마 안 됐다네. 당시 살았던 사람들 중에 아직 살아 있는 사람은 몇 안 되지. 대부분은 흑사병과 배고픔과 재난으로 죽었고 나머지는 다른 곳으로 떠났지. 그럼 바바라 뷔르클러는 몇 살쯤 되었는가?"

그는 교회의 교인 명부를 꺼냈다.

"여기에서는 뭐든지 법과 질서대로 이뤄진다고. 스물세 살? 솔직히 거짓말을 늘어놓고 있다고 고백하는 편이 낫겠군. 내가 보기엔 적어도 마흔 살은 되어 보이는데. 대장장이와 그 가족이라. 참 괜찮은 사람들이었다고 들었는데. 너랑은 도무지 어울리지 않는 사람들이야."

그는 바바라의 얼굴 흉터와 배를 쳐다보았다.

"네 자신을 좀 봐. 네 거지꼴을 보라고. 스물세 살이라고 우기는 건 너무했지. 사실을 인정하라고. 이제 사라져. 아니면 개를 풀어 널 덮치게 하겠어. 아니면 아예 감옥에 넣는 것도 좋겠군."

그는 바바라가 방을 나서는 동안 절뚝거리는 발을 보며 마치 마녀라도 보았다는 듯한 표정을 지었다.

그날 이후 바바라는 네카어 강과 엔츠 강 유역 마을을 떠돌며 구걸을 했다. 먹을거리를 주는 사람은 많지 않았다. 사람들의 기억에는 아직도 전쟁 때 배고팠던 감각이 생생했기 때문이다. 주더라도 빵 한 조각 정도가 다였다. 그리고 낡은 거적때기를 던져 줄 뿐이었다.

바바라는 항상 피곤해서 힘없이 비틀거렸다. 속이 매스껍고 종종 눈앞이 깜깜해지는 바람에 길가에 앉아 쉬어야 하는 일이 잦았다. 뱃속의 아기 때문이라고는 생각하지 않았다. 그사이 뱃속 아기는 움직임이 느껴질 정도로 자랐다.

비티히하임에서 엔츠 강에 놓여 있는 다리를 건너는 중에 잔디밭에 널려 있는 깨끗하고 새하얀 면 보자기를 보았다. 바바라는 보자기를 얼른 집어 품속에 쑤셔 넣었다.

그러나 누군가가 바바라의 행동을 보았다. 바바라는 그녀를 쫓아간 경관에게 붙잡혔다. 바바라는 면 보자기의 깨끗하고 따뜻한 기운에 취해 누가 쫓아오는지도 몰랐던 것이다.

경관이 바늘도, 가위도, 실도 없으면서 면 보자기를 훔쳐 무얼 하려 했느냐고 물었다. 바바라는 아무 대답도 하지 못했다. 그래서 완고한 계집이라는 소리를 들었다.

바바라를 심문하던 비티히하임의 경관은 바바라를 잘 알고 있었다.

"대답할 수 없다면 내가 대답해 주지! 넌 면 보자기를 훔쳐서 베지히하임이나 마르바흐에서 팔려고 했던 거야!"

바바라는 면 보자기를 빼앗겼다. 보자기는 욕을 하며 시청사로 찾아온 원래 주인의 품으로 돌아갔다. 주인은 바바라를 목매달아야 한다며 언성을 높였다.

바바라는 닷새 동안 탑에 갇혀 지냈는데 사흘은 도둑질 때문이었고 이틀은 떠돌이라는 이유 때문이었다. 탑은 비를 피할 수 있는 좋은 숙소였다. 안전한 곳에 누워 엄마 생각을 하며 잘 수 있었다. 뱃속에서 아이가 움직이는 것도 가만히 느낄 수 있었다. 다음날 아침에 어디에서 먹을거리를 구할지 걱정할 필요도 없었다. 감방은 비좁고 어두웠지만 오히려 그래서 더 안락했다. 바바라는 배를 쓰다듬었다.

바바라는 오베르릭싱겐에서도 면 보자기를 훔쳤다. 처음 훔쳤던 것처럼 깨끗하고 새하얀 보자기였다.

바바라는 베지히하임, 뢰히가우, 에를리히하임, 뵌니히하임, 무어 등지에서 일자리를 구해 보려고 했다. 농가에서 하녀로 일하고 싶었다. 하지만 찾아가는 곳들마다 이렇게 말했다.

"지금? 추수가 다 끝났는데 무엇하러 사람을 쓰겠나."

한 농장에서는 안방마님이 바바라의 배를 보며 냉소적으로 말했다.

"두 사람을 먹여 주기엔 우리 농장이 너무 작군."

그래도 사람들 중에는 바바라를 불쌍하게 여기는 사람들도 있었다. 한 농가에서는 그녀를 닷새 동안 재워 주며 먹을 것도 주었다. 하지만 닷새 후에는 떠나야만 했다.

"네가 여기에서 지냈다는 걸 절대 말해서는 안 된다. 떠돌이를 집에 들이는 게 금지되어 있어서 들통 났다가는 벌을 받게 되거든."

바바라는 비밀을 지켰다. 그러나 농가의 한 이웃 주민이 모든 걸 지켜보고는 그 사실을 신부에게 알렸다. 농부는 엿새 동안 탑에 갇혔다.

그녀는 거리의 다른 사람들과는 어울리지 않았다. 거지, 강도, 좀도둑, 부랑자, 광대, 집시 등과 어울려 어디론가 떠나 버릴 수도 있었지만 그러지 않았다. 바바라 자신도 자기가 그들과 함께 유랑 생활을 하지 않는 이유를 몰랐다. 아무래도 아이 때문에 그런 것 같기도 했고, 아니면 어렸을 적 부모님이 떠돌이들에 대해 했던 이야기 때문에 그들과 어울리지 못하는 것 같기도 했다.

베지히하임에서 한 목수가 바바라가 품에 감췄던 면 보자기를 발견했다.

"어디서 훔친 물건이냐?"

그녀는 또다시 탑에 갇혔다.

탑을 경비하던 소년이 그녀를 감방으로 데려가면서 그녀의 배를 보며 물었다.

"언제쯤 나오는 거냐?"

그러고는 음흉하게 웃으며 바바라의 가슴을 더듬었다. 바바라는 다시 면 보자기를 빼앗겼다. 그녀는 자주 감방에서 잤다. 그러나 감방에서도 최대 나흘 동안만 지낼 수 있었다.

탑 경비 소년은 바바라를 내보내면서 말하길, 보통은 감옥에 갇히면 먹고 자는 비용을 내야 한다고 했다. 그러나 거지들에게 뭘 바라겠냐고

했다. 게다가 뱃속에 아기가 있어서 처형시킬 수도 없는 탓에 그냥 풀어
준다는 것이었다. 소년은 그러면서 또 바바라의 가슴을 만지고 배를 봤
다. 빨리 애를 낳기를 기다린다는 눈빛이었다.

바바라는 또다시 면 보자기를 훔쳤다. 이번에는 그로스작센하임에서
훔쳤다.

들판은 붉게 물들었다. 밤이면 제법 춥고 새벽에는 안개가 자욱해졌
다. 10월 말이 되었다. 도시와 마을의 거리를 오가는 사람들은 흥분해
있었다. 뮌스터와 오스나브뤼크에 평화 협상이 타결되었다는 것이다!

"드디어 전쟁이 끝났다. 드디어!"

종탑마다 종소리가 울려 퍼졌고, 교회마다 감사 기도와 노랫소리가
들렸다. 아이들은 물었다.

"평화가 뭐예요?"

사람들은 말했다.

"이제 식구들과 재산을 지킬 수 있게 되었군."

농부들은 말했다.

"군인보다 농부가 대우받는 세상이 돌아오겠군."

황제는 거의 모든 추종자들을 잃었다. 프랑스와 스웨덴이 권력을 잡
았다. 훗날 또다시 전쟁이 일어나기는 했다. 어차피 바바라는 더 이상
잃을 게 없었다.

뷔르템베르크의 네카어 강 유역 사람들 중 대부분이 바바라를 알았
다. 바바라가 나타나면 사람들은 빨랫줄에 걸려 있는 면 보자기가 없어
졌는지 살폈다. 바바라는 사과나무에서 사과를 따고, 밭에 들어가 당근

이나 딸기 등도 훔쳤다. 포도밭에 들어가 아직 수확하지 않은 포도를 따 먹기도 했다. 장터에서는 빵을 훔쳐 먹었다. 소시지나 고깃덩어리를 훔치는 경우도 있었다. 농장에 들어가 닭이나 밀알을 들고 달아나기도 했다.

그러다가 여러 번 붙잡혀 탑에 갇혔다. 베지히하임의 탑에서 보낸 마지막 밤에는 복통이 느껴졌다가 사라지는 것이 반복되었다.

에를리히하임에서 바바라는 면 보자기를 훔쳤다. 이번에는 구걸을 하는 동안 보자기를 치마 속에 숨겨 두었다.

바바라는 숲에서 약초를 찾아다니기도 했다. 군인들에게 몸을 파는 여자들이 약초를 먹으면 애를 뗄 수 있다고 했다. 여자들이 알려 준 그런 약초를 찾아 열심히 씹어 먹었다. 엄청 쓴 약초였다.

그러나 너무 늦은 후였다. 베지히하임 근교 포도밭이 있는 언덕 사이에 있는 헤르만스클링게라는 계곡 즈음에 이르자 또다시 통증이 느껴졌다. 비가 온 후였다. 그래서 거적때기를 덮고 누워 탑에 있을 때가 좋았다고 생각했다. 나뭇잎에 고인 빗물이 떨어졌다. 속이 매스꺼웠고 통증이 느껴졌다가 또 사라지긴 했지만 점점 견디기가 힘들어졌다. 갑자기 어떤 동요가 생각이 났다. 바바라는 동요를 부르며 통증을 이겨 보겠다고 결심했다. 어쩌면 아이를 위해 노래를 부르는 것인지도 몰랐다.

무당벌레야 날아라
네 아비는 전쟁터에 있단다
어미는 포메라니아에 있단다
포메라니아는 불타 없어졌단다

바바라는 노래라기보다 괴성을 질렀다. 결국 목이 붓고 쉬었다. 숨이 막혀 죽는 건 아닌가 싶었다.

하지만 아무도 바바라의 소리를 듣지 못했다. 그때 갑자기 아이가 나왔다. 미끄덩거리고 무거웠다. 살아 있나? 바바라는 걱정을 하며 살펴보았다.

닷새 후 바바라는 판사에게 말하길, 아이가 많이 버둥거렸다고 했다.

출산 다음 날 아침, 바바라는 비틀거리며 엔츠 강에서 몸을 씻고 베지히하임에 가서 여러 가정집 대문을 두드리며 빵을 구걸했다. 얼굴은 창백하고 몸은 앙상했다. 사람들은 창백한 얼굴과 깡마른 몸을 한 여인이 입술을 파르르 떨며 간신히 몇 마디 내뱉는 것을 보고 여인을 동정했다.

베지히하임의 수사관이 바바라가 어느 골목에서 빵을 뜯어먹고 있는 것을 발견했다.

"당신, 이 도시에 몇 번 왔었지? 탑에서 몇 번 마주쳤었지? 이렇게 구걸하고 다니면 안 된다고 내가 말했지!"

그는 단호하게 말했다. 바바라의 가슴을 만졌던 탑 경비 소년도 그녀를 보았다.

"배는 어디로 사라졌소?"

같은 날 바바라는 판사 앞에 섰다. 판사는 물었다.

"아이는 어떻게 되었느냐?"

바바라는 침묵했다. 전혀 기운이 없었다. 너무 피곤해서 쓰러질 뻔한

게 여러 번이었다. 판사의 심부름꾼들이 계속 바바라를 흔들어 정신을 차리게 해야만 했다.

며칠 후 바바라에게 각종 고문 기구가 내밀어졌다. 손톱 고문 기기와 고문용 스페인식 장화는 군인들에게 익히 들어서 알고 있던 기구들이었다. 바바라는 서 있기조차 힘들 정도로 약해져 있었다. 고통을 견뎌 낼 힘이 없었다.

몇 시간 후에 바바라는 아이를 땅에 묻었다고 털어놓았다.

"아이는 이미 죽어 있었어요. 깨끗한 천에 아이를 싸서 묻었어요."

이렇게 말하는 그녀는 언뜻 보기에 미소를 머금은 듯했다. 바바라의 눈이 감겼다. 물동이를 들어 그녀의 머리에 물을 붓자 다시 정신을 차렸다.

"태어날 당시에 살아 있었나요?"

바바라는 밤에 출산하여 주변이 어두웠다고 대답했다.

"숨을 쉬거나 울음을 터뜨렸나요?"

사람들이 불러온 베지히하임 출신의 산파가 물었다. 바바라는 안도하면서 아기가 발버둥 쳤다고 말했다.

"지금은 어디 있나?"

수사관이 물었다. 바바라는 다시 눈을 감은 채 침묵했다. 다시 물을 부어도 바바라는 그대로 있었다.

바바라는 며칠 동안 계속 심문을 당했다. 아이가 발버둥 쳤다고 인정을 했기 때문에 고문을 당하지는 않았다.

일주일 후 바바라는 아이의 목을 조른 뒤 묻은 곳을 실토했다. 슈투트가르트의 판사와 튀빙겐의 법학자들이 판결을 내렸다.

플라이델스하임의 대장장이의 딸 바바라 뷔르클러는 1648년에 베지히하임의 장터에서 영아 살해범으로 처형을 당했다. 스물셋의 여인이 된 바바라는 그렇게 생을 마감했다.

제13장

왕의 주제 선율

가장 위대한 작곡가 중 한 명인 요한 제바스티안 바흐가 그 이름을 세상에 알리게 된 것은 1747년 5월 7일에 포츠담에서 당시 프로이센 왕국의 왕이었던 프리드리히 2세와의 만남 덕분이었다. 포츠담 궁전의 쳄발리스트로 일하고 있던 그의 아들 필리프 에마누엘 바흐가 아버지와 왕의 만남을 주선했다.

　프리드리히 2세는 예술에 관심이 많은 군주로 작곡을 하고 사색하기를 좋아했고, 무엇보다 플루트를 즐겨 연주했다. 사실 총 10년이 넘는 기간에 걸쳐 세 번의 큰 전쟁을 치룬 왕에게는 그다지 어울리지 않는 취미였다. 가혹하다고 할 수 있을 정도의 매우 엄격한 교육을 받으며 자란 프리드리히 2세는 풍부한 예술적 감성을 가진 동시에 그와 정반대의 면모도 갖고 있었다.

　프리드리히 2세는 왕국을 통치하는 동안에 관용을 베풀며 정의를 수호하는 모습과 함께 전쟁과 폭력을 일삼는 모습을 동시에 보여 주었다. 그가 가장 좋아했던 상수시 궁전은 오늘날 사람들의 입이 떡 벌어지게 하는 관광지가 되었다. 또 다른 역사적 건축물인 포츠담 궁전은 제2차 세계대전 중에 불에 탔고 발터 울브리히트가 이끈 구동독 정부에 의해 폭파되었다.

　토마스 교회의 칸토르(음악 감독─옮긴이)로 일했던 요한 제바스티안 바흐는 그가 죽기 3년 전 포츠담으로 이사를 했다. 당시 바흐는 널리 알려진 작곡가이긴 했으나 유행에 뒤쳐진 늙은 음악가 취급을 받았고 심지어 그의 아들들도 아버지를 그렇게 생각했다. 프리드리히 2세가 이런 바흐가 연주하는 푸가(엄격한 형식의 곡)를 듣고 싶어 했다는 사실은 의문스럽기도 하다. 푸가는 이미 오래전에 유행이 지난 구닥다리 취급을 받고 있었다. 게다가 프리드리히 2세가 바흐에게 연주해 달라고 하면서 제시한 주제는 도무지 푸가 형식과는 어울리지 않는 것이었다. 하지만 왕과 바흐의 만남은 많은 증거 자료로 뒷받침되는 역사적 사실이다. 가장 확실한 증거는 바로 바흐의 대표곡으로 꼽히는 작품 〈음악의 헌정〉이다.

여기에서 이야기하고자 하는 포츠담에서의 사건은 1747년에 일어난 것이다. 두 번의 참혹한 전쟁 후 프로이센 왕국에는 평화가 깃들었는데, 평화는 그 후로 거의 10년 가까이 지속되며 행복한 나날이 이어졌다. 이것은 우리의 왕이 슐레지엔을 차지하기 위해 오스트리아와 벌인 두 번째 전쟁이 끝난 후에 왕국이 누리게 된 평화로운 시대의 이야기이다. 사람들은 그 평화가 영원할지 알 수 없었다.

그러나 나는 알고 있었다. 어떻게?

왕이 직접 알려 주었기 때문에 알고 있었던 것이다.

나는 오랜 세월 왕궁에서 건반악기 조율사로 일했다. 대개는 악기 연주자들이 자기가 연주하는 악기를 직접 조율하곤 했다. 그러나 연주회 중에는 피아노와 오르간 제작으로 유명한 가문 출신의 고트프리트 실베르만이 만든 쳄발로나 피아노의 음정이 달라지더라도 연주회를 중단할 수 없었다. 그래서 이런 경우 연주자들에게 임시 악기를 주어 연주하게 하고, 그사이에 나는 다른 방에서 연주자들의 원래 악기를 조율했다.

나는 왕궁에서 음악이 연주되면 항시 왕이 있는 곳 근처에 대기하고 있었는데, 왕궁에서는 심심치 않게 음악이 울렸다. 내가 어떻게 해서 왕궁 조율사가 되었는지 지금부터 이야기하려고 한다.

슐레지엔을 둘러싸고 벌어진 두 번째 전쟁 덕에 나는 왕에게 발탁되었다. 왕이 나를 직접 발탁했다고 할 수 있다. 나는 베를린 궁전 앞에 위치한 아버지의 집에서 자랐는데, 집안에는 늘 악기를 연주하는 소리가 들렸다. 군악대에 플루트 연주자로 입대하게 된 나는 아직 어리고 눈에 띄지 않는 소년이었다. 이상하게 들릴 수도 있지만, 나에게 있어 전쟁은 곧 연주를 할 수 있는 기회였다. 나는 음악이 군인들에게 용기를 주고 전의를 갖게 해 준다는 말을 늘 들었다. 그러던 어느 날 한 장교가 내게 다가와 왕이 나를 눈여겨보았다고 이야기해 주었다. 왕이 나를 가리키며 이렇게 말했다고 했다.

"저기 있는 소년을 내게 데려오라. 플루트를 연주하는 아이 말이다."

나는 악기를 들고 왕을 알현하게 되었다. 왕 앞에 서서 여러 가지 질문에 답을 하면서 얼마나 떨었는지 지금도 그 기억이 생생하다. 왕은 나에게 물었다.

"이름이 뭐냐? 어디에서 왔느냐? 입대한 지는 얼마나 되었느냐? 악기 연주하는 것은 어디에서 배웠느냐?"

나는 정신을 차리고 큰 소리로 말했다. 내 이름이 니콜라우스 르블랑이며 노이루펜에서 태어났고 아버지인 앙리 르블랑은 그곳 군악대의 음악 감독이라고 대답했다.

나는 속으로는 무척 떨었지만 겉으로는 태연한 척했다. 그 점이 왕의 마음에 들었던 것 같다. 왕은 내 손에 들고 있던 플루트를 빼앗아 든 다음 나를 뒤돌아서게 하고 내 악기로 한 음을 불었다.

"이게 무슨 음인지 맞춰 보거라."

"솔입니다, 폐하."

나는 여전히 큰 소리로 답했다.

"이 음도 맞춰 보거라."

"시입니다, 폐하."

"그럼 이 음은?"

"레입니다, 폐하."

왕은 나에게 다시 앞을 보게 하고 플루트를 돌려주며 말했다.

"귀가 밝은 아이로구나. 연주할 때 자세도 바르더구나. 연주하는 모습에서 자기만의 음악을 연주하는 걸 알 수 있더구나."

나는 속으로 왕이 당연한 말씀을 하신다고 생각했다.

"왕실의 악기를 조율할 사람이 필요하다. 왕실 음악 담당자에게 가보거라."

그렇게 해서 나는 왕실의 건반악기를 조율하는 사람이 되었다. 나는 종이 울리면 잽싸게 달려가 악기를 조율할 수 있도록 항시 대기 중이어야 했는데, 주로 병풍 뒤쪽이나 음악이 연주되는 곳의 바로 옆방에서 대기했다. 나는 조율을 할 때 빼고는 전혀 눈에 띄지 않는 그런 존재였다.

그러나 가끔은 왕과 대화할 기회가 있었다. 그는 나에게 마치 한 기술자가 다른 기술자에게 말을 걸듯 이야기를 했다. 그 외에는 항상 엄격하고 정확한 사람이었다.

왕은 프랑스의 철학가나 러시아의 보석상처럼 아주 중요한 손님을 맞이할 때나 국정 등에 관한 중요한 이야기를 나눌 때 나를 근처에 있게 하기도 했다.

왕실에서는 대부분의 대화가 불어로 이뤄졌다. 부모님이 프랑스 출신이라 나는 거의 대부분의 대화를 이해할 수 있었다. 부모님은 청교도 위그노 신앙을 지키기 위해 1685년에 프랑스를 떠났다. 아버지는 프랑스에서 악기 제작자로 일했었다. 프로이센 왕국으로 프랑스 출신의 청교도들이 몰려들어 베를린에 사는 사람 네 명 중 하나는 프랑스 인이라는 말이 있을 정도였다. 왕은 주로 프랑스 어를 사용했다. 내 생각에는 내가 왕보다 독일어를 더 잘하는 것 같았다.

왕은 왕실 철학가들과 이야기를 나눌 때면 평화, 그것도 세계 평화에 대한 갈망이 타오르는 듯했다. 그러다가도 정치인들과 대화를 나눌 때면 맘이 바뀌는 것 같았다. 전쟁은 필수불가결하다는 단호한 소리가 들렸다. 한 나라의 왕은 영토를 확장할 의무가 있다는 말도 자주 했다. 전쟁을 하지 않고서는 평화란 불가능한 일이라고도 했다.

세상의 모든 통치자들은 다 생각하는 게 똑같은 모양이다.

1747년 5월 7일 일요일이었다. 며칠 전 화려한 행사와 함께 완공된 상수시 궁전이 공개되었다. 왕은 몇 시간이고 방해받지 않고 조용히 시간을 보내고 싶어 포도밭이 있는 언덕 위쪽에 큰 정원을 가진 궁전을 짓게 했다. '걱정 없다'는 의미를 지니는 궁전의 이름처럼 이 궁전에서 근심 없이 지내고 싶었던 모양이다. 왕은 상수시 궁전에 있는 동안에는 국정 문제를 논의하려는 사람과는 만나지 않는다는 규칙을 세웠다. 오로지 음악가, 화가, 조각가, 문학가, 철학가만이 상수시 궁전에 출입할 수 있었다.

프리드리히 2세. 그는 예술적 재능이 뛰어난 왕으로 알려졌다.

프리드리히 2세는 정치, 국가, 전쟁 같은 것들은 옛 왕궁의 터에 재건 중이었던 포츠담 궁전에서만 생각하고 싶어 했다.

두 궁전 모두 최신 유행을 반영하는 세련된 건축물이었지만 나는 개인적으로 상수시 궁전이 더 맘에 들었다. 포츠담 궁전은 왕이 국정을 행하는 행정 궁전이었고, 그 역할에 맞게 포츠담 한가운데 위치하고 있어서 상수시 궁전처럼 아름다운 자연경관이나 영혼의 안식을 주는 편안함을 내세우지는 못했다. 내 생각에는 포츠담 궁전은 국가의 권력과 왕의 화려함과 위엄을 상징했다. 그곳은 외국에서 오는 제후들과 권력가들을 맞이하는 곳이었고, 궁전에 들어오는 손님들은 궁전의 화려함에 감탄을 했다.

두 궁전은 왕의 이중적인 면을 보여 준다는 생각도 든다. 인간적인 예술가인 동시에 정치가이자 전쟁을 일삼는 사람이었던 프리드리히 2세의 모습 말이다.

5월 7일 저녁이었다.

상수시 궁전에서 일어난 일었는지, 포츠담 궁전에서 일어난 일이었는지는 정확하게 기억이 나지 않는다. 너무 오래전 일이다. 그날 저녁 날씨가 온화하고 좋았다면 상수시 궁전이었을 것이고, 5월인데도 아직 쌀쌀하고 비가 추적추적 왔다면 포츠담 궁전이었을 것이다. 두 궁전의 연주회장만큼 화려한 연주회장은 당시 그 어디에도 없었다.

왕실 쳄발리스트였던 필리프 에마누엘 바흐는 그날 저녁 실베르만이 새로 제작한 피아노를 연주하기로 되어 있었다. 왕은 저녁시간에 개최되는 이런 연주회를 좋아했다. 왕이 직접 플루트로 왕의 음악 스승이자 왕실 작곡가였던 요한 요아힘 크반츠가 작곡한 곡이나 자신이 직접 작곡한 곡을 연주하는 경우가 많았다. 그럴 때면 바흐는 쳄발로로 반주를 했고, 왕의 명령을 따라 바흐가 작곡한 아름다운 작품들을 연주했다.

그런데 급한 일로 왕을 만나야겠다고 갑자기 들이닥친 정치인이나 장교 때문에 연주회가 중단되는 일도 종종 있었다. 그들이 정치와 전쟁에 관한 이야기를 시작하면 음악가들은 악기를 싸서 집으로 돌아가야만 했다.

하지만 그날 저녁은 음악회가 개최되던 다른 날과 달랐다. 왕실 음악 감독이기도 한 필리프 에마누엘 바흐가 오후부터 벌써 긴장하고 있다는 걸 모두 눈치 챌 수 있었다. 바흐의 눈에 거슬리지 않는 게 없었다.

하필 그날따라 피아노가 조율되어 있지 않아 나 역시 평소에는 늘 나에게 친절했던 바흐에게 호되게 야단을 맞았다. 그런데 왕실 음악감독이 왜 그렇게 긴장을 하는지는 아무도 알 수 없었다.

스무 명이나 서른 명쯤 되는 관객과 하인들 그리고 몇 명의 음악가가 음악회장에 모였다. 바흐는 피아노로 자작곡을 연주했다. 바흐가 작곡한 곡들은 늘 살아 있는 듯했고 생생한 감동을 주었기 때문에 내 마음에 들었다.

왕은 한 손에는 플루트를, 다른 한 손에는 하루 동안 포츠담에 들어온 사람들의 이름을 기록해 매일 저녁 문지기가 왕에게 제출하는 출입 명단을 들고 있었다.

왕은 음악을 사랑했다. 만약 왕이 플루트 연주를 하고 있는데 누군가가 방해라도 했다면 왕은 전쟁이라도 일으켰을 것이다. 왕은 다른 음악가의 연주도 절대 방해할 사람이 아니었다. 또한 왕실을 찾아온 문학가나 철학가가 왕과 전혀 다른 의견을 가졌더라도 하고 싶은 이야기들을 마음껏 하게 해 주었다.

하지만 그날 저녁에 왕은 평소와 달랐다. 젊은 음악감독인 바흐가 연주를 하고 있는 도중에 왕이 외치는 소리가 들렸다.

"아버지 바흐가 오셨군!"

모두가 고개를 돌렸지만, 아무도 보이지 않았다.

"아버지 바흐가 막 포츠담에 들어 왔으니, 그를 즉시 이 왕궁으로 데려오게!"

왕은 또다시 외쳤다. 왕은 거역할 수 없는 명령조로 외쳤다. 하인들은 아버지 바흐가 도착한 음악감독의 집으로 달려갔다. 프리드리히 2세는 음악회장 안을 왔다 갔다 했다. 바흐가 앉아 있는 피아노 건반을 쳐 보기도 했다. 왕은 일정한 선율을 쳐 보고는 그 선율을 플루트로 연주했다. 내가 들었을 때 별 의미도 없고 즉석에서 생각해 낸 듯한 선율 같았다. 바흐는 피아노에서 일어나 왕에게 자리를 양보하려고 했지만 왕은 거절했다.

"아니, 그냥 그대로 있게."

나는 옆방에서 대기 중이었는데, 너무 궁금해 문을 열어 보았다. 내가 방에서 나와도 왕은 언짢아하지 않았다.

바흐, 그러니까 음악감독인 젊은 바흐는 아주 유명한 사람이었다. 나는 그의 아버지인 요한 제바스티안 바흐의 음악은 들어본 적이 별로 없어 잘은 몰랐다. 어쨌든 젊은 바흐는 꽤 유명하다고 하는 그의 아버지보다도 훨씬 유명한 사람이었다. 그런데 음악을 좀 한다는 사람들은 모두 아버지 바흐의 이름을 익숙히 알고 있었다. 나는 그를 본 적이 없었지만 그가 라이프치히에 있는 토마스 교회의 오르간 연주자란 건 알고 있었다. 그는 오르간을 연주하면서 토마스 교회의 소년 합창단을 지휘한다고 했다. 젊은 바흐는 종종 아버지가 작곡한 곡들을 연주했었다. 내 귀에는 아버지 바흐보다 아들 바흐의 곡들이 더 듣기 좋았다.

그렇지만 유명한 사람을 직접 본다는 건 언제나 흥분되는 일이었다. 포츠담에는 매일같이 유명한 사람들이 드나들긴 했지만 왕이 누군가를 왕궁으로 직접 데려오라고 하는 건 흔치 않은 일이었다. 생각해 보니 내가 왕궁에서 일을 하는 동안 딱 한 번밖에 없었던 일이었다.

그렇다 보니 왕이 직접 부른 그 사람이 보고 싶어 목이 빠져라 기다린 사람은 나 혼자만이 아니었다. 나도 음악가였다. 그러나 왕궁의 그 어떤 사람보다도 왕의 총애를 입고 있는 그 음악가가 보고 싶어 숨이 막힐 지경이었다.

드디어 주인공이 등장했다. 키가 작고 뚱뚱하며 나이가 많은 음악가는 지저분한 가발을 쓰고 있었다. 여행 복장 그대로 왕 앞에 서서 민망한지 옷을 만지작거리고 있었다. 왕 앞에 이렇게 지저분한 복장의 사람이 선 적은 없었다. 당시 왕들은 깔끔한 복장과 예를 갖춘 몸가짐을 특히 중요하게 생각했다. 나는 귀족의 하인들이 입는 것과 같은 제복을 입고 일을 했는데, 제복에 작은 먼지 하나라도 묻었다가는 왕이 불같이 화를 냈다.

아버지 바흐는 화려한 왕궁의 실내장식과 크리스탈 샹들리에, 광이 나는 복도 바닥, 금칠한 가구와 은촛대, 벽에 걸린 그림의 알록달록한 색채와, 왕실 여인들의 화려한 드레스와 보석, 귀족들의 위풍당당한 자태와 비교되는 차림으로 왕 앞에 섰다. 왕실의 화려하고 웅장한 모습은 벽에 걸린 대형 거울 때문에 두 배로 화려하고 웅장해 보였다. 제복을 입고 가슴에 훈장을 단 왕은 손잡이 부분은 상아로 장식된 흑단지팡이에 몸을 기댔다.

그 옆에는 유명한 음악가라고는 하지만 너덜너덜해진 여행 복장을 입고 등도 약간 굽은 요한 제바스티안 바흐가 서 있었다. 다른 모습을 기대했다면 그게 잘못된 것이었을까?

왕은 바흐를 천천히 훑어보았다. 왕의 시선을 한 몸에 받는다는 건

숨 막히는 일이었다. 왕은 강렬한 눈빛을 가진 사람이었다. 항상 뭔가를 탐구하듯 사람이나 사물을 쳐다보곤 했고, 종종 지팡이에 몸을 기대고 상체를 굽혀 상대를 자세히 살펴보기도 했다. 바흐를 살펴보는 왕의 눈빛을 보며 모두가 긴장했다.

바흐는 왕궁에 어울리지 않는 자신의 복장에 대해 중얼거리듯 사과했다. 그러나 왕은 바흐를 반갑게 맞이하며 늙은 음악가를 껴안기까지 했다. 왕이 손님을 껴안는 건 드문 일이었다. 왕은 바흐를 새 피아노로 안내했다.

바흐가 피아노 의자를 더듬거리며 자리를 잡고 건반을 보기 위해 얼굴을 건반 가까이에 대는 모습은 애처롭기까지 했다. 나중에 아들 바흐에게 들은 이야기인데, 아버지 바흐는 눈이 아주 나빠 거의 앞이 보이지 않는다고 했다. 바흐는 연주 내내 눈을 감고 있었다.

나는 아들 바흐의 연주는 자주 들어 그 실력을 익히 알고 있었다. 그는 모든 건반악기 연주자 중 가장 뛰어난 연주자로 이름이 나 있었다. 그런데 아버지 바흐의 연주는 그런 아들의 연주 실력과도 비교가 안 될 만큼 훌륭했다. 아버지 바흐의 연주가 내 마음에 더 들었다는 건 아니었다. 아들은 아버지보다 더 세련되고 담백한 연주를 선보였는데, 그 점이 나는 더 마음에 들기도 했다. 그래서인지 아들 바흐의 연주를 들을 때면 그 음악에 맞춰 노래를 부르고 싶은 마음이 생겼다. 그러나 아버지 바흐가 연주하는 음악을 들으면서는 감히 그런 생각을 할 수가 없었다. 노인의 연주는 말 그대로 예술이었다. 얽히고설킨 듯한 선율들이 음악회장을 가득 채웠다.

그는 헨델이나 자기 아들 바흐가 작곡한 멜로디, 노래와 성가의 선율 등을 재해석하여 하나의 작품 안에서 들려주었다. 그러면서 사이사이에 순수하게 창작한 부분들을 들려주었는데, 그런 부분에서는 자기 내면으로 빠져드는 듯한 심오한 표정을 지었다.

바로크 시대를 대표하는 대작곡가인 요한 제바스티안 바흐. 음악의 아버지라고 불린다.

왕은 바흐가 음악회장에 있는 모든 건반악기를 하나씩 연주하게 했다. 왕은 그날 저녁에 평소와 전혀 다른 사람 같았다. 걸음걸이는 가벼웠고 수시로 재미있고 기대되는 일을 앞두고 초조한 듯 양 손바닥을 비벼 댔다. 갑자기 춤이라도 출 기세였다.

반면 바흐는 한 피아노에서 연주를 마치고 일어날 때마다 매우 불안해 보였다. 관절이 굳고 아픈 노인이었다. 바흐의 나이가 62세나 된다는 사실을 나중에 아들 바흐가 이야기해 주어서 알았다.

그에 반해 35세의 왕은 한창 젊었고 벌써 7년째 왕위에 있으면서 두 번의 전쟁에서 큰 승리를 거둔 위풍당당한 사람이었다.

결국 그날 저녁에는 왕궁에서 한 번도 볼 수 없었던, 그리고 그 후 다시는 일어나지 않은 일이 벌어졌다. 프로이센 왕국의 왕이 음악가를 껴안고 나서 웃으면서 노인을 피아노 앞에 앉게 했다. 그러면서 뭔가를 이야기했는데, 나는 알아듣지 못했다. 왕이 피아노를 가리킨 걸로 봐서 당시로서는 새 발명품이었던 그 현대식 피아노에 대해 이야기했던 것 같다.

왕은 피아노에 귀를 대고 건반을 두드렸다. 피아노 소리를 점검하는 것일까 싶었지만, 이미 바흐가 연주를 했던 악기라 그럴 리는 없었다. 왕은 처음에 냈던 소리를 반복해서 냈다. 그리고 나는 깨달았다. 왕이 바흐에게 직접 주제 선율을 창작해서 제시하는 것이었다. 바흐가 음악회장에 들어서기 전 왕이 건반으로 연주해 보던 선율과 비슷했지만, 도입과 마무리가 첨가되어 처음보다 훨씬 아름다워진 선율이었다.

연속해서 음정이 높아지는 네 음 사이사이에 아주 낮은 음을 집어넣고, 다시 가장 높은 음에서부터 반음씩 음이 떨어지는 선율이 이어졌는데 이때도 아주 낮은 음이 음 사이사이마다 첨가되었다. 마지막 음은 길게 울려 퍼졌고 다시 빠른 박자로 더 낮은 음으로, 다시 높은 음으로 선율이 이어졌다. 선율은 화려한 트릴로 마무리되었다.

왕에게 어울리는 선율이었다. 균형 잡혀 있으면서도 긴장감이 있었으며 반음씩 올라가는 부분은 신선했다. 그러나 그런 만큼 하나의 곡으로 완성하기는 참 어려운 부분이었다. 정말 왕이 직접 생각해 낸 선율일까 아니면 다른 데서 들어 본 적 있는 선율일까를 잠깐 생각해 보았다. 그러나 생각해 보니 그렇게 특이한 선율은 그와 유사한 것도 들어 본 적이 없었던 것 같았다.

아들 바흐도 그 선율은 왕이 친히 창작해 낸 것이며 놀라움을 금할 수 없다고 했다. 거리가 있어서 아주 자세히는 보이지 않았지만 촛불에 비친 아버지 바흐의 얼굴에도 왕이 제시한 선율에 감탄한 표정이 보였다.

음악회장에 모인 모든 사람들과 마찬가지로 나도 왕이 바흐에게 이 선율을 주제로 작곡을 하라고 할 줄 알았다. 연속되는 반음계로 이뤄진 선율이라 쉽지 않은 작업이 될 게 분명했다.

그러나 예상 밖의 일이 벌어졌는데, 그 이후 몇 시간 동안은 내 평생 경험한 것 중 가장 감동적이고 인상적인 시간이었다.

왕은 바흐에게 푸가를 부탁했다!

오늘날에는 푸가가 뭔지 아는 사람이 거의 없을 정도이다. 간단하게 설명하면 하나의 주제 선율이 카논에서처럼 세 번 또는 네 번 연속해서 연주되는데 이때 주제 선율이 변형되면서 엄격한 규칙에 따른 발전 형태를 거쳐 마무리되는 형태의 곡이다. 모든 음은 그 음에 대한 대응음이 있어서 주제 선율을 받쳐 준다는 것이 푸가의 특징이다.

나는 악보를 보면서 연주하더라도 그렇게 화려한 푸가는 피아노로 연주하지 못했을 것이다.

간단한 선율을 이용하여 2중 푸가를 시도해 본 사람이라면 왕이 바흐에게 왕이 들려준 그 선율을 주제로 즉석에서 3중 푸가를 작곡하여 실베르만이 제작한 피아노로 바로 연주해 보라고 했을 때 그 자리에 있었던 사람들이 얼마나 놀랐을지 짐작할 수 있을 것이다.

나는 일개 군악대 연주자였던 나를 왕실에서 일할 수 있게 해 준 왕을 좋아했다. 하지만 바흐에게 그런 명령을 하는 것을 보고 나는 왕이 무서워졌다. 왕의 얼굴에서는 저녁 내내 보였던 화기애애하고 즐거운 표정이 사라졌다. 왕은 갑자기 세계 평화를 추구한다고 했다가 두 번의 전쟁을 일으켜 세상을 놀라게 했던 그 전쟁왕으로 변해 있었다.

왕은 어린 시절에 엄격한 교육을 받으며 자랐다고 들었다. 군인왕이라 불렸던 아버지 프리드리히 빌헬름 1세는 사람들이 많이 모인 자리에서도 아들을 종종 때렸다고 한다. 아버지의 억압을 이기지 못한 아들은 가장 친한 친구였던 한스 헤르만 카테와 외국으로 도주를 시도하기도 했으나 붙잡혔다고 한다. 프리드리히와 카테는 무기징역을 선고받았고, 왕은 결국 카테를 교수형에 처하게 했다. 결국 지금 프로이센의 왕이 된 프리드리히 2세는 가장 친한 친구가 퀴스트린 요새에서 처형을 당하는 장면을 목격해야만 했다. 이러한 어린 시절의 기억 때문에 왕은 갑자기 완고하고 엄격한 사람으로 변하는 것이었을까?

물론 푸가를 작곡하라는 명령은 사형 선고는 아니었다. 그러나 왕이 좀 전에 연주한 선율과 같이 어려운 선율을 가지고 푸가를 작곡할 수 있는 사람이 어디 있겠는가! 나는 아들 바흐의 얼굴에 드리운 근심의 그림자를 눈치 챌 수 있었다. 왕은 갑자기 명성이 자자한 늙은 음악가를 망신 주고 싶은 마음이 생겨서 그렇게 복잡한 반음계 선율을 만들어 그 선율을 주제로 푸가를 작곡하라고 한 것일까? 정말 불공평하고 옳지 못한 일이 아닐 수 없었다.

나이가 많은 교회의 오르간 연주자였던 바흐가 눈이 어둡다는 건 누구나 알 수 있었다. 게다가 방금 멀고 피곤한 여행 끝에 포츠담에 도착한 상태였다. 옷 갈아입을 시간조차 없었다. 그는 포츠담에 도착하자마자 왕궁으로 불려 왔다. 그런데 우리 왕은 재미삼아 복잡한 선율을 생각해 내서 세상 누구도 할 수 없는 일을 시키고 있었다. 간단한 카논 정도는 말이 되는 일이었지만, 3중 푸가는 정말 말도 안 됐다!

불가능한 것을 요구하는 통치자가 가장 잔인한 통치자이다.

하지만 프리드리히 2세는 좋은 왕이 아니었던가? 그는 모든 백성에게 종교의 자유를 주었다. 신문사도 원하는 내용은 무엇이든 신문에 쓸 수 있었다. 극장 역시 왕의 통제나 간섭을 걱정하지 않고 마음껏 공연을 할 수 있었다. 책도 왕실의 검열 없이 출판될 수 있었다. 전 유럽이 프로이센 왕국의 자유를 부러워했다. 프리드리히 2세가 국가를 위한 가장 충성스러운 신하가 되겠다고 말하는 것을 들은 적도 있다.

하지만 왕에게는 이런 잔인한 면도 있었다.

바흐는 자신을 지켜보는 사람들의 불안감이나 걱정은 전혀 개의치 않는 것 같아 보였다. 그는 진지한 표정을 지었다. 아들의 얼굴에 역력한 좌절과 두려움이 그의 얼굴에서는 느껴지지 않았다. 바흐는 잠시 왕의 얼굴을 보더니 고개를 끄덕이고 곧바로 피아노 앞에 앉았다.

손을 풀기라도 하려는 듯이 미리 왕이 들려준 선율을 연주해 보았다. 아주 천천히, 음 하나 하나 정성스럽게 연주했다.

나는 바흐의 연주로 왕이 제시한 선율을 들으면서 그 복잡하고 난해한 선율에 다시 한 번 놀랐다. 그런데 갑자기 바흐의 손가락에서 주제 선율과 조화를 이루는 또 하나의 선율이 등장하여 주제 선율을 쫓아갔다. 그 뒤를 이어 또 하나의 선율이 등장하였고 세 선율을 받치는 또 하나의 대비 선율이 나타나 세 선율을 엮어 주었다. 선율들은 복잡하게 얽히고설켰지만 연속되는 반음계는 계속해서 새로운 생명력을 가지고 울려 퍼졌다. 복잡하고 어려운 선율과 음의 조화는 아주 자연스럽게 들렸다. 바흐는 고귀하고 지치지 않는 자기 내면의 영혼이 들려주는 아름다운 노랫소리에 귀를 기울이기라도 하는 듯 움츠린 채 시선은 자기 자신에게 향했다. 음악회장 안의 긴장감은 커졌다. 바흐의 짧고 뭉뚝한 손가락 끝에는 온 세상의 음악이 다 담겨있는 듯했고, 바흐는 그 곡을 수백 번 연습해서 외우기라도 한 것처럼 단 한 번도 실수를 하거나 망설이지 않았다. 여러 선율은 한데 어우러져 하나의 아름다운 작품으로 완성되었고 곡은 완전한 화음을 이루면서 끝났다.

음악회장은 고요했다. 모두들 숨도 크게 내쉬지 못했다. 5분이 지났을까? 다섯 시간이 지났을까? 마치 천지가 창조되는 순간을 지켜보기라도 한 것처럼 가슴이 벅찼다.

"좋군, 아주 좋아! 정말 대단한 연주야!"

왕이 입을 열었다. 그러자 연주회장 안의 얼어붙었던 분위기가 풀리고 박수 소리가 오랫동안 울려 퍼졌다. 박수갈채는 왕의 뜬금없는 질문 때문에 중단되었다.

"그럼 이번에는 3중 푸가를 6중 푸가로 만들 수 있겠소?"

6중 푸가라니!

나중에 왕실의 한 음악가에게 들은 이야기인데, 한 주제 선율을 가지고 6중 푸가를 즉흥 연주한다는 건 아무리 쉬운 푸가라도 한 체스 선수가 동시에 60명과 체스 경기를 해서 완승을 거두는 것만큼 어려운 일이라고 한다.

바흐는 자리에서 일어났다. 잠시 생각에 잠기더니 침침한 눈을 껌뻑

거리며 왕에게 허리를 숙이며 말했다.

"안 됩니다, 폐하. 폐하께서 제시하신 선율은 6중 푸가에는 어울리지 않습니다."

마치 총에 맞은 것처럼 연주회장에 있는 모든 사람이 꼼짝도 하지 못했다. 얼굴이 벌겋게 달아오른 아들 바흐가 일어났다. 귀부인들의 부채질 속도가 빨라졌다. 음료수를 나르던 하인들마저도 그 자리에 얼어붙었다.

왕의 명령을 거절하는 음악가는 세상에 없었다.

내가 서 있는 곳에서는 왕의 표정이 잘 보이지 않았다. 왕은 아무 말도 하지 않았다.

바흐는 이미 다른 주제로 연주를 시작한 상태였다. 그는 자기가 생각해 낸 보다 부드러운 선율을 가지고 숨이 턱 막히도록 아름다운 푸가를 연주했다. 늘 머릿속으로 생각해 두었던 곡이었을지도 모르겠지만 악보를 보지 않고 그런 곡을 연주한다는 것 자체만으로도 놀라움을 금할 수 없었다.

그러나 그 푸가는 미리 준비하거나 외워 둔 것이 아닌 것 같았다. 왜냐하면 왕이 6중 푸가를 요구할 것이라고 누가 상상했겠는가. 이미 널리 알려진 곡이었다면 아들 바흐도 알고 있는 곡이었을 것이고, 아들 바흐가 나에게 그 곡이 어떤 곡인지 알려 주었을 것이다.

왕은 바흐가 무례한 태도를 보였음에도 이상하게 즐거워했다. 왕은 바흐에게 훌륭한 연주에 대한 감사를 표했고 왕궁에 늘 아름다운 음악을 울려 퍼지게 하는 아들에 대해서도 칭찬을 아끼지 않았다.

바흐는 자리에서 일어나겠다고 했다. 연주 때문에 피곤해 보이지는 않았다. 바흐는 왕에게 말했다.

"폐하, 폐하가 제시하신 주제 선율은 훌륭하지만 6중 푸가로는 알맞지 않습니다. 하지만 정말 고풍스럽고 쉽게 들을 수 없는 선율입니다. 그래서 기념으로 폐하께서 들려주신 선율을 주제로 6중 푸가를 비롯한 다른 곡들을 작곡하여 폐하께 바치겠습니다."

그러고는 연주회장을 나갔다. 마치 칼과 창을 든 두 전사의 치열한 대결이 끝난 것 같았다. 둘 중 누가 이긴 것인지 헷갈렸다.

다음 날 바흐는 왕을 위해 도시의 여러 건물에 있는 오르간으로 내가 들어 본 것 중 가장 웅장하고 화려한 곡을 여러 곡 연주했다.

반년이 지난 후 아버지 바흐가 왕실로 악보를 보내왔다. 그는 놀랍게도 그때 왕이 제시한 선율을 주제로 결국 6중 푸가를 작곡하여 보내왔다. 아들 바흐가 왕 앞에서 그 작품을 연주하기 위해 한참을 연습해야 할 정도로 어려운 곡이었다. 나도 피아노 앞에 앉아 시도를 해 봤지만 바로 포기하고 말았다.

바흐는 6중 푸가 말고 다른 작품들도 만들어 보냈다. 왕 앞에서 연주했던 3중 푸가 역시 악보로 정리해 보냈다. 그가 보내온 모든 작품은 왕이 제시한 주제를 바탕으로 하고 있었다. 바흐는 왕에게 바치기 위해 여러 곡을 작곡한 것이었다. 6중 푸가 악보에는 "Regis Jussu Cantio Et Reliqua Canonica Arte Resoluta" 즉, 왕이 제시한 주제를 가지고 왕의 명에 따라 카논 형식으로 만든 작품이라고 씌어 있었다. 사실 카논은 바흐가 연주했던 것보다 훨씬 단순한 형태의 음악이었다. 그

런데 각 글자의 첫 알
파벳을 따서 붙이니
'RICERCAR'가 되었
다. 리체르카는 푸가
중에서도 가장 엄격하
고 어려운 형태의 푸가
를 지칭한다. 왕은 바
흐가 보내온 악보를 보
고 아들 바흐의 연주를
들으며 너무나 즐거워했다.

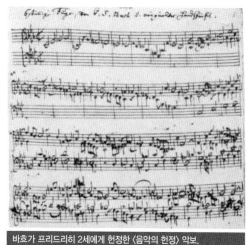

바흐가 프리드리히 2세에게 헌정한 〈음악의 헌정〉 악보.

그러나 나는 왕의 웃음 너머로 그 행복한 순간 이후 몇 년이 지나지
않아 7년 동안이나 끔찍한 전쟁을 일으켜 프로이센 왕국을 거의 황폐
화시킨 왕의 내면을 언뜻 보았다. 몇 년 후에 등이 굽고 늙은 왕은 상
상하기 힘들 정도로 엄격하고 단호한 통치로 무너진 왕국을 다시 일으
켰다.

제14장

쿠네르스도르프 전투

18세기 중반, 사람들의 간절한 소망은 실현되지 않았다. 프로이센 왕국을 1740년에서부터 1786년까지 다스렸던 프리드리히 2세는 사람들이 바라던 평화로운 왕국을 만드는 일에는 별 관심이 없었다. 그는 오히려 분쟁을 일으키는 왕이었다. 당시 유럽 전역에서는 이러한 분쟁의 결과로 갑작스럽게 잔인한 전쟁이 일어나곤 했다. 프리드리히 2세는 군인왕이라는 별명을 얻을 정도로 군사력 강화에 애착을 보였던 아버지 프리드리히 빌헬름 1세로부터 전쟁에 필요한 군사력을 물려받았다. 프리드리히 2세는 철학자, 예술가, 작곡가이자 뛰어난 플루트 연주자로 알려진 왕이었던 반면 영토를 확장하고자 잔인한 전쟁을 일으키는 왕이기도 했다. 그는 오스트리아에 속한 슐레지엔을 빼앗으려고 했다. 슐레지엔은 신성 로마 제국 내에서 인구수가 가장 많고 경제적으로 가장 부유한 지역 중 하나였다.

　프로이센이 슐레지엔을 차지하기 위해서는 세 번의 전쟁을 치러야만 했다. 그는 첫 번째 전쟁에서 승리하여 손에 넣은 슐레지엔을 두 번째 전쟁에서도 지켜 냈다. 결국 마지막 세 번째 전쟁이 슐레지엔의 운명을 최종적으로 결정했다. 그래서인지 세 번째 전쟁은 세 차례의 전쟁 중에서 가장 오랜 기간 계속된 전쟁이기도 했다. 1756년에 시작된 전쟁은 1763년이 되어서야 끝났다.

　오스트리아의 마리아 테레지아 여제는 슐레지엔을 지키기 위해 치러야만 했던 처음 두 번의 전쟁에서 결국 패배하자 프로이센 왕국에 맞서기 위해 프랑스, 러시아, 신성 로마 제국 내 대부분의 제후들과 동맹을 맺어 자기편으로 만들었다. 반면 프로이센의 프리드리히 2세는 북아메리카에서 프랑스와 전쟁을 치루고 있던 영국과만 동맹 관계를 맺었다. 동아시아에서도 프로이센과 오스트리아, 이 두 세력이 대치하고 있었기 때문에 7년 전쟁을 최초의 세계대전이라고도 한다.

　프리드리히 2세는 세 번의 전쟁 중 1757년 로스바흐 및 로이텐 등의 지역에서 일어난 전투에서 승전고를 울렸지만 결국에는 열세에 몰렸다. 프로이센 왕국은 완전히 피폐해졌다. 그러던 중 1761년 12월 24일에 러시아의 여황제가 갑자기 죽고 표트르 3세가 왕위에 올랐다. 그는 프리드리히를 존경했던 인물로, 왕위에 오르자 프로이센 왕국에 맞서 싸우는 전쟁에서 발을 뺐다. 그 덕에 프로이센은 세 번째 전쟁에서도 결국 승리를 이끌어 냈고 유럽 내 강대국의 대열에 합류했다.

　쿠네르스도르프는 오늘날 폴란드에 속하는 지역으로서 쿠노비스라고 불리는 곳이다.

1759년 8월 12일이었다.

아직 짙은 어두움과 새벽안개가 부대를 뒤덮고 있었다. 숲은 고요했고 수평선에는 떠오르는 태양의 첫 빛줄기들이 보이기 시작했다. 세 사람에게는 지난번 전투가 여전히 생생했다. 그들은 속삭이며 말했다.

"여기가 어디일까?"

그들은 어둠속에서 이리저리 헤매다가 짙은 안개를 헤치며 그곳에 갑자기 도착했다. 그들은 마치 호수에 발을 담그고 서 있듯 자욱한 안개 속에 서 있었다.

"저쪽에 쿠네르스도르프가 있을 거야."

"쿠네르스도르프? 지금은 아무것도 없는 곳이지. 그 일대가 다 불에 타 버렸다고."

"이 놈의 안개에 다 뒤덮여 있군."

"원래 쿠네르스도르프를 지나려고 했었지."

그들은 클로스터모르겐베르게 산맥의 남쪽 작은 봉우리에 서서 북쪽을 올려다보며 이야기했다. 8월의 밤은 후텁지근했지만 새벽녘 공기는 시원했다. 그들이 서 있는 곳의 오른편에 있는 블란켄제와 파울렌제 두 호수에서부터 피어오르는 안개가 온 지면을 뒤덮고 있었다. 호수 뒤에는 프로이센 왕의 대대가 진을 치고 있었다. 그들은 바로 그곳에서 왔던 것이다. 막사로부터는 불빛 하나 보이지 않았다. 윤곽이 간신히 보이는 작은 봉우리 꼭대기 부근에만 야영지 불빛이 보였다. 최북단에는 뮐베르크와 발크베르크의 능선이 정면으로 마주하고 있었다.

그들의 등 뒤에 있는 숲과 골짜기의 모습은 알 수 없었다. 물과 저습지 천지인 그곳은 사람이 지나가기가 거의 불가능했다. 게다가 남쪽으로 내려가다가 적군과 마주칠 가능성도 있었다.

서쪽으로는 나무가 우거진 언덕에서부터 안개가 새어 나오고 있었다. 그 언덕의 능선에는 수많은 불빛이 깜박이고 있었다.

"적군의 야영지로군."

프리츠는 이야기를 시작했다.

"북쪽과 북서쪽에는 오스트리아와 프랑스가 진을 치고 있어. 왼편으로는 우리와 멀지 않은 곳에 러시아의 막강한 군대가 있지."

"그리고 저 뒤에 프랑크푸르트가 있지. 두 시간 정도 거리야."

"오더 강을 건너야 하지."

에베르스발데 숲 인근 작은 마을 출신인 루트비히는 그곳에 사는 친척들의 도움을 받을 수 있을 거라 생각했다.

그들은 안개 위로 솟아오른 봉우리에서 깜박이고 있는 불빛들을 보았다. 에밀 란도르프, 프리츠 뇌르틀링거, 큰 루트비히라고 불리는 루트비히 로터, 세 사람 모두 자신이 군인이라는 사실이 싫었다. 프리츠는 프로이센 군대에 입대한 지 얼마 되지 않았다. 물론 그도 나머지 두 사람처럼 강제로 군대에 끌려왔다. 그러나 그는 에밀처럼 베를린 출신도 아니었고, 루트비히처럼 브란덴부르크의 작은 마을 출신도 아니었다. 그는 미국에서 바다 건너 온 사람이었다. 그는 자주 탈영하자는 말을 했다. 나머지 두 사람은 정말이지 그가 탈영에 성공하길, 그리고 자기들을 데려가길 바라던 터였다.

그들은 너무 오랫동안 안개 속을 헤매다가는 보초병을 만날 수도 있다는 사실을 염두에 두었다. 그러나 다행히도 아무도 그들을 향해 "당신들 누구야?"라고 외치지 않았다. 그들은 조금만 더 지나면 폐허가 된 도시에 도달하지 않을까 생각했다. 그러나 그들이 선 곳은 물가였다. 파울렌제일까? 블란켄제일까? 그 일대 바닥은 질퍽했다. 세 사람은 두 호수 사이를 지나가는 데 성공했다.

"이제 우리가 공격을 해야 해."

프리츠는 이렇게 말하면서 언덕 위 불빛들을 가리켰다.

"우리가?"

큰 루트비히가 물었다.

"그래, 우리 프로이센 군인들이."

프리츠는 웃었다. 프리츠는 남부 독일 출신이었다. 프리츠가 섬기던 백작이 그를 미국에 팔아서 군인이 되었다고 했다. 얼굴은 검게 그을리고 상처투성이였다. 에밀은 나머지 두 사람에 비해 몸집도 크고 눈도 컸다. 루트비히는 평소에 늘 미소를 짓고 있었지만, 지금은 겁에 질린 눈을 하고 있었다. 최북단에서는 흐린 불빛 몇 개가 보였다.

"프로이센 군대의 선봉대가 발켄베르크 뒤에 있군."

탈영하기 전에 주위를 답사하고 너덜너덜해진 지도까지 챙겼던 프리츠가 말했다. 그들은 안개가 자욱한 일대를 둘러보았다.

"그러니까 여기에서 전투를 한다 이거군. 하느님, 불쌍한 우리 동지들을 보호하소서!"

전투는 몇 시간 내에 일어날 수도 있었고, 하루 또는 이틀 후에 일어날 수도 있었다. 어쨌거나 전투는 곧 일어날 것이다.

수일 동안 행군을 계속했다. 죽음을 향해 발걸음을 재촉하여 걸어왔다. 이곳에 도착하기 직전에 지금과 같은 여름철에는 물이 적은 오더 강을 건너야만 했다. 신발은 아직도 축축했다. 이미 프랑크푸르트와 그 주위를 점령한 프로이센은 프로이센과 오스트리아 사이의 틈으로 밀고 내려오는 러시아를 뒤에서 공격하려고 했다. 그러나 러시아와 오스트리아는 프로이센보다 한 발 빨랐고, 연합하여 프랑크푸르트 앞 언덕에 진영을 치고 철통같은 수비를 하고 있었다. 세 사람은 이미 오더 강의 다른 쪽 편으로 도망쳤어야 했다.

프로이센이 승리할 경우, 프리드리히 왕에게 슐레지엔과 보헤미아로 가는 길이 열리게 될 것이었다. 오스트리아와 러시아 및 그들의 동맹 국가들의 연합군이 승리하면 베를린으로 향하는 길이 뚫리는 것이었다.

"시작되기 전에 어서 떠나야 해!"

프리츠는 단호하게 말했다.

"어서, 어서! 저쪽으로 가야 하잖아!"

그는 손으로 강 건너편을 가리켰다.

"정반대쪽에 있으니 저리로 해서 건너가자고!"

그는 야영지의 불빛이 끊어진 언덕의 오른쪽을 손으로 가리켰다.

"쿠그룬트와 베커그룬트군."

서쪽 능선에 자리한 길쭉한 골짜기들의 이름이었다.

"저쪽으로 해서 오더 강으로 가려고 했었지. 자, 지금이라도 가자고."

그는 또렷한 목소리로 말했다.

"베커그룬트가 좋겠어. 쿠그룬트로 가면 시간이 단축될 수도 있지만 길이 너무 좁아 위험해. 두 골짜기 양옆으로 군인들이 지키고 있을 거야. 그래서 밤중에 그곳을 통과하려고 했던 거지."

하지만 그들은 더 이상 갈 수가 없었다. 자욱한 안개 속에서 여러 마리의 말이 우는 소리가 들렸다. 하나의 기갑부대 정도가 아니고 여러 중대가 모여 있었다. 말발굽 소리가 끝없이 들렸다.

"얼마나 걸릴까?"

"모르겠어."

"다른 길은 전혀 없는 건가?"

루트비히가 물었다.

"보다시피 언덕 봉우리마다 군인들이 지키고 있어. 아군이거나 적군이지. 우리에게는 이제 모두가 적군이라고!"

에밀이 말했다. 그들은 아침 해가 떠오르기 시작하는 것을 보며 주변에서 나는 소리에 귀를 기울였다. 멀리서 누군가가 다른 사람을 부르는 소리, 바스락거리는 소리, 북치는 소리, 아득하게 퍼지는 나팔 소리 등이 들렸다. 안개는 뽀얀 거품처럼 주변으로 번져 나갔다. 말발굽 소리가 끝없이 들려왔다. 아침부터 주변의 기운이 예사롭지 않았다.

"정말로 시작되려나 봐. 재수 없게 우리가 탈영하자마자 전투를 하네."

루트비히는 이렇게 말하며 몸을 웅크렸다.

"이건 우연이 아니야."

에밀이 답했다.

"너도 봤잖아. 다들 기다리지 못해 안달이었다고. 흥분한 보초병들과 들뜬 장교들을 봤잖아. 아무리 늦은 밤이었다 해도 부대가 그렇게 어수선 하지 않았더라면 우리가 빠져나오기 힘들었겠지. 전투가 끝나기만 하면 돼. 프로이센이 이기면 우리는 부대를 잃고 고생을 한 군인들이라며 환호와 환영을 받으면서 다시 부대로 이송될 것이고, 프로이센이 지면 어차피 군대는 해산하고 다들 각자의 길을 갈 거라고. 우리가 탈영한 것을 아무도 알 수 없게 되겠지."

탈영은 쉬운 일이 아니었다. 프로이센 군대는 숲 근처에 진을 치는 경우가 없었고, 아무리 작은 보병 소대도 기갑부대 없이 홀로 행군하는 경우는 없었기 때문이다. 군인들이 총과 칼을 가진 장교와 동행하지 않고 물이나 땔감을 구하러 나가는 경우는 없었다.

"그러다가 전투 전에 우리를 발견하면?"

루트비히가 물었다.

"전투 전에? 그럼 목을 매달거나 총으로 쏴서 죽이겠지."

"아우구스테에게 갈래."

루트비히는 그들을 도울 친척들을 찾아가려고 탈영했다. 프리츠는 루트비히가 배포가 크지 못하다고 했다.

"난 여길 뜰 거야."

3년 전에 군대에 끌려오기 전, 루트비히에게는 사랑하는 여자가 있었다. 그는 늘 그 아우구스테라는 여자 얘기뿐이었다.

루트비히는 한 파티에서 그녀와 함께 있다가 그녀를 집에 바래다 주었다. 대보름달이 뜬 아름다움 밤이었다. 달빛 아래에서 헤어지면서 그들은 크리스마스에 결혼하기로 약속했다. 바로 그날 집으로 향하던 루트비히에게 두 사내가 다가왔다.

"이봐 젊은이! 이 밤중에 길거리를 왜 돌아다니고 있는 건가? 도대체 뭘하는 거냐고?"

그들은 제복을 입고 있었다. 루트비히는 뒷걸음치며 도망가려 했다. 그러나 이미 목덜미를 잡힌 상태였다.

"어딜 가려고? 우리랑 이야기하는 게 왜 싫은지 한번 차근차근 알아보자고!"

"왜 그러세요?"

"도둑놈이구만! 그래 도둑놈이야!"

한 사내가 말했다.

"도둑놈들은 감옥에 가야지."

두 번째 사내가 말했다.

"아니면 교수대가 더 어울리겠군."

다시 첫 번째 사내가 겁을 주었다. 루트비히는 땅에 엎드렸다.

"전 도둑이 아닙니다!"

몸이 떨리기 시작했다.

"저쪽 에베르스발데에 도둑이 나타났다고 하더군."

"저는 도둑이 아닙니다. 저는 그저……."

"잡힌 도둑들이 주로 뭐라고 하는지 아나? 다들 똑같은 소리를 하지. 자기는 다른 곳에 있었다고. 우리가 속을 거라고 생각하지 마."

"하지만 진짜 아니라고요!"

"그렇지, 다들 그렇게 우기지. 이봐! 넌 이미 붙잡혔다고. 일단 감옥에 가게 될 테니 그다음은 어떻게 되는지 두고 보자고!"

"교수대가 있는 곳을 알긴 하는데."

두 번째 사내가 입을 열었다.

"당신들 미쳤군요! 살려 주세요!"

두 사람은 루트비히의 입을 틀어막고 끌고 갔다. 멀리 가지는 않았다. 갑자기 어느 헛간 뒤에서 한 사람이 나타났다. 복장을 보니 군대 장교였다.

"도대체 무슨 일이냐? 난 베를린으로 이동 중인 장교다. 강도들이냐? 당장 그 사람을 놓아줘라! 명령이다!"

두 사내는 장교에게 군대식으로 인사를 하고 물러섰다. 그러나 루트비히를 놓아주나 싶더니 다시 붙잡았다.

"도대체 무슨 일이냐? 당장 고하라."

"도둑놈입니다."

"무얼 훔쳤느냐?"

장교는 딱딱한 말투로 물었다.

"저쪽 에베르스발데에서 도둑질을 했습니다."

"무얼 훔쳤냐고 묻지 않았느냐!"

장교는 두 사내를 몰아붙였다.

"묻는 말에 대답해라."

"마을 대표에게 이자를 보내야 합니다."

"저는 도둑이 아닙니다. 절대로 뭘 훔치지 않았습니다."

"이 밤중에 돌아다니는 사람을 어떻게 믿으라고."

두 번째 사내가 말했다. 장교는 루트비히를 머리끝에서 발끝까지 훑어보았다.

"그럼, 도난 사고는 언제 어디서 일어났는가?"

"그제 시장에서 일어났습니다."

"그게……."

루트비히는 말문이 막혔다. 루트비히는 그제 실제로 시장에 갔었기 때문이었다.

"도대체 뭘 훔쳤다는 게냐? 왜 묻는 말에 답을 하지 않느냐?"

"많은 돈을 훔쳤습니다."

"에베르스발데라고 했겠다. 그곳 대표는 내가 잘 알지. 아주 엄격한 사람이야. 대가를 톡톡히 치러야 할 것이야."

"저는 죄가 없습니다."

루트비히가 호소했다.

"물론 그렇게 믿고 싶네."

장교는 대꾸하면서 다시 한 번 루트비히를 머리끝에서 발끝까지 훑어보았다.

"그럼, 훔친 돈은 어디에 있느냐?"

장교는 두 군인을 쳐다보았다.

"버렸습니다. 저희가 목격했습니다. 호수에 버렸습니다. 철로 만든 함에 넣어서 버렸는데, 여기에서 이자를 놓아주면 그 함을 건져 달아날 게 분명합니다. 또 새로운 범행 장소를 물색하고 있는 걸 저희가 용케 잡은 것입니다."

"장교님! 전 절대 도둑이 아닙니다."

루트비히는 울먹였다.

"저는……."

"그래, 자네 말을 믿어 주겠네. 그런데 뭘 그리 겁을 내느냐?"

"저는……."

"자네가 뭐든 난 상관없네. 그냥 놔주게."

두 사내는 루트비히를 풀어 주고 뒤로 물러났다. 루트비히는 안도의 한숨을 쉬며 어둠속으로 사라졌다.

"잠깐!"

몇 발자국 가지도 않는데 부르는 소리가 들렸다.

"에베르스발데 대표를 찾아가도록 해라. 뭐든 정확하게 해야 하는 법.

가족은 있느냐?"

"올해 안에 결혼할 예정입니다."

루트비히가 답했다.

"축하하네."

장교가 말했다.

"자네와 결혼하게 될 행운의 여인이 누군가?"

"이름은……. 아니 그녀는……."

"그래, 자네의 사생활에 간섭하고 싶지는 않군. 어쨌거나 결혼은 예정대로 해야 하지 않겠나?"

루트비히는 장교의 얼굴에서 눈을 뗄 수가 없었다.

"다시 한 번 말해 주지. 난 에베르스발데의 대표를 잘 안다고."

"저는 도둑질을 한 적이 없습니다."

만약 그래도 도둑놈으로 몰리게 되면 어떻게 되는 것일까? 감옥에 가거나 단두대에 서게 되면 어떻게 되는 것일까?

"제안을 하나 하지. 나와 함께 가세. 내가 직접 가서 해결해 주겠네. 그럼 예비 신부 곁으로 빨리 돌아갈 수 있을 테니 말이야. 프리드리히 왕께서는 도둑질을 가장 엄격하게 처벌하라고 하셨네. 그건 자네도 잘 알고 있을 테지?"

"집에 가게 해 주세요."

루트비히는 힘없이 애원했다. 장교는 루트비히를 계속 훑어보며 말했다.

"미안하네. 일단 나를 따라오게나. 같이 타고 갈 말은 있다네."

루트비히는 꼼짝도 않고 있었다.

"자네 때문에 더 이상 시간 허비할 수 없으니 어서 결정하게!"

두 사내는 루트비히에게 다가섰다. 루트비히는 겁에 질렸다.

"그래, 어떻게 하겠나? 내 말이 안 들리나?"

장교는 갑자기 누군가를 불렀다. 그러자 한 소년이 헛간 뒤에서 말을 끌고 나왔다.

"가자."

장교가 말했다.

"예!"

소년이 말했다. 소년은 또 한 마리의 말을 끌고 나왔다. 장교가 말에 올라탔다. 두 사내는 루트비히에게 다가섰다. 한 명이 루트비히의 팔을 잡았다. 루트비히의 손에는 말고삐가 들려졌다.

"장교님!"

루트비히는 떨리는 목소리로 외쳤다. 장교는 이미 면발치 앞서 가고 있었다.

"왜? 마음이 바뀌었나? 어서 올라타고 같이 가세. 가자고!"

소년은 헛간 뒤에서 여러 마리의 말을 끌고 나온 후 장교에게 다가 귓속말을 했다.

"네 말이 맞구나."

장교는 갑자기 생각에 잠겼다. 그러더니 남는 말이 없다면서 사과했다.

"내가 착각을 했었군. 미안하네. 자네는 같이 갈 수 없겠네. 이 아이가 아니었으면 큰일 날 뻔했네. 자네를 도와주고 싶었는데, 어쩔 수 없군."

결국 루트비히는 다시 두 사내의 손에 붙잡혔다.

"장교님!"

루트비히는 이가 부딪칠 정도로 벌벌 떨며 말했다.

"한 가지 방법이 있긴 하네. 하마터면 그냥 갈 뻔했군. 입대를 하는 방법이 있다네. 입대한다고 하면 말을 하나 내줄 수 있지."

장교는 웃으며 말했다. 군인이 되라고? 루트비히는 갑자기 땅이 꺼지면서 끝없이 추락하는 기분이 들었다.

"프리드리히 왕의 군대에서 복무하라는 말이네. 군인들은 월급도 받는다네. 오늘 우연히 입대 원서도 가져왔으니 그냥 바로 서명하고 입대하면 된다네."

"저는 곧 결혼……."

"결혼한다 했었지? 허나 아까 이야기하지 않았나. 감옥이나 단두대에 끌려가면 예비신부가 참 좋아하겠지?"

루트비히는 할 말이 없었다.

"돈을 버는 군인이 되든지, 단두대에서 죽든지."

장교는 말했다.

"장교가 나서서 목숨을 구해 주려고 하는데, 정작 본인은 이렇게 망설이다니!"

사내들은 자기네들끼리 수군거렸다. 루트비히는 입대 원서라고 준 종이에 서명을 했고 그날 이후 12년 동안 프리드리히 왕을 위해 복역했다.

그를 붙잡았던 사내들은 장교의 하인이 끌고 나온 말에 몸을 싣고 장교가 탄 말 양옆에서 루트비히와 동행했다. 루트비히는 모든 게 연극이었다는 사실을 깨달았다. 그는 징집병들의 꾀에 넘어간 것이었다.

　　시간이 많이 지난 후 루트비히는 징집병들이 왜 하필 자신을 선택하고 일을 꾸몄는지 알게 되었다. 키가 큰 루트비히는 군대에서 찾는 신체 조건을 갖춘 사람이었던 것이다. 프리드리히 왕이 키 큰 군인들을 원했다고 한다. 그런데 루트비히는 동네에서 꺽다리 루트비히라고 불렀으니 그가 선택당한 건 당연한 일이었다.

"더 이상 갈 수가 없어."

에밀이 낙담했다.

"부대가 끝도 없어. 한 나라의 군대가 다 모인 것 같아. 안 되겠어."

"그냥 부대에 있을걸 그랬나 봐."

루트비히가 불평했다.

"무조건 저길 지나야 해."

프리츠는 불쾌한 듯 말했다.

"아침이 오기 전에 오더 강을 건너야 해. 루트비히 너희 친척들이 우리를 찾기 시작하기 전에 그들을 만나야 해. 만약 전투가 시작되어 버리면 정말 큰일이야! 아군이건 적군이건 전투 대열 밖에 있는 우리를 보면 총을 쏠 거야. 내 말이 무슨 뜻인지 알겠지?"

"그런 소리는 하지도 마!"

루트비히는 짜증을 냈다.

"분명 나를 가장 먼저 발견할 거야. 내가 키가 제일 크잖아."

셋은 안개가 자욱한 주변을 살펴보았다.

"1757년 로스바흐 전투에 참가했었지. 우리가 승리하긴 했지만 정말 끔찍했어."

루트비히는 말했다. 그는 추위에 몸을 떨고 있었다.

"나는 그때 확실히 배웠지. 전투 중에는 절대 빠져나갈 수 없다는 사실을 말이야."

에밀이 말했다.

"누구나 총성이 들리지 않는 곳으로 가 버리고 싶어 하니까."

루트비히는 밝아 오는 아침이 끔찍했다. 에밀은 말을 이어갔다.

"가장 끔찍한 것은 그냥 서서 총에 맞아 죽기를 기다려야 한다는 거야. 어쩔 도리가 없다는 것이지."

"재수 없으면 그냥 총에 맞는 거지."

프리츠는 끄덕였다.

"운이 좋으면 사는 거고."

전투에서는 보통 네 개의 저격 소대가 나란히 전진했다. 한 소대는 저격병 세 줄로 구성되었다. 발포는 반드시 지시에 따라 이뤄졌고, 최대한 발포 간격을 적게 하는 것이 원칙이었다. 소대의 모든 움직임은 모두 상부의 지시에 따른 것이었다. 적군이 근접하게 되면 총검과 개머리판을 이용한 일 대 일 싸움이 시작되었다. 프리츠는 계속해서 설명했다.

"정확한 리듬에 맞춘 발걸음을 유지하고 검이 달린 총신을 가슴팍에 수직으로 들고 준비하고 있으면 명령이 떨어졌어. 첫째 줄 엎드리고, 둘째 줄 무릎 꿇고, 셋째 줄 일어서! 셋째 줄이 적군의 총에 맞을 확률이 제일 높은 거지. 나도 곧 비극의 주인공이 될 수 있었어."

"나는 총에 맞지 말라고 엎드리라는 줄 알았어."

루트비히는 불평스럽게 말했다.

"그런 게 아니었는데 말이야!"

"한 줄은 일어서고, 다른 한 줄은 무릎 꿇고, 마지막은 엎드려서 총을 쏘는 것은 총알이 앞사람을 맞추지 않고 적군의 진영에까지 이르게 하기 위한 것이지."

에밀이 말했다.

"대열을 갖추고 나면 명령이 들리지. 사격 준비! 첫 번째 발포 후에 가까운 거리에 있는 적군의 총에 맞지 않았다면 이 명령을 실행하겠지."

"바로 앞에 있는 사람들이 모두 나를 죽이려고 한다고 생각해 봐."

"게다가 내가 그들을 죽일까 봐 나를 죽이려는 것이지."

에밀이 거들었다.

"내가 총에 맞을 때까지 기다리는 것이 가장 힘든 일이야."

"그런 두려움 속에서 계속해서 총알을 채워 넣고 사격 준비를 해야 하지. 총신에 화약을 채우고, 화약을 눌러 담은 후에 총알을 넣고, 다시 화약을 채운 다음 공이를 세우고, 목표물을 겨냥하고 방아쇠를 당겨서 쇳조각에 충격이 가해지고, 총신 안에서 화약이 폭발하게 해야 하지. 물론 명령에 따라 움직여야 해."

"그럼 사시나무 떨듯이 몸이 떨리고 엄청난 폭발음과 비명 소리 때문에 명령조차 잘 들리지 않게 되지."

"나팔 소리가 들려도 흥분 때문에 그 소리가 무엇을 의미하는지도 생각이 안 나게 되고, 손은 덜덜 떨릴 뿐이야."

두 사람은 서로 뒤죽박죽 이야기를 했다. 프리츠는 아무 말도 하지 않았다.

"몸속 모든 세포가 말을 하지. 어서 도망치라고! 어서 이곳을 벗어나라고! 그래도 그 자리에 꼼짝 않고 있게 돼. 왜냐하면 등 뒤에서 장전된 총과 칼을 들고 있는 장교들이 너를 지켜보고 있기 때문이야."

"왼쪽에 있던 동료가 쓰러지고, 오른쪽에 있던 친구가 비명을 지르면서 고꾸라지면 그 자리를 벗어날 수 없다는 사실을 실감하게 되면서 자기 차례를 기다리게 되지. 전방과 좌우에서 대포알과 수류탄이 날아오고 군인들이 이룬 인간 방벽 여기저기에는 구멍이 나기 시작하지. 그러면 또 명령 소리가 들린다고. 전진, 한 발 쏘고 전진, 또 전진! 발을 내딛을 때마다 군인 숫자가 또 줄어들지. 그런 상황에서도 노래를 하고 환호성을 지르라고 명령을 하지. 세상에 이보다 더 끔찍하고 잔인한 상황은 없을 거야."

에밀은 점점 목소리가 커져서 마지막에는 거의 소리를 지르다시피 했다.

"주변이 온통 시체와 부상자들 천지가 되어 버리고, 총소리와 굉음 사이로 부상자들의 비명과 울부짖음이 들리면 더 이상 견딜 수가 없어."

루트비히의 목소리가 떨렸다.

"가장 괴로운 건 부상을 당해 쓰러져 있는 사람이야!"

에밀은 흥분해서 계속 말했다.

"팔이 하나 잘리고 피를 흘리며 누워 있는데, 아무도 도와주지 않는 상황이지. 전투가 끝나면 누군가가 다가와서 몸에 지니고 있는 것들을 모두 가져가고 심지어 신발까지 가져가는데 그 모든 일을 그냥 눈만 뜬 채 지켜봐야 할 수도 있다는 거야."

모두 침묵했다.

"프리드리히 왕은 로이텐 전투에서 승리를 거둔 후에 장교들과 함께 언덕에 앉아 계셨어."

에밀은 다시 침착하게 말했다.

"왕과 장교들이 전쟁의 추이를 논의하고 있는데 부상자들의 신음하는 소리와 울음소리에 방해를 받았다고 해. 장기가 배 밖으로 흘러나와 얼굴이 퍼렇게 질린 한 프로이센 출신의 군인이 바로 근처에 누워 있었는데 왕은 그 병사에게 짜증을 내며 이렇게 말했다고 하는군. '좀 조용히 죽을 수는 없는가?' 군인들 사이에서 하는 이야기지."

"만약에 그 이야기가 사실이라면……."

프리츠가 말했다.

"그렇다면 나는 절대로 전투에 참가해서 아까운 목숨을 버리지 않겠어."

에밀은 단호하게 말했다.

에밀 란도르프는 사실 대학생이었다. 그도 입대를 강요받았다. 방학이 시작된 탓에 학기 중에 지냈던 프랑크푸르트에서 베를린 집으로 가던 길에 퓌르스텐발데라는 작은 도시를 지나게 되었다. 두 군인이 에밀에게 자기들이 앉은 테이블에 앉으라고 했다. 하나는 머리카락이 붉은 색이었고, 다른 하나는 유난히 몸집이 뚱뚱했다. 식당 안에는 빈자리가 많았는데도 그들은 에밀에게 자기들과 합석해야 한다고 강요했다.

다른 테이블에도 군인들이 있었고, 그중에는 장교들도 있었다.

"그래, 방학했나?"

빨강 머리 군인이 물었다.

"방학한 기념으로 한 잔 하자고. 자네가 한 잔 사게!"

뚱뚱한 군인이 제안했다. 에밀은 직감적으로 알았다. 조심하자! 분명 나를 뜯어먹으려는 수작이다. 어서 도망치는 게 상책이다! 그러나 식당 안의 군인들이 모두 에밀을 주목하고 있었다. 에밀은 일어날 용기가 나지 않았다. 군인들은 민간인에게 대우받지 못하는 걸 가장 싫어했기 때문이다.

"싫습니다!"

에밀은 큰 소리로 거절했다.

"저는 술을 마시고 싶지 않습니다. 저는 식사하러 온 것뿐입니다. 베를린으로 가는 길에 잠시 들린 것뿐입니다."

"이기적인 것."

빨강 머리 군인이 빈정거렸다.

"저희 손님 좀 그냥 내버려 두세요."

식당 주인이 끼어들면서 에밀에게 다른 자리에 앉으라고 눈짓했다. 그러나 두 군인의 심기를 건드리지 않고 다른 테이블로 자리를 옮기는 것이 가능할까?

"주인 양반은 가만히 있으시게나. 내가 돈을 낼 테니 걱정 마시라고!"

뚱뚱한 군인이 말했다. 식당 주인은 술잔을 가져오면서 눈에 띄지 않게 에밀을 툭 치면서 자리를 옮기라는 신호를 주었다. 그러나 군인은 이미 에밀 앞쪽에 술잔을 하나 내려놓으며 말했다.

"방학을 위하여!"

"한 잔 더 가져와야지!"

빨강 머리 군인이 외쳤다.

"주인 양반, 빨리 한 잔 더 주시오. 손해날 것 없잖소."

뚱뚱한 군인이 말했다.

"우리는 예의 없이 구는 걸 참지 못한다는 걸 알아 두시게나."

에밀은 술을 좋아하지 않았다. 모두가 독한 술을 네 잔씩 마시고 난 후 빨강 머리 군인이 뚱뚱한 군인을 장난으로 세게 밀었다. 뚱뚱한 군인은 다시 자기 친구를 밀었고, 에밀이 자리에서 일어나려하자 둘 다 에밀에게 달려들었다.

"저 놈이 나를 때렸어."

빨강 머리가 외치며 에밀을 향해 손가락질을 했다.

"왕의 병사를 때렸다고."

몸집이 큰 군인이 힘주어 말했다.

"세상이 변해도 너무 변했어. 학생들이 겁이 없군."

다른 테이블에서 장교가 한 명 일어나 소동을 피우고 있는 군인들에게 다가갔다.

"내가 처음부터 지켜봤네. 젊은이가 왕의 군대를 모욕했군. 이건 군대의 명예가 걸린 일이야."

에밀은 식은땀이 났다. 주위에 도움을 요청할 사람이 있는지 황급히 둘러보았다. 다른 장교들 역시 방금 장교가 한 말에 동의한다는 표정이었다. 하지만 다행히 자리에서 일어나지는 않았다. 식당 안의 다른 손님들도 에밀을 쳐다보았다. 그러나 아무도 도와주지는 않았다. 도와주고 싶다 하더라도 그럴 수 있는 상황이 아니었다. 식당 주인은 카운터 뒤에서 몸을 숙이고 뭔가를 찾는 척했다.

"이자를 체포하라."

에밀에게 가까이 다가선 장교는 이렇게 명령하면서 거만한 승자의 눈빛으로 에밀의 눈을 들여다보았다. 에밀은 당황하며 말했다.

"저는 아무도 때리지 않았습니다."

"아직도 상황 파악을 못하고 있군. 자네를 감옥에 보낼 수도 있다네. 여기 앉은 손님들이 모두 증인일세."

그는 식당 안을 둘러보았다. 아무도 장교의 말에 이의를 제기하지 않았다. 그러고는 에밀에게 목숨을 구할 방법을 제안했다. 그리고 몇 분 후 프로이센 왕에게 충성하겠다는 약속과 함께 에밀의 12년간의 군대 생활이 시작되었다.

"여기에서 어떻게 빠져다간담!"

루트비히의 목소리가 떨리기 시작했다.

"날이 밝아질 때까지 기다려 보는 것이 더 나으려나?"

"그렇지 않을걸!"

흥분해서 가만히 있지 못하는 프리츠가 말했다. 날은 금방 밝아졌다.

"베커그룬트까지 어떻게 가려고?"

"미국에 있을 때 보니까……."

프리츠는 대답을 하면서 덤불에서 나뭇가지 하나를 꺾었다.

"너희도 알다시피 미국 사람들은 다른 방식으로 전투를 하지. 군인들이 싸우는 방식이 완전히 다르다고. 지금 우리가 써먹을 만한 전략들이 많지."

북소리와 나팔 소리가 한 번씩 들리다가 말았다.

"평소보다 기상 시간이 이르군!"

프리츠가 말했다. 안개 속에 묻혀 있던 나무들이 형체를 드러내기 시작했다. 줄지어 행진하는 군인들이 보이기 시작했다.

"세상에!"

적군이 진을 치고 있던 언덕을 향해 온 사방에서 군인들이 진군하고 있었다. 프로이센의 군대였다.

"이렇게 조용할 수가! 놀랍군!"

에밀은 얼굴이 하얗게 질려서 말했다. 주위는 정말로 조용했고 가끔씩 둔탁한 북소리나 나팔 신호음 정도만 들렸다.

"이제 베커그룬트까지 가는 건 힘들겠어."

프리츠는 포기했다.

"이제 어쩐담?"

루트비히는 두 손을 모으고 다가오는 군인들의 물결을 바라보며 물었다.

"어제 밤새 군인들이 이런 식으로 움직이고 있었나 보군. 조용해서 전혀 몰랐던 거였어."

"그러게, 전혀 눈치 못 채고 있었네."

루트비히는 좌절했다.

"전혀 몰랐지. 저 속에서 같이 행진하고 있지 않는 것만 해도 엄청 다행이야."

행진하는 군인들 사이로 열 마리의 말이 끄는 대포도 보였다.

"어쨌거나 여기에 이렇게 있을 수는 없지."

루트비히는 에베르스발데가 있는 쪽을 보며 말했다.

"도대체 무슨 작전일까?"

에밀이 물었다.

"로이텐 전투에서 1757년에 썼던 전략인 것 같아."

프리츠는 대답했다.

"한쪽에서 집중 공격을 하면서 놀란 적군을 완전히 덮쳐 버리는 거지."

"로이텐 전투 때는 나도 있었지."

루트비히는 파르르 떨며 말했다.

"그때는 운이 좋아서 뒤쪽에 있었고 전투 현장에 투입되지도 않았지. 그 전에 승리를 해 버렸다고."

"그랬군."

프리츠는 돌멩이로 나무 기둥을 맞추며 말했다.

"나는 그때 전투에는 참가하지 않았지. 그래도 이야기는 많이 들었어.

네 개의 부대가 한쪽 날개를 집중 공격했다고 하더라고. 적군은 전투력을 전투 현장 전역에 고루 분배한 상태였기 때문에 갑작스러운 집중 공격에 속수무책이었지. 전투 후에는 온통 프로이센 군대의 천재적인 전략에 대한 이야기뿐이었어. 이번에는 뮐베르게를 넘어 다시 한 번 그때의 전략을 사용하려나 보군."

세 사람은 지난 밤 뮐베르게 최북단 끝 부분에서 적군의 불빛을 보았기 때문에 적군의 위치를 알고 있었다.

"두 번씩 속아 줄까? 이번에도 성공할 수 있을까?"

에밀은 이렇게 물으며 바닥에 털썩 주저앉았다.

"이게 무슨 기습 공격이란 말인가. 적들도 이미 다 봤을 텐데."

"그래도 또 해 보는 모양이야."

프리츠는 말했다.

"저쪽에서 오스트리아 군대의 방어막을 뚫고 들어가 오스트리아 군대를 남쪽으로 몰아내고, 러시아 군대를 포위하여 전투에서 이기려는 작전인 것 같아."

태양은 하늘 높이 떠올랐다. 멀리 보이는 산봉우리 위로 뽀얀 연기가 피어올랐다. 잠시 봉우리가 연기를 빨아 당기는 듯 연기가 아래쪽으로 빨려 들어가더니 쿵 하는 대포 소리와 함께 연기는 사방으로 퍼졌다. 언덕 아래에는 그 일대를 사수하기 위해 배치된 병사들을 프로이센의 포탄으로부터 보호하기 위해 쌓은 보루와 그 앞에 나무로 만들어 설치한 방어 구조물이 보이기 시작했다.

"저것 보라고. 러시아는 이미 프리드리히 왕의 전략을 꿰뚫어 보고

있다고. 어디 한번 공격해
보라지."

대포 소리는 멀리서 들
려왔다. 북쪽에서는 연기
구름이 피어올랐다.

"포병대군! 프로이센
군대는 북쪽을 공격하려
고 하고 있어. 군인들이
발크베르게 위에서 아래
쪽으로 총을 쏘고 있어."

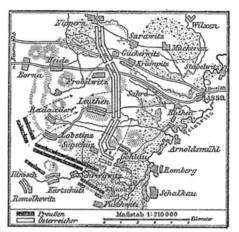

로이텐 전투 당시 그려진 지도.

프리츠는 쩍 벌어진 입을 지도로 가리고 있었고, 제복 셔츠의 단추는
다 풀고 있었다.

날은 완전히 밝아졌지만 대포알은 계속해서 날아다녔다. 그러더니 가
까이에서 대포 소리가 들렸다.

"다 작전이군. 남쪽에서도 공격하는 것처럼 보이지만 진짜 공격은 저
위쪽에서 시작되겠지."

총소리가 한두 발 울렸다. 그러더니 총소리가 정신없이 쏟아졌다. 그
러나 두 진영이 부딪치면서 실제 전투를 벌이는 것은 아니었다. 군인들
은 제자리에 그대로 있었다. 포탄이 여기저기로 발사되었고, 몇몇 소대
가 앞장서 적군을 자극했다.

그러다가 순식간에 프로이센의 공격이 시작되었다. 길게 늘어선 저격
병들이 끝없이 올라오며 베커그룬트를 공격했다.

"저 사이에 있지 않은 게 얼마나 다행인지!"

에밀은 하얗게 질려 있었다. 이마에는 땀방울이 맺혀 있었다. 동시에 군대는 뮐베르크 방향으로 이동했다. 처음에는 총소리 사이로 북소리와 나팔 소리가 들리더니 곧 대포 소리와 총소리로 하늘이 진동했다. 루트비히는 정신을 차리고 말했다.

"어서 가야해! 여기를 떠야 해! 정신 차리라고!"

그는 다급하게 외쳤다.

"그런 다음에는?"

에밀은 답답한지 옷의 목 부분을 잡아당겼다.

"어디로 간단 말이야? 군인이 깔려 있지 않은 곳이 어디 있어야 말이지!"

"저 뒤쪽."

"말도 안 돼."

"일단 숨어 있으면서 군인들이 우리가 있는 곳으로 오지 않기를 바라는 수밖에. 확률은 그리 나쁘지 않아."

프리츠가 말했다. 프리츠가 스스로를 안정시키기 위해 애쓰는 것이 눈에 보였다.

"숨어 있겠다고?"

루트비히는 표정이 일그러졌다.

"그게 가능할까?"

"미국에서 그렇게 해서 살아남은 적이 있지."

프리츠는 조심스럽게 발을 내딛었다. 그는 손에 든 작대기를 휘젓고 있었다.

"일단 기다려야 해. 몇 시간이든 기다리자고. 이제 바로 저 아래에서도 시작될 거야. 프로이센 군대의 선별된 보병들이 러시아를 쿠그룬트에서 바로 공격하려고 하겠지. 바로 우리가 있는 옆쪽 적진이 뚫린 곳이지. 아무래도 로이텐 전투의 전략을 그대로 쓰진 않을 모양이야."

프리츠는 말이 점점 빨라졌다.

"그럼 숨어 있는 게 의미가 있을까?"

에밀은 최대한 작은 목소리를 내려고 애를 쓰며 물었다.

"미국에 있는 원주민들에게 매복하는 법을 배웠으니 걱정 말라고."

"미국에서도 전쟁을 해?"

루트비히는 눈을 동그랗게 뜨면서 물었다.

"전투 중에 도망 나왔다고 했으니, 미국에서도 전쟁이 일어나나 보지."

에밀이 말했다.

"누구 대 누구로 싸우는 건대?"

"영국 출신의 이주민과 프랑스 출신 이주민들이야. 그리고 양쪽 모두 본국의 지원을 받지. 그러니까 사실은 영국 대 프랑스의 전쟁이야."

프리츠는 나뭇조각을 씹고 있었다.

"나는 모농가헬라 강과 조지 호 전투에서 영국 편에 서서 싸웠었는데, 그때 도망쳐 나왔지."

"모농가헬라 강이 어디야?"

루트비히는 말을 더듬었다. 말하는 도중에 큰 대포 소리가 들렸기 때문이다.

"북아메리카. 영국 사람들은 여기 독일에서는 자기네 군인을 앞세워 싸우는 대신 프로이센이 싸우게 하면서 돈을 대지. 반면 프랑스 사람들은 미국에서도 영국과 맞서 싸우고 여기에서도 프로이센에 대항하여 오스트리아 편에서 싸우고 있지."

대포 소리는 더 이상 견디기 힘들었다.

"인도에서도 전쟁 중이라는데."

프리츠는 들고 있던 작대기로 군화를 긁었다.

"그럼 전 세계가 전쟁을 하고 있다는 얘기군."

에밀은 창백해진 얼굴로 땀을 흘리고 있는 프리츠를 쳐다보았다.

"그렇다고 할 수 있지. 내가 알기로는 지금 이 전쟁이 전 세계가 가담하게 된 첫 번째 전쟁이야."

언덕 바로 아래에서는 접전이 벌어졌다.

"자, 어서 매복하는 방법을 알려줘."

에밀은 점점 커지는 소음을 뚫고 이야기를 하느라 소리를 쳐야만 했다.

"그리고 나중에 빠져나갈 계획도 알려줘."

루트비히는 벌벌 떨며 말했다.

"영국과 프랑스는 북아메리카에서 땅 때문에 싸우고 있어. 프랑스는 북쪽 캐나다와 남쪽 미시시피 강 하류에 자리를 잡았는데, 북아메리카 전역을 점령하려고 하지."

"프랑스의 식민지로 삼겠다는 계획이군."

입술이 시퍼렇게 질려 버린 에밀이 맞장구를 쳤다.

"그렇지. 문제는 프랑스가 차지한 영토 사이에 영국 사람들이 있다는 거지."

이제는 소음이 너무 커서 프리츠의 말을 간신히 알아들을 수 있었다.

"그래서 전쟁을 하는 건가?"

에밀은 소리를 지르며 근처에서 터진 수류탄 소리에 놀라 몸을 움츠렸다. 한낮 더위가 시작되었다. 세 사람을 가려 주고 있는 나무들은 뭔가를 기다리기라도 하는 듯 어색할 정도로 딱딱해 보였다. 그들 앞에는 잿빛 연기가 피어올랐다.

"그래, 겁을 먹고 벌벌 떠느니 프리츠가 해 주는 아메리카 이야기를 들으면서 시간을 보내자고."

에밀은 땀범벅이 된 얼굴을 옷소매로 닦으며 외쳤다.

"모농가헬라 강 전투는 절대 잊어버릴 수 없지."

에밀의 말소리보다는 프리츠의 말소리가 잘 들렸다. 그러나 프리츠 역시 침착하려고 노력하는 모습이 역력했다.

"나는 영국 최전방 부대에 있었어. 1755년 7월 9일이었지. 날짜도 잊을 수 없다고. 하여간 그날 모농가헬라 강을 따라 강의 상류 쪽으로 이동을 하는데 화려한 모자 장식을 휘날리며 달아나는 인디언을 발견했어. 그때까지 적군을 단 한 명도 보지 못했는데, 갑자기 사방 군대에서 총소리가 울리더라고. 우리가 본 인디언은 변장을 한 백인 군사였고 매복하고 있던 인디언과 프랑스 군인들에게 공격 개시를 알리는 신호를 보낸 것이었지. 나는 허리와 오른쪽 팔뚝에 총알이 스쳐 지나갔어. 내 주위에 있던 동지들은 큰 부상을 입거나 죽은 채 바닥에 쓰러져 있었고. 그리고 적군은 단 한 명도 보이지 않았지! 우리를 공격한 프랑스 군과 인디언들은 끝까지 자기 모습을 드러내지 않고 숨어 있었던 거야. 우리는 걸음아 나 살려라 도망을 쳤지. 당시 부상을 당한 장교를 돕지 않았다면 분명 그때 탈영을 했을 거야.”

다시 대포 소리가 하늘을 뒤덮었다.

“그래서 매복이 어쨌다는 거야?”

상대방의 입술을 보고 무슨 말인지 이해해야 할 정도로 주위가 시끄러웠다.

“지금 이야기했잖아. 적군이 숨어서 우리를 공격했다고. 미국에서는 걸음마를 배우듯 주변 지형을 이용하는 방법을 배운다고. 우리가 여기서 하는 전투와 성격이 전혀 다른 전투가 벌어지는 곳이거든.”

“그렇게 전투를 하면 군인들이 이탈하지 않을까? 내 등에 방아쇠를 당기고 칼을 들이밀면서 나를 지키는 장교가 없다면 나는 당장 도망갈 텐데.”

루트비히는 양손으로 머리를 감쌌다. 총성이 멈추고 천둥소리 같은 굉음이 들려왔다. 지옥에서나 들릴 것 같은 끊임없는 굉음 때문에 귀가 멍멍해졌고, 세 사람은 서로 상대의 입술이 움직이는 것을 보았으나 아무것도 들을 수가 없었다.

연기가 피어올라 언덕 아래 널려 있는 시체들과 이리저리 움직이는 제복들, 사각형 대열을 이룬 군인들의 이리저리 밀리는 물결과 줄지어 서 있는 저격병들의 무리를 뒤덮었다.

프로이센 기마대가 적군이 진을 치고 있는 언덕을 향해 달려갔다. 언덕 위에서는 대포가 발사되었다. 끊임없이 수류탄이 투하되었고 공중으로 흙먼지와 사람의 살점이 날아다녔다.

쿠그룬트가 가장 집중적으로 공격당했다.

세 사람은 더 이상 이야기를 나눌 수 없게 되었다. 계속되는 폭발과 난리 때문에 아무 소리도 알아들을 수 없었다. 루트비히는 소리를 지르고 또 질렀지만, 나머지 두 사람은 루트비히의 입술이 움직이는 것을 보았을 뿐 아무 말도 이해하지 못했다.

세 사람은 프로이센 군대가 러시아와 오스트리아 군대가 진을 치고 있는 언덕을 향해 전진하는 광경을 몇 시간 동안 지켜보았다. 군인과 말들이 마치 잔디가 깎여 나가듯 한 줄 한 줄 쓰러졌다.

"완전히 독 안에 든 쥐 꼴이군. 여기도 그렇고 쿠그룬트에서도 마찬가지야."

프리츠는 소음이 잠시 줄어들자 또박또박 말했다.

"수천 명이 죽어나가는군."

에밀이 외쳤다.

"아니 수만 명이야."

프리츠가 정확하게 지적했다.

"어서 여길 뜨자고!"

두 친구는 에밀을 붙잡았다. 그렇지 않았더라면 언덕을 뛰어 내려갔을 것이다.

"프로이센의 왕이 도대체 이 전투를 무슨 수로 이길 수 있을지 모르겠군."

프리츠는 여전히 큰 소음 속에서 소리를 질렀다.

"군인들을 측면에도 배치해 두었다가 두 번째, 세 번째 공격에 기습을 해야 했다고. 주변 숲, 동굴, 계곡과 같은 지형을 이용하여 군인들을 눈에 띄지 않게 매복시켰어야지! 하지만 군인들을 매복시키면 군인들을 감시할 수도 없으니 그렇게 못했겠지. 이 전투에서 이기기는 힘들겠어."

"이제는 꼼짝도 할 수 없어. 이 숲은 온통 도망치는 군인들로 가득하다고. 숲 뒤쪽에 군인들이 깔려 있어."

에밀은 당황스러운 표정으로 말했다.

"그들과 함께 도망치면? 그러니까 우리도 도망치는 군인들의 대열에 합류하면 어떨까?"

루트비히는 여전히 두려움에 떨었다. 용기가 필요했다.

"장교들이 대열의 앞쪽과 옆쪽에 감시병을 배치한다는 걸 너희도 알잖아. 그들에게 걸릴 거야. 그럼 정말 끝장이지."

"미국에서는 군인들이 다들 매복하고 있으면서 감시도 받지 않는데 왜 도망치지 않는 걸까?"

굉음 같은 대포 소리는 시끄러운 총소리에 묻혔다.

"어서 도망치라고!"

루트비히는 더 이상 견딜 수 없어 양손으로 귀를 틀어막았다.

"미국 군인들은 도망치지 않아. 싸우고 싶어 하기 때문이야! 자기 땅, 자기 직업, 자기 집, 자기 마구간, 자기 처자식이 먹을 양식이 걸린 싸움이기 때문이지. 미국 이주민들은 자원해서 전투에 참가하는 거야. 반면에 우리는 강제로 끌려왔지! 슐레지엔 주민들이 프로이센 왕에게 세금을 내든 마리아 테레지아 여제에게 세금을 내든 군인들은 관심 없어. 그러니 매복 전략은 절대 사용할 수 없다고."

프리츠는 발을 구르며 빙글빙글 돌았다. 그는 루트비히를 쳐다보았다.

"넌 어떻게 된 거야? 어떻게 도망친 거야?"

오스트리아의 여제 마리아 테레지아. 프로이센 군대에 맞서 프랑스 및 러시아와 연합하여 7년 전쟁을 벌였다.

에밀은 힘이 풀려 다리가 꺾였다.

"빨리 말 좀 해 봐!"

루트비히는 애원하다시피 했다.

"나는 땅도 없고 집도 없었어. 조지 호 부근에서 매복을 할 때 도망을 쳤지. 참고로 조지 호 전투는 영국 군의 승리로 끝났어."

프리츠는 들고 있던 작대기를 부러뜨리고 나서 그 조각들을 이리저리 던졌다. 그의 얼굴은 더위 탓에 부어오른 것 같았다.

"농부들이 도와줬어. 그래서 배를 타게 됐지. 그러나 배에서 나에게 돈을 꿔 준 사기꾼들을 만나 여기까지 끌려오게 되었지."

"억울하겠군!"

쿠네르스도르프 전투. 프리드리히 왕이 이끄는 프로이센 군대가 러시아와 오스트리아 연합군에게 최악의 패배를 당한 전투이다.

에밀은 이렇게 말하자마자 손을 뻗으며 외쳤다.

"저기 좀 봐!"

언덕의 남서쪽 측면에서 러시아 인과 오스트리아 인들이 떨어지는 낙엽마냥 몰려나왔다! 수많은 프로이센 군인들은 마치 바가지에 담긴 물에 주먹질을 하여 물이 사방으로 튀듯이 사방으로 날아가 버렸다. 프로이센의 수많은 군인들이 정신없이 이리저리 뛰어다녔다. 프로이센 군대의 깃발은 아무렇게나 휘날리고 있었다. 무차별적인 기마병들의 공격에 속수무책으로 당할 수밖에 없었다.

도망치는 군인들이 다가왔다. 얼굴이 새까만 포수 하나가 달려오며 물었다.

"이봐! 길이 아직 봉쇄되지 않았나?"

주인을 잃은 말들이 정신없이 뛰어다녔다.

"어서 도망쳐! 최대한 멀리 가라고!"

프리츠는 끔찍한 소음의 한가운데에서 외쳤다.

"있는 힘을 다해 뛰라고!"

그러고는 가슴을 쥐어뜯으며 웅크렸다. 에밀이 황급히 프리츠 곁으로 다가갔다. 루트비히는 이미 가고 없었다. 도망치는 군인들에게 휩쓸려 갔는지도 모른다. 온통 도망치는 군인과 날아다니는 총알로 아수라장이 되었다. 프리츠의 입에서는 피가 나왔다. 그는 에밀이 프리츠의 입에 귀를 갖다 대자 조용히 말했다.

"더 이상 매복할 필요가 없겠군."

그리고 그는 고개를 떨어뜨렸다.

소설로 만나는 근대 이야기

| 펴낸날 | 초판 1쇄 2010년 8월 24일 |
| | 초판 2쇄 2011년 11월 11일 |

지은이   **귄터 벤텔레**
옮긴이   **안미라**
펴낸이   **심만수**
펴낸곳   **(주)살림출판사**
출판등록 1989년 11월 1일 제9-210호

경기도 파주시 문발동 522-1
전화 031)955-1350   팩스 031)955-1355
기획·편집 031)955-1394
http://www.sallimbooks.com
book@sallimbooks.com

ISBN   978-89-522-1498-0   03920